高等职业教育物流工程技术专业系列教材

物流数字化应用——Excel篇

主　编　赵淑群
副主编　刘　鹏　何明宇
参　编　周大超　周　航

机械工业出版社

本书以Excel 2016为基础，介绍了利用Excel解决物流中的市场预测、经济分析、采购、库存、运输，以及物流中心选址、物流“大数据”管理和查找的问题。

本书包含7个单元60个任务，以任务驱动的方式，首先给出每项任务的方法原理，然后用Excel逐步解决，并以任务小结的方式形成总结和拓展。

本书讲解了Excel的公式、函数、数据分析、规划求解和模拟运算等的用法，介绍了图形的设计使用与动态窗体的结合，特别是利用Power Query编辑器和Power Pivot插件解决大数据的合并，以及与数据透视表相结合完成数据的管理和查找等问题。

本书配套资源丰富，包括操作视频、电子课件、源文件、习题答案，可以作为物流实训教材，也可作为高职高专和本科院校物流相关专业的教材或参考书，同时适合经济管理和物流管理类的从业人员使用。

图书在版编目（CIP）数据

物流数字化应用：Excel篇／赵淑群主编. —北京：机械工业出版社，2023.1（2025.7重印）
高等职业教育物流工程技术专业系列教材
ISBN 978-7-111-72275-5

Ⅰ.①物… Ⅱ.①赵… Ⅲ.①表处理软件-应用-物流管理-高等职业教育-教材 Ⅳ.①F252.1-39

中国国家版本馆CIP数据核字（2023）第023762号

机械工业出版社（北京市百万庄大街22号 邮政编码100037）
策划编辑：张雁茹　　责任编辑：陈玉芝　张雁茹
责任校对：史静怡　梁　静　　封面设计：马若濛
责任印制：单爱军
中煤（北京）印务有限公司印刷

2025年7月第1版·第3次印刷
184mm×260mm·14印张·331千字
标准书号：ISBN 978-7-111-72275-5
定价：55.00元

电话服务　　网络服务
客服电话：010-88361066　　机　工　官　网：www.cmpbook.com
010-88379833　　机　工　官　博：weibo.com/cmp1952
010-68326294　　金　书　网：www.golden-book.com
封底无防伪标均为盗版　　机工教育服务网：www.cmpedu.com

序

Foreword

近几年，“数字经济”频繁见诸报端，成为网络媒体和自媒体的新宠。其实，从2017年开始，“数字经济”已多次被政府工作报告重点表述，在“十四五”规划中更是明确了“加快数字化发展，建设数字中国”的数字化转型国家策略，其中多处明确了国家推进数字化的目标和决心，数字化转型已不是企业或个人行为。数字化转型是这个时代的浪潮，企业转型将迎来全新的市场机遇，个人转型将为职场发展迎来更广阔的空间。

转型意味着改变，大到一个经济体、小到一个企业的数字化转型，将涉及战略、工具、组织、文化等系列数字化变革，而所有的变革都需要数字化人才去执行落地。因此，数字化人才的培养就成为我们必须要面对的课题。数字化专业人才和应用人才需要具备跨领域的数字化融合专业技能，将数字实践工具应用技能与专业领域知识进行深度融合，用创新性方法和更高的整体效率解决实践中的问题。数字化专业人才和应用人才还需要具备数据化思维，能够运用清晰的概念和思维框架在模糊的情境中基于数据寻找确定性，能够把握问题的本质，多维度地思考问题，能够透视数据变化背后的逻辑并采取有效的应对措施。数字化人才的培养任重道远。

赵淑群老师是我的忘年交。赵老师在北京财经专修学院从事教育教学十几年，早在2008年，她就开始每年组织物流专业毕业生学习Excel，深受学生爱戴。2015年，赵老师主编了《Excel在物流管理中的应用》一书，因其贴近企业实践和易于接受的数字化思维视角而深受读者喜爱，并被诸多高校的物流专业作为教材应用于课堂教学。为满足读者需求，赵老师与时俱进，又主编了本书，并在这本书中实现了二维码微课视频的多媒体教学支持，为物流专业学生和物流一线工作人员提供了难得的提升数字化能力的抓手，让读者学会将复杂的数学模型交给Excel，站在这个数字化工具巨人的肩膀上，用数字化思维来驾驭和解决物流数字化应用问题。

数字化人才的培养并非一蹴而就，需要运用数字技术所带来的优势去培养数字化人才。通过在线化、网络化的教学，充分发挥互联网的网络协同和数据智能效应，不仅可以低成本地实时服务于海量用户，更重要的是可以向每一位学习者提供个性化的教学方案。数据智能在线打通了学习过程数据的获取通道，可以分析每一位学习者的知识点、能力点的掌握情况，让因材施教具备数据支撑，让学习具备数据可视化的显性指引，让数字技术融入数字化人才的成长过程。期待每一位立志在数字经济时代大显身手的读者成为新时代的弄潮儿！

许小杰

北京财经专修学院董事长

前言

Preface

我国的工业化进程已经促使物流管理从粗放型向集约型的定量化管理转化，数据的收集及定量化处理分析，成为帮助物流管理人员降低物流成本、提高服务水平的关键。特别是近年来“大数据”“数字化”“网络信息化”的出现，给物流行业提出了新的挑战。尽管市场上有许多物流管理软件，但是各企业需求不同、时点变化快、成本高，而Excel（电子表格）软件用户众多、功能强大、易学易用，特别是在后期数据管理中，使决策者无须掌握复杂深奥的数学计算就可以得到满意的结果。

目前物流行业在面试毕业生时经常用Excel考核，学好Excel对毕业生深入企业实习和工作大有益处。本书将物流数学模型和Excel建模求解相结合，利用Excel中的“公式”“函数”“数据管理”“规划求解”“数据分析”等，解决了物流中常用的普通数学、数学分析、概率、线性代数、运筹学和模糊数学等计算难题，同时也轻松解决了物流管理中烦琐的统计计算、财务管理计算等问题。

本书共7个单元，60个任务，以任务驱动的方式详细介绍了物流需求的预测，物流成本的经济分析，物流业务外包时如何选择物流服务的供应商，物流节点的选址问题，运输配送中的路径问题，库存的控制、管理和排队问题以及条码的应用与管理等内容。本书配套资源丰富，包括操作视频、电子课件、源文件、习题答案，其中操作视频以二维码的形式呈现，读者可随时随地扫码观看。

本书由赵淑群主编，并负责全书的统稿。赵淑群负责编写了单元1、单元3～单元7，刘鹏负责编写了单元2，何明宇负责编写了各单元的习题，周大超和周航进行了部分配套资源的制作。

本书的任务主要参阅了国内外物流专家的学术研究成果和实例，在参考和引用了所列参考文献中的某些内容后，用Excel完成了分析计算，在此向这些文献的作者致以诚挚的谢意。

另外，感谢北京鹏燊国际科技有限公司的数字化平台在技术上给予的大力支持，相关教学支持请读者登录鹏燊国际官方网站（https://www.pengshencloud.com）获取。北京鹏燊国际科技有限公司的数字化平台提供了与本书配套的操作视频、学习平台、自动甄别评价和数字多维可视化分析等服务。鹏燊数字化平台运用数字技术，通过学员点亮任务知识点和能力点的方式，实现了教学过程的数字化，让教学效果事半功倍。为了方便读者和各院校学习，可扫描以下二维码免费在线申请试用。另外，读者也可以登录机械工业出版社教育服务网（http://www.cmpedu.com）获取相关资源。

鹏燊国际企业公众号

本书是以 Excel 2016 为基础编写的，Excel 2016 及以上版本都适用。

因编者水平有限，书中难免有不当和错误的地方，恳请广大读者批评指正。

我们提供 QQ 群，群号：943932930，供读者交流和获取资料。

编 者

目　录

Contents

单元 1
物流定量预测方法

物流需求预测是企业物流管理的重要环节。准确的物流需求预测，可以揭示和描述物流需求的变动趋势，勾画未来物流需求发展的轮廓，为企业的物流业务计划和运作提供依据。

本单元主要介绍定量预测的几种基本方法：时间序列分析预测法、回归分析预测法、灰色系统预测模型和预测误差，并对常用的预测方法和函数进行总结。

项目 1　时间序列分析预测法

物流定量预测主要是对时间序列进行预测，所以物流定量预测主要应用的预测方法是时间序列分析预测法。时间序列数据可以是任何空间层次的数据，例如可以是一个调查对象的，可以是一个行业的，也可以是一个地区市场或者整个物流市场的。

时间序列分析预测法有很多细分方法，下面主要介绍算术平均数法、加权平均数法、移动平均法、指数平滑法、长期趋势预测法和季节变动预测法。

任务 1　用算术平均数法预测某商场 9 月份电视的销售量

1－1

方法原理

算术平均数法是一种最简单的时间序列分析预测法。它的基本思路是把前几个月(或日、周、旬、季、年等，下同)数值的平均值作为后一个月的预测值。

设时间序列数据见表 1－1，对应于 $t=1, 2, 3, \cdots, n$ 时间序列的观察值为 y_1，y_2，y_3，$\cdots$，y_n。

表 1－1　时间序列数据

时间 t	1	2	3	…	n
观察值 y_t	y_1	y_2	y_3	…	y_n

1) 设 $\bar{y}$ 为算术平均数，则 $\bar{y}$ 的计算公式为

$$\bar{y} = \frac{y_1 + y_2 + \cdots + y_n}{n} = \sum_{t=1}^{n} \frac{y_t}{n} = \frac{1}{n}\sum_{t=1}^{n} y_t \tag{1-1}$$

式中 $\bar{y}$——算术平均数；

y_t——第 t 周期的实际值；

t——时间下标变量，表示周期序号；

n——时间序列的周期个数，即数据个数；

$\sum$ ——连加号，$\sum_{t=1}^{n}$ 中的 $t=1$ 表示首项的时间变量取值为 1，n 表示末项的时间下标变量取值为 n。

2）极差表示数据最大变动幅度。设极差为 R，则 R 的计算公式为

$$R = X_{max} - X_{min} \tag{1-2}$$

式中 R——极差；

X_{max}——极大值；

X_{min}——极小值。

3）标准差表示数据的离散程度。设标准差为 S，则 S 的计算公式为

$$S = \sqrt{\frac{1}{n}\sum_{t=1}^{n}(y_t - \bar{y})^2} \tag{1-3}$$

式中 S——标准差。

由式(1-3)可知，标准差 S 越小，数据的离散程度越小。

➢ 任务内容

某公司在某城市最近 8 个月的电视销售量见表 1-2，用算术平均数法预测 9 月份的电视销售量。

表 1-2 最近 8 个月电视销售量

月份 t	1	2	3	4	5	6	7	8
销售量 y_t（台）	1050	1040	1070	1040	1030	1040	1060	1050

➢ 任务操作步骤

步骤 1：建立数据模型。根据某城市最近 8 个月的电视销售量，将已知数据输入到 A2: I3 单元格区域中，建立数据模型，如图 1-1 所示。

	A	B	C	D	E	F	G	H	I
1	最近8个月电视销售量								
2	月份 t	1	2	3	4	5	6	7	8
3	销售量 y_t（台）	1050	1040	1070	1040	1030	1040	1060	1050

图 1-1 任务 1 数据模型

步骤 2：计算算术平均数。在 J2 单元格输入“平均数”，在 J3 单元格输入“ = TRUNC(AVERAGE(B3: I3))”后，按 <Enter> 键，如图 1-2 所示。

J3　fx　=TRUNC(AVERAGE(B3:I3))

	A	B	C	D	E	F	G	H	I	J
1	最近8个月电视销售量									
2	月份 t	1	2	3	4	5	6	7	8	平均数
3	销售量 y_t(台)	1050	1040	1070	1040	1030	1040	1060	1050	1047

图 1－2　用算术平均数法预测 9 月份销售量

步骤 3：计算极差。在 K2 单元格输入“极差”，在 K3 单元格输入“ = MAX(B3: I3) – MIN(B3: I3)”后，按 <Enter> 键，如图 1－3 所示。

K3　fx　=MAX(B3:I3)-MIN(B3:I3)

	A	B	C	D	E	F	G	H	I	J	K
1	最近8个月电视销售量										
2	月份 t	1	2	3	4	5	6	7	8	平均数	极差
3	销售量 y_t(台)	1050	1040	1070	1040	1030	1040	1060	1050	1047	40

图 1－3　用最大值和最小值计算销售量最大变动幅度

步骤 4：计算标准差。在 L2 单元格输入“标准差”，在 L3 单元格输入“ = ROUND(STDEVPA(B3: I3)，2)”后，按 <Enter> 键，如图 1－4 所示。

L3　fx　=ROUND(STDEVPA(B3:I3),2)

	A	B	C	D	E	F	G	H	I	J	K	L
1	最近8个月电视销售量											
2	月份 t	1	2	3	4	5	6	7	8	平均数	极差	标准差
3	销售量 y_t(台)	1050	1040	1070	1040	1030	1040	1060	1050	1047	40	11.99

图 1－4　用样本总体的标准差计算数据的离散程度

➢ 任务操作结果

按照上述 4 个步骤预测 9 月份销售量，计算结果如图 1－5 所示。

	A	B	I	J	K	L	M	N
1	最近8个月电视销售量							
2	月份 t	1	8	平均数	极差	标准差		
3	销售量 y_t(台)	1050	1050	=TRUNC(AVERAGE(B3:I3))	=MAX(B3:I3)-MIN(B3:I3)	=ROUND(STDEVPA(B3:I3),2)		

a) 计算公式

L3　fx　=ROUND(STDEVPA(B3:I3),2)

	A	B	C	D	E	F	G	H	I	J	K	L
1	最近8个月电视销售量											
2	月份 t	1	2	3	4	5	6	7	8	平均数	极差	标准差
3	销售量 y_t(台)	1050	1040	1070	1040	1030	1040	1060	1050	1047	40	11.99

b) 计算结果

图 1－5　9 月份销售量计算结果

算术平均数$\bar{y}=1047$台反映了最近8个月产品销售量的平均水平。如果影响产品销售的外界因素无重大变化，即可预测9月份电视销售量为1047台；极差$R=40$台，即销售量的最大变动幅度为40台；标准差$S=11.99$台反映了销售量的离散程度。

➢ 任务小结

1)算术平均值函数 AVERAGE：返回其参数的算术平均值。

格式：AVERAGE(number1，number2，…)

参数：number1，number2，…为需要计算平均值的1～30个参数。任务1中表示为AVERAGE(B3:I3)，其参数为B3:I3单元格区域的8个参数。

2)最大值/最小值函数 MAX/MIN：返回一组数值中的最大值/最小值。

格式：MAX(number1，number2，…)

MIN(number1，number2，…)

参数：number1，number2，…为需要从中找出1～30个参数。任务1中表示为MAX(B3:I3)，其参数为B3:I3单元格区域的8个参数。

3)样本总体的标准差函数 STDEVPA：返回样本总体的标准差。

格式：STDEVPA(number1，number2，…)

参数：number1，number2，…为需要计算标准差的1～30个参数。任务1中表示为STDEVPA(B3:I3)，其参数为B3:I3单元格区域的8个参数。

4)取整函数 TRUNC：将数字的小数部分截去，返回整数。

格式：TRUNC(number，num_digits)

参数：number 为需要截尾取整的数字；num_digits 为用于确定取整精度的数字，默认值为0。

5)按指定位数四舍五入函数 ROUND：返回某个数字按指定位数取整后的数字。

格式：ROUND(number，num_digits)

参数：number 为需要进行四舍五入的数字；num_digits 为指定的位数，按此位数进行四舍五入。num_digits 设置为0，表示四舍五入到最接近的整数。

6)Excel 函数可以进行代数式运算，例如“=MAX(B3:I3)－MIN(B3:I3)”；也可以进行嵌套式运算，例如“=TRUNC(AVERAGE(B3:I3))”。

7)Excel 函数在进行代数式运算时，一定要保持英文状态，在遇到中文时一定要加上"英文"。

任务2 用加权平均数法预测某商场9月份电视的销售量

1-2

➢ 方法原理

所谓加权平均数法，就是对于组距中的n个数，根据它们各自对于预测值的重要程度分别设置重要度权数，然后把它们加权平均来求得预测值的预测方法。

设y_1，y_2，…，y_n为各个时间的观察值，组距中n个发生值的权数分别为w_1，w_2，…，w_n，则加权平均数y_{t+1}的预测值的计算公式为

$$y_{t+1}=\frac{w_1y_1+w_2y_2+\cdots+w_ny_n}{w_1+w_2+\cdots+w_n}=\frac{\sum_{t=1}^{n}w_ty_t}{\sum_{t=1}^{n}w_t}\ (t\geqslant n) \tag{1-4}$$

式中 y_{t+1}——加权平均数；

y_t——第 t 周期的观察值；

w_t——第 t 周期的观察值的权数，通常设权数之和等于1，即 $\sum_{t=1}^{n}w_t=1$。

➢ 任务内容

某公司在某城市最近8个月的电视销售量及其权数见表1－3，用加权平均数法预测9月份的电视销售量。

表1－3 最近8个月电视销售量及其权数

月份 t	1	2	3	4	5	6	7	8
销售量 y_t(台)	1050	1040	1070	1040	1030	1040	1060	1050
权数	0.2	0.1	0.07	0.15	0.08	0.1	0.1	0.2

➢ 任务操作步骤

步骤1：建立数据模型。利用图1－1的数据模型，在A4单元格输入“权数”，在B4:I4单元格分别输入0.2、0.1、0.07、0.15、0.08、0.1、0.1、0.2。

步骤2：计算加权平均数。在J2单元格输入“加权平均数”，在J3单元格输入“=TRUNC((SUMPRODUCT(B3:I3, B4:I4))/SUM(B4:I4))”后，按 <Enter> 键，用加权平均数法预测9月份电视销售量，如图1－6所示。

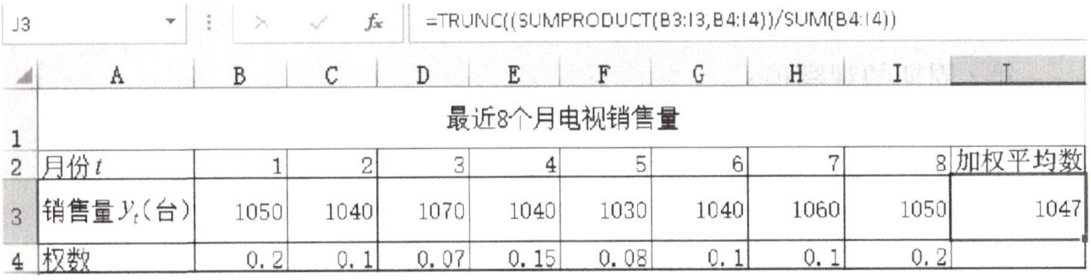
J3 =TRUNC((SUMPRODUCT(B3:I3,B4:I4))/SUM(B4:I4))

	A	B	C	D	E	F	G	H	I	J
1	最近8个月电视销售量									
2	月份 t	1	2	3	4	5	6	7	8	加权平均数
3	销售量 y_t(台)	1050	1040	1070	1040	1030	1040	1060	1050	1047
4	权数	0.2	0.1	0.07	0.15	0.08	0.1	0.1	0.2	

图1－6 用加权平均数法预测9月份电视销售量

➢ 任务操作结果

如图1－6所示，加权平均数 y_{t+1}=1047台。如果影响产品销售的外界因素无重大变化，即可预测9月份电视销售量为1047台。

➢ 任务小结

1）对应元素的乘积之和函数SUMPRODUCT：在给定的几组数组中，将数组间对应的元素相乘，并返回乘积之和。

格式：SUMPRODUCT(array1, array2, array3, …)

参数：array1，array2，array3，…为 2～30 个数组，其相应元素需要进行相乘并求和。任务 2 中表示为 SUMPRODUCT(B3: I3，B4: I4)，其参数为 B3: I4 单元格区域的 8 对数组，即销售量与权数乘积之和。

2)数值求和函数 SUM：返回某一单元格区域中的所有数值之和。

格式：SUM（number1，number2，…）

参数：number1，number2，…为需要计算平均值的 1～30 个参数。任务 2 中表示为 SUM(B4: I4)，其参数为 B4: I4 单元格区域的 8 个参数，即权数之和 $\sum_{t=1}^{n} w_t$。

平均数可以消除随机变动对时间序列的影响，但算术平均数往往看不出时间序列的发展过程和数据演变趋势。实际数据点的自然分布能真实反映时间序列的发展过程，但常常掺杂了多种变动因素，因此难以分辨出时间序列的发展规律。

移动平均法在算术平均数法的基础上进行了改进。它的基本思想是，每次取一定数量周期的数据进行平均，按时间次序逐次推进。每推进一个周期时，舍去一个周期的数据，增加一个新周期的数据。

任务 3　用短序列一次移动平均法预测某商场 9 月份电视的销售量

1-3

➢ 方法原理

1)一次移动平均数的计算公式为

$$M_t^{(1)}=\frac{y_t+y_{t-1}+\cdots+y_{t-n+1}}{n}\ (t\geqslant n) \tag{1-5}$$

式中　t——周期序号；

M_t——第 t 周期的平均数；

$M_t^{(1)}$——第 t 周期的一次移动平均数；

y_t——第 t 周期的观察值；

n——计算移动平均数所选定的数据个数，即组距。

如果用加权平均数法，则 M_t 也可以用下式表示：

$$y_{t+1}=\frac{w_1y_1+w_2y_2+\cdots+w_ny_n}{w_1+w_2+\cdots+w_n}\ (t\geqslant n) \tag{1-6}$$

用所求出的移动平均值来估计预测值时，针对两种不同情况，可分别采用两种不同的方法：短序列移动平均法和长序列移动平均法。

2)短序列移动平均法。如果观察值数列 y_t 比较短(一般小于 20 个数)，则把 M_t 放在 $t=n$ 的时间位置上，且预测值 y_{t+1} 就等于 M_t，即

$$y_{t+1}=M_t \tag{1-7}$$

➢ 任务内容

某公司在某城市最近 8 个月的电视销售量见表 1-2，用短序列一次移动平均法预测 9 月份的电视销售量。

➢ 任务操作步骤

步骤1：建立数据模型。利用图1－1的数据模型，在J2单元格输入“9”，在A4单元格输入“移动平均值 M_t”，在A5单元格输入“预测值 y_{t+1}”，建立数据模型，如图1－7所示。

	A	B	C	D	E	F	G	H	I	J
1	最近8个月电视销售量(n=3)									
2	月份 t	1	2	3	4	5	6	7	8	9
3	销售量 y_t(台)	1050	1040	1070	1040	1030	1040	1060	1050	
4	移动平均值 M_t									
5	预测值 y_{t+1}									

图1－7 短序列一次移动平均法数据模型

步骤2：计算第一个取整移动平均值。取 $n=3$，把 M_t 放在 $t+2$ 的时间位置上，选定D4单元格，用简单平均法计算，即在编辑栏中输入“=TRUNC((B3+C3+D3)/3)”后，按<Enter>键，如图1－8所示。

D4 fx =TRUNC((B3+C3+D3)/3)

	A	B	C	D	E	F	G	H	I	J
1	最近8个月电视销售量(n=3)									
2	月份 t	1	2	3	4	5	6	7	8	9
3	销售量 y_t(台)	1050	1040	1070	1040	1030	1040	1060	1050	
4	移动平均值 M_t			1053						
5	预测值 y_{t+1}									

图1－8 计算组距为3时的第一个取整移动平均值

步骤3：计算全部取整移动平均值。鼠标指向D4单元格的右下方，按住鼠标左键并向右拖动至I4单元格，完成单元格的相对引用，则相对引用的结果如图1－9所示。

E4 fx =TRUNC((C3+D3+E3)/3)

	A	B	C	D	E	F	G	H	I	J
1	最近8个月电视销售量(n=3)									
2	月份 t	1	2	3	4	5	6	7	8	9
3	销售量 y_t(台)	1050	1040	1070	1040	1030	1040	1060	1050	
4	移动平均值 M_t			1053	1050	1046	1036	1043	1050	
5	预测值 y_{t+1}									

图1－9 计算组距为3时的全部取整移动平均值

步骤4：预测9月份电视销售量。在E5单元格输入“=D4”后，按<Enter>键，鼠标指向E5单元格的右下方，按住鼠标左键并向右拖动至J5单元格，得出用短序列一次移动平均法预测的9月份电视销售量，如图1－10所示。

	A	D	E	F	G	H	I	J
1		最近8个月电视销售量(n=3)						
2	月份 t	3	4	5	6	7	8	9
3	销售量 y_t(台)	1070	1040	1030	1040	1060	1050	
4	移动平均值 M_t	=TRUNC((B3+C3+D3)/3)	=TRUNC((C3+D3+E3)/3)	=TRUNC((D3+E3+F3)/3)	=TRUNC((E3+F3+G3)/3)	=TRUNC((F3+G3+H3)/3)	=TRUNC((G3+H3+I3)/3)	
5	预测值 y_{t+1}		=D4	=E4	=F4	=G4	=H4	=I4

a) 函数和公式

E5 ▾ fx =D4

	A	B	C	D	E	F	G	H	I	J
1	最近8个月电视销售量(n=3)									
2	月份 t	1	2	3	4	5	6	7	8	9
3	销售量 y_t(台)	1050	1040	1070	1040	1030	1040	1060	1050	
4	移动平均值 M_t			1053	1050	1046	1036	1043	1050	
5	预测值 y_{t+1}				1053	1050	1046	1036	1043	1050

b) 计算结果

图 1-10 用短序列一次移动平均法预测的 9 月份电视销售量

➢ 任务操作结果

如图 1-10 所示，求出预测值 y_{t+1}，即 $y_9=M_8=1050$ 台，所以 9 月份的预测销售量为 1050 台。

任务 4 用长序列一次移动平均法预测某仓储企业 2018 年—2022 年的仓储收入

➢ 方法原理

1-4

长序列移动平均法：如果观察值数列 y_t 比较长（一般大于 20 个数），则把移动平均值 M_t 放在组距的中位位置上，形成一个平均值的时间序列 M_t，由这个平均值序列 M_t，求出其变化趋势值 α_t，再由变化趋势值 α_t 求出其平均值序列 $\overline{\alpha}_t$，最后根据 M_t 和 $\overline{\alpha}_t$ 来求得预测值。

M_t 的变化趋势序列 α_t 见式(1-8)。

$$\alpha_t=M_t-M_{t-1} \tag{1-8}$$

再由 α_t 序列按同样的组距 n 求移动平均值 $\overline{\alpha}_t$，同样置于对应的组中位上，则 $\overline{\alpha}_t$ 的计算方法见式(1-9)。

$$\overline{\alpha}_t=\frac{\alpha_t+\alpha_{t-1}+\cdots+\alpha_{t-n+1}}{n}\ (t\geqslant n) \tag{1-9}$$

同样也可以用加权平均法求 $\overline{\alpha}_t$。

最后可以利用式(1-10)求出后面距离 t 时段为 T 的任意一个时段的预测值 y_{t+T}：

$$y_{t+T}=M_t+T\overline{\alpha}_t \tag{1-10}$$

式中　α_t——变化趋势值；

$\bar{\alpha}_t$——平均变动趋势值；

T——时间间隔。

➢ 任务内容

某仓储企业 1995 年—2017 年的收入数据见表 1－4，用长序列一次移动平均法预测该仓储企业 2018 年—2022 年的仓储收入。

表 1－4　某仓储企业的收入数据

年份 t	1995	1996	1997	1998	1999	2000	2001	2002
仓储收入 y_t（万元）	140.0	142.0	146.0	147.0	150.0	160.0	162.0	171.0
年份 t	2003	2004	2005	2006	2007	2008	2009	2010
仓储收入 y_t（万元）	172.0	180.0	180.0	182.0	171.0	182.0	190.0	185.0
年份 t	2011	2012	2013	2014	2015	2016	2017	
仓储收入 y_t（万元）	197.0	186.0	187.0	186.0	188.0	190.0	195.0	

➢ 任务操作步骤

步骤 1：建立数据模型。长序列一次移动平均法的数据模型如图 1－11 所示。

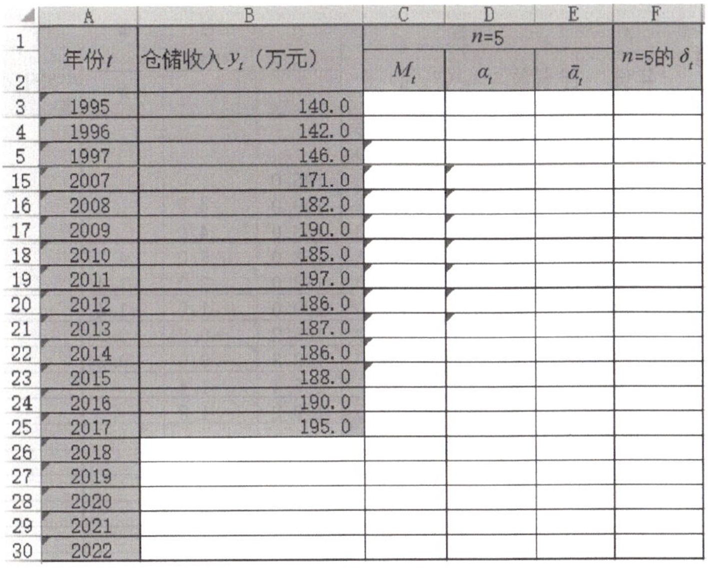

	A	B	C	D	E	F
1	年份 t	仓储收入 y_t（万元）	n=5			n=5的 δ_t
2			M_t	α_t	$\bar{\alpha}_t$	
3	1995	140.0				
4	1996	142.0				
5	1997	146.0				
15	2007	171.0				
16	2008	182.0				
17	2009	190.0				
18	2010	185.0				
19	2011	197.0				
20	2012	186.0				
21	2013	187.0				
22	2014	186.0				
23	2015	188.0				
24	2016	190.0				
25	2017	195.0				
26	2018					
27	2019					
28	2020					
29	2021					
30	2022					

图 1－11　长序列一次移动平均法数据模型

步骤 2：计算第一个移动平均值。取 $n=5$，把 M_t放在组距的中位位置上（即 C5 单元格），然后用简单平均法计算，即在编辑栏中输入“=AVERAGE（B3: B7）”后，按 <Enter> 键。

步骤 3：计算全部移动平均值。鼠标指向 C5 单元格的右下方，按住鼠标左键向下拖动至 C23 单元格，完成单元格 M_t的相对引用计算，如图 1－12 所示。

C21 =AVERAGE(B19:B23)

	A	B	C	D	E	F
1	年份t	仓储收入 y_t（万元）	n=5			n=5的 δ_t
2			M_t	α_t	$\bar{\alpha}_t$	
3	1995	140.0				
4	1996	142.0				
5	1997	146.0	145.0			
21	2013	187.0	188.8			
22	2014	186.0	187.4			
23	2015	188.0	189.2			
24	2016	190.0				
25	2017	195.0				
26	2018					
27	2019					
28	2020					
29	2021					
30	2022					

图 1-12　t 周期移动平均值 M_t 的相对引用计算结果

步骤 4：计算变化趋势值。在 D6 单元格输入“ = C6 - C5”后，按 < Enter > 键，将鼠标指向 D6 单元格的右下方，按住鼠标左键并向下拖动至 D23 单元格，完成α_t的计算。

步骤 5：计算平均变化趋势值。在 E8 单元格输入“ = AVERAGE(D6: D10)”后，按 < Enter > 键，将鼠标指向 E8 单元格的右下方，按住鼠标左键并向下拖动至 E21 单元格，完成$\bar{\alpha}_t$的计算，如图 1-13所示。

	A	B	C	D	E	F
1	年份t	仓储收入 y_t（万元）	n=5			n=5的 δ_t
2			M_t	α_t	$\bar{\alpha}_t$	
3	1995	140.0				
4	1996	142.0				
5	1997	146.0	145.0			
6	1998	147.0	149.0	4.0		
7	1999	150.0	153.0	4.0		
8	2000	160.0	158.0	5.0	4.8	
18	2010	185.0	188.0	3.0	1.4	
19	2011	197.0	189.0	1.0	1.4	
20	2012	186.0	188.2	-0.8	0.5	
21	2013	187.0	188.8	0.6	0.2	
22	2014	186.0	187.4	-1.4		
23	2015	188.0	189.2	1.8		
24	2016	190.0				
25	2017	195.0				
26	2018					
27	2019					
28	2020					
29	2021					
30	2022					

图 1-13　变化趋势值和平均变化趋势值的计算结果

步骤 6：在 F5 单元格输入“ = ABS(B5 - C5)”后，按 < Enter > 键，将鼠标指向 F5 单元格的右下方，按住鼠标左键并向下拖动至 F23 单元格，完成δ_t的计算，如图 1-14 所示。

由于最后一个同时有移动平均值 M_t 和平均变化趋势值$\bar{\alpha}_t$的时间为 2013 年，所以如果要预测 2018 年的预测值，则取 t = 2013，预测年份 2018 年距 2013 年的时间间隔 T = 5。

	A	B	C	D	E	F
1	年份 t	仓储收入 y_t（万元）	n=5			n=5的 δ_t
2			M_t	a_t	$\bar{a}_t$	
3	1995	140.0				
4	1996	142.0				
5	1997	146.0	145.0			1.0
6	1998	147.0	149.0	4.0		2.0
7	1999	150.0	153.0	4.0		3.0
8	2000	160.0	158.0	5.0	4.8	2.0
21	2013	187.0	188.8	0.6	0.2	1.8
22	2014	186.0	187.4	-1.4		1.4
23	2015	188.0	189.2	1.8		1.2
24	2016	190.0				
25	2017	195.0				
26	2018					
27	2019					
28	2020					
29	2021					
30	2022					

图 1－14　移动平均值与实际值之差的绝对值结果 δ_t

步骤 7：预测 2018 年—2022 年仓储收入。在 B26 单元格输入“＝C＄21＋（A26－A＄21）＊E＄21”后，按＜Enter＞键，将鼠标指向 B26 单元格的右下方，按住鼠标左键并向下拖动至 B30 单元格，完成 y_{t+T} 的计算，如图 1－15 所示。

B30　=C$21+(A30-A$21)*E$21

	A	B	C	D	E	F
1	年份 t	仓储收入 y_t（万元）	n=5			n=5的 δ_t
2			M_t	a_t	$\bar{a}_t$	
3	1995	140.0				
4	1996	142.0				
5	1997	146.0	145.0			1.0
6	1998	147.0	149.0	4.0		2.0
7	1999	150.0	153.0	4.0		3.0
8	2000	160.0	158.0	5.0	4.8	2.0
24	2016	190.0				
25	2017	195.0				
26	2018	=C$21+(A26-A$21)*E$21				
27	2019	=C$21+(A27-A$21)*E$21				
28	2020	=C$21+(A28-A$21)*E$21				
29	2021	=C$21+(A29-A$21)*E$21				
30	2022	=C$21+(A30-A$21)*E$21				

a）计算公式

	A	B	C	D	E	F
1	年份 t	仓储收入 y_t（万元）	n=5			n=5的 δ_t
2			M_t	a_t	$\bar{a}_t$	
3	1995	140.0				
4	1996	142.0				
5	1997	146.0	145.0			1.0
6	1998	147.0	149.0	4.0		2.0
7	1999	150.0	153.0	4.0		3.0
8	2000	160.0	158.0	5.0	4.8	2.0
24	2016	190.0				
25	2017	195.0				
26	2018	190.0				
27	2019	190.2				
28	2020	190.5				
29	2021	190.7				
30	2022	191.0				

b）计算结果

图 1－15　2018 年—2022 年仓储收入的预测

➢ 任务操作结果

2018 年预测仓储收入为 190.0 万元，2019 年、2020 年、2021 年、2022 年预测仓储收入分别为 190.2 万元、190.5 万元、190.7 万元、191.0 万元。

➢ 任务小结

1）由任务 3 和任务 4 可以看出，短序列和长序列之所以要用不同的方法，是因为长序列反映的变动趋势比较大，变动规律性比较长，所以主要应考虑按变化规律来进行预测；而短序列主要依靠实际值本身进行预测。

2）在移动平均法中，组距也是很重要的因素，它直接决定预测值的准确性。

3）在任务 3 中用到了取整函数，而在任务 4 中没有用，是因为电视机的销售一定是正整数，而仓储收入只要在预先设定的小数点允许范围内即可。

4）返回数值的绝对值函数 ABS：返回数值的绝对值。

格式：ABS(number)

参数：number 为需要计算绝对值的实数。

5）“=(D6+D7+D8+D9+D10)/5”和“=AVERAGE(D6:D10)”都是求平均数，结果是一样的。

➢ 任务拓展

1）Excel 数据分析工具的安装：选择“文件”/“选项”/“加载项”/“转到”，勾选“分析工具库”和“规划求解加载项”复选框，单击“确定”按钮。

2）用 Excel 数据分析工具中的“移动平均”也可以进行预测。

选择“数据”/“分析”/“数据分析”命令，弹出如图 1－16 所示对话框，选择“移动平均”，单击“确定”按钮。

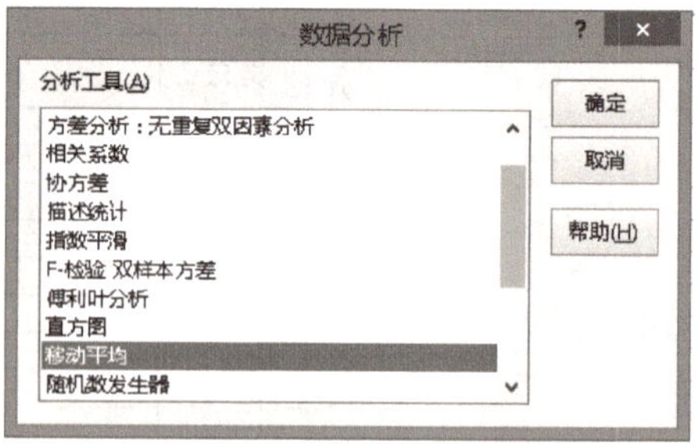

图 1－16 “数据分析”对话框

任务 5 用二次移动平均法预测某仓储企业 2018 年—2022 年的仓储收入

➢ 方法原理

如果时间序列具有明显的线性变化趋势，则不宜采用一次移动平均法进行预测。原因是滞后偏差将使预测值偏低，不能合理地进行趋势外推；因此，需要进行修正。修正的方法是在一次移动平均的基础上再进行二次移动平均，利用移动平均滞后偏差的规律找出曲线的发展方向和发展趋势，然后建立直线趋势的预测模型。因此，二次移动平均法也称为趋势移动平均法。二次移动平均法适用于偶数项时间序列。

1-5

二次移动平均法适用于时间序列具有线性趋势的场合，它不是利用二次移动平均数直接进行预测，而是在二次移动平均的基础上建立线性预测模型，然后再利用模型进行预测。

二次移动平均数是在一次移动平均数的基础上经过计算得到的，其计算公式为

$$M_t^{(2)} = \frac{M_t^{(1)} + M_{t-1}^{(1)} + \cdots + M_{t-n+1}^{(1)}}{n} = M_{t-1}^{(2)} + \frac{M_t^{(1)} - M_{t-n}^{(1)}}{n} \quad (1-11)$$

式中 $M_t^{(1)}$——第 t 周期的一次移动平均数；

$M_t^{(2)}$——第 t 周期的二次移动平均数；

n——计算移动平均数所选定的数据个数。

设时间序列 y_1，y_2，…，y_t 从某时期开始具有直线趋势，且认为未来时期亦按此直线趋势变化，则可设此直线趋势预测模型为

$$\hat{y}_{t+T} = a_t + b_t T \quad (1-12)$$

式中 t——当前时期数；

T——由当前时期数 t 到预测期的时期数，即 t 以后模型外推的时间；

$\hat{y}_{t+T}$——第 $t+T$ 期的预测值；

a_t——截距；

b_t——斜率，又称平滑系数。

a_t 和 b_t 的计算公式见式(1－13)与式(1－14)。

$$a_t = 2M_t^{(1)} - M_t^{(2)} \tag{1-13}$$

$$b_t = \frac{2}{n-1}(M_t^{(1)} - M_t^{(2)}) \tag{1-14}$$

➢ 任务内容

某仓储企业1995年—2017年的收入数据见表1－4，用二次移动平均法预测该仓储企业2018年—2022年的仓储收入。

➢ 任务操作步骤

步骤1：建立数据模型，如图1－17所示。

步骤2：选择“数据”/“分析”/“数据分析”。

步骤3：在“数据分析”对话框中选择“移动平均”，单击“确定”按钮。

步骤4：在“移动平均”对话框的“输入区域”栏输入“$C$3: $C$25”；在“间隔”栏输入“3”；在“输出区域”栏输入“$D$3”，如图1－18所示。单击“确定”按钮，完成一次移动平均。

	A	B	C	D	E
1	序号	年份 t	仓储收入 y_t（万元）	$n=3$	
2				$M_t^{(1)}$	$M_t^{(2)}$
3	1	1995	140.0		
4	2	1996	142.0		
5	3	1997	146.0		
15	13	2007	171.0		
16	14	2008	182.0		
17	15	2009	190.0		
18	16	2010	185.0		
19	17	2011	197.0		
20	18	2012	186.0		
21	19	2013	187.0		
22	20	2014	186.0		
23	21	2015	188.0		
24	22	2016	190.0		
25	23	2017	195.0		
26	24	2018			
27	25	2019			
28	26	2020			
29	27	2021			
30	28	2022			

图1－17　二次移动平均法数据模型

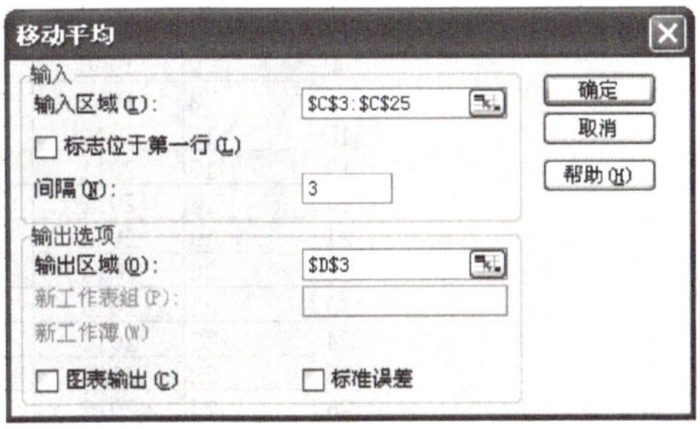

图1－18　“移动平均”对话框

步骤5：重复步骤4，在“移动平均”对话框的“输入区域”栏输入“$D$5: $D$25”；在“间隔”栏输入“3”；在“输出区域”栏输入“$E$5”。单击“确定”按钮，完成二次移动平均。一次、二次移动平均结果如图1－19所示。

	A	B	C	D	E
1	序号	年份 t	仓储收入 y_t（万元）	n=3	
2				$M_t^{(1)}$	$M_t^{(2)}$
3	1	1995	140.0		
4	2	1996	142.0		
5	3	1997	146.0	142.7	
21	19	2013	187.0	190.0	190.0
22	20	2014	186.0	186.3	188.6
23	21	2015	188.0	187.0	187.8
24	22	2016	190.0	188.0	187.1
25	23	2017	195.0	191.0	188.7
26	24	2018			
27	25	2019			
28	26	2020			
29	27	2021			
30	28	2022			

图 1－19　一次、二次移动平均结果

步骤 6：已知目前的周期序号为 23，将第 23 周期的一次、二次移动平均数带入式(1－13)和式(1－14)得

$$a_{23}=2M_{23}^{(1)}-M_{23}^{(2)}=2\times191.0-188.7=193.3$$

$$b_{23}=\frac{2}{n-1}(M_{23}^{(1)}-M_{23}^{(2)})=\frac{2}{3-1}(191.0-188.7)=2.3$$

在单元格 B32 输入"a_{23} ="，在 C32 输入"=2 * D25 - E25 ="，在 D32 输入"=2 * D25 - E25"，得到 $a_{23}=193.3$；在单元格 B33 输入"b_{23} ="，在 C33 输入"=2/(3－1) * (D25－E25) ="，在 D33 输入"=2/(3－1) * (D25－E25)"，得到 $b_{23}=2.3$。

故得到线性规划模型：$\hat{y}_{23+T}=193.3+2.3T$。

步骤 7：选定 C26 单元格，在编辑栏输入"= D $32 + D $33 * (A26 - A $25)"后，按 <Enter> 键，鼠标指向 C26 单元格的右下方，按住鼠标左键向下拖动至 C30 单元格，得到 2018 年—2022 年仓储收入的预测公式，如图 1－20 所示。

	A	B	C	D	E
1	序号	年份 t	仓储收入 y_t（万元）	n=3	
2				$M_t^{(1)}$	$M_t^{(2)}$
3	1	1995	140.0		
4	2	1996	142.0		
5	3	1997	146.0	142.7	
18	16	2010	185.0	185.7	181.7
19	17	2011	197.0	190.7	185.8
20	18	2012	186.0	189.3	188.6
21	19	2013	187.0	190.0	190.0
22	20	2014	186.0	186.3	188.6
23	21	2015	188.0	187.0	187.8
24	22	2016	190.0	188.0	187.1
25	23	2017	195.0	191.0	188.7
26	24	2018	=D$32+D$33*(A26-A$25)		
27	25	2019	=D$32+D$33*(A27-A$25)		
28	26	2020	=D$32+D$33*(A28-A$25)		
29	27	2021	=D$32+D$33*(A29-A$25)		
30	28	2022	=D$32+D$33*(A30-A$25)		
31					
32		a_{23} =	=2*D25-E25=	193.3	
33		b_{23} =	=2/(3-1)*(D25-E25)=	2.3	

图 1－20　2018 年—2022 年仓储收入的预测公式

➤ 任务操作结果

利用线性预测模型，求得 2018 年—2022 年仓储收入的预测值分别为 195.7 万元、198.0 万元、200.3 万元、202.7 万元和 205.0 万元，如图 1－21 所示。

C26　　=D$32+D$33*(A26-A$25)

	A	B	C	D	E
1–2	序号	年份 t	仓储收入 y_t（万元）	$n=3$ $M_t^{(1)}$	$M_t^{(2)}$
3	1	1995	140.0		
4	2	1996	142.0		
5	3	1997	146.0	142.7	
24	22	2016	190.0	188.0	187.1
25	23	2017	195.0	191.0	188.7
26	24	2018	195.7		
27	25	2019	198.0		
28	26	2020	200.3		
29	27	2021	202.7		
30	28	2022	205.0		
31					
32		$a_{23}=$	=2*D25-E25=	193.3	
33		$b_{23}=$	=2/(3-1)*(D25-E25)=	2.3	

图 1－21　2018 年—2022 年仓储收入的预测值

任务 6　用二次指数平滑法预测某仓储企业 2018 年的仓储收入

1-6

➤ 方法原理

指数平滑法实际上是一种特殊的加权移动平均法。它的基本思想是把下一期的预测值 $Y_{t+1}^{(1)}$ 看作上一期实际值 X_t 乘以 α 与上一期预测值 $Y_t^{(1)}$ 乘以 $(1-\alpha)$ 之和。

1. 一次指数平滑法

一次指数平滑法的计算公式见式(1－15)。

$$Y_{t+1}^{(1)}=\alpha X_t+(1-\alpha)Y_t^{(1)} \tag{1-15}$$

式中　α——指数平滑系数，$0\leqslant\alpha\leqslant1$。

当 $\alpha=0$ 时，$Y_{t+1}=Y_t$，下一期的预测值等于上一期的预测值；当 $\alpha=1$ 时，$Y_{t+1}=X_t$，下一期的预测值等于上一期的实际值。

一般情况下，$0\leqslant\alpha\leqslant1$，下一期的预测值等于上一期的实际值和上一期的预测值的加权平均值。可以看出，α 和 $1-\alpha$ 分别是实际值 X_t 和预测值 Y_t 的权数。

通常，我们取第一期的预测值 Y_{1+1} 等于第一期的实际值 X_1，即

$$Y_2=X_1 \tag{1-16}$$

由式(1－15)和式(1－16)得出的第一期的预测值，可求出第二期的预测值，由前一期的实际值和预测值可以求出后面一期的预测值，这样由前往后，逐期计算，一直到最后一期，就可以求出最后一期的预测值。这就是用一次指数平滑法进行预测计算的原理。

2. 二次指数平滑法

当时间序列没有明显的趋势变动时，使用第 t 周期一次指数平滑法就能直接预测第 $t+1$ 期的值。但当时间序列的变动出现直线趋势时，用一次指数平滑法来预测会存在着明

显的滞后偏差。因此，一次指数平滑法需要进行修正。修正的方法也是在一次指数平滑的基础上再做二次指数平滑，利用滞后偏差的规律找出曲线的发展方向和发展趋势，然后建立直线趋势预测模型，故称为二次指数平滑法。

设一次指数平滑为$Y_{t+1}^{(1)}$，则二次指数平滑$Y_{t+1}^{(2)}$的计算公式见式(1－17)。

$$Y_{t+1}^{(2)}=\alpha Y_{t+1}^{(1)}+(1-\alpha)Y_t^{(2)} \tag{1-17}$$

若时间序列 α 从某时期开始具有直线趋势，且认为未来时期亦按此直线趋势变化，则与趋势移动平均类似，可用直线趋势模型来预测，见式(1－18)。

$$\hat{Y}_{t+T}=a_t+b_tT \qquad t=1,\ 2,\ \cdots \tag{1-18}$$

式中 t——当前时期数；

T——由当前时期数 t 到预测期的时期数；

$\hat{Y}_{t+T}$——第 $t+T$ 期的预测值；

a_t——截距；

b_t——斜率。

a_t 和 b_t 的计算公式见式(1－19)和式(1－20)。

$$a_t=2Y_t^{(1)}-Y_t^{(2)} \tag{1-19}$$

$$b_t=\frac{\alpha}{1-\alpha}(Y_t^{(1)}-Y_t^{(2)}) \tag{1-20}$$

➢ 任务内容

某仓储企业 1995 年—2017 年的收入数据见表 1－4，用指数平滑法预测该仓储企业 2018 年的收入。

➢ 任务操作步骤

步骤 1：建立数据模型。根据表 1－4 建立新的数据模型，如图 1－22 所示。

步骤 2：选择“数据”/“分析”/“数据分析”。

步骤 3：在“数据分析”对话框中，选择“指数平滑”，单击“确定”按钮。

步骤 4：在“指数平滑”对话框的“输入区域”栏输入“\$C\$3:\$C\$25”；在“阻尼系数”栏输入“0.7”；在“输出区域”栏输入“\$D\$3”，勾选“标准误差”复选框，如图 1－23 所示。

	A	B	C	D	E
1–2	序号	年份 t	仓储收入 X_t（万元）	预测值 Y_{t+1}	标准误差
15	13	2007	171.0		
16	14	2008	182.0		
17	15	2009	190.0		
18	16	2010	185.0		
19	17	2011	197.0		
20	18	2012	186.0		
21	19	2013	187.0		
22	20	2014	186.0		
23	21	2015	188.0		
24	22	2016	190.0		
25	23	2017	195.0		
26	24	2018			

图 1－22 一次指数平滑法数据模型

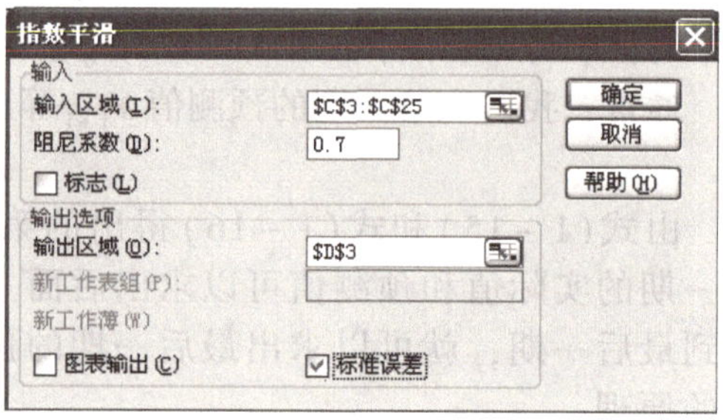

图 1－23 “指数平滑”对话框

步骤 5：单击“确定”按钮，完成指数平滑法的预测和标准误差的计算，如图 1－24 所示。

	A	B	C	D	E
1 2	序号	年份t	仓储收入X_t（万元）	预测值Y_{t+1}	标准误差
3	1	1995	140.0		
4	2	1996	142.0	140.0	
5	3	1997	146.0	140.6	
6	4	1998	147.0	142.22	
7	5	1999	150.0	143.654	4.320817824
18	16	2010	185.0	180.271758	9.620336069
19	17	2011	197.0	181.6902306	9.772014661
20	18	2012	186.0	186.2831614	12.24589048
21	19	2013	187.0	186.198213	9.252486011
22	20	2014	186.0	186.4387491	8.852722407
23	21	2015	188.0	186.3071244	0.552432066
24	22	2016	190.0	186.8149871	1.110734155
25	23	2017	195.0	187.7704909	2.09782714
26	24	2018			

图1-24　指数平滑法的预测和标准误差的计算

步骤6：鼠标指向D25单元格的右下方，按住鼠标左键向下拖动至D26单元格，完成2018年仓储收入的预测，同理完成标准误差的计算，如图1-25所示。利用指数平滑法求得2018年仓储收入的预测值约为190.0万元，标准误差约为4.66。

	A	B	C	D	E	F	G	H
1 2	序号	年份t	仓储收入X_t（万元）	预测值Y_{t+1}	标准误差			
24	22	2016	190.0	=0.3*C23+0.7*D23	=SQRT(SUMXMY2(C21:C23,D21:D23)/3)			
25	23	2017	195.0	=0.3*C24+0.7*D24	=SQRT(SUMXMY2(C22:C24,D22:D24)/3)			
26	24	2018		=0.3*C25+0.7*D25	=SQRT(SUMXMY2(C23:C25,D23:D25)/3)			

a）计算公式和函数

	A	B	C	D	E
1 2	序号	年份t	仓储收入X_t（万元）	预测值Y_{t+1}	标准误差
24	22	2016	190.0	186.8149871	1.110734155
25	23	2017	195.0	187.7704909	2.09782714
26	24	2018		189.9393437	4.664616334

b）计算结果

图1-25　预测值和标准误差的计算

继续用指数平滑法预测该仓储企业2018年的仓储收入（二次指数平滑）。

步骤7：选择“数据”/“分析”/“数据分析”。

步骤8：在“数据分析”对话框中，选择“指数平滑”，单击“确定”按钮。

步骤9：在“指数平滑”对话框的“输入区域”栏输入“$D$4:$D$25”；在“阻尼系数”栏输入“0.7”；在“输出区域”栏输入“$E$4”，勾选“图表输出”复选框，如图1-26所示。

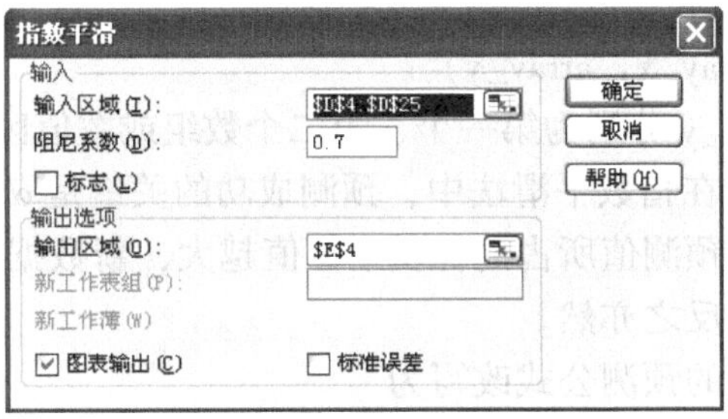

图1-26　“指数平滑”对话框

步骤 10：单击“确定”按钮，完成指数平滑法的预测，如图 1－27 和图 1－28 所示。

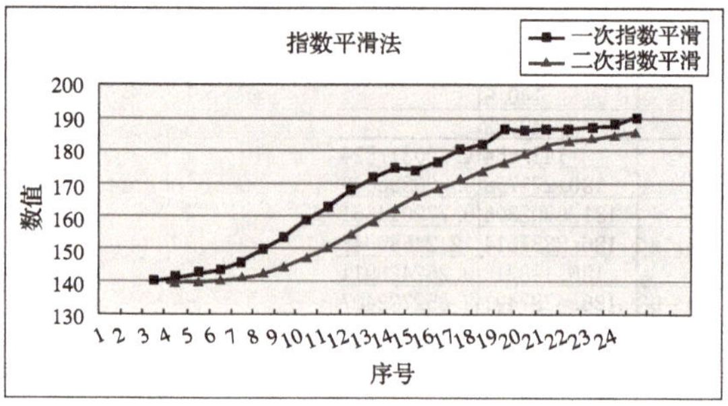

图 1－27　指数平滑法图表

E23　=0.3*D22+0.7*E22

	A	B	C	D	E
1 2	序号	年份 t	仓储收入 X_t（万元）	一次指数平滑	二次指数平滑
3	1	1995	140.0		
23	21	2015	188.0	186.3071244	182.7811682
24	22	2016	190.0	186.8149871	183.838955
25	23	2017	195.0	187.7704909	184.7317646
26	24	2018			

图 1－28　二次指数平滑法计算结果

步骤 11：根据图 1－28 计算截距：$a_{23}=2Y_{23}^{(1)}-Y_{23}^{(2)}=2\times \text{D25}-\text{E25}\approx 190.8$；计算斜率：$b_{23}=\frac{\alpha}{1-\alpha}(Y_{23}^{(1)}-Y_{23}^{(2)})=\frac{0.3}{0.7}\times(\text{D25}-\text{E25})\approx 1.3$；计算 2018 年仓储收入：$\hat{Y}_{23+T}=a_{23}+b_{23}T=192.1\,(T=1)$。

➢ 任务操作结果

利用二次指数平滑法求得 2018 年仓储收入的预测值为 192.1 万元，可以看到本任务用二次指数平滑法预测更贴近上一年的实际值。

➢ 任务小结

1）阻尼系数为 $1-\alpha$，指数平滑系数 α 越大，越接近实际值。

2）D4＝C3，也就是第一个预测值等于第一个实际值，即 $Y_2=X_1$。

3）指数平滑法也可以用式（1－15）来实现，例如 D5 ＝0.3×C4＋0.7×D4＝0.3×142.0＋0.7×140.0＝140.6，即由前一期的实际值和预测值就可以求出后面一期的预测值。

4）若把一次指数平滑法公式改为 $\hat{Y}_{t+1}=\hat{Y}_t+\alpha(Y_t-\hat{Y}_t)$，则 2018 年预测值为 $\hat{Y}_{24}=\hat{Y}_{23}+\alpha(Y_{23}-\hat{Y}_{23})\approx 187.8+0.3\times(195.0-187.8)\approx 190.0$，可以看出用这种方法做出的预测值不如用二次指数平滑法贴近上一年的实际值。

5）正平方根函数 SQRT：计算某一非负数的正平方根。

格式：SQRT（number）

参数：number 为要计算平方根的非负数。

6）对应数值差的平方和函数 SUMXMY2：返回数组中对应数值差的平方和。

格式：SUMXMY2（array_x，array_y）

参数：array_x，array_y 分别为第一个、第二个数组或数值区域。

7）加权系数的选择。在指数平滑法中，预测成功的关键是 α 的选择。α 的大小决定了在新预测值中新数据和原预测值所占的比例。α 值越大，新数据所占的比重就越大，原预测值所占的比重就越小，反之亦然。

若把一次指数平滑法的预测公式改写为

$$\hat{Y}_{t+1}=\hat{Y}_t+\alpha(Y_t-\hat{Y}_t) \tag{1-21}$$

则从式（1－21）可以看出，新预测值是根据预测误差对原预测值进行修正得到的。α 的大小表明了修正的幅度。α 值越大，修正的幅度越大；α 值越小，修正的幅度越小。因此，α 值既代表了预测模型对时间序列数据变化的反应速度，又体现了预测模型修匀误差的能力。

在实际应用中，α 值是根据时间序列的变化特性来选取的。若时间序列的波动不大，比较平稳，则 α 应取小一些，如0.1～0.3；若时间序列具有迅速且明显的变动倾向，则 α 应取大一些，如0.6～0.9。实质上，α 是一个经验数据，通过对多个 α 值进行试算比较而定，哪个值引起的预测误差小就采用哪个。

➢ 任务拓展

1）三次指数平滑法。若时间序列的变动呈现出二次曲线趋势，则需要用三次指数平滑法。三次指数平滑是在二次指数平滑的基础上再进行一次平滑。

2）移动平均法、预测法和指数平滑法都属于时间序列预测法。

任务7 用长期趋势预测法预测某仓储企业的A种物质2020年的需求数量

➢ 方法原理

1-7

长期趋势预测法就是把时间作为自变量，把相应的物流需求作为因变量，建立物流需求随自变量时间变化的回归模型的方法。

长期趋势预测法的数学公式为

$$\hat{x}_{t+1}=\alpha+\beta(t+1) \tag{1-22}$$

$$\alpha=\frac{\sum_{i=1}^{n}x_i-\beta\sum_{i=1}^{n}t_i}{n} \tag{1-23}$$

$$\beta=\frac{n\sum_{i=1}^{n}t_i x_i-\sum_{i=1}^{n}t_i\sum_{i=1}^{n}x_i}{n\sum_{i=1}^{n}t_i^2-\left(\sum_{i=1}^{n}t_i\right)^2} \tag{1-24}$$

式中 $\hat{x}_{t+1}$——第 $t+1$ 期物流需求的预测值；

α——第0期物流需求的预测值；

β——直线的斜率；

n——实际物流需求数据时期数；

x——实际物流需求数据；

t——当前时期数。

➢ 任务内容

某仓储企业的A种物质2012年—2019年的需求数据分别为139，142，141，148，158，162，164，166，试用长期趋势预测法预测该种物质2020年的需求数量。

➢ 任务操作步骤

步骤1：建立数据模型，如图1-29所示。

步骤2：选择"数据"/"分析"/"数据分析"。

步骤 3：在“数据分析”对话框中，选择“回归”，单击“确定”按钮。

步骤 4：在“回归”对话框的“Y 值输入区域”栏输入“ $C$3: $C$10”；在“X 值输入区域”栏输入“ $B$3: $B$10”；在“输出区域”栏输入“ $A$14”，如图 1－30 所示。

	A	B	C
1	长期趋势预测法		
2	序号	年份	物流需求
3	1	2012	139
4	2	2013	142
5	3	2014	141
6	4	2015	148
7	5	2016	158
8	6	2017	162
9	7	2018	164
10	8	2019	166
11	9	2020	

图 1－29 长期趋势预测法数据模型

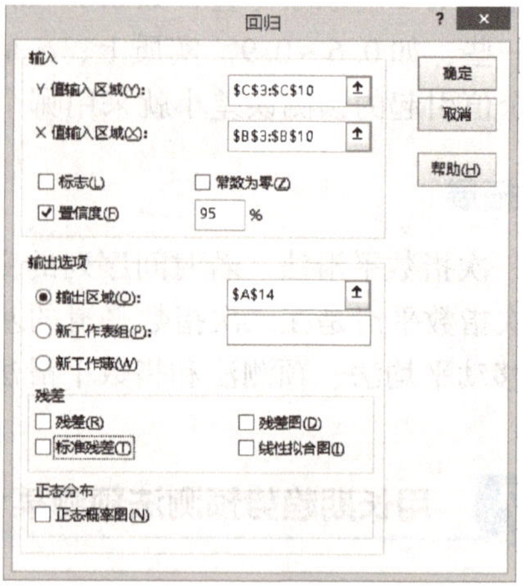

图 1－30 “回归”对话框

步骤 5：单击“确定”按钮，完成回归分析。结果如图 1－31 所示。

	A	B	C	D	E	F	G	H	I
13									
14	SUMMARY OUTPUT								
15									
16	回归统计								
17	Multiple	0.967491							
18	R Square	0.936039							
19	Adjusted	0.925379							
20	标准误差	3.062834							
21	观测值	8							
22									
23	方差分析								
24		df	SS	MS	F	gnificance F			
25	回归分析	1	823.7143	823.7143	87.80711	8.38E-05			
26	残差	6	56.28571	9.380952					
27	总计	7	880						
28									
29		Coefficien	标准误差	t Stat	P-value	Lower 95%	Upper 95%	下限 95.0%	上限 95.0%
30	Intercept	-8773.29	952.5371	-9.21044	9.24E-05	-11104.1	-6442.51	-11104.1	-6442.51
31	X Variabl	4.428571	0.472606	9.370545	8.38E-05	3.272147	5.584996	3.272147	5.584996

图 1－31 回归分析结果

步骤 6：在 D2 单元格输入“需求预测”，在 D3 单元格输入“ =ROUND($B$30 + $B$31 * B3，0)”，按 <Enter> 键后即可得到 2012 年的预测值。鼠标指向 D3 单元格的右下方，按住鼠标左键向下拖动至 D11 单元格，即可得到 2012 年—2020 年 A 种物质的需求预测，如图 1－32 所示。

	A	B	C	D
1	长期趋势预测法			
2	序号	年份	物流需求	需求预测
3	1	2012	139	137
4	2	2013	142	141
5	3	2014	141	146
6	4	2015	148	150
7	5	2016	158	155
8	6	2017	162	159
9	7	2018	164	164
10	8	2019	166	168
11	9	2020		172

图 1－32 2012 年—2020 年需求预测结果

➢ 任务操作结果

如图 1－32 所示，2020 年的需求数量为 172。

➢ 任务小结

一元线性回归也可以用函数 Forecast 和 Correl 直接完成，用图表法也可以得到满意的结果。

任务8　用季节变动预测法预测某物流公司2021年各季度空调的需求数量

➢ 方法原理

1-8

物流需求预测经常会呈现出季节性波动，这种波动周期通常为一年，反映的是季节性产品或季节性业务的变化规律，它研究的季节性波动的物流需求的前提是时间序列的变化规律。

季节变动预测法的计算公式见式(1－25)。

$$\hat{x}_i = s_i \frac{\sum_{j=2}^{n}\sum_{i=1}^{4} x_{ij}}{4(n-1)} \tag{1-25}$$

式中　i——某季度；

j——某年度；

n——年度个数；

$\hat{x}_i$——第 i 季度预测需求值；

s_i——i 季度的季节指数，用第 i 季度需求的平均值($\bar{x}_i$)除以所有季度需求的平均值($\bar{x}$)得到；

$\sum_{i=1}^{4} x_{ij}$——第 j 年度需求的汇总值。

➢ 任务内容

某物流公司 A 市场 2016 年—2020 年各季度空调的需求量见表 1－5，试用季节变动预测法预测 2021 年各季度空调的需求量。

表 1－5　2016 年—2020 年各季度空调的需求量　（单位：万台）

季度	2016	2017	2018	2019	2020
第一季度	45.50	57.75	82.50	98.92	117.42
第二季度	432.00	426.25	483.00	422.75	420.00
第三季度	286.00	302.00	356.75	385.33	420.58
第四季度	29.50	33.50	33.00	36.17	38.17

➢ 任务操作步骤

步骤1：建立数据模型。在 A7 单元格输入“年度汇总”，在 B7 单元格输入“＝SUM(B3:B6)”，按<Enter>键后可得到 2016 年的总需求量。按住 B7 单元格右下方的填充柄，向右填充至 F7 单元格，即可得到 2016 年—2020 年各年的总需求量，如图 1－33 所示。

步骤2：计算各季度需求量平均值。在 G2 单元格输入“平均值”，在 G3 单元格输入

“=AVERAGE(B3:F3)”，按<Enter>键后可得到第一季度的平均需求量。按住 G3 单元格右下方的填充柄，向下填充至 G6 单元格，即可得到第二季度到第四季度的平均需求量，如图 1-34 所示。

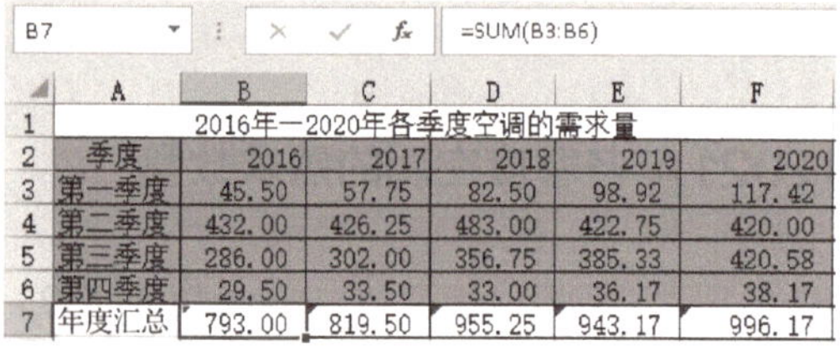

B7 =SUM(B3:B6)

	A	B	C	D	E	F
1	2016年—2020年各季度空调的需求量					
2	季度	2016	2017	2018	2019	2020
3	第一季度	45.50	57.75	82.50	98.92	117.42
4	第二季度	432.00	426.25	483.00	422.75	420.00
5	第三季度	286.00	302.00	356.75	385.33	420.58
6	第四季度	29.50	33.50	33.00	36.17	38.17
7	年度汇总	793.00	819.50	955.25	943.17	996.17

图 1-33　2016 年—2020 年各年的总需求量

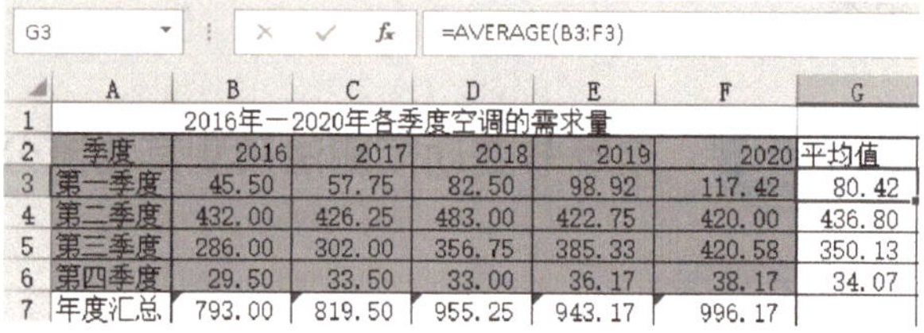

G3 =AVERAGE(B3:F3)

	A	B	C	D	E	F	G
1	2016年—2020年各季度空调的需求量						
2	季度	2016	2017	2018	2019	2020	平均值
3	第一季度	45.50	57.75	82.50	98.92	117.42	80.42
4	第二季度	432.00	426.25	483.00	422.75	420.00	436.80
5	第三季度	286.00	302.00	356.75	385.33	420.58	350.13
6	第四季度	29.50	33.50	33.00	36.17	38.17	34.07
7	年度汇总	793.00	819.50	955.25	943.17	996.17	

图 1-34　2016 年—2020 年各季度的平均需求量

步骤 3：计算所有季度需求量平均值。在 F8 单元格输入“季度平均值”，在 G8 单元格输入“=AVERAGE(G3:G6)”，按<Enter>键后可得到所有季度的平均需求量，如图 1-35所示。

步骤 4：计算季度指数。在 H2 单元格输入“季度指数 *s*”，在 H3 单元格输入“=G3/G$8”，按<Enter>键后可得到第一季度的季度指数。按住 H3 单元格右下方的填充柄，向下填充至 H6 单元格，即可得到第二季度到第四季度的季度指数，如图 1-36 所示。

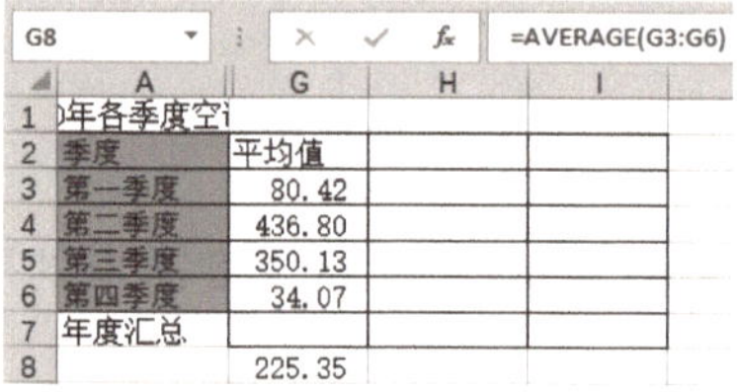

G8 =AVERAGE(G3:G6)

	A	G	H	I
1	0年各季度空i			
2	季度	平均值		
3	第一季度	80.42		
4	第二季度	436.80		
5	第三季度	350.13		
6	第四季度	34.07		
7	年度汇总			
8		225.35		

图 1-35　2016 年—2020 年所有季度的平均需求量

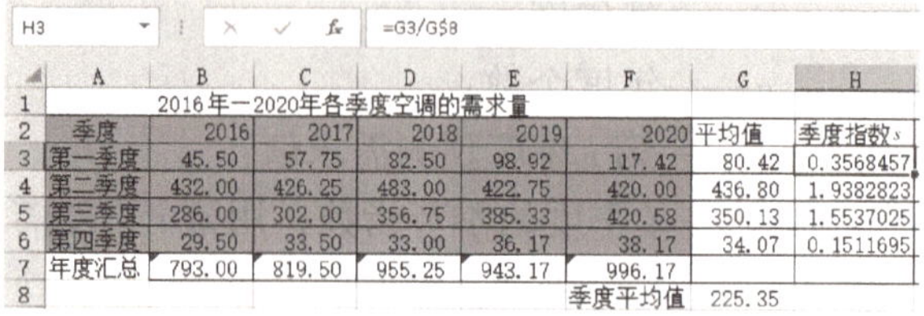

H3 =G3/G$8

	A	B	C	D	E	F	G	H
1	2016年—2020年各季度空调的需求量							
2	季度	2016	2017	2018	2019	2020	平均值	季度指数s
3	第一季度	45.50	57.75	82.50	98.92	117.42	80.42	0.3568457
4	第二季度	432.00	426.25	483.00	422.75	420.00	436.80	1.9382823
5	第三季度	286.00	302.00	356.75	385.33	420.58	350.13	1.5537025
6	第四季度	29.50	33.50	33.00	36.17	38.17	34.07	0.1511695
7	年度汇总	793.00	819.50	955.25	943.17	996.17		
8						季度平均值	225.35	

图 1-36　2016 年—2020 年各季度指数计算

步骤 5：预测 2021 年各季度空调需求量。在 I2 单元格输入“2021”，在 I3 单元格输入“=AVERAGE($C$7:$F$7)/4*H3”，按<Enter>键后可得到 2021 年第一季度的需求量预测值。按住 I3 单元格右下方的填充柄，向下填充至 I6 单元格，即可得到 2021 年第二季度到第四季度的需求量预测值，如图 1-37 所示。

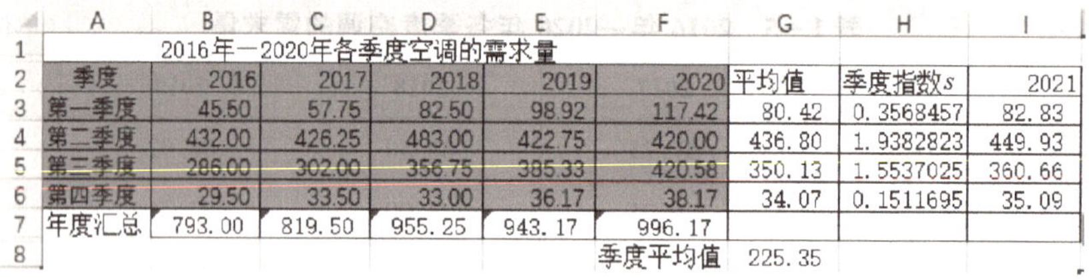

	A	B	C	D	E	F	G	H	I
1	2016年—2020年各季度空调的需求量								
2	季度	2016	2017	2018	2019	2020	平均值	季度指数s	2021
3	第一季度	45.50	57.75	82.50	98.92	117.42	80.42	0.3568457	82.83
4	第二季度	432.00	426.25	483.00	422.75	420.00	436.80	1.9382823	449.93
5	第三季度	286.00	302.00	356.75	385.33	420.58	350.13	1.5537025	360.66
6	第四季度	29.50	33.50	33.00	36.17	38.17	34.07	0.1511695	35.09
7	年度汇总	793.00	819.50	955.25	943.17	996.17			
8						季度平均值	225.35		

图 1-37　2021 年各季度空调需求量预测值

➤ 任务操作结果

2021 年各季度空调需求量预测值如图 1-37 所示。

➤ 任务小结

1）季度平均值也可以这样计算：“=AVERAGE(B3:F6)”。

2）季节变动也可以预测每个月的需求，则公式将变成 $\hat{x}_i = s_i \dfrac{\sum_{j=2}^{n}\sum_{i=1}^{12} x_{ij}}{12(n-1)}$

项目2 回归分析预测法

回归分析预测法是指从各种经济现象之间的相互关系出发，通过对与预测对象有联系的现象的变动趋势的分析，推算预测对象未来状态数量表现的一种预测法。所谓回归分析就是研究某一个随机变量（因变量）与其他一个或几个变量（自变量）之间的数量变动关系，由回归分析求出的关系式通常称为回归模型。

回归模型一般分为以下三类：

1）根据自变量个数的多少，回归模型可以分为一元回归模型和多元回归模型。

2）根据回归模型是否线性，回归模型可以分为线性回归模型和非线性回归模型。线性回归模型是指因变量与自变量之间的关系为直线关系。

3）根据回归模型是否含有虚拟变量，回归模型可以分为普通回归模型和虚拟变量回归模型。普通回归模型的自变量都是数量变量，而虚拟变量回归模型的自变量既有数量变量也有品质变量。

在运用回归模型进行预测时，正确判断两个变量之间的相互关系和选择预测目标的主要影响因素作为模型的自变量是至关重要的。

任务9 用一元线性回归法预测某运输企业2021年的业务收入

1-9

➢ 方法原理

一元线性回归预测是回归预测的基础。若预测对象只受一个主要因素影响，并且它们之间存在明显的线性相关关系时，通常可采用一元线性回归法进行预测。

1. 预测模型

设变量 x 与变量 y 之间具有相关关系，且当 x 确定之后，y 具有某种不确定性。如果在散点图上可以看出 x 与 y 之间具有线性相关关系，则其相关方程见式（1－26）。

$$\hat{y} = a + bx \tag{1－26}$$

采用最小二乘法得到 a 和 b 的计算公式，见式（1－27）和式（1－28）。

$$b = \frac{n\sum x_i y_i - \sum x_i \sum y_i}{n\sum x_i^2 - \left(\sum x_i\right)^2} \tag{1－27}$$

$$a = \bar{y} - b\bar{x} \tag{1－28}$$

式中 a——截距；

b——回归直线的斜率，也称为回归系数；

$\hat{y}$——变量 y 的估计值。

x_i 和 y_i（$i=1, 2, \cdots, n$）均是已有的历史数据。

求直线回归方程 $\hat{y}=a+bx$，实际上是用回归直线拟合散点图中的各观测点。常用的方法是最小二乘法，也就是使该直线与各点的垂直距离最小，即求使观察值 y 与回归直线 $\hat{y}$ 之差的平方和(即 $\sum(y-\hat{y})^2$)达到最小时的 a 和 b 的值。

2. 利用相关系数进行显著性检验

相关系数检验法用于判定一个线性回归方程的拟合程度的优劣，即判断所建立的一元线性回归模型是否符合实际，所选的变量之间是否具有显著的线性相关关系。相关系数是一元回归模型中用来衡量两个变量之间相关程度的一个指标，其计算公式见式(1－29)。

$$r=\frac{\sum(x_i-\bar{x})(y_i-\bar{y})}{\sqrt{\sum(x_i-\bar{x})^2}\sqrt{\sum(y_i-\bar{y})^2}} \tag{1-29}$$

式中，r 是相关系数，是一个重要的判定指标，即回归方程所能解释的因变量变异性的百分比。如果 $r=0.78$，说明变量 y 的变异性中有 78% 是由自变量 x 引起的；如果 $r=1$，表示所有的观测值全部落在回归直线上；如果 $r=0$，则表示自变量与因变量无线性关系。r 越接近 1，自变量与因变量的相关性越好。

➢ 任务内容

某运输企业 2011 年—2020 年的广告费用支出和业务收入数据见表 1－6。若 2021 年投入 40 万元的广告费用，试用一元线性回归法预测在 95% 的概率下 2021 年的业务收入。

表 1－6　2011 年—2020 年广告费用支出和业务收入

年份	广告费用支出 x_i(万元)	业务收入 y_i(百万元)
2011	10	17
2012	13	22
2013	15	27
2014	18	30
2015	20	33
2016	23	36
2017	26	39
2018	28	42
2019	31	45
2020	33	50
合计	217	341

➢ 任务操作步骤

步骤 1：建立数据模型。将表 1－6 的数据输入工作表 A1: C12 单元格中，如图 1－38 所示。

步骤 2：单击“数据”/“分析”/“数据分析”，选择“回归”，单击“确定”按钮。

步骤 3：在“回归”对话框中，在“Y 值输入区域”输入“ $C$3: $C$12”，在“X 值输入区域”输入“ $B$3: $B$12”，勾选“置信度”复选框(系统默认的置信度为 95%，可以自行调整)，在“输出选项”中选中“输出区域”单选框，并输入“ $ A $ 15”，勾选“线性拟合图”复选框，如图 1 - 39 所示。

	A	B	C
1	年份	广告费用支出 x_i(万元)	业务收入 y_i(百万元)
2		X	Y
3	2011	10	17
4	2012	13	22
5	2013	15	27
6	2014	18	30
7	2015	20	33
8	2016	23	36
9	2017	26	39
10	2018	28	42
11	2019	31	45
12	2020	33	50

图 1 - 38 一元线性回归法数据模型

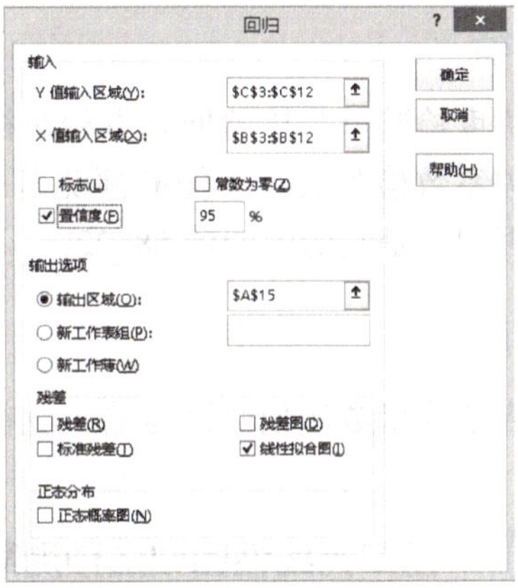

图 1 - 39 “回归”对话框

步骤 4：单击“确定”按钮，一元线性回归分析结果如图 1 - 40 所示。

	A	B	C	D	E	F	G	H	I
14									
15	SUMMARY OUTPUT								
16									
17	回归统计								
18	Multiple R	0.993914682							
19	R Square	0.987866396							
20	Adjusted R	0.986349696							
21	标准误差	1.212242182							
22	观测值	10							
23									
24	方差分析								
25		df	SS	MS	F	Significance F			
26	回归分析	1	957.1437511	957.1438	651.326	5.95575E-09			
27	残差	8	11.75624886	1.469531					
28	总计	9	968.9						
29									
30		Coefficients	标准误差	t Stat	P-value	Lower 95%	Upper 95%	下限 95.0%	上限 95.0%
31	Intercept	5.424010217	1.187212551	4.568693	0.001829	2.686293164	8.16172727	2.6862932	8.16172727
32	X Variable	1.321474184	0.051779695	25.52109	5.96E-09	1.202069992	1.440878375	1.20207	1.440878375

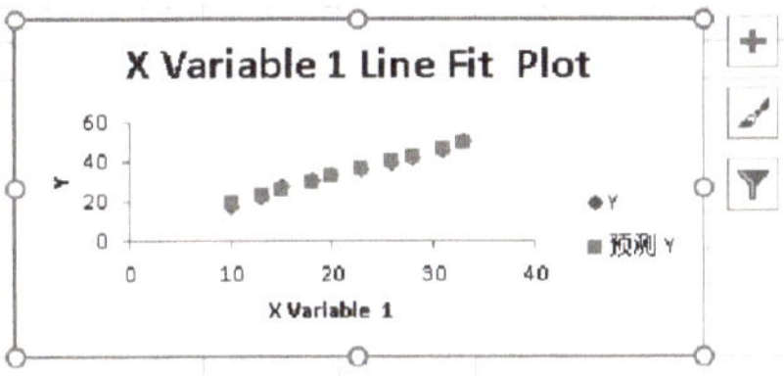

图 1 - 40 一元线性回归分析结果

步骤 5：由图 1 - 40 的计算结果可知，$a = 5.42$，$b = 1.32$。由式(1 - 26)可以求出相关方程为 $\hat{y} = 5.42 + 1.32x$。

当 $x = 40$ 时，$\hat{y} = 5.42 + 1.32 \times 40 = 58.22$(百万元)。

如图 1 - 40 所示，当广告费用支出达到 40 万元时，企业业务收入的标准误差 $S = 1.212$，样本个数 $n = 10$，解释变量个数 $k = 1$，在显著性水平 $\alpha = 0.05$ 下，查 t 分布表可知 $t_{\alpha/2}(n - k - 1) = t_{0.05/2}(8) = 2.306$，因此 2021 年该运输企业的业务收入预测区间为：$\hat{y}_0 = \hat{y} \pm t_{\alpha/2}(n - k - 1) \cdot S = 58.22 \pm 2.306 \times 1.212 = 58.22 \pm 2.795$，即预测该运输企业 2021 年的业务收入在 55.425 百万元 ~ 61.015 百万元之间。

➢ 任务操作结果

由图 1 - 40 的计算结果可知：$R^2 = 98.8\%$，接近于 1，说明拟合度高；$F = 651.326$；取 $\alpha = 0.05$，$df_1 = 1$，$df_2 = n - 2 = 8$。查 F 分布表得 $F_{0.05(1,8)} = 5.32$，说明广告费用支出与业务收入线性关系显著，与 R^2 检验所得结论一致。

如果 2021 年投入 40 万元广告费用，在 95% 的概率下预测 2021 年业务收入在 55.425 百万元 ~61.015 百万元之间。

➢ 任务小结

拟合优度检验就是检验回归方程对样本观测值的拟合程度。常用的方法是 R^2 检验，又称为复相关系数检验法。本任务预测范围在考虑标准误差时得到的预测结果是 55.425 ~ 61.015，否则只是它的中间值 58.22。

➢ 任务拓展

用图表法或函数法预测该运输企业在 2021 年的业务收入。

任务 10　用二元线性回归法预测某运输企业 2022 年的业务收入

1-10

➢ 方法原理

一元线性回归法研究的是某一个因变量和一个自变量之间的关系问题，而客观世界现象之间的联系是复杂的，许多现象的变动都涉及多个变量之间的数量关系，这种研究某一个因变量和多个自变量之间的相互关系的理论和方法就是多元线性回归法。

多元线性回归法是对自变量和因变量的 n 组统计数据（x_{1i}，x_{2i}，…，x_{mi}；y_i）（$i=1$，2，…，n），在明确因变量 y 与各个自变量之间存在线性相关关系的基础上，给出适宜的回归方程，并据此做出关于因变量的发展变化趋势的预测方法。因此，多元线性回归法的关键是找到适宜的回归方程。与一元线性回归分析类似，可以用线性方程来表示，见式（1-30）。

$$\hat{y} = a + b_1x_1 + b_2x_2 + \cdots + b_mx_m \tag{1-30}$$

式（1-30）用来近似描述 y 与 x_1，x_2，…，x_m 之间的线性相关关系，其中多为 $\hat{y}$ 根据所有自变量计算出来的估计值，a 为常数项，b_1，b_2，…，b_m 称为 y 对应于 x_1，x_2，…，x_m 的偏回归系数。偏回归系数是假设在其他所有自变量保持不变的情况下，某一个自变量的变化引起因变量变化的比重。这一参数可以用最小二乘法进行估计。

建立一个多元线性回归模型需要用到复杂的统计方法，现在可以使用计算机软件来根据统计数据建立合适的多元线性回归方程，这样就会方便许多。自变量个数为 2 的多元线性回归方程称为二元线性回归方程，二元线性回归分析的步骤如下。

1. 建立线性方程

$$y = a + b_1x_1 + b_2x_2$$

式中，参数 a、b_1、b_2 使用最小二乘法推算，见式（1-31）。

$$\begin{cases} \sum y_i = na + b_i \sum x_{1i} + b_2 \sum x_{2i} \\ \sum x_{1i} y_i = a \sum x_{1i} + b_1 \sum x_{1i}^2 + b_2 \sum x_{1i} x_{2i} \\ \sum x_{2i} y_i = a \sum x_{2i} + b_2 \sum x_{2i}^2 + b_1 \sum x_{1i} x_{2i} \end{cases} \tag{1-31}$$

将相关数据代入上述方程组，得到系数 a、b_1 和 b_2。二元线性回归方程为

$$\hat{y} = a + b_1x_1 + b_2x_2 \tag{1-32}$$

2. 利用复相关系数检验回归方程整体显著性

$$R = \sqrt{1 - \frac{\sum (y_i - \hat{y}_i)^2}{\sum (y_i - \bar{y})^2}} = \sqrt{1 - \frac{\sum y_i^2 - a\sum y_i - b_1 \sum x_{1i}y_i - b_2 \sum x_{2i}y_i}{\sum y_i^2 - n\bar{y}^2}} \tag{1-33}$$

取一个特定的 α，并计算出 df($df = n - k - 1$，k 为自变量个数，二元线性回归时 $k=2$)，查相关系数临界值表得到 $R_{\alpha df}$。如果 $R > R_{\alpha df}$，说明 x_1、x_2 与 y 的线性关系显著。

3. 预测分析

1)点预测。将 x_1、x_2 代入公式 $\hat{y} = a + b_1x_1 + b_2x_2$，即可得到预测值 $\hat{y}$。

2)区间预测。计算估计标准误差。

$$S = \sqrt{\frac{(y_i - \bar{y}_i)}{n-3}} \tag{1-34}$$

取一个特定的 α，$df = n - 3$，查 t 分布表得到$t_{\alpha/2df}$。所以，预测区间为 $\hat{y} \pm t_{\alpha/2df}S$。

➢ 任务内容

某运输企业2000年—2021年的广告费用支出、车辆投入数和业务收入的数据见表1-7。若2022年投入62万元广告费用，投入车辆43辆，试用二元线性回归法预测在95%的概率下2022年企业的业务收入。

表1-7 2000年—2021年广告费用支出、车辆投入数和业务收入

年份	广告费用支出 x_{1i}(万元)	车辆投入数 x_{2i}(辆)	业务收入 y_i(百万元)
	X_1	X_2	Y
2000	8	1	22
2001	10	2	23
2002	13	3	27
2003	15	6	32
2004	18	8	36
2005	20	10	39
2006	23	11	42
2007	25	13	46
2008	27	15	50
2009	30	17	55
2010	32	19	58
2011	34	21	62
2012	37	23	66
2013	40	25	70
2014	42	27	74
2015	44	29	78
2016	47	31	82

（续）

年份	广告费用支出 x_{1i}（万元）	车辆投入数 x_{2i}（辆）	业务收入 y_i（百万元）
	X_1	X_2	Y
2017	49	33	86
2018	52	35	90
2019	54	37	94
2020	57	39	98
2021	60	41	102

➢ 任务操作步骤

步骤 1：建立数据模型。将表 1－7 的数据输入工作表 A1: D23 单元格中，如图 1－41 所示。

步骤 2：单击“数据”/“分析”/“数据分析”，选择“回归”，单击“确定”按钮。

步骤 3：在“回归”对话框中，在“Y 值输入区域”输入“＄D＄2:＄D＄23”，在“X 值输入区域”输入“＄B＄2:＄C＄23”，勾选“置信度”复选框，将其设为 95%，在“输出选项”中选中“输出区域”单选框，并输入“＄A＄26”，如图 1－42 所示。

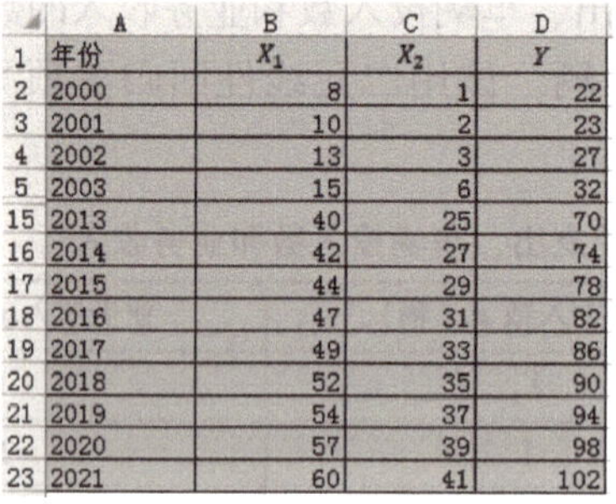

	A	B	C	D
1	年份	X_1	X_2	Y
2	2000	8	1	22
3	2001	10	2	23
4	2002	13	3	27
5	2003	15	6	32
15	2013	40	25	70
16	2014	42	27	74
17	2015	44	29	78
18	2016	47	31	82
19	2017	49	33	86
20	2018	52	35	90
21	2019	54	37	94
22	2020	57	39	98
23	2021	60	41	102

图 1－41　二元线性回归法数据模型

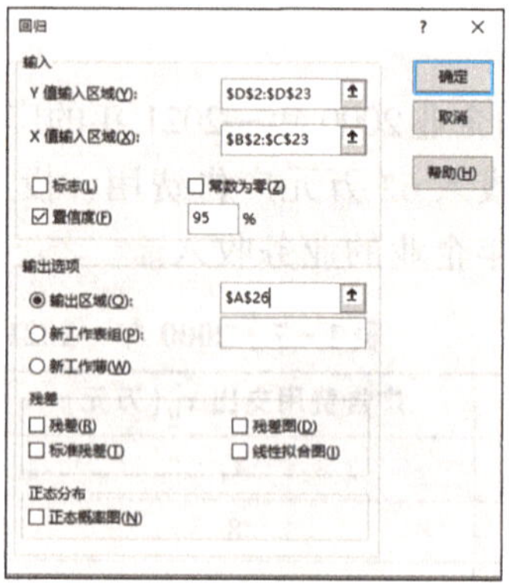

图 1－42　“回归”对话框

步骤 4：单击“确定”按钮，得到二元线性回归分析结果，如图 1－43 所示。

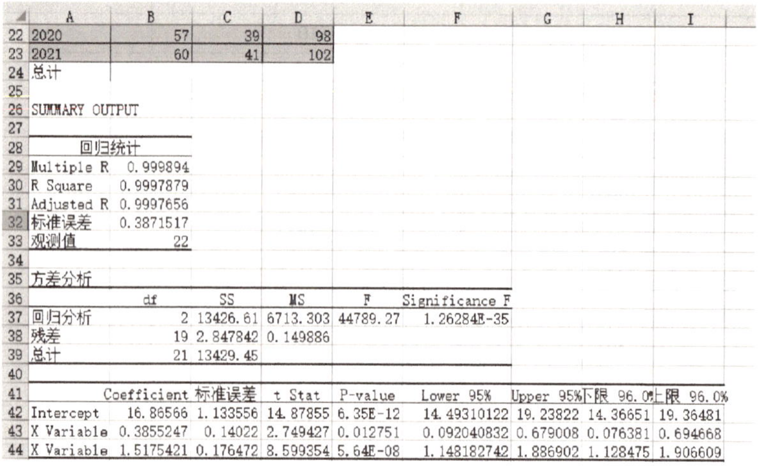

	A	B	C	D	E	F	G	H	I
22	2020	57	39	98					
23	2021	60	41	102					
24	总计								
25									
26	SUMMARY OUTPUT								
27									
28	回归统计								
29	Multiple R	0.999894							
30	R Square	0.9997879							
31	Adjusted R	0.9997656							
32	标准误差	0.3871517							
33	观测值	22							
34									
35	方差分析								
36		df	SS	MS	F	Significance F			
37	回归分析	2	13426.61	6713.303	44789.27	1.26284E-35			
38	残差	19	2.847842	0.149886					
39	总计	21	13429.45						
40									
41		Coefficient	标准误差	t Stat	P-value	Lower 95%	Upper 95%	下限 96.0%	上限 96.0%
42	Intercept	16.86566	1.133556	14.87855	6.35E-12	14.49310122	19.23822	14.36651	19.36481
43	X Variable	0.3855247	0.14022	2.749427	0.012751	0.092040832	0.679008	0.076381	0.694668
44	X Variable	1.5175421	0.176472	8.599354	5.64E-08	1.148182742	1.886902	1.128475	1.906609

图 1－43　二元线性回归分析结果

分析图 1-43 中的计算结果，可得下述结论(本例样本个数 $n=22$，解释变量个数 $k=2$)。

R^2 检验：在回归统计区 A28: B33 中，给出了 R^2 为 0.9997879，调整后的 $\overline{R}^2$ 为 0.9997656，均很接近 1，说明 x_1、x_2 与 y 的关系很密切。

F 检验：在方差分析区 A35: F39 中，给出了 F 检验值为 44789.27，远远大于 $F_{0.05}(2, 22-2-1)=3.52$，说明 x_1、x_2 与 y 之间的回归效果显著。

t 检验：在回归模型区域 A41: I44 中，给出了回归系数 $\hat{b}_0$、$\hat{b}_1$、$\hat{b}_2$ 的估计值及其标准误差，t 检验值和回归系数估计区间的上下限等。t 检验值分别为 $t_0=14.87855$，$t_1=2.749427$，$t_2=8.599354$，都大于 $t_{0.05/2}(22-2-1)=2.093$，故拒绝原假设 $b_0=0$，$b_1=0$，$b_2=0$，即可以断言，广告费用支出、车辆投入数对企业的业务收入有显著的影响。

DW 检验：预测值、残差值和所计算的 DW 统计值如图 1-44 所示。在 Excel 给出的二元线性回归分析结果中没有给出 DW 检验值，因此，需要自行按式(1-47)计算 DW 统计值。方法是先利用公式分别求出 $(e_i-e_{i-1})^2$ 和 e_i^2 的值，再单击工具栏上的"求和"按钮计算 $\sum_{i=2}^{n}(e_i-e_{i-1})^2$ 和 $\sum_{i=1}^{n}e_i^2$，最后将两个求和值相除便可求得 DW 值。

48	RESIDUAL OUTPUT						
49							
50	观测值	预测 y	残差	标准残差		$(e_i-e_{i-1})^2$	e_i^2
51	1	21.4674	0.5326	1.446282			=C51^2
64	14	70.2252	-0.2252	-0.61153		=(C64-C63)^2	=C64^2
65	15	74.031334	-0.03133	-0.08509		=(C65-C64)^2	=C65^2
66	16	77.837468	0.162532	0.441359		=(C66-C65)^2	=C66^2
67	17	82.029126	-0.02913	-0.07909		=(C67-C66)^2	=C67^2
68	18	85.83526	0.16474	0.447355		=(C68-C67)^2	=C68^2
69	19	90.026918	-0.02692	-0.0731		=(C69-C68)^2	=C69^2
70	20	93.833051	0.166949	0.453351		=(C70-C69)^2	=C70^2
71	21	98.02471	-0.02471	-0.0671		0.036732891	=C71^2
72	22	102.21637	-0.21637	-0.58755		=(C72-C71)^2	=C72^2
73					合计	=SUM(F52:F72)	=SUM(G51:G72)
74						DW=	=F73/G73

a) DW 计算过程

	A	B	C	D	E	F	G	H
47								
48	RESIDUAL OUTPUT							
49								
50	观测值	预测 y	残差	标准残差		$(e_i-e_{i-1})^2$	e_i^2	
51	1	21.4674	0.5326	1.446282			0.283663	
52	2	23.75599	-0.75599	-2.0529		1.660468	0.571523	
62	12	61.84188	0.158116	0.429366		0.037584	0.025001	
63	13	66.03354	-0.03354	-0.09108		0.036733	0.001125	
64	14	70.2252	-0.2252	-0.61153		0.036733	0.050715	
65	15	74.03133	-0.03133	-0.08509		0.037584	0.000982	
66	16	77.83747	0.162532	0.441359		0.037584	0.026417	
67	17	82.02913	-0.02913	-0.07909		0.036733	0.000848	
68	18	85.83526	0.16474	0.447355		0.037584	0.027139	
69	19	90.02692	-0.02692	-0.0731		0.036733	0.000725	
70	20	93.83305	0.166949	0.453351		0.037584	0.027872	
71	21	98.02471	-0.02471	-0.0671		0.036733	0.000611	
72	22	102.2164	-0.21637	-0.58755		0.036733	0.046815	
73					合计	6.102741	2.847842	
74						DW=	2.142935	

b) DW 计算结果

图 1-44　预测值、残差值和所计算的 DW 统计值

如图 1-44 所示，单元格 G74 = 2.142935。对于给定的显著性水平 $\alpha=0.05$，解释变量个数 $k=2$，样本个数 $n=22$，查 DW 检验表，取临界值 $d_L=1.15$，$d_U=1.54$，于是有 DW 统计值在 $1.54<\text{DW}=2.142935<4-1.54=2.46$ 之间。所以该回归模型不存在自相关，通过计量经济检验。样本百分比排位及正态概率如图 1-45 所示。

综合上述计算结果和检验结果，可得如下回归模型：

$$\hat{y}=16.86566+0.3855247\,x_1+1.5175421\,x_2$$

$$t\text{ 检验值为 }14.87855,\ 2.749427,\ 8.599354$$

$$R^2=0.9997879,\ \overline{R}^2=0.9997656,\ n=22$$

$$F=44789.27,\ S=0.3871517,\ \text{DW}=2.142935$$

利用该回归模型，就可以根据预测期的广告费用支出和车辆投入数，对该运输企业的未来业务收入进行预测。

步骤 5：现假定 2022 年广告费用支出计划为 62 万元，车辆投入为 43 辆，即预期的解释变量 $\boldsymbol{X}_0=(1\quad 62\quad 43)$，则 2022 年该运输企业业务收入的预测值为

$$\hat{y}_0=\boldsymbol{X}_0\hat{\boldsymbol{B}}=(1\quad 62\quad 43)\begin{pmatrix}16.86566\\0.3855247\\1.5175421\end{pmatrix}=106.0225(\text{百万元})$$

2022 年该运输企业业务收入预测值的计算结果如图 1－46 所示。

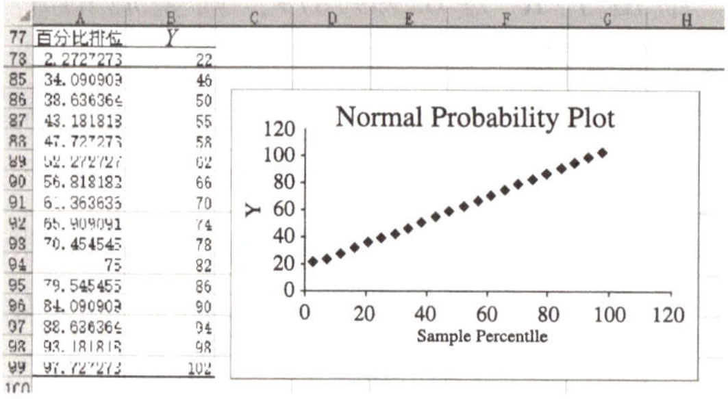

图 1－45　样本百分比排位及正态概率

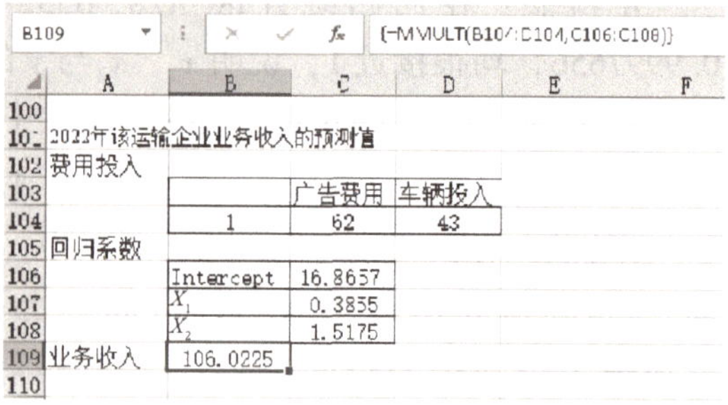

图 1－46　运输企业业务收入预测值的计算结果

➢ 任务操作结果

如图 1－43 所示，标准误差 $S=0.3871517$，样本个数 $n=22$，解释变量个数 $k=2$，则在显著性水平 $\alpha=0.05$ 下，查 t 分布表得 $t_{\alpha/2}(n-k-1)=t_{0.05/2}(19)=2.093$，故 2022 年该运输企业的业务收入预测区间为

$$\hat{y}_0=\hat{y}\pm t_{\alpha/2}(n-k-1)\cdot S=106.0225\pm 2.093\times 0.3871517=106.0225\pm 0.8103$$

即该运输企业在 2022 年的业务收入预测在 105.2122 百万元～106.8328 百万元之间。

➢ 任务小结

矩阵乘积函数 MMULT：返回两数组的矩阵乘积。

格式：MMULT(array1，array2)

参数：array1，array2 分别是要进行矩阵乘法运算的两个数组，其中 array1 的列数必须与 array2 的行数相同。

➢ 任务拓展

1. 多元线性回归模型

设所研究的对象 y 受多个因素 x_1，x_2，…，x_k 的影响，假定各个影响因素与 y 的关系是线性的，则可建立如下多元线性回归模型，见式(1－35)。

$$y=b_0+b_1x_1+b_2x_2+\cdots+b_kx_k+\varepsilon \tag{1-35}$$

式中　x_1，x_2，…，x_k——影响因素，通常是可以控制或预先给定的，故称为解释变量或自变量；

ε——各种随机因素对 y 的影响的总和，称为随机误差项，根据中心极限定理，可以认为它服从正态分布，即 $\varepsilon\sim N(0,\ \sigma^2)$；

y——研究的对象，即预测目标，称为被解释变量或因变量。

1) n 组观测值为

$$\begin{aligned}
y&:\ (y_1,\ y_2,\ \cdots,\ y_n)\\
x_1&:\ (x_{11},\ x_{21},\ \cdots,\ x_{n1})\\
x_2&:\ (x_{12},\ x_{22},\ \cdots,\ x_{n2})\\
&\ \ \vdots\\
x_k&:\ (x_{1k},\ x_{2k},\ \cdots,\ x_{nk})
\end{aligned}$$

则 y_i 的表达式见式(1－36)。

$$y_i = b_0 + b_1 x_{i1} + b_2 x_{i2} + \cdots + b_k x_{ik} + \varepsilon_i \tag{1-36}$$

2)将式(1－36)写成矩阵形式，见式(1－37)。

$$\boldsymbol{Y} = \boldsymbol{Xb} + \boldsymbol{E} \tag{1-37}$$

其中

$$\boldsymbol{Y} = \begin{pmatrix} y_1 \\ y_2 \\ \vdots \\ y_n \end{pmatrix}, \quad \boldsymbol{X} = \begin{pmatrix} 1 & x_{11} & x_{12} & \cdots & x_{1k} \\ 1 & x_{21} & x_{22} & \cdots & x_{2k} \\ 1 & x_{31} & x_{32} & \cdots & x_{3k} \\ \vdots & \vdots & \vdots & & \vdots \\ 1 & x_{n1} & x_{n2} & \cdots & x_{nk} \end{pmatrix}, \quad \boldsymbol{b} = \begin{pmatrix} b_0 \\ b_1 \\ \vdots \\ b_k \end{pmatrix}, \quad \boldsymbol{E} = \begin{pmatrix} \varepsilon_1 \\ \varepsilon_2 \\ \vdots \\ \varepsilon_n \end{pmatrix}$$

3)利用最小二乘法可得回归系数向量 $\boldsymbol{B}$ 的估计值$\hat{\boldsymbol{B}}$的计算公式，见式(1－38)。

$$\hat{\boldsymbol{B}} = (\boldsymbol{X'X})^{-1}\boldsymbol{X'Y} \tag{1-38}$$

4)故本例中的回归分析模型见式(1－39)。

$$\hat{y} = \hat{b}_0 + \hat{b}_1 x_1 + b_2 x_2 + \cdots + b_k x_k + \boldsymbol{E} \tag{1-39}$$

2. 多元线性回归模型的检验

求出的回归模型是否合理，是否符合变量之间的客观规律性，引入的影响因素是否有效，变量之间是否存在线性相关关系，模型能否付诸应用，这些都要通过检验决定。一般来讲，回归模型必须通过3个方面的检验：经济意义检验、统计检验和计量经济学检验。只有当所有检验都通过时，所建立的回归模型才成立，才能利用连贯性、相关性和类推性原则，根据过去和现在的规律预测未来。当然，还应从经济角度分析模型的预测值是否合理，是否符合经济规律，是否可行等。

(1)经济意义检验　经济意义检验首先需要检验模型是否符合经济意义，求得的参数估计值的符号与大小是否合理，是否与根据人们的经验和经济理论所拟定的期望值相符合。如果不符，则要查找原因和采取必要的修正措施，重新建立模型。

(2)统计检验　统计检验是指运用数理统计的方法，对方程进行检验，对模型参数估计值的可靠性进行检验。这主要包括拟合优度检验、方程显著性检验、变量显著性检验，即常用的 R^2检验、F 检验和 t 检验。

1)拟合优度检验(R^2检验)：检验所有解释变量与被解释变量之间的相关程度。

拟合优度检验就是检验回归方程对样本观测值的拟合程度。拟合优度检验常用的方法是 R^2检验，又称为复相关系数检验法，它通过对总变差(总离差)$S_{总}$的分解得到。对拟合优度检验的表达见式(1－40)。

$$S_{总} = \sum (y_i - \bar{y})^2 = \sum (y_i - \hat{y}_i)^2 + \sum (\hat{y}_i - \bar{y})^2 \tag{1-40}$$

其中

$$S_{残} = \sum (y_i - \hat{y}_i)^2, S_{回} = \sum (\hat{y}_i - \bar{y})^2$$

总变差平方和($S_{总}$)是指各个观察值与样本均值之差的平方和，反映了全部数据之间的差异。残差平方和($S_{残}$)是指总变差平方和中未被回归方程解释的部分，是由解释变量 x_1，x_2，…，x_k中未包含的一切因素对被解释变量 y 的影响而造成的。回归平方和($S_{回}$)是指总变差平方和中由回归方程解释的部分。

显然，一个好的回归模型应该较好地拟合样本观测值，$S_{总}$中$S_{残}$越小越好。可以用R^2来表达，见式(1-41)。

$$R^2=\frac{S_{回}}{S_{总}}=\frac{\sum(\hat{y}_i-\bar{y})^2}{\sum(y_i-\bar{y})^2}=1-\frac{S_{残}}{S_{总}} \tag{1-41}$$

对回归方程的拟合优度进行检验，如果所有样本观测值都位于回归方程上，即

$$S_{残}=\sum(y_i-\hat{y}_i)^2=0 \tag{1-42}$$

此时R^2等于1，回归方程完全拟合了样本观测值。当然，完全拟合的情况是不可能的。在实际中，R^2不可能等于1，但毫无疑问，R^2越接近1，回归方程的拟合优度越高。

通常，R^2称为复可决系数，取值范围为$0\leqslant R^2\leqslant 1$，其平方根$R$称为复相关系数(当解释变量的个数为1时，称为相关系数)。这里，R^2说明了在被解释变量y的总变差中，由一组解释变量x_1，x_2，…，x_k的变动所引起的百分比；R则描述了一组解释变量x_1，x_2，…，x_k与被解释变量y之间的线性相关程度。例如$R^2=0.93$，可以说y值的变化有93%因x_1，x_2，…，x_k的变化而产生。因此，若R^2的值越接近1，表示x_1，x_2，…，x_k与y的关系越密切。

由于R^2是一个随解释变量个数的增加而递增的增函数，所以为了使拟合优度检验指标不仅能反映已被解释的变差与总变差的关系，而且能反映回归模型中所包含的解释变量个数的影响，需要调整R^2，记为$\bar{R}^2$，其表达见式(1-43)。

$$\bar{R}^2=1-\frac{S_{残}/(n-k-1)}{S_{总}/(n-1)} \tag{1-43}$$

式中　$n-k-1$——残差平方和($S_{残}$)的自由度；

$n-1$——总变差平方和($S_{总}$)的自由度。

R^2与$\bar{R}^2$两者之间的关系式见式(1-44)。

$$\bar{R}^2=1-(1-R^2)\frac{n-1}{n-k-1} \tag{1-44}$$

从式(1-44)可以看出：当$n>1$时，$\bar{R}^2\leqslant R^2$，这说明$\bar{R}^2$中包含了解释变量个数的影响，随着解释变量个数的增加，$\bar{R}^2$总是小于R^2；当$(1-R^2)\frac{n-1}{n-k-1}>1$时，将出现$\bar{R}^2<0$的现象，若遇到$\bar{R}^2$为负数的情况，$\bar{R}^2$取值为0，因为不存在负修正拟合度。

在实际应用中，R^2到底多大时回归模型才算通过了拟合优度检验呢？这并无绝对的标准，要根据具体情况而定，因为拟合优度并不是检验回归模型的唯一标准，有时为了使模型有较合理的经济解释，可能会在某种程度上牺牲拟合优度。这就是说模型合理的经济解释才是第一位的。

2)方程显著性检验(F检验)：用于判断被解释变量与所有解释变量之间是否为线性关系。

对于多元线性回归方程，方程显著性检验就是对总体的线性关系是否显著成立做出推断，即检验被解释变量y与所有解释变量x_1，x_2，…，x_k之间的线性关系是否显著，这就要检验假设：

$$H_0: b_0=b_1=\cdots=b_k=0$$

$$H_1: 至少有一个\ b_j 不为0$$

应用数理统计理论可以证明：$S_{回}$与$S_{残}$相互独立，且当$H_0(b_0=b_1=\cdots=b_k=0)$为真时，$S_{回}$与$S_{残}$分别服从自由度为$k$，$n-k-1$的$X^2$分布，故有：

$$F=\frac{S_{回}/k}{S_{残}/(n-k-1)}\sim F(k,\ n-k-1) \tag{1-45}$$

即F统计量服从以$(k,\ n-k-1)$为自由度的F分布。

首先根据样本观测值及回归值计算出统计量F，于是在给定的显著性水平α下，若$F>F_\alpha(k,\ n-k-1)$，则拒绝H_0，判定被解释变量y与所有解释变量x_1，x_2，…，x_k之间的回归效果显著，即确实存在线性关系；反之，则不显著。

比较F统计量与检验值可以看出，在n和k一定时，R^2大，即拟合优度高，F统计量的值也大，容易通过方程显著性检验。拟合优度检验与方程显著性检验是一致的，只是前者比较模糊，后者更加定量化。一般来说，当拟合优度$R^2>0.8$时，相应的F统计量的值将达到两位数，只要样本容量n适当，通过方程显著性检验是没有问题的。

3)变量显著性检验(t检验)：挑选重要因素，剔除可有可无的因素。

前面讲的R^2检验和F检验都是将所有的解释变量作为一个整体来检验它们与被解释变量y的相关程度以及回归效果，但对于多元回归模型，方程的显著性并不意味着每个解释变量对被解释变量y的影响都是重要的。如果某个解释变量并不重要，则应该从方程中把它剔除，重新建立更为简单的方程。所以必须对每个解释变量进行显著性检验，这等价于对每个解释变量进行检验假设：

$$H_0:\ b_j=0$$
$$H_1:\ b_j\neq 0$$

式中，$j=0$，1，2，…，k。

应用数理统计理论可以证明：当$H_0(b_j=0)$为真时，统计量t_j服从自由度为$n-k-1$的t分布，即

$$t_j=\frac{\hat{b}_j}{S_{\hat{b}_j}}\sim t(n-k-1)\qquad j=0,\ 1,\ 2,\ \cdots,\ k \tag{1-46}$$

在给定的显著性水平α下，若$|t_j|>t_{\alpha/2}(n-k-1)$，则拒绝$H_0$，说明解释变量$x_j$对被解释变量$y$有显著影响，即$x_j$是影响$y$的主要因素；反之，接受$H_0$，说明解释变量$x_j$对被解释变量$y$无显著影响，则应删除该解释变量。

需要说明的是，当影响y的主要因素只有一个解释变量时，问题变成了一元回归分析，此时t检验和F检验的作用是一样的，因此可以不用再做F检验了。

(3)计量经济学检验　在回归分析法中，假设随机误差项在不同的样本点之间是不相关的，即E_i与$E_j(i\neq j)$相互独立。但在实际问题中，经常出现与此相违背的情况，E_i与$E_j(i\neq j)$之间存在相关性，称为序列相关。若存在序列相关，则此时的回归模型无效，必须重新建立回归模型。

在序列相关中，最常见的是E_i与E_{i+1}相关，称为一阶自相关。最常用的检验方法是DW检验法，定义DW统计量为

$$\mathrm{DW}=\frac{\sum_{i=2}^{n}(e_i-e_{i-1})^2}{\sum_{i=1}^{n}e_i^2} \tag{1-47}$$

式中，$e_i = y_i - \hat{y}_i$，是 E_i 的估计值。

分析可知：当 E_i 与 E_{i+1} 正自相关时，DW 趋近于 0；当 E_i 与 E_{i+1} 负自相关时，DW 趋近于 4；当 E_i 与 E_{i+1} 不存在自相关或相关程度很小时，DW 趋近于 2。可见，DW 的取值范围为 0 ~ 4。

在实际应用中，可以根据给定的显著性水平 α 以及解释变量个数 k、样本个数 n，从 DW 检验表中查得相应的临界值 d_L 和 d_U，然后利用表 1－8 判别检验结论。

表 1－8　DW 值及其检验结果

DW 值	检验结果
$4 - d_L < DW < 4$	否定假设，存在负自相关
$0 < DW < d_L$	否定假设，存在正自相关
$d_U < DW < 4 - d_U$	接受假设，不存在自相关
$d_L < DW < d_U$	检验无结论（不能确定）
$4 - d_U < DW < 4 - d_L$	检验无结论（不能确定）

从表中可以看出，DW 检验存在无结论区域，即当计算的 DW 统计量落到无结论区域时，决策者就不能做出回归模型是否存在自相关现象的结论。但通常，当 DW 统计量的值在 2 左右时，则无须查表检验即可判定回归模型不存在自相关，此时回归模型有效。

需要说明的是，回归分析法既适合于利用历史数据即时间序列数据来研究经济变量之间的定量关系、建立预测模型、进行预测分析，又适合于利用同一时期横断面数据来研究经济变量之间的内在联系、分析经济结构、比较经济发展状态及发展趋势。当所研究的数据是横断面数据时，由于数据是同一时期的（例如由今年全国各地不同产区的粮食产量所组成的数据序列），不存在相关性，因此无须做 DW 检验。

3. 用函数 LINEST 求 a，b_1，b_2 值和 2022 年的业务收入预测值

在前面讨论经济问题的回归模型时，不论变量多少，都假定解释变量与因变量之间存在着线性关系。但是，实际经济现象是极其复杂的，影响 y 的主要因素与 y 的关系不一定是线性的，很多都是非线性的，此时就必须建立非线性回归模型。

任务 11　用可线性化的非线性回归法预测 12 月份的流通费用

1－11

➢ 方法原理

非线性回归模型是指用于经济预测的模型是曲线型的。而在这些非线性回归模型中，有一些非线性函数是可以通过变量变换转化为线性回归模型的，称为可线性化的非线性回归模型。

1. 可线性化的非线性回归模型的求解步骤

对于可线性化的非线性回归模型的求解，一般分为 3 个步骤：

1）进行变量变换实现线性化。

2）进行线性回归预测。

3）进行反变换实现数据还原。

2. 常见的可线性化的非线性回归模型

(1)多项式函数模型　多项式函数模型的表达式见式(1－48)。

$$y=\beta_0+\beta_1 x+\beta_2 x^2+\cdots+\beta_k x^k \tag{1-48}$$

设

$$z_1=x,\ z_2=x^2,\ \cdots,\ z_k=x^k \tag{1-49}$$

利用式(1－49)可将式(1－48)转化为标准线性模型，见式(1－50)。

$$y=\beta_0+\beta_1 z_1+\beta_2 z_2+\cdots+\beta_k z_k \tag{1-50}$$

(2)双曲线函数模型　双曲线函数模型的表达式见式(1－51)。

$$y=\beta_0+\beta_1\frac{1}{x} \tag{1-51}$$

设

$$z=\frac{1}{x} \tag{1-52}$$

利用式(1－52)可将式(1－51)转化为标准线性模型，见式(1－53)。

$$y=\beta_0+\beta_1 z \tag{1-53}$$

此时就可以对上述模型应用线性回归模型预测法，即先利用最小二乘法估计参数，再对所得模型进行检验，若检验通过，则进行预测，最后取反函数实现数据还原即可。

(3)对数函数模型　对数函数模型包括半对数函数模型、双对数函数模型等。

1)半对数函数模型是指形如式(1－54)的函数。

$$\ln y=\beta_0+\beta_1 x \tag{1-54}$$

对式(1－54)取反函数实现数据还原，见式(1－55)。

$$y=\beta_0+\beta_1\ln x \tag{1-55}$$

2)双对数函数模型是指形如式(1－56)的函数。

$$\ln y=\ln\beta_0+\beta_1\ln x \tag{1-56}$$

设

$$y^*=\ln y,\ x^*=\ln x \tag{1-57}$$

利用式(1－57)可将式(1－54)～式(1－56)转化为标准线性模型，见式(1－58)～式(1－60)。

$$y^*=\beta_0+\beta_1 x \tag{1-58}$$

$$y=\beta_0+\beta_1 x^* \tag{1-59}$$

$$y^*=\alpha+\beta_1 x^*\text{，其中 }\alpha=\ln\beta_0 \tag{1-60}$$

(4)幂函数模型　幂函数模型是指形如式(1－61)的函数模型。

$$y=\alpha x^{\beta} \tag{1-61}$$

两边取以 e 为底的对数，得

$$\ln y=\ln\alpha+\beta\ln x \tag{1-62}$$

设

$$y^*=\ln y,\ \beta_0=\ln\alpha,\ \beta_1=\beta,\ x^*=\ln x \tag{1-63}$$

利用式(1－62)、式(1－63)可将式(1－61)转化为标准线性模型，见式(1－64)

$$y^*=\beta_0+\beta_1 x^* \tag{1-64}$$

(5)指数函数模型　指数函数模型包括单变量指数函数模型和多变量指数函数模型。

1)单变量指数函数模型表达式如下：

$$y=\alpha\,\mathrm{e}^{\beta x} \tag{1-65}$$

两边取以 e 为底的对数，得

$$\ln y=\ln\alpha+\beta x \tag{1-66}$$

设 $$y^{*}=\ln y,\ \beta_0=\ln\alpha \tag{1-67}$$

利用式(1－66)、式(1－67)可将式(1－65)转化为标准线性模型，见式(1－68)。

$$y^{*}=\beta_0+\beta x \tag{1-68}$$

2)多变量指数函数模型表达式如下：

$$y=e^{\beta_0+\beta_1x_1+\beta_2x_2} \tag{1-69}$$

两边取以 e 为底的对数，得

$$\ln y=\beta_0+\beta_1x_1+\beta_2x_2 \tag{1-70}$$

设 $$y^{*}=\ln y \tag{1-71}$$

利用式(1－70)、式(1－71)可将式(1－69)转化为标准线性模型，见式(1－72)。

$$y^{*}=\beta_0+\beta_1x_1+\beta_2x_2 \tag{1-72}$$

➢ 任务内容

某物流公司某年 1 月—11 月的流通费用和所用车皮数数据见表 1－9。如果该公司 12 月份将车皮控制为 13，试预测流通费用应为多少。

表 1－9　某年 1 月—11 月的流通费用和所用车皮数数据

月份	1	2	3	4	5	6	7	8	9	10	11
车皮数 x_i	4	7	5	6	10	8	8	3	10	9	3
流通费用 y_i(百万元)	8.3	11	10	10.6	12	11.3	11.3	7	12.2	12	7

➢ 任务操作步骤

步骤 1：建立数据模型。将表 1－9 的数据输入工作表 A1:C13 单元格中，如图 1－47 所示。

	A	B	C
1	月份	车皮数 x_i	流通费用 y_i(百万元)
2		x	y
3	1	4	8.3
4	2	7	11
5	3	5	10
6	4	6	10.6
7	5	10	12
8	6	8	11.3
9	7	8	11.3
10	8	3	7
11	9	10	12.2
12	10	9	12
13	11	3	7

图 1－47　建立数据模型

步骤 2：创建散点图。选择单元格区域 B1:C13，单击“插入”/“图表”，选择“散点图”。单击图表右上角的“＋”，在出现的筛选框中勾选“坐标轴”“坐标轴标题”“图表标题”和“图例”复选框。在“数值 X 轴”输入框输入“车皮数”，在“数值 Y 轴”输入框输入“流通费用”，设置趋势线格式为“乘幂”，勾选“显示公式”和“显示 R 平方值”复选框，得到的车皮数—流通费用散点图如图 1－48 所示。

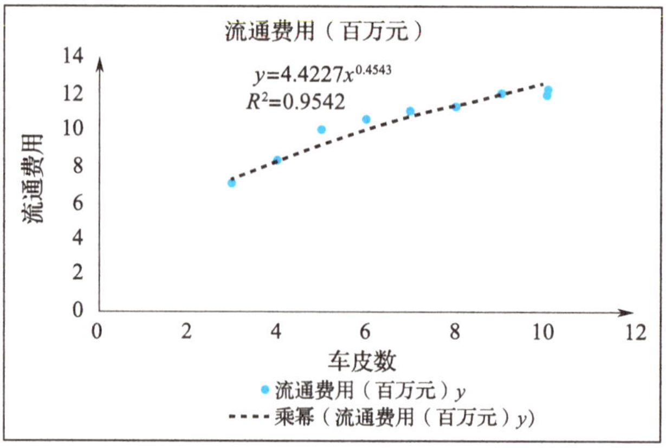

图 1－48　车皮数—流通费用散点图

从图 1－48 可以看出，随着车皮数的增加，流通费用呈幂函数趋势增加。

公式为 $y=4.4227x^{0.4543}$，当车皮数控制在 13 时，流通费用 $y=4.4227\times13^{0.4543}=14.18247$；$R^2=0.9542$，接近 1。

步骤 3：也可以将该组数据线性化，用线性回归的方法进行计算。在 B 列后面插入一列，将光标放到 C3 单元格区域，输入公式“＝LN(B3)”，然后拖拽填充到 C13 单元格。将光标放到 E3 单元格区域，输入公式“＝LN(D3)”，然后拖拽填充到 E13 单元格，结果如图 1－49 所示。

E3 　 fx =LN(D3)

	A	B	C	D	E
1	月份	车皮数 x_i		流通费用 y_i（百万元）	
2		x	x^*	y	y^*
3	1	4	1.38629436	8.3	2.116256
4	2	7	1.94591015	11	2.397895
5	3	5	1.60943791	10	2.302585
6	4	6	1.79175947	10.6	2.360854
7	5	10	2.30258509	12	2.484907
8	6	8	2.07944154	11.3	2.424803
9	7	8	2.07944154	11.3	2.424803
10	8	3	1.09861229	7	1.94591
11	9	10	2.30258509	12.2	2.501436
12	10	9	2.19722458	12	2.484907
13	11	3	1.09861229	7	1.94591
14					

图 1－49 对 x，y 取自然对数

步骤 4：单击“数据”/“分析”/“数据分析”，选择“回归”，单击“确定”按钮。

步骤 5：在“回归”对话框中，在“Y 值输入区域”输入“$E$3:$E$13”，在“X 值输入区域”输入“$C$3:$C$13”，回归结果如图 1－50 所示。

	A	B	C	D	E	F	G	H	I
19									
20	回归统计								
21	Multiple	0.97910954							
22	R Square	0.95865548							
23	Adjusted	0.95406165							
24	标准误差	0.04481457							
25	观测值	11							
26									
27	方差分析								
28		df	SS	MS	F	gnificance F			
29	回归分析	1	0.41910766	0.419107664	208.683	1.56E-07			
30	残差	9	0.01807511	0.002008346					
31	总计	10	0.43718277						
32									
33		Coefficients	标准误差	t Stat	P-value	Lower 95%	Upper 95%	下限 95.0%	上限 95.0%
34	Intercept	1.48675478	0.05844743	25.43746939	1.08E-09	1.354538	1.618972	1.354538	1.618972
35	x*	0.45425325	0.03144521	14.44586579	1.56E-07	0.383119	0.525387	0.383119	0.525387

图 1－50 回归结果

分析图 1－50 的计算结果，可得如下回归模型：

$$\ln\hat{y}=1.48675+0.45425\ln x$$

$$t:(25.4375),(14.4459)$$

$$R^2=0.9587,\ \overline{R}^2=0.9541,\ S=0.0448,\ F=208.683,\ n=11$$

故 12 月份该物流公司的车皮数控制在 13 时，其相应的流通费用为

$$\hat{y}=e^{1.48675+0.45425\ln(13)}=14.1808（百万元）$$

流通费用计算结果如图 1－51 所示。

D37 　 fx =EXP(B34+B35*LN(13))

	A	B	C	D
32				
33		Coefficients		
34	Intercept	1.486754784		
35	x*	0.454253254		
36				
37	12月份预测流通费用：		$\hat{y}=e^{1.48675+0.45425\ln(13)}=$	14.18083458

图 1－51 流通费用计算结果

➢ 任务操作结果

该物流公司 12 月份的流通费用预测值为 14.1808 百万元。

➢ 任务小结

1）计算自然对数函数 LN：返回一个数的自然对数。

格式：LN(number)

参数：number 为用于计算自然对数的正实数。

2）e 的 n 次幂函数 EXP：返回 e 的 n 次幂。

格式：EXP(number)

参数：number 为底数 e 的指数。常数 e≈2.71828，是自然对数的底数。

3）建议做这类题时先制作图表，然后根据图表的形状确定方法。

➢ 任务拓展

用函数法、一元线性回归法与上述方法进行比较。

项目 3　灰色系统预测模型

任务 12　用灰色系统预测模型预测某仓储企业的 A 种物质 2020 年的需求数量

➢ 方法原理

1-12

1. 灰色系统预测模型概述

如果一个系统具有层次、结构关系的模糊性，动态变化的随机性，指标数据的不完备或不确定性，则称这些特性为灰色性。具有灰色性的系统称为灰色系统。在灰色系统理论中，利用较少的或不确切的表示灰色系统行为特征的原始数据序列变换后建立的，用以描述灰色系统内部事物连续变化过程的模型，称为灰色系统预测模型，简称 GM 模型。其中，单序列的一阶线性动态模型 GM(1，1)是一种常用的灰色数列预测模型，适用于处理数据情况复杂并暗含指数规律情况下的物流需求预测任务。

2. 灰色系统预测模型的处理方法

1）确定建模 GM(1，1)的可行性。判断标准为原始物流需求数列的级比，即前一数据除以相邻的后一数据的值需满足下列表达式。

$$e^{\frac{-2}{n+1}} < \frac{x_i}{x_{i+1}} < e^{\frac{2}{n+1}} \tag{1-73}$$

式中　n——原始物流需求的时期个数；

x_i——第 i 期原始物流需求（$i=1, 2, 3, \cdots, n$）。

对原始物流需求数列进行累加得到新的累加数列，见式(1-74)。

$$x'_i = x_{i-1} + x_i \tag{1-74}$$

式中　x'_i——第 i 期原始物流需求的累加值。

2)建立矩阵，见式(1－75)。

$$B=\begin{pmatrix} -0.5\times(x'_1+x'_2) & 1 \\ -0.5\times(x'_2+x'_3) & 1 \\ \vdots & \vdots \\ -0.5\times(x'_{i-1}+x'_i) & 1 \end{pmatrix} \tag{1-75}$$

3)建立向量，见式(1－76)。

$$Y=(x_2,\ x_3,\ \cdots,\ x_i) \tag{1-76}$$

4)建立 GM(1，1)模型，见式(1－77)。

$$\frac{\mathrm{d}x'}{\mathrm{d}t}+ax'=-b \tag{1-77}$$

5)求解预测模型，见式(1－78)。

$$\hat{x}'_{i+1}=\left(x_1-\frac{b}{a}\right)\mathrm{e}^{-ai}+\frac{b}{a} \qquad \hat{x}_{i+1}=\hat{x}'_{i+1}-\hat{x}'_i \tag{1-78}$$

式中　$\begin{pmatrix} a \\ b \end{pmatrix}=(B^{\mathrm{T}}B)^{-1}B^{\mathrm{T}}Y$；

a——发展系数；

b——灰色作用量；

$\hat{x}'_{i+1}$——第 $i+1$ 期拟合数列值；

$\hat{x}_{i+1}$——第 $i+1$ 期预测物流需求值。

➢ 任务内容

某仓储企业的 A 种物质 2012 年—2019 年的需求数据分别为 139，142，141，148，158，162，164，166，试用灰色系统预测模型预测该种物质 2020 年的需求数量。

➢ 任务操作步骤

步骤 1：建立数据模型，如图 1－52 所示。

步骤 2：数据检验。在 I5 单元格输入“检验数”，在 J5 单元格输入“＝D3/D4”，按 <Enter> 键后可得到 2012 年与 2013 年需求数量的级比。按住 J5 单元格右下方的填充柄，向下填充到 J11 单元格，即可得到 2013 年—2019 年的需求原始序列的级比，如图 1－53 所示。

	B	C	D
1	灰色系统预测模型		
2	序号	年份	物流需求
3	1	2012	139
4	2	2013	142
5	3	2014	141
6	4	2015	148
7	5	2016	158
8	6	2017	162
9	7	2018	164
10	8	2019	166
11	9	2020	

图 1－52　建立数据模型

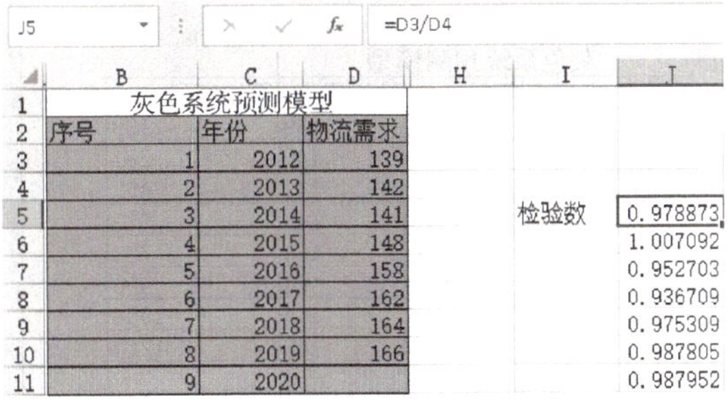

J5　=D3/D4

	B	C	D	H	I	J
1	灰色系统预测模型					
2	序号	年份	物流需求			
3	1	2012	139			
4	2	2013	142			
5	3	2014	141		检验数	0.978873
6	4	2015	148			1.007092
7	5	2016	158			0.952703
8	6	2017	162			0.936709
9	7	2018	164			0.975309
10	8	2019	166			0.987805
11	9	2020				0.987952

图 1－53　2013 年—2019 年的需求原始序列的级比

步骤 3：在 I2 单元格输入“上限”，在 I3 单元格输入“下限”。在 J3 单元格输入“ = EXP(- 2/9)”，按 < Enter > 键即可得到级比的下限。在 J2 单元格输入“ = EXP(2/9)”，按 < Enter > 键即可得到级比的上限，如图 1 - 54 所示。

图 1 - 54　级比上下限

步骤 4：在 I12 单元格输入“ = IF(AND(MAX(J5: J11) < J2，MIN(J5: J11) > J3) ,"检验通过，可以使用灰色模型","检验失败，不能使用灰色模型")”，按 < Enter > 键进行检验，如图 1 - 55 所示。

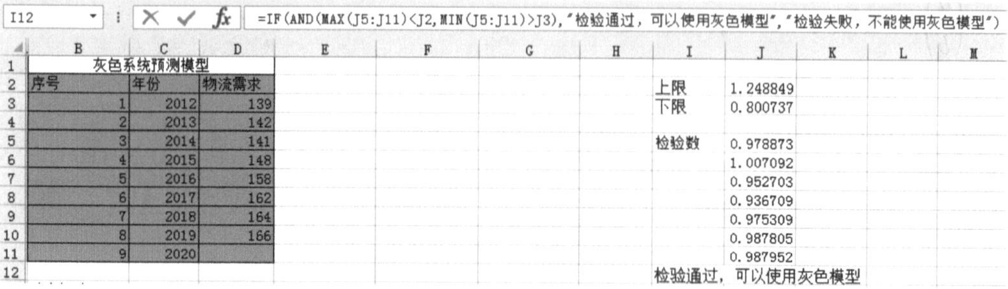

图 1 - 55　用“检验数”判断是否使用灰色模型

步骤 5：在 E2 单元格输入“累加序列”，在 E3 单元格输入“ = D3”，在 E4 单元格输入“ = D4 + E3”，按 < Enter > 键后可得到 2013 年的累加值。按住 E4 单元格右下方的填充柄，向下填充至 E10 单元格，即可得到 2012 年—2019 年的需求原始序列的累加值，如图 1 - 56 所示。

步骤 6：在 B13 单元格输入“矩阵 ***B***”，在 C14 单元格输入“ = - 0. 5 * (E3 + E4)”，并按住 C14 单元格右下方的填充柄，向下填充至 C20 单元格；在 D14 单元格输入“1”，并按住 D14 单元格右下方的填充柄，向下填充至 D20 单元格。区域 C14: D20 即为矩阵 ***B***，如图 1 - 57 所示。

图 1 - 56　物流需求的累加值

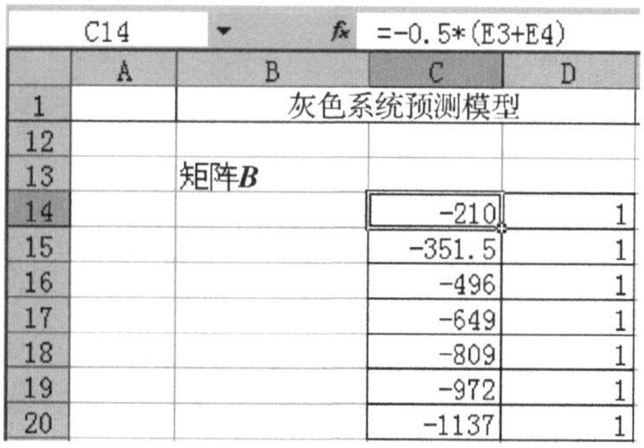

图 1 - 57　建立矩阵 *B*

步骤7：在B22单元格输入“矩阵$\boldsymbol{B}^{\mathrm{T}}$”，选中区域C23: I24，输入公式“ = TRANSPOSE(C14: D20)”，同时按下 <Ctrl + Shift + Enter> 组合键，即可在区域C23: I24得到转置矩阵$\boldsymbol{B}^{\mathrm{T}}$，如图1－58所示。

C23 fx {=TRANSPOSE(C14:D20)}

	A	B	C	D	E	F	G	H	I
1		灰色系统预测模型							
22		矩阵B^{T}							
23			-210	-351.5	-496	-649	-809	-972	-1137
24			1	1	1	1	1	1	1

图1－58 求解矩阵$\boldsymbol{B}$的转置矩阵$\boldsymbol{B}^{\mathrm{T}}$

步骤8：在B25单元格输入“矩阵$\boldsymbol{B}^{\mathrm{T}} * \boldsymbol{B}$”，选中区域C26: D27，输入公式“ = MMULT(C23: I24，C14: D20)”，同时按下 <Ctrl + Shift + Enter> 组合键，即可在区域C26: D27得到矩阵$\boldsymbol{B}^{\mathrm{T}} \times \boldsymbol{B}$。

步骤9：在F26单元格输入“矩阵$(\boldsymbol{B}^{\mathrm{T}} * \boldsymbol{B})^{-1}$”，选中区域G26: H27，输入公式“ = MINVERSE(C26: D27)”，同时按下 <Ctrl + Shift + Enter> 组合键，即可在区域G26: H27得到逆矩阵$(\boldsymbol{B}^{\mathrm{T}} \times \boldsymbol{B})^{-1}$，如图1－59所示。

G26 fx {=MINVERSE(C26:D27)}

	A	B	C	D	E	F	G	H
1		灰色系统预测模型						
25		矩阵$B^{T}*B$						
26			3726903	-4624.5		矩阵$(B^{T}*B)^{-1}$	1.48863E-06	0.000983
27			-4624.5	7			0.00098345	0.792566

图1－59 求解乘积矩阵和逆矩阵

步骤10：在B28单元格输入“矩阵$(\boldsymbol{B}^{\mathrm{T}} * \boldsymbol{B})^{-1} * \boldsymbol{B}^{\mathrm{T}}$”，选中区域C29: I30，输入公式“ = MMULT(G26: H27，C23: I24)”，同时按下 <Ctrl + Shift + Enter> 组合键，即可在区域C29: I30得到矩阵$(\boldsymbol{B}^{\mathrm{T}} \times \boldsymbol{B})^{-1} \times \boldsymbol{B}^{\mathrm{T}}$，如图1－60所示。

C29 fx {=MMULT(G26:H27,C23:I24)}

	A	B	C	D	E	F	G	H	I
1		灰色系统预测模型							
28		矩阵$(B^{T}*B)^{-1}*B^{T}$							
29			0.000671	0.00046	0.000245	1.73319E-05	-0.000220848	-0.00046	-0.00071
30			0.586042	0.446884	0.304775	0.154307313	-0.003044719	-0.16335	-0.32562

图1－60 求解矩阵结果(1)

步骤11：在B32单元格输入“矩阵$(\boldsymbol{B}^{\mathrm{T}} * \boldsymbol{B})^{-1} * \boldsymbol{B}^{\mathrm{T}} * \boldsymbol{Y}$”，选中区域D33: D34，输入公式“ = MMULT(C29: I30，D4: D10)”，同时按下 <Ctrl + Shift + Enter> 组合键，即可在区域D33: D34得到矩阵$(\boldsymbol{B}^{\mathrm{T}} \times \boldsymbol{B})^{-1} \times \boldsymbol{B}^{\mathrm{T}} \times \boldsymbol{Y}$，如图1－61所示。

D33 fx {=MMULT(C29:I30,D4

	A	B	C	D
1		灰色系统预测模型		
32		矩阵$(B^{T}*B)^{-1}*B^{T}*Y$		
33			a	-0.03035
34			b	134.3814

图1－61 求解矩阵结果(2)

步骤12：在D35单元格输入“ = D34/D33”，在F2单元格输入“拟合数列”，在F3单元格输入“ = D3”，在F4单元格输入“ = ($D$3 − $D$35) * EXP(− $D$33 * (B4 − 1)) + $D$35”，按 <Enter> 键后，可得到2013年的拟合数列值。按住F4单元格右下方的填充柄，向下填充到F11单元格，即可得到2014年—2020年的拟合数列值，如图1－62所示。

步骤13：在G2单元格输入“预测需求”，在G3单元格输入“ = D3”，在G4单元格输入“ = F4 − F3”，按 <Enter> 键后，可得到2013年的预测需求值。按住G4单元格右下方的填充柄，向下填充到G11单元格，即可得到2014年—2020年的预测需求值，如图1－63所示。

F4 =($D$3-$D$35)*EXP(-$D$33*(B4-1))+$D$35

	B	C	D	E	F	G
1	灰色系统预测模型					
2	序号	年份	物流需求	累加序列	拟合数列	
3	1	2012	139	139	139	
4	2	2013	142	281	279.723648	
5	3	2014	141	422	424.783007	
6	4	2015	148	570	574.31166	
7	5	2016	158	728	728.447307	
8	6	2017	162	890	887.331889	
9	7	2018	164	1054	1051.11172	
10	8	2019	166	1220	1219.93763	
11	9	2020			1393.96508	

图 1－62　计算拟合数列值

G4 =F4-F3

	B	C	D	E	F	G
1	灰色系统预测模型					
2	序号	年份	物流需求	累加序列	拟合数列	预测需求
3	1	2012	139	139	139	139
4	2	2013	142	281	279.723648	140.7236479
5	3	2014	141	422	424.783007	145.0593586
6	4	2015	148	570	574.31166	149.528653
7	5	2016	158	728	728.447307	154.1356469
8	6	2017	162	890	887.331889	158.8845827
9	7	2018	164	1054	1051.11172	163.7798337
10	8	2019	166	1220	1219.93763	168.825908
11	9	2020			1393.96508	174.0274523

图 1－63　计算 2014—2020 年的预测需求值

➢ 任务操作结果

如图 1－63 所示，2020 年的预测需求值为 174.027。

➢ 任务小结

1）返回逻辑判断结果函数 IF：执行真假判断，根据其逻辑计算的真假值，返回不同结果。

格式：IF(logical_test，value_if_true，value_if_false)

参数：logical_test 表示计算结果为 TRUE 或 FALSE 的任意值或表达式；value_if_true 为 Logical_test 为 TRUE 时返回的值；value_if_false 为 Logical_test 为 FALSE 时返回的值。IF 可以嵌套 7 层。

2）返回逻辑值交集的结果函数 AND：返回几个逻辑值交集的结果。

格式：AND(logical1，logical2，…)

参数：logical1，logical2，…为待检验的逻辑值。

3）转置函数 TRANSPOSE：可返回区域或矩阵的转置。

格式：TRANSPOSE(array)

参数：array 为需要转置的数组或工作表的单元格区域。

4）逆矩阵函数 MINVERSE：返回矩阵的逆矩阵。

格式：MINVERSE(array)

参数：array 为具有相同行列数的数值数组或单元格区域。

项目 4　预测误差

1. 产生误差的原因

误差可能有多种来源，一种常见的来源是将过去的趋势外推至未来的过程，而很多预测人员却往往没有意识到这一点。误差在预测中是不可避免的，通常将实际值与预测值之间的差别定义为预测值的误差。

$$e_i = D_i - F_i \tag{1-79}$$

$$\text{绝对误差} = |D_i - F_i| \tag{1-80}$$

$$\text{相对误差} = \frac{D_i - F_i}{D_i} \tag{1-81}$$

式中　D_i——第 i 时刻的实际值；

F_i——第 i 时刻的预测值；

e_i——第 i 时刻的预测误差。

2. 常用误差计算方法

常用误差计算方法有平均误差、平均绝对误差、相对误差平均值、相对误差绝对值平均值、均方差、标准差等。

3. 预测模型误差监控

检验预测模型是否仍然有效的一个简单方法是将最近的实际值与预测值进行比较，看偏差是否在可以接受的范围以内；另一种方法是应用跟踪信号(Tracking Signal，TS)。

跟踪信号(TS)是指预测误差滚动和与平均绝对偏差的比值。跟踪信号(TS)可用预测偏差的算术平均值除以平均绝对偏差计算得出，见式(1－82)。

$$TS=\frac{RSFE}{MAD} \tag{1-82}$$

式中，RSFE 表示考虑误差性质后的预测误差总和，即 $\sum$(第 i 期实际需求－第 i 期需求预测)；MAD 表示全部预测误差的平均值(不考虑偏差为正或为负)，它是绝对偏差的平均值。

在预测中，使预测结果能够计量并与实际情况相符合，是所有预测方法的根本目的。误差是指预测值与实际结果的偏差，只要预测值位于置信区间内，它就不算是真正的误差。

任务 13　用已知数据和预测值计算预测误差

1-13

➢ 方法原理

1)平均误差：n 个预测值的误差的平均值称为平均误差，记为 MD，其计算方法为

$$MD=\frac{1}{n}\sum_{i=1}^{n}e_i=\frac{1}{n}\sum_{i=1}^{n}(D_i-F_i) \tag{1-83}$$

2)平均绝对误差：n 个预测值的误差绝对值的平均值称为平均绝对误差，记为 MAD，其计算方法为

$$MAD=\frac{1}{n}\sum_{i=1}^{n}|e_i|=\frac{1}{n}\sum_{i=1}^{n}|D_i-F_i| \tag{1-84}$$

3)相对误差平均值：n 个预测值的相对误差的平均值称为相对误差平均值，计算方法为

$$\frac{1}{n}\sum_{i=1}^{n}\frac{D_i-F_i}{D_i} \tag{1-85}$$

4)相对误差绝对值平均值：n 个预测值的相对误差的绝对值平均值称为相对误差绝对值平均值，计算方法为

$$\frac{1}{n}\sum_{i=1}^{n}\left|\frac{D_i-F_i}{D_i}\right| \tag{1-86}$$

5)均方差：n 个预测值误差平方和的平均值称为均方差，记为 S^2，其计算方法为

$$S^2=\frac{1}{n}\sum_{i=1}^{n}e_i^2=\frac{1}{n}\sum_{i=1}^{n}(D_i-F_i)^2 \tag{1-87}$$

6)标准差：n 个预测值的均方差平方根称为标准差，记为 σ，其计算方法为

$$\sigma=\sqrt{\frac{1}{n}\sum_{i=1}^{n}e_i^2}=\sqrt{\frac{1}{n}\sum_{i=1}^{n}(D_i-F_i)^2} \tag{1-88}$$

在以上几种误差计算方法中，均方差和标准差最为常用。在统计中若数据服从正态分布，且控制限设为 ±3 个标准差，则 99.7% 的点将落在控制限之内。

➢ 任务内容

根据任务 6 中使用一次指数平滑法预测的某企业仓储收入的数据预测误差。

➢ 任务操作步骤

步骤 1：打开任务 6 中建立的数据模型，如图 1－64 所示。

	A	B	C	D	E
1–2	序号	年份 t	仓储收入 X_t（万元）	预测值 Y_{t+1}	标准误差
3	1	1995	140		
4	2	1996	142	140	
5	3	1997	146	140.6	
6	4	1998	147	142.22	
7	5	1999	150	143.654	4.320817824
17	15	2009	190	176.1025114	8.039615169
18	16	2010	185	180.271758	9.620336069
19	17	2011	197	181.6902306	9.772014661
20	18	2012	186	186.2831614	12.24589048
21	19	2013	187	186.198213	9.252486011
22	20	2014	186	186.4387491	8.852722407
23	21	2015	188	186.3071244	0.552432066
24	22	2016	190	186.8149871	1.110734155
25	23	2017	195	187.7704909	2.09782714
26	24	2018		189.9393437	4.664616334

图 1－64　一次指数平滑法预测的某企业仓储收入的数据模型

步骤 2：在 F4 单元格输入“＝ABS(C4－D4)”，向下填充至 F25，完成绝对误差的计算；在 G4 单元格输入“＝F4/C4”，向下填充至 G25，完成相对误差的计算；在 D29 单元格输入“＝AVERAGE(F4:F25)”，完成平均绝对误差的计算；在 D30 单元格输入“＝AVERAGE(G4:G25)”，完成相对误差平均值的计算；在 D31 单元格输入“＝SUMSQ(F4:F25)/22”，完成均方差的计算；在 D32 单元格输入“＝SQRT(D31)”，完成标准差的计算，如图 1－65 所示。

	A	B	C	D	E	F	G
1–2	序号	年份 t	仓储收入 X_t（万元）	预测值 Y_{t+1}	标准误差	绝对误差	相对误差
3	1	1995	140				
4	2	1996	142	140		=ABS(C4-D4)	=F4/C4
5	3	1997	146	140.6		=ABS(C5-D5)	=F5/C5
6	4	1998	147	142.22		=ABS(C6-D6)	=F6/C6
7	5	1999	150	143.654	4.320817824	=ABS(C7-D7)	=F7/C7
23	21	2015	188	186.3071244	0.552432066	=ABS(C23-D23)	=(C23-D23)/C23
24	22	2016	190	186.8149871	1.110734155	=ABS(C24-D24)	=(C24-D24)/C24
25	23	2017	195	187.7704909	2.09782714	=ABS(C25-D25)	=(C25-D25)/C25
26	24	2018		189.9393437	4.664616334		

a）计算公式和函数

	A	B	C	D	E	F	G
1–2	序号	年份 t	仓储收入 X_t（万元）	预测值 Y_{t+1}	标准误差	绝对误差	相对误差
3	1	1995	140				
4	2	1996	142	140		2	0.014084507
5	3	1997	146	140.6		5.4	0.036986301
6	4	1998	147	142.22		4.78	0.032517007
7	5	1999	150	143.654	4.320817824	6.346	0.042306667
23	21	2015	188	186.3071244	0.552432066	1.692875634	0.009004658
24	22	2016	190	186.8149871	1.110734155	3.185012944	0.016763226
25	23	2017	195	187.7704909	2.09782714	7.229509061	0.037074405
26	24	2018		189.9393437	4.664616334		
27							
28		α=0.3					
29			平均绝对误差	7.966613152			
30			相对误差平均值	0.043409491			
31			均方差	94.82326953			
32			标准差	9.737724043			

b）计算结果

图 1－65　预测误差计算结果

➢ 任务操作结果

本任务的平均绝对误差为7.9666；相对误差平均值为0.0434；均方差为94.8233；标准差为9.7377。

➢ 任务小结

平方和函数SUMSQ：返回参数的平方和。

格式：SUMSQ(number1，number2，…)

参数：number1，number2，…为1～30个需要计算平方和的参数。

项目5　常用预测方法和常用预测函数总结

1. 常用预测方法

预测方法可分为定性预测和定量预测两大类，定量预测又可分为回归分析预测法、时间序列分析预测法等。常用预测方法总结见表1－10。

表1－10　常用预测方法总结

方法	时间范围	适用情况	应做工作
定性预测法	短期、中期、长期	对缺乏历史统计资料或趋势面临转折的事件进行预测	要做大量的调查研究工作
线性回归法	短期、中期	因变量与一个或两个以上自变量之间存在线性关系	为所有变量收集历史数据，分析因变量和自变量的相关关系，对回归模型进行检验
非线性回归法	短期、中期	因变量与一个或多个自变量之间存在某种非线性关系	收集历史数据，用多个非线性模型拟合比较
趋势外推法	中期到长期	用时间序列数据对时间进行回归，根据趋势选择线性或非线性模型	收集研究对象的历史数据，结合散点图选择可能的趋势模型并比较分析
时间序列分解法	短期	短期预测或在使用其他预测方法前消除季节变动因素的影响	收集研究对象的历史数据，将时间序列分解为季节性、趋势性、周期性、随机性因素
移动平均法	短期	不带季节变动的反复预测	收集研究对象的历史数据，但移动步长的确定比较费时
指数平滑法	短期	具有或不具有季节变动的反复预测	收集研究对象的历史数据，但初始值及平滑系数的确定比较费时
博克斯—詹金斯法	短期、中期	适用于平稳随机序列数据	计算过程复杂、烦琐，关键在于模型的建立

2. 常用预测函数

在预测分析中常用的函数见表 1－11。

表 1－11 预测分析中常用的函数

序号	函数	说明
1	LINEST	线性估计最小二乘法
2	TREND	线性回归拟合线的值
3	FORECAST	线性趋势预测
4	INTEREPT	线性回归截距
5	SLOPE	线性回归的斜率
6	CORREL	返回两组数值的相关系数 *R*
7	PEARSON	返回两组数据集合的相关系数 *R*
8	LOGEST	最佳指数回归拟合曲线①
9	GROWTH	指数增长值
10	STEYX	预测值的标准误差

①此类函数结果都是数组，注意选够单元格且用 <Ctrl + Shift + Enter> 组合键。

通过本单元的学习，应能够针对实际问题选择有效的预测方法，并建立模型进行预测分析。若分析影响事物的主要因素比较困难或相关变量资料难以得到，则可以采用时间序列分析预测法(如移动平均法和指数平滑法)。若需要从事物变化的因果关系出发，寻找它与其他因素之间的内在联系，则可以采用回归分析预测法。对于移动平均法、指数平滑法和回归分析预测法，应能熟练地应用 Excel 2016 的分析工具建立相应模型，进行预测推算。尤其是对于所求出的回归模型，必须进行经济意义检验、统计检验和计量经济学检验。只有当所有检验都通过时，所建立的回归模型才成立，才能用于预测。与线性回归类似，非线性回归也可以使用函数建立模型。

习 题

1. 用数据分析中的移动平均法完成任务 4 的仓储收入的预测。
2. 用一次指数平滑法完成任务 6 的仓储收入的预测。
3. 用图表法完成任务 7 的需求数量的预测。
4. 用函数法完成任务 7 的需求数量的预测。
5. 用图表法完成任务 9 的业务收入的预测。
6. 用函数法完成任务 9 的业务收入的预测。
7. 用函数法完成任务 10 的业务收入的预测。
8. 用函数法完成任务 11 的流通费用的预测。

单元 2
物流经济分析的基本方法

项目 1　企业投资评估方法

企业投资评估方法主要包括净现值法、最近距离法等。

任务 1　用净现值法分析某物流企业投资的可行性

2-1

➢ 方法原理

1. 净现值的内涵

把投资比较的时点确定在原始投资发生的时间，把一项投资方案在未来期间所能获得的各种报酬（现金流入量），按照资金成本折算成总现值，然后把它与原始投资（现金流入量）折成的现值进行比较，其差额就叫净现值（Net Present Value，NPV）。

2. 计算步骤

在实际工作中，由于投资方案可能涉及未来很长年限，会出现一些复杂情况，所以这里给出净现值计算的一般步骤：

1）对投资项目寿命周期内各年的营业净现金流量（Net Cash Flow，NCF）进行预测。

各年的 NCF = 营业收入 − 付现营业成本 − 所得税

2）根据资金成本将未来的各种报酬折算成总现值。

a. 将各年的净现金流量折成现值。

b. 将期末固定资产的残值或中途变现价值，以及期末应回收的流动资产，按普通复利折成现值。

c. 将上述 a、b 两项相加，即可求得未来报酬的总现值。

d. 计算投资方案的净现值（NPV），见式（2−1）。

$$NPV = \left[\frac{NCF_1}{(1+i)} + \frac{NCF_2}{(1+i)^2} + \cdots + \frac{NCF_n}{(1+i)^n}\right] - I_0 = \sum_{i=1}^{n}\frac{NCF_n}{(1+i)^n} - I_0 \quad (2-1)$$

式中 $\sum_{i=1}^{n}\frac{NCF_n}{(1+i)^n}$——未来报酬的总现值；

I_0——原始投资额的现值；

i——资金利率；

n——投资项目的寿命期。

3. 投资决策

净现值法就是根据一项投资方案的净现值是正数还是负数来确定该项方案是否可行的决策分析方法。若净现值是正数，即说明该方案的投资报酬额大于原投资额，那么该方案可行；反之，则不可行。净现值越大，说明项目的经济效益越好。

➢ 任务内容

某物流企业有较完善的运输网络和较先进的运输设施。经调查，该物流企业为在其运输网络覆盖域内的某制造企业未来 6 年采购原材料和销售产品支付的相关成本费用见表 2－1。

表 2－1　某物流企业物流相关成本费用　（单位：万元）

年度	2025	2026	2027	2028	2029	2030
相关成本	120	160	170	210	260	290

经协商，该物流企业准备以表 2－2 所示的成交价格完成该项任务。

表 2－2　某物流企业物流成交价格　（单位：万元）

年度	2025	2026	2027	2028	2029	2030
相关成本	130	170	190	235	275	300

为承担该项运输任务，物流企业需一次性投入 60 万元用于购置部分专用设施和建设信息平台。资金利率为 8%，试分析该项投资的可行性。

可能达成交易的价格水平，就是物流企业可能获得的收入。

➢ 任务操作步骤

步骤 1：根据表 2－1、表 2－2 和已知条件建立数据模型，如图 2－1 所示。

步骤 2：在 D5 单元格输入“＝B5－C5”，按 <Enter> 键后向下填充至 D10。

步骤 3：在 B12 单元格输入“＝NPV(B2，D5:D10)－B1”。

步骤 4：按 <Enter> 键，得到该物流企业的投资净现值。如图 2－2 所示，投资净现值为 8.6 万元。

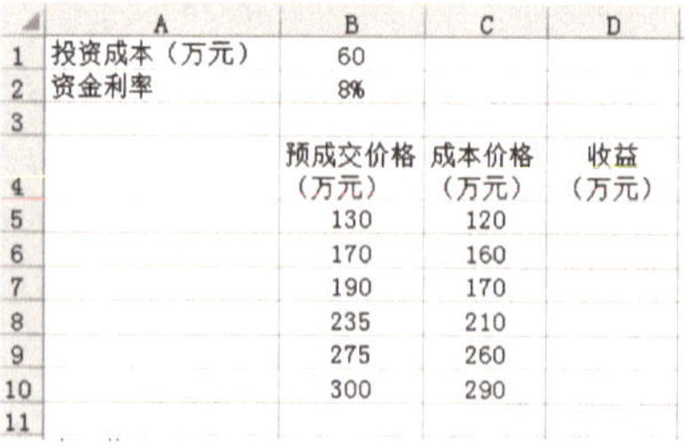

图 2－1　建立数据模型

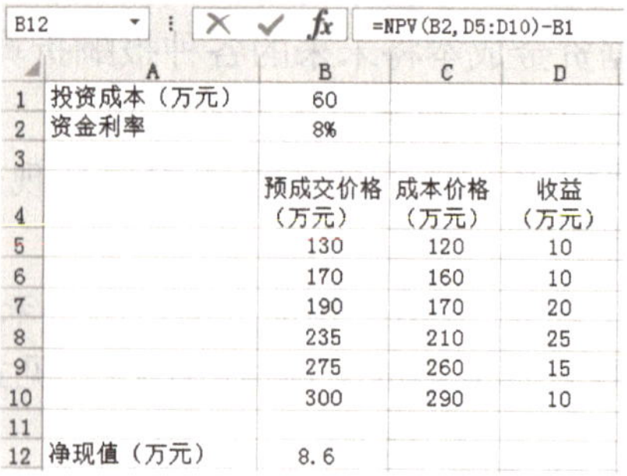

图 2－2　投资净现值

➢ 任务操作结果

由图 2－2 可知该项目投资净现值为 8.6 万元，故该项目投资具有一定的可行性。

特别强调，在对以合作的方式进行物流业务的经济分析时首先分析的是合作的可能性，分析的主要目标在于确定可能成交的价格，然后再根据可能成交的价格分析物流企业进行这一交易经济上的可行性。可能性分析的关键在于正确计量交易存在的、可供交易各方共享的利益空间，必须根据具体的业务内容和相关情况来选择分析方法。可能性分析是物流经济分析的基本环节，也是第一环节。

➢ 任务小结

投资净现值函数 NPV：基于贴现率以及未来一系列支出（负值）和收入（正值），返回一项投资的净现值。

格式：NPV（rate，value1 ，value2，…）

参数：rate 为某一期间的贴现率，是一个固定值；value1，value2，…为未来一系列支出和收入。

也可以用一组现金流的内部收益率函数 IRR 来确定经济方案的可行性。

2-2

任务 2　用最近距离法判断投资方案的可行性

➢ 方法原理

有些决策问题的目标可能有多个，而且这多个目标之间有可能是相互矛盾的。例如项目投资的决策，就可能有投值最低、成本最低、收益最高等多个目标。这时不同的方案就难以简单地用最大值、最小值函数比较优劣。此时可根据多个方案计算出一个理想方案，然后再计算出各方案与理想方案的“距离”，从中选择与理想方案“距离”最近的方案。最近距离法判断投资方案表见表 2－3，计算步骤如下：

表 2－3　最近距离法判断投资方案表

方案	A 项	B 项	C 项	…	J 项	距离
方案 1	X_{11}	X_{12}	X_{13}	…	X_{1j}	Y_1
方案 2	X_{21}	X_{22}	X_{23}	…	X_{2j}	Y_2
方案 3	X_{31}	X_{32}	X_{33}	…	X_{3j}	Y_3
⋮	⋮	⋮	⋮		⋮	⋮
方案 i	X_{i1}	X_{i2}	X_{i3}	…	X_{ij}	Y_i
理想方案	X_1	X_2	X_3	…	X_j	
选择方案	距离最近					

1）选取每一项的理想值。

X_1 =“MAX（X_{11}，X_{21}，X_{31}，…，X_{i1}）”或“MIN（X_{11}，X_{21}，X_{31}，…，X_{i1}）”

X_2 =“MAX（X_{12}，X_{22}，X_{32}，…，X_{i2}）”或“MIN（X_{12}，X_{22}，X_{32}，…，X_{i2}）”

⋮

X_j =“MAX（X_{1j}，X_{2j}，X_{3j}，…，X_{ij}）”或“MIN（X_{1j}，X_{2j}，X_{3j}，…，X_{ij}）”

2）计算各方案与理想值的距离。

$$Y_1=(X_1-X_{11})^2+(X_2-X_{12})^2+\cdots+(X_j-X_{1j})^2$$

$$Y_2=(X_1-X_{21})^2+(X_2-X_{22})^2+\cdots+(X_j-X_{2j})^2$$

$$\vdots$$

$$Y_i=(X_1-X_{i1})^2+(X_2-X_{i2})^2+\cdots+(X_j-X_{ij})^2 \tag{2-2}$$

3）进行投资决策：选择最近距离，见式（2－3）。

$$\mathrm{MIN}(Y_1,\ Y_2,\ Y_3,\ \cdots,\ Y_i) \qquad (2-3)$$

➢ 任务内容

假设某电器公司计划通过其销售网络推销一种廉价电器产品。该电器的生产有 3 个方案：方案 1 需投资 100000 元，预计投产后成本为 600000 元，利润为 500000 元；方案 2 需投资 160000 元，预计投产后成本为 480000 元，利润为 560000 元；方案 3 需投资 250000 元，预计投产后成本为 360000 元，利润为 590000 元，见表 2－4。选择哪种生产方案可获得最大收益？这里设置理想方案的有关参数为投资最少、成本最低、收益最大。

表 2－4　某电器公司投资方案分析表　（单位：元）

方案	投资	成本	收益
方案 1	100000	600000	500000
方案 2	160000	480000	560000
方案 3	250000	360000	590000

➢ 任务操作步骤

步骤 1：根据表 2－4 建立数据模型，如图 2－3 所示。

步骤 2：计算理想方案。在 B7 单元格输入"＝MIN（B3：B5）"，按＜Enter＞键，计算出投资最少方案；在 C7 单元格输入"＝MIN（C3：C5）"，按＜Enter＞键，计算出成本最低方案；在 D7 单元格输入"＝MAX（D3：D5）"，按＜Enter＞键，计算出收益最大方案，如图 2－4 所示。

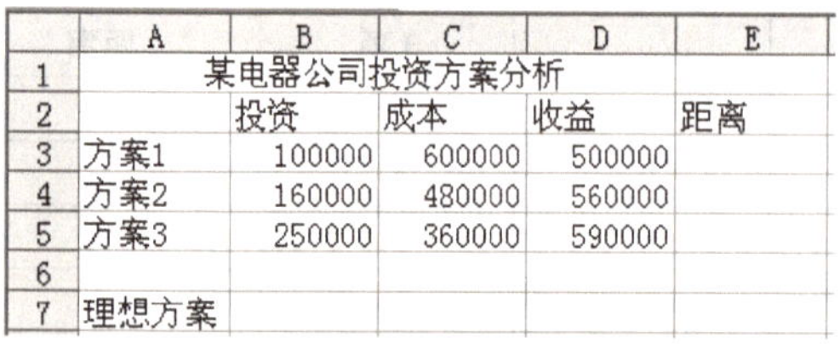

	A	B	C	D	E
1	某电器公司投资方案分析				
2		投资	成本	收益	距离
3	方案1	100000	600000	500000	
4	方案2	160000	480000	560000	
5	方案3	250000	360000	590000	
6					
7	理想方案				

图 2－3　建立数据模型

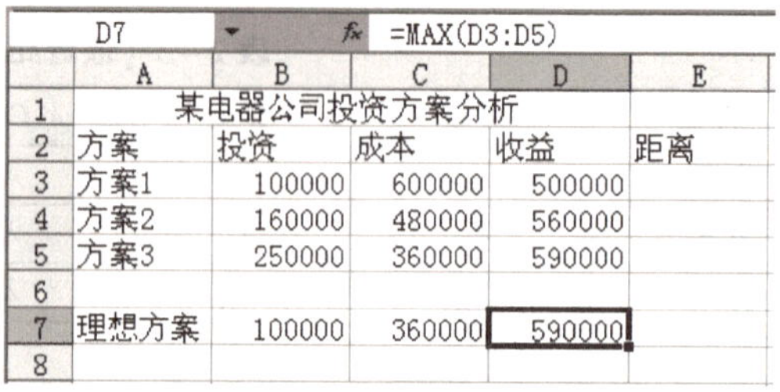

D7　=MAX(D3:D5)

	A	B	C	D	E
1	某电器公司投资方案分析				
2	方案	投资	成本	收益	距离
3	方案1	100000	600000	500000	
4	方案2	160000	480000	560000	
5	方案3	250000	360000	590000	
6					
7	理想方案	100000	360000	590000	
8					

图 2－4　理想方案计算

步骤 3：计算距离。在 E3 单元格输入"＝SUMXMY2（B3：D3，B＄7：D＄7）"，按＜Enter＞键，计算出方案 1 的距离；向下填充至 E5 单元格，计算出方案 2 和方案 3 的距离，如图 2－5 所示。

步骤 4：选择最近距离。在 B9 单元格输入"＝LOOKUP（MIN（E3：E5），E3：E5，A3：A5）"，按＜Enter＞键，选择出距离最近的方案，如图 2－6所示。

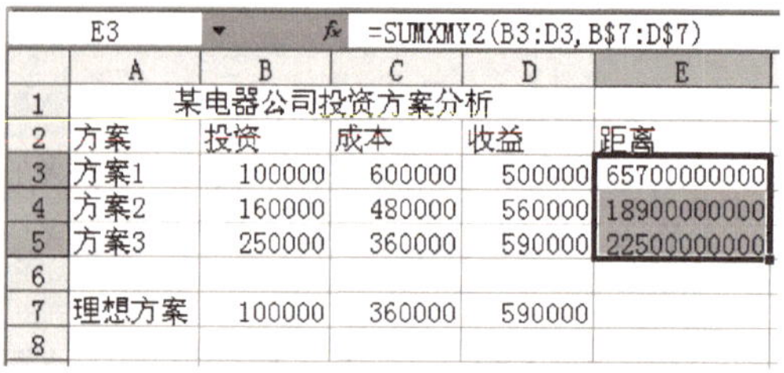

E3　=SUMXMY2(B3:D3,B$7:D$7)

	A	B	C	D	E
1	某电器公司投资方案分析				
2	方案	投资	成本	收益	距离
3	方案1	100000	600000	500000	65700000000
4	方案2	160000	480000	560000	18900000000
5	方案3	250000	360000	590000	22500000000
6					
7	理想方案	100000	360000	590000	
8					

图 2－5　距离计算

➢ 任务操作结果

如图 2－6 所示，最优方案为方案 2。

	A	B	C	D	E	F
1		某电器公司投资方案分析				
2		投资	成本	收益	距离	
3	方案1	100000	600000	500000	=SUMXMY2(B3:D3,B$7:D$7)	
4	方案2	160000	480000	560000	=SUMXMY2(B4:D4,B$7:D$7)	
5	方案3	250000	360000	590000	=SUMXMY2(B5:D5,B$7:D$7)	
6						
7	理想方案	=MIN(B3:B5)	=MIN(C3:C5)	=MAX(D3:D5)		
8						
9	选择方案	=LOOKUP(MIN(E3:E5),E3:E5,A3:A5)				

a）计算公式和函数

B9　=LOOKUP(MIN(E3:E5),E3:E5,A3:A5)

	A	B	C	D	E	F
1		某电器公司投资方案分析				
2	方案	投资	成本	收益	距离	
3	方案1	100000	600000	500000	65700000000	
4	方案2	160000	480000	560000	18900000000	
5	方案3	250000	360000	590000	22500000000	
6						
7	理想方案	100000	360000	590000		
8						
9	选择方案	方案2				

b）计算结果

图 2-6　选择距离最近的方案

➢ 任务小结

因为理想方案中的各参数有些是最大值，有些是最小值，简单地用差额计算会有正有负相互抵消，所以应计算各差额的绝对值的和，或者各差额的平方的和。这里使用 SUMXMY2 函数计算每个方案各参数与理想方案各参数的差额的平方和。注意，为了使用自动填充功能，公式中理想方案的单元格区域地址应使用绝对地址或混合地址。

项目 2　决策方案的评估

与投资决策不同，经营决策一般只涉及一年以内的专门业务，不改变企业现有的生产能力，也不增加固定资产的投资。因此，在进行决策分析时，无须考虑资金的时间价值和投资的风险价值，而是把方案选择的重点放在使企业经济效益和社会效益最大化上。

风险是指可测量的不确定性，是可以对未来可能出现的各种情况进行概率分析的。而不确定性是指无法确定未来可能出现的各种情况的概率，甚至也无法估计在各种特定情况下的肯定结果。本项目主要介绍 4 种物流风险决策分析方法：决策树法、确定型决策方法、盈亏平衡法、变异系数法。

任务 3　用决策树法判断某仪器厂是否选择新的生产工艺

2-3

➢ 方法原理

1．决策树法的含义与结构

决策树法，是以损益值为准则的图解决策法，由于这种决策图类似树枝，因此称为决策树法。

决策树由节点和分枝组成。节点有 3 种：

1）决策节点，用符号“□”表示。表示此时的行为是决策者在自己能够控制的情况下进行分析和选择。从决策节点引出的分枝叫方案分枝，分枝数反映可能的方案数目。

2）方案（状态）节点，用符号“○”表示。表示此时的行为是决策者在自己无法控制的一种状态。从方案节点引出的分枝叫状态分枝，每一枝代表一种自然状态。分枝数反映可能的自然状态数目。每条分枝上标明自然状态及其可能出现的概率。

3）结果节点，用符号“△”表示。它是状态分枝的最末端。节点后面的数字是方案在相应结局下的损益值。

2. 决策树的具体求解步骤

1）从左到右，从决策节点开始，依次列出各方案。

2）列出方案节点下可能的自然状态（概率、费用、结果节点）。

3）从右到左求解决策树。用状态分枝上的概率乘以结果节点上的损益值，然后将每一方案求和得到方案的期望值；将方案的期望值填入方案节点旁边，决策树便可以向左推一级；凡遇到决策节点，保留具有最大期望值的树枝，去除相对小的树枝，以此类推，利用这种反推决策树的方法，从右到左，求出最优方案。

➢ 任务内容

某仪器厂生产的仪器中需要装配一种电子元件，该电子元件由一家协作厂供应，每批次供应 800 件。在长期生产中已统计出每批元件装配在仪器上出现不同次品率的概率，见表 2－5。

表 2－5 不同次品率出现的概率

每批元件出现的次品率（%）	2	5	10	15	20
概率 p	0.4	0.3	0.15	0.1	0.05

按原工艺生产，发现次品后，每更换一件的费用为 1.5 元。现拟改进生产工艺，即每批元件进厂后，先进行去除老化处理，并加以筛选，然后再装配。这样出现的次品率见表 2－6，更换一件次品同样要支付 1.5 元。此外这种新工艺要为每批元件多支付 40 元的处理费用。试判断该仪器厂是否选择新工艺。

表 2－6 新工艺中不同次品率出现的概率

每批元件出现的次品率（%）	2	8	12
概率 p	0.7	0.2	0.1

➢ 任务操作步骤

步骤 1：根据表 2－5 和表 2－6 中的数据建立数据模型，如图 2－7 所示。

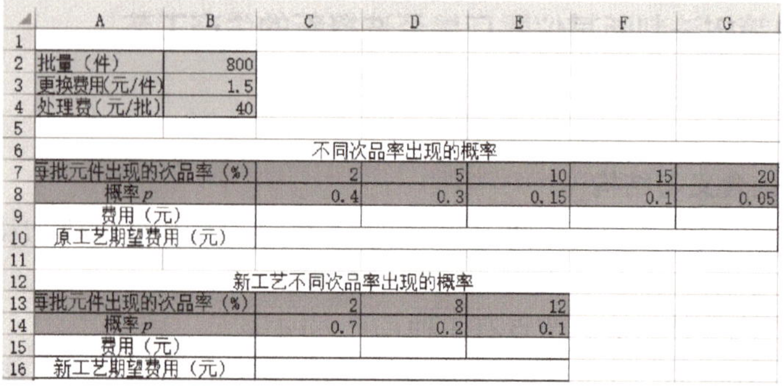

	A	B	C	D	E	F	G
1							
2	批量（件）	800					
3	更换费用(元/件)	1.5					
4	处理费(元/批)	40					
5							
6			不同次品率出现的概率				
7	每批元件出现的次品率（%）		2	5	10	15	20
8	概率 p		0.4	0.3	0.15	0.1	0.05
9	费用（元）						
10	原工艺期望费用（元）						
11							
12			新工艺不同次品率出现的概率				
13	每批元件出现的次品率（%）		2	8	12		
14	概率 p		0.7	0.2	0.1		
15	费用（元）						
16	新工艺期望费用（元）						

图 2－7 建立数据模型

步骤 2：计算损益值，即费用（费用 = 批量 × 次品率 × 单件更换费用）。在 C9 单元格输入“ = $B$2 * C7/100 * $B$3”，按 <Enter> 键，向右填充至 G9，完成原工艺费用的计算；同理完成新工艺费用的计算。新旧工艺费用计算如图 2 - 8 所示。

E15　=$B$2*E13/100*$B$3

	A	B	C	D	E	F	G
1							
2	批量（件）	800					
3	更换费用(元/件)	1.5					
4	处理费(元/批)	40					
5							
6			不同次品率出现的概率				
7	每批元件出现的次品率（%）		2	5	10	15	20
8	概率 p		0.4	0.3	0.15	0.1	0.05
9	费用（元）		24	60	120	180	240
10	原工艺期望费用（元）						
11							
12			新工艺不同次品率出现的概率				
13	每批元件出现的次品率（%）		2	8	12		
14	概率 p		0.7	0.2	0.1		
15	费用（元）		24	96	144		
16	新工艺期望费用（元）						

图 2 - 8　新旧工艺费用计算

步骤 3：计算原工艺期望费用（$EMV = \sum S_j P_j$）。在 C10 单元格输入“ = SUMPRODUCT（C8: G8，C9: G9）”，按 <Enter> 键，完成原工艺期望费用的计算，如图 2 - 9 所示。

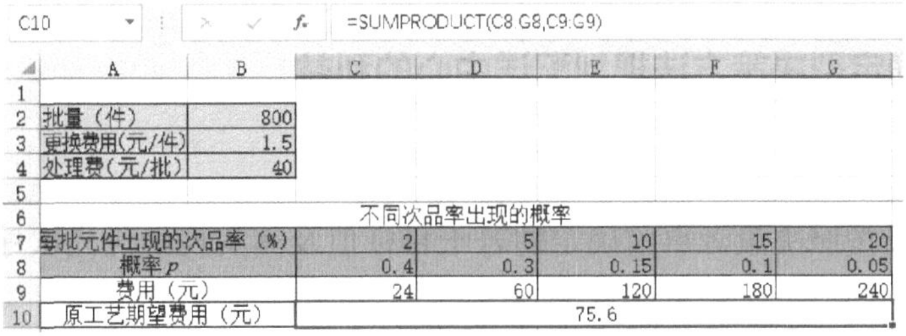

C10　=SUMPRODUCT(C8:G8,C9:G9)

	A	B	C	D	E	F	G
1							
2	批量（件）	800					
3	更换费用(元/件)	1.5					
4	处理费(元/批)	40					
5							
6			不同次品率出现的概率				
7	每批元件出现的次品率（%）		2	5	10	15	20
8	概率 p		0.4	0.3	0.15	0.1	0.05
9	费用（元）		24	60	120	180	240
10	原工艺期望费用（元）		75.6				

图 2 - 9　原工艺期望费用计算

步骤 4：计算新工艺期望费用。在 C16 单元格输入“ = B4 + SUMPRODUCT（C14: E14，C15: E15）”，按 <Enter> 键，完成新工艺期望费用的计算，如图 2 - 10所示。

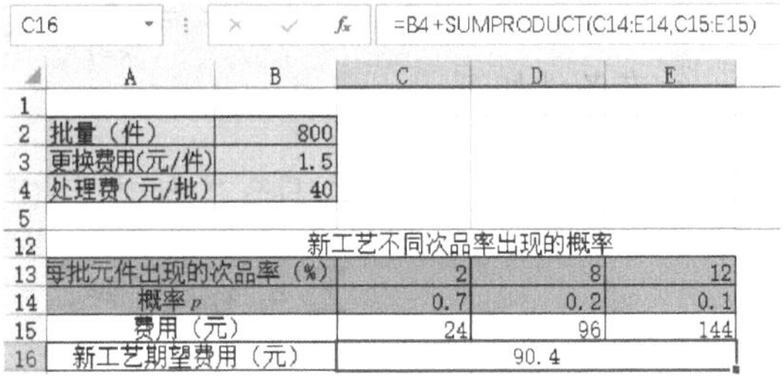

C16　=B4+SUMPRODUCT(C14:E14,C15:E15)

	A	B	C	D	E
1					
2	批量（件）	800			
3	更换费用(元/件)	1.5			
4	处理费(元/批)	40			
5					
12			新工艺不同次品率出现的概率		
13	每批元件出现的次品率（%）		2	8	12
14	概率 p		0.7	0.2	0.1
15	费用（元）		24	96	144
16	新工艺期望费用（元）		90.4		

图 2 - 10　新工艺期望费用计算

步骤 5：期望费用选择。在 C18 单元格输入“ = MIN（C10，C16）”，按 <Enter> 键。任务操作计算过程的公式和函数如图 2 - 11 所示。

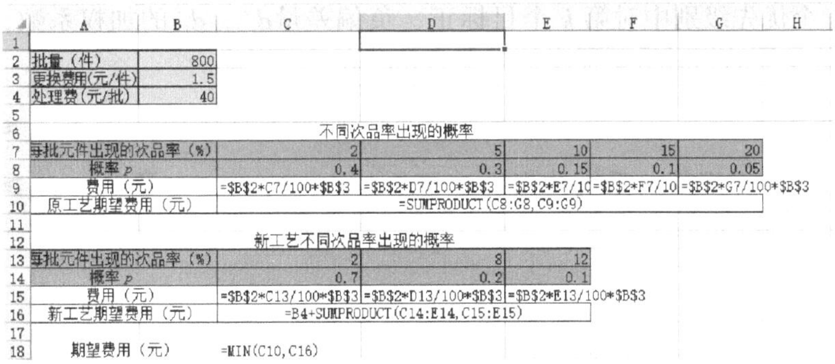

	A	B	C	D	E	F	G
1							
2	批量（件）	800					
3	更换费用(元/件)	1.5					
4	处理费(元/批)	40					
5							
6			不同次品率出现的概率				
7	每批元件出现的次品率（%）		2	5	10	15	20
8	概率 p		0.4	0.3	0.15	0.1	0.05
9	费用（元）		=$B$2*C7/100*$B$3	=$B$2*D7/100*$B$3	=$B$2*E7/10	=$B$2*F7/10	=$B$2*G7/100*$B$3
10	原工艺期望费用（元）		=SUMPRODUCT(C8:G8,C9:G9)				
11							
12			新工艺不同次品率出现的概率				
13	每批元件出现的次品率（%）		2	8	12		
14	概率 p		0.7	0.2	0.1		
15	费用（元）		=$B$2*C13/100*$B$3	=$B$2*D13/100*$B$3	=$B$2*E13/100*$B$3		
16	新工艺期望费用（元）		=B4+SUMPRODUCT(C14:E14,C15:E15)				
17							
18	期望费用（元）		=MIN(C10,C16)				

图 2 - 11　任务操作计算过程的公式和函数

步骤 6：绘制决策树，如图 2－12 所示。

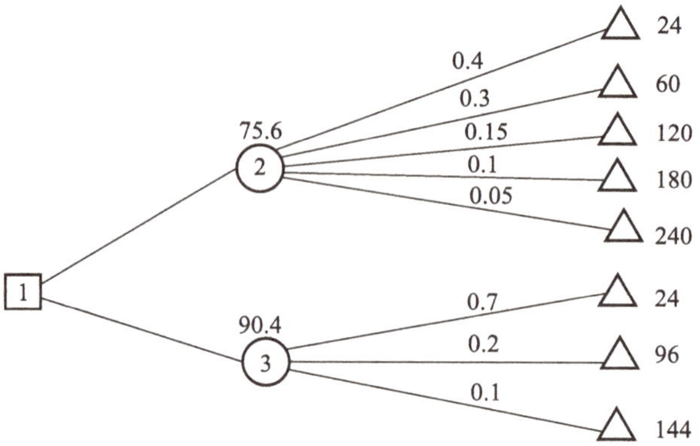

图 2－12　决策树

➢ 任务操作结果

通过比较两个工艺的费用可以看出，采用原工艺比改革工艺节省的期望费用为 14.8（90.4－75.6）元。因此，决策结果为采用原来的工艺。

任务 4　用确定型决策方法规划配送中心的利益

2－4

➢ 方法原理

目标规划是指按照决策者事前确定的若干目标值及其实现的优先次序，在给定的有限资源下寻找偏离目标值最小的解的数学方法。

目标规划问题的一般数学模型见式(2－4)

$$\min z = \sum_{k=1}^{k} p_k \sum_{i=1}^{m} (w_{ki}^{+} d_i^{+} + w_{ki}^{-} d_i^{-}) \tag{2-4}$$

约束条件如下：

$$\sum_{j=1}^{n} c_{ij}x_j - d_i^{+} + d_i^{-} = G_i, \quad i = 1, 2, \cdots, m$$
$$\sum_{j=1}^{n} a_{ij}x_j \leqslant (\geqslant, =) b_j, \quad j = 1, 2, \cdots, n$$
$$x_j \geqslant 0, \quad j = 1, 2, \cdots, n$$
$$d_i^{+}, d_i^{-} \geqslant 0, \quad i = 1, 2, \cdots, m$$

式中　z——目标函数；

w_{ki}^{+}，w_{ki}^{-}——k 个优先级别中对第 k 个目标正、负偏差量d_i^{+}，d_i^{-}的加权系数，即表示不同偏差量的相对重要程度，当其为 0 时表示不考虑。

$\sum_{j=1}^{n} c_{ij}x_j - d_i^{+} + d_i^{-} = G_i, i = 1,2,\cdots,m$ 是目标规划的目标约束；$\sum_{j=1}^{n} a_{ij}x_j \leqslant (\geqslant, =) b_j$，$j = 1,2,\cdots,n$ 是目标规划的系统约束；$x_j \geqslant 0$，$j = 1, 2, \cdots, n$ 及d_i^{+}，$d_i^{-} \geqslant 0$，$i = 1, 2, \cdots, m$ 是目标规划的非负约束。

➢ 任务内容

某物流蔬菜配送中心每天都要从早晨 4 点开始将当天收到的货物按收到的订单，在 7

点之前为方圆 50km 之内的大型超市配送新鲜的家庭型的小包装蔬菜。该物流配送中心的活动可分为进货验收、拣货、加工包装、配送运输 4 项主要工作。各项工作的时间、成本、质量、质量权重以及各项工作的约束条件见表 2－7。

表 2－7　各项工作的时间、成本、质量、质量权重以及各项工作的约束条件

项目	进货验收	拣货	加工包装	配送运输
一般时间	20	32	35	45
最小时间	6	12	20	25
成本	59	138	160	280
质量	3	6	6	9
质量权重	0. 15	0. 25	0. 35	0. 25
成本约束	80	218	280	310
质量约束	1	3	3	5

该配送中心需要满足下列条件：

1）总时间 T≤100min，每提前 1min 奖励 2 元，每延误 1min 惩罚 5 元。

2）总成本 C≤700 元，每降低 1 元奖励 0. 8 元，每超过 1 元惩罚 1 元。

3）总质量达到 Q＝5，每提高一个等级奖励 1 元，每降低一个等级惩罚 2 元。

如何规划各环节的资源才能使得配送中心的利益最大？

➢ 任务操作步骤

步骤 1：建立数据模型，如图 2－13 所示。

	A	B	C	D	E
1					
2	项目	进货验收	拣货	加工包装	配送运输
3	一般时间	20	32	35	45
4	最小时间	6	12	20	25
5	成本	59	138	160	280
6	质量	3	6	6	9
7	单位成本				
8	单位质量				
9	质量权重	0. 15	0. 25	0. 35	0. 25
10	成本约束	80	218	280	310
11	质量约束	1	3	3	5

图 2－13　建立数据模型

步骤 2：计算单位成本和单位质量。在 B7 单元格输入"＝B5/B3"，向右填充至 E7；在 B8 单元格输入"＝(B6－B11)/(B3－B4)"，向右填充至 E8，如图 2－14 所示。

	A	B	C	D	E
1					
7	单位成本	=B5/B3	=C5/C3	=D5/D3	=E5/E3
8	单位质量	=(B6-B11)/(B3-B4)	=(C6-C11)/(C3-C4)	=(D6-D11)/(D3-D4)	=(E6-E11)/(E3-E4)

a）计算公式

	A	B	C	D	E
1					
2	项目	进货验收	拣货	加工包装	配送运输
3	一般时间	20	32	35	45
4	最小时间	6	12	20	25
5	成本	59	138	160	280
6	质量	3	6	6	9
7	单位成本	2. 95	4. 3125	4. 571429	6. 222222
8	单位质量	0. 142857	0. 15	0. 2	0. 2
9	质量权重	0. 15	0. 25	0. 35	0. 25
10	成本约束	80	218	280	310
11	质量约束	1	3	3	5

b）计算结果

图 2－14　单位成本和单位质量计算公式与结果

步骤 3：在 B14: F14 单元格区域分别输入"进货验收""拣货""加工包装""配送运输"和"实现值"；在 A15: A17 单元格区域分别输入"时间目标""成本目标"和"质量目标"。选择"公式"/"定义名称"，定义 B15: E15 为"时间目标"，作为自变量；定义 B16: E16 为"成本目标"；定义 B17: E17 为"质量目标"，如图 2－15 所示。

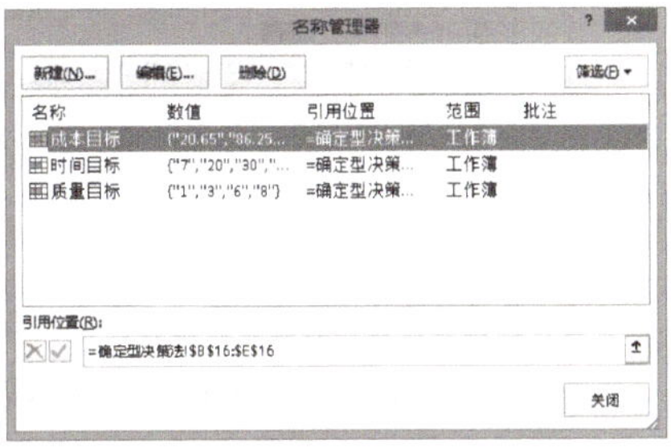

图 2－15　"名称管理器"对话框

步骤 4：计算各项工作的时间目标的实现值：在 F15 单元格输入“ = SUM(时间目标)”；计算各项工作的成本目标的实现值：在 B16 单元格输入“ = B15 * B7”，并向右填充至 E16，在 F16 单元格输入“ = SUM(成本目标)”；计算各项工作的质量目标的实现值：在 B17 单元格输入“ = B15 * B8”，并向右填充至 E17，在 F17 单元格输入“ = SUMPRODUCT(B9: E9，质量目标)”，如图 2 - 16 所示。

	A	B	C	D	E	F
1						
15	时间目标					=SUM(时间目标)
16	成本目标	=B15*B7	=C15*C7	=D15*D7	=E15*E7	=SUM(成本目标)
17	质量目标	=B15*B8	=C15*C8	=D15*D8	=E15*E8	=SUMPRODUCT(B9:E9,质量目标)

图 2 - 16　目标规划的函数

步骤 5：在 H14: M14 单元格区域分别输入“目标值”“正偏差”“负偏差”“平衡值”“约束”和“目标值”；在 H15: H17 和 M15: M17 单元格区域分别输入目标值“100”“700”和“5”，作为目标的约束值；选择 I15: J17 作为自变量，为目标的正负偏差，在 K15 单元格输入“ = F15 - I15 + J15”，向下填充至 K17，也作为目标的约束值，如图 2 - 17 所示。

步骤 6：在 I20: J22 单元格区域输入各目标的奖罚系数，如图 2 - 18 所示。

	H	I	J	K	L	M
1						
13	目标	偏差			约束	
14	目标值	正偏差	负偏差	平衡值	约束	目标值
15	100			=F15-I15+J15	=	100
16	700			=F16-I16+J16	=	700
17	5			=F17-I17+J17	=	5

图 2 - 17　目标规划的计算公式

	G	H	I	J
1				
19		罚数权重	正偏差	负偏差
20		时间目标	5	-2
21		费用目标	1	-0.8
22		质量目标	-1	2

图 2 - 18　目标规划奖罚系数设置

步骤 7：设置目标函数。在 B20 单元格输入“ = SUMPRODUCT(I15: J17，I20: J22)”，如图 2 - 19 所示。

	A	B	C	D
1				
19		总偏差		
20		=SUMPRODUCT(I15:J17,I20:J22)		

图 2 - 19　设置目标函数公式

步骤 8：规划求解。选择“数据”/“分析”/“规划求解”。在“规划求解参数”对话框的“设置目标单元格”输入“ $B$20”，选择“最小值”，在“可变单元格”处输入“ $B$15: $E$15， $I$15: $J$17”。依次添加约束条件“ $F$15 < = $H$15”“ $F$16 < = $H$16”“ $F$17 > = $H$17”“ $H$15: $H$17 = $K$15: $K$17”“成本目标 < = $B$10: $E$10”“时间目标 < = $B$3: $E$3”“时间目标 > = $B$4: $E$4”“质量目标 < = $B$6: $E$6”和“质量目标 > = $B$11: $E$11”，如图 2 - 20 所示。勾选“使无约束变量为非负数”复选框，“选择求解方法”设置为“单纯线性规划”，如图 2 - 21 所示。

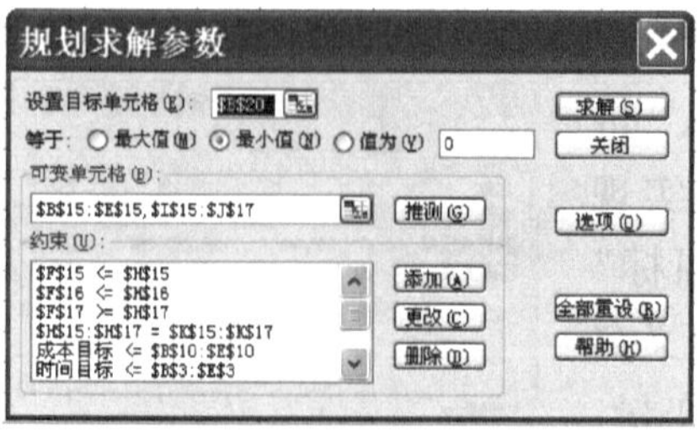

a) 目标规划求解参数的约束(1)

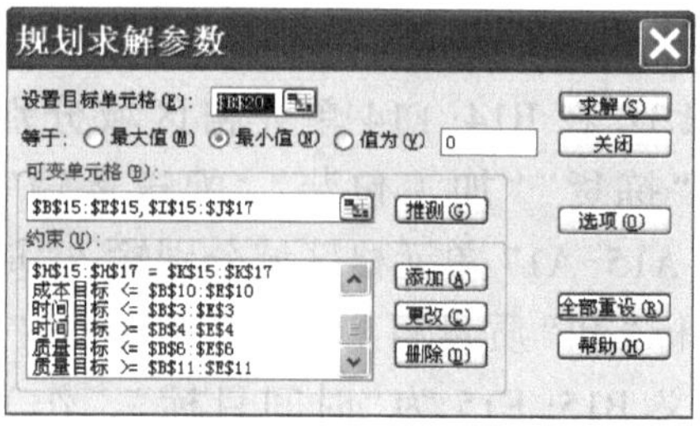

b) 目标规划求解参数的约束(2)

图 2 - 20　“规划求解参数”对话框

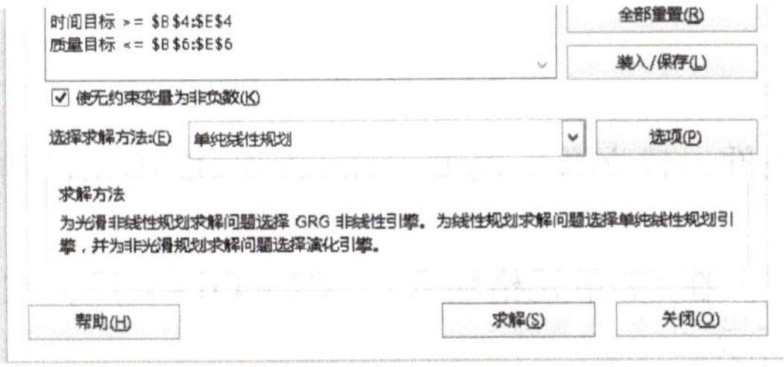

图 2－21 目标规划求解选项

步骤 9：单击“求解”按钮，单击“确定”按钮，得到如图 2－22 所示结果。

	A	B	C	D	E	F	G	H	I	J	K	L	M
1													
13								目标		偏差		约束	
14		进货验收	拣货	加工包装	配送运输	实现值		目标值	正偏差	负偏差	平衡值	约束	目标值
15	时间目标	7	20	30	40	97	<=	100	0.00	3.00	100.00	=	100
16	成本目标	20.65	86.25	137.1429	248.8889	492.9317	<=	700	0.00	207.07	700	=	700
17	质量目标	1	3	6	8	5	>=	5	0.00	0.00	5	=	5
18													
19		总偏差						罚数权重	正偏差	负偏差			
20		-171.655						时间目标	5	-2			
21								费用目标	1	-0.8			
22								质量目标	-1	2			

图 2－22 目标规划求解结果

➢ 任务操作结果

如图 2－22 所示，时间提前了 3min，成本降低了 207.07 元。

2－5

任务 5 用盈亏平衡法确定公司采购方案

➢ 方法原理

盈亏平衡法是通过盈亏平衡量来分析生产和经营中总成本和总销售收入平衡关系的一种分析模型。盈亏平衡量就是使产品的总销售收入与总成本相等，即利润为 0 的销售量。

企业经营总销售收入 TR 的表达示见式(2－5)。

$$TR = PQ \tag{2-5}$$

企业经营总成本 TC 的表达示见式(2－6)。

$$TC = F + CQ \tag{2-6}$$

式中 P——销售单价；

Q——销量；

F——固定成本；

C——单位变动成本。

当销量 Q 为盈亏平衡量 Q^* 时，TR = TC，即

$$Q^* = \frac{F}{P - C} \tag{2-7}$$

➢ 任务内容

某公司制造产品时需要某组装零件，此组装零件如果使用采购方案 1，单位变动成本为 4.8 元/件，固定成本为 30000 元。如果使用采购方案 2，单位变动成本为 6.6 元/件，但固定成本减少到 10000 元。目前公司对此组装零件的需求量为 10000 件，公司需要依据决策分析模型来做出方案的选择。

➤ 任务操作步骤

步骤 1：根据已知条件，建立数据模型，在 C2 和 D2 单元格输入“10000”，如图 2－23 所示。

步骤 2：计算总成本。在 C7 单元格输入“ = C2 * C6 + C5”，在 D7 单元格输入“ = C2 * D6 + D5”，如图 2－24 所示。

	A	B	C	D
1	盈亏平衡法			
2		需求量	10000	10000
3				
4		方案	方案1	方案2
5		固定成本	30000	10000
6		单位变动成本	4.80	6.60
7		总成本		
8				
9				
10		相对盈亏平衡点		
11		相对盈亏平衡点处的总成本		

图 2－23　建立数据模型

D7　=C2*D6+D5

	A	B	C	D
1	盈亏平衡法			
2		需求量	10000	10000
3				
4		方案	方案1	方案2
5		固定成本	30000	10000
6		单位变动成本	4.80	6.60
7		总成本	78000	76000
8				
9				
10		相对盈亏平衡点		
11		相对盈亏平衡点处的总成本		

图 2－24　计算总成本

步骤 3：建立“相对盈亏平衡点”，并计算“相对盈亏平衡点处的总成本”。在 C10 单元格输入“ = (D5 − C5)/(C6 − D6)”，在 C11 单元格输入“ = C10 * C6 + C5”。在 B13 单元格输入“ = "需求量"&C2”，在 B14 单元格输入“ = "决策结论: 最佳方案是" &IF(C7 < D7,"方案 1", IF(C7 = D7,,"方案 2"))”，确定最佳方案，如图 2－25 所示。

	A	B	C	D
1	盈亏平衡法			
2		需求量	10000	10000
3				
4		方案	方案1	方案2
5		固定成本	30000	10000
6		单位变动成本	4.80	6.60
7		总成本	78000	76000
8				
9				
10		相对盈亏平衡点	11111	
11		相对盈亏平衡点处的总成本	需求量10000	
12				
13		需求量10000		
14		决策结论:最佳方案是方案2		

图 2－25　确定最佳方案

步骤 4：建立模拟运算表。在 G2，H2，I2 单元格分别输入“需求量”“方案 1 总成本”和“方案 2 总成本”，在 G3 单元格输入“ = C2”，在 H3 单元格输入“ = C7”，在 I3 单元格输入“ = D7”，在 J3 单元格输入“差值”，分别输入需求量“0”“35000”。选定区域 G3: I5，选择“数据”/“预测”/“模拟分析”/“模拟运算表”，在“模拟运算表”对话框的“输入引用列的单元格”中输入“ $C$2”，单击“确定”按钮，得到不同需求量、不同方案的总成本。在 J4 单元格输入“ = ABS(H4 − I4)”，向下填充至 J5，计算成本差值，如图 2－26 所示。

	A	G	H	I	J
1	盈				
2		需求量	方案1总成本	方案2总成本	
3		10000	78000	76000	差值
4		0	30000	10000	20000
5		35000	198000	241000	43000

图 2－26　成本差值计算

步骤 5：绘制变化图表。选定 G2: I2 和 G4: I5 单元格区域，单击“插入”/“图表”，在图表类型中选择“带平滑线和数据标记的散点图”。在图表区域单击右键，选择“选择数据”，在“选择数据源”对话框中的“图例项”选择“系列 1”，单击“编辑”，按图 2－27 所示完成方案 1 图表的设置。

步骤 6：同理完成方案 2 图表的设置，如图 2－28 所示。

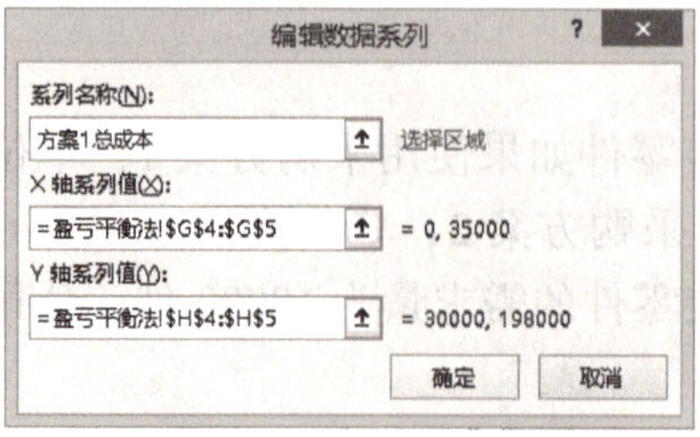

图 2－27　方案 1 图表的设置

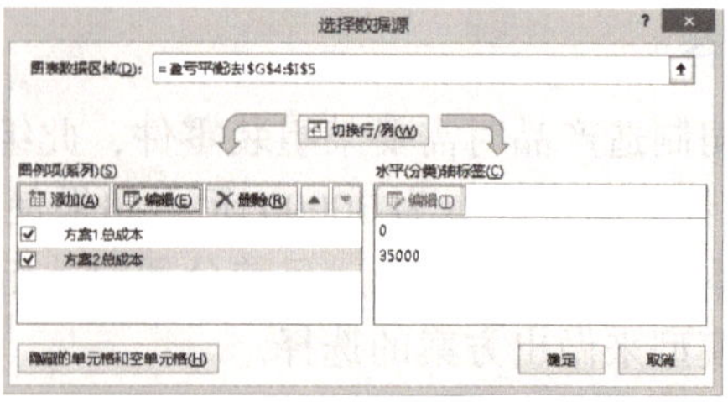

图 2－28　方案 2 图表的设置

步骤 7：单击图表右上角的“＋”，在图表元素中勾选“坐标轴”“坐标轴标题”“图表标题”“网格线”和“图例”复选框，单击“确定”按钮，得到两种方案的需求量—总成本图表如图 2－29 所示。将该图表复制到“盈亏平衡图表”表单中。

步骤 8：建立盈亏平衡参考线。在 G9 单元格输入“＝C10”，在 G10 输入“＝G9”，填充至 G11。在 H9 输入“250000”，在 H10 输入“＝C11”，在 H11 输入“0”。选定 G9: H11 区域，选择“复制”，单击“盈亏平衡图表”表单，选择“开始”/“剪切板”/“选择性粘贴”。在“选择性粘贴”对话框中，选择“新建系列”和“首列为分类 X 值”，绘制出盈亏平衡参考线。选定盈亏平衡参考线，单击右键，选择“源数据”后，单击“系列”标签，更改系列 3 的“名称”为“盈亏平衡参考线”。同理绘制“需求参考线”，如图 2－30 所示。

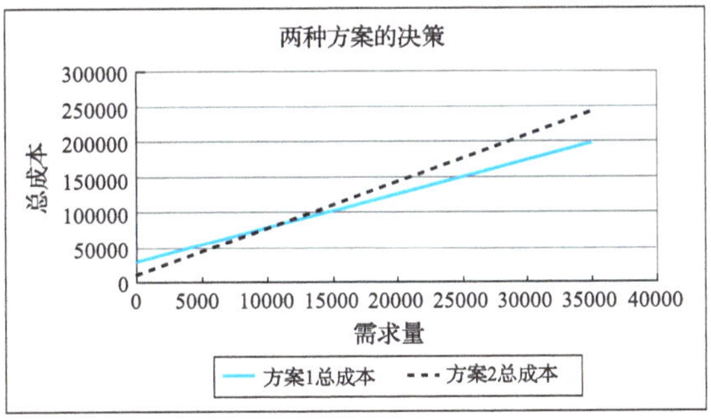

图 2－29　两种方案的需求量—总成本图表

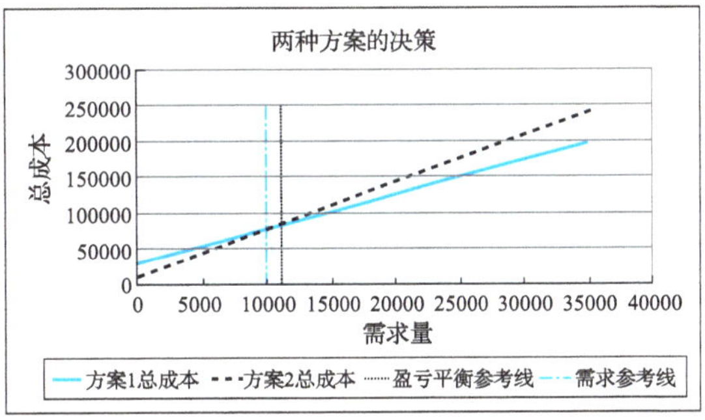

图 2－30　绘制盈亏平衡参考线和需求参考线

步骤 9：安装窗体。选择“文件”/“更多选项”/“选项”/“自定义功能区”，勾选“开发工具”复选框，单击“确定”按钮，如图 2－31 所示。

步骤 10：选择“开发工具”/“插入”，打开“表单控件”后，选择“数值调节钮”÷，如图 2－32 所示，然后在合适的位置画出数值调节钮。

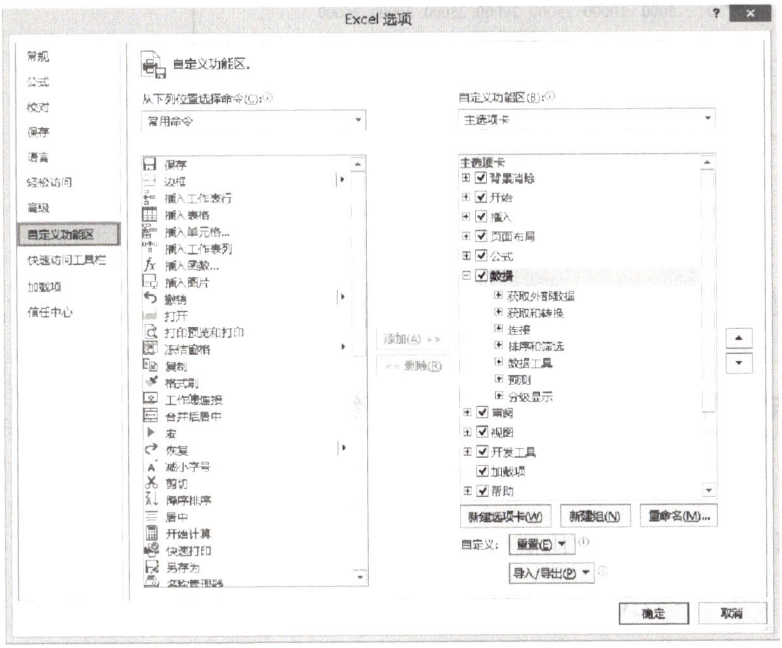

图 2－31　Excel 的自定义功能区

图 2－32　数值调节钮

步骤 11：设置“数值调节钮”控件格式。对控件单击右键，选择“设置控件格式”，打开“设置控件格式”对话框。选择“控制”选项卡，在“最小值”处输入“0”，“最大值”处输入“30000”，“步长”处输入“500”，“单元格链接”选择“盈亏平衡法！$C$2”，如图 2－33 所示。单击“确定”按钮，完成设置。

步骤 12：在 B3 单元格输入“=盈亏平衡法！$B$13”，在 D3 单元格输入“=盈亏平衡法！$B$14”，如图 2－34 所示。

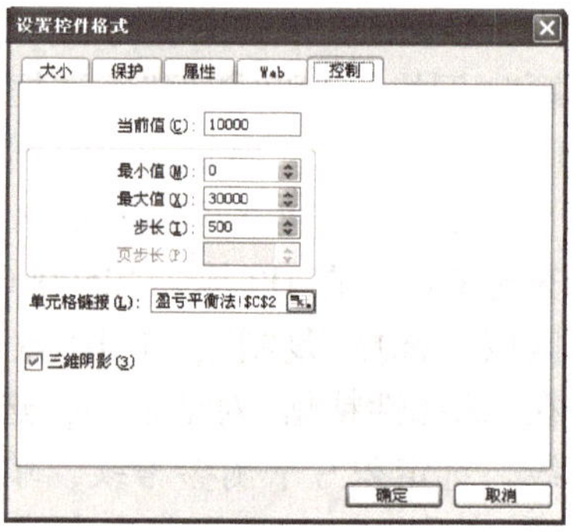

图 2－33 “设置控件格式”对话框

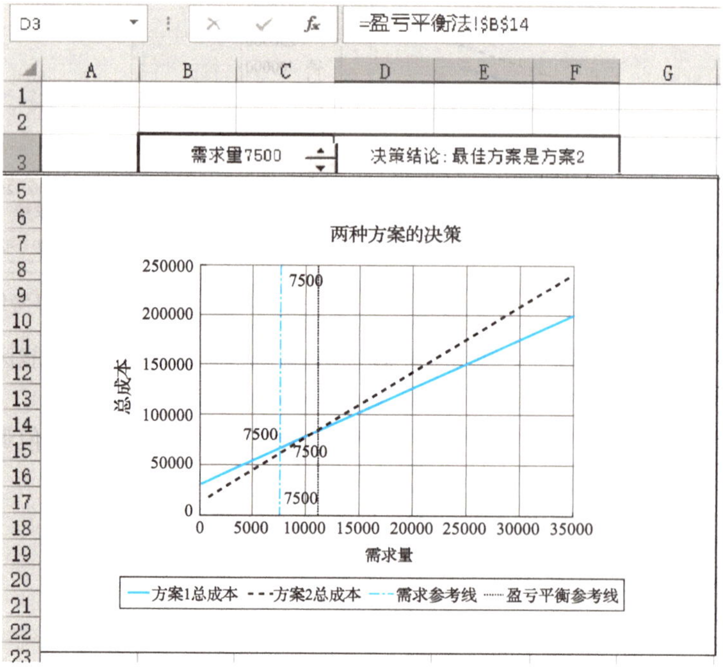

图 2－34 任务操作结果

➢ 任务操作结果

当需求量低于 11000 时，选择方案 2；当需求量高于 11000 时，选择方案 1。

任务 6 用变异系数法对某物流公司设备购置方案进行经济决策分析

2－6

➢ 方法原理

变异系数是样本标准差与样本期望值的比值。公式为

$$CV = \frac{\sigma}{\bar{x}} \times 100\% \tag{2-8}$$

式中 σ——期望报酬的标准差；

$\bar{x}$——期望报酬。

σ 是指各种可能的报酬偏离期望报酬的综合差异，是反映离散程度的一种指标。公式为

$$\sigma = \sqrt{(x_i - \bar{x})^2 \times p_i} \tag{2-9}$$

$\bar{x}$是指某种方案按其可能的报酬和对应的概率计算出来的加权平均值，也称期望值，是反映集中趋势的一种量度。公式为

$$\bar{x} = \sum_{i=1}^{n} x_i p_i \tag{2-10}$$

式中　x_i——第 i 种可能结果的报酬；

p_i——第 i 种可能结果的概率。

CV 越大，表示投资风险越大；CV 越小，表示投资风险越小。

➢ 任务内容

某市一物流公司计划在现有市内配送业务的基础上，通过需求预测对配送业务进行改善。现拟定了增加车辆和为车辆配备 GPS 定位系统（A 方案）、增加车辆和配备移动通信系统（B 方案）以及仅仅增加车辆（C 方案）3 种方案，预测未来 5 年市场高、中、低 3 种配送需求的概率分别为 0.3、0.5、0.2。A、B、C 3 种方案预测报酬见表 2－8，请进行物流设备购置方案的经济决策分析。

表 2－8　A、B、C 3 种方案预测报酬　（单位：万元）

项目	高需求	中需求	低需求	投资额
A 方案	120	40	－30	100
B 方案	100	50	0	50
C 方案	40	30	20	20

➢ 任务操作步骤

步骤 1：根据已知条件建立数据模型，如图 2－35 所示。

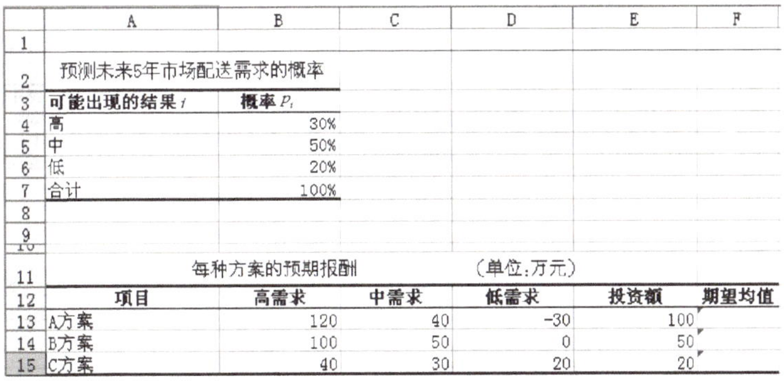

预测未来5年市场配送需求的概率

可能出现的结果 i	概率 P_i
高	30%
中	50%
低	20%
合计	100%

每种方案的预期报酬　(单位:万元)

项目	高需求	中需求	低需求	投资额	期望均值
A方案	120	40	-30	100	
B方案	100	50	0	50	
C方案	40	30	20	20	

图 2－35　建立数据模型

步骤 2：计算期望均值$\bar{x}$。在 F13 单元格输入“＝MMULT(B13:D13，$B$4:$B$6)”，按＜Enter＞键。

步骤 3：向下填充至 F15，完成 3 种方案期望均值的计算，如图 2－36 所示。

E4 =

	A	F	G	H
12	项目	期望均值		
13	A方案	=MMULT(B13:D13, $B$4:$B$6)		
14	B方案	=MMULT(B14:D14, $B$4:$B$6)		
15	C方案	=MMULT(B15:D15, $B$4:$B$6)		

a)计算公式和函数

F13 =MMULT(B13:D13, $B$4:$B$6)

	A	B	C	D	E	F
1						
11	每种方案的预期报酬			(单位:万元)		
12	项目	高需求	中需求	低需求	投资额	期望均值
13	A方案	120	40	-30	100	50
14	B方案	100	50	0	50	55
15	C方案	40	30	20	20	31

b) 计算结果

图 2-36 期望均值计算

步骤 4：计算每种需求和期望均值之间差异的平方。在 B20 单元格输入“ = (B13 - $F13)^2”，按 <Enter> 键；从 B20 填充至 D22，完成 3 种方案的每种需求和期望均值之间差异的平方的计算，如图 2-37 所示。

B20 =(B13-$F13)^2

	A	B	C	D	E
1					
18	每种方案的标准差			(单位:万元)	
19	项目	高需求	中需求	低需求	标准差
20	A方案	4900	100	6400	
21	B方案	2025	25	3025	
22	C方案	81	1	121	

图 2-37 3 种方案每种需求和期望均值之间的差异

步骤 5：计算每种方案的标准差。在 E20 单元格输入“ = SQRT(MMULT(B20: D20, $B$4: $B$6))”，按 <Enter> 键；向下填充至 E22，计算每种方案的标准差，如图 2-38 所示。

E20 =SQRT(MMULT(B20:D20, $B$4:$B$6))

	A	B	C	D	E
1					
18	每种方案的标准差			(单位:万元)	
19	项目	高需求	中需求	低需求	标准差
20	A方案	4900	100	6400	52.915
21	B方案	2025	25	3025	35.000
22	C方案	81	1	121	7.000

图 2-38 每种方案的标准差

步骤 6：计算每种方案的变异系数。在 F20 单元格输入“ = E20/F13”，向下填充至 F22，完成每种方案变异系数的计算，如图 2-39 所示。

	A	B	C	D	E	F
18	每种方案的标准差				(单位:万元)	
19	项目	高需求	中需求	低需求	标准差	变异系数
20	A方案	=(B13-$F13)^2	=(C13-$F13)^2	=(D13-$F13)^2	=SQRT(MMULT(B20:D20, $B$4:$B$6))	=E20/F13
21	B方案	=(B14-$F14)^2	=(C14-$F14)^2	=(D14-$F14)^2	=SQRT(MMULT(B21:D21, $B$4:$B$6))	=E21/F14
22	C方案	=(B15-$F15)^2	=(C15-$F15)^2	=(D15-$F15)^2	=SQRT(MMULT(B22:D22, $B$4:$B$6))	=E22/F15

a) 计算公式和函数

F20 =E20/F13

	A	B	C	D	E	F
1						
17						
18	每种方案的标准差			(单位:万元)		
19	项目	高需求	中需求	低需求	标准差	变异系数
20	A方案	4900	100	6400	52.915	1.058
21	B方案	2025	25	3025	35.000	0.636
22	C方案	81	1	121	7.000	0.226

b) 计算结果

图 2-39 每种方案的变异系数

步骤 7：通过比较变异系数确定风险的大小。在 G20 单元格输入“=IF(F20=MAX(F$20:F$22),"风险大",IF(F20=MIN(F$20:F$22),"风险小","风险适中"))”，向下填充至 G22，完成每种方案风险大小的判断，如图 2-40 所示。

18	每		
19	项目	变异系数	
20	A方案	1.058	风险大
21	B方案	0.636	风险适中
22	C方案	0.226	风险小

图 2-40　风险判断结果

➢ 任务操作结果

A 方案投资风险大，B 方案投资风险适中，C 方案投资风险小。

习　题

1. 某物流公司计划收购一个小物流公司，收购成本为 500000 元，必须预先付清。经过市场调研，预计今后 6 年的营业收入分别可达 110000 元、130000 元、160000 元、180000 元、190000 元和 210000 元，每年的贴现率为 8.7%。这项收购计划是否可行？

2. 某物流公司 5 年来每年的收入分别为 50000 元、70000 元、100000 元、150000 元和 180000 元，期初投入为 200000 元，现在的内部收益率(IRR)是多少？

3. 某物流公司有 4 个投资方案，见表 2-9。选择哪种投资方案可获得最大收益？这里设置理想方案的有关参数为投资最少，成本最低，收益最大。

表 2-9　投资方案　　(单元：元)

方案	投资	成本	收益
方案 1	180000	500000	500000
方案 2	150000	480000	560000
方案 3	250000	460000	590000
方案 4	200000	440000	580000

4. 某物流公司有两个投资方案：方案 A 投资 42000 元，收益 558000 元；方案 B 投资 44000 元，收益 580000 元。试选择最佳方案。

5. 某物流公司有两种送货方案，数学模型分别为 $Y_1 = 2000 + 23X$，$Y_2 = 1000 + 31X$。其中，X 为送货数量，Y 为送货成本，如何选择送货方案？

6. 某公司在 2 月份需要采购两种商品，规定该月物流总费用不能超过 2800 元，仓储总费用不能超过 1600 元。已知商品 1 和商品 2 的采购价分别为 900 元和 800 元，物流成本分别为 30 元和 25 元，仓储成本分别为 20 元和 8 元，销售价分别为 2400 元和 1900 元。试问进货数量为多少时不仅能够满足利润最大的目标，而且使物流费用和仓储费用？

7. 某公司制造产品时需要某些组装零件，此组装零件如果使用采购方案 1，单位变动成本为 5 元/件，固定成本为 50000 元；如果使用采购方案 2，单位变动成本为 7 元/件，固定成本为 20000 元。目前，公司对此组装零件的需求量为 10000 件，请依据决策分析模型来进行方案的选择。

8. 某第三方物流公司新发掘了一物流客户，负责该客户 5 年内在某省的手机销售的物流业务。为此，物流公司需要在该省的省城新设一物流网点，经研究，有两种投资方案：

①物流公司仅在省城租赁一小型仓库，为此初期需投入 5 万元资金。

②设置该网点时不仅考虑该客户，而且考虑增设网点后可能新增加的进入该省的业务量以及由该省发往外地的业务。为此初期需投入 20 万元资金购置一辆小型货车用于配送和接货以及办理工商手续和购置办公设备。

经过市场调研，做出了两种投资方案各年的净现金流量，见表 2－10，请用内部收益率法判断该省手机业务方案的可行性。

表 2－10　投资方案净现金流量表　（单位：万元）

方案	投入	净现金流量				
		第 1 年	第 2 年	第 3 年	第 4 年	第 5 年
方案 1	5	1	1	3	2	2
方案 2	20	1.5	3	7	10	10

9. 某企业为某市区的客户提供送货服务，完成这一物流业务有两种方案可以选择：

①外包给专门的物流公司，费用是 50 元/件。

②自己购置车辆完成配送任务，购置车辆等固定成本预计需要 160000 元，专门管理费用、人员工资预计平均为 18 元/件，包装费用为 12 元/件，其他轮胎费用、维修费用等预计为 12 元/件。

请根据上述资料分析，这个企业在配送量达到多少时应将这一物流业务外包？达到多少时应自营？

单元3 采购管理

采购是指企业根据生产经营活动的需要，通过信息搜索、整理和评价，选择合适的供应商，并就价格和服务等相关条款进行谈判，达成协议，以确保需求得到满足的活动过程。

采购是“购买过程”，其功能非常广泛。如果能有效执行，公司里的所有部门都会受益。从正确的地方以正确的价格采购正确数量的正确物料并正确交货(时间和地点)是采购的功能。

很多人认为采购仅仅是采购部门的责任，然而，选择正确的物料需要营销部门、工程部门、生产部门和采购部门协同实现。成品的数量和支付由市场需求建立。生产计划和控制(MPC)必须决定什么时候订购哪种原材料才能够满足市场需求。然后由采购部门负责下达采购订单，保证货物准时到达。

采购部门的主要责任是选择合适的供应来源并进行议价。其他部门的信息输入用于寻找供应来源，以帮助采购部门进行议价。从广义上来说，采购是企业中每一个人的事情。

总之，采购管理在企业运行中扮演着十分重要的角色，它能够增加企业的利润、提高资产收益率等。

项目1 采购控制模型

任务1 用定量订货采购模型求解年总成本和再订货点

3-1

方法原理

定量订货采购模型，是指预先确定一个订货点(也称再订货点)和一个订货批量，然后随时检查库存，当库存下降到订货点时，就发出订货请求，订货批量的大小每次相同，都等于规定的订货批量，而订购时间由需求量来决定。

1. 定量订货采购模型的假设

1)产品需求是固定的，且在整个时期内保持一致。

2)订货提前期 L(从订购到收到货物的时间)是固定的。

3)单位产品的价格是固定的。

4)存储成本以平均库存为计算依据。

5)订货或生产准备成本固定。

6)所有对产品的需求都能满足(不允许延期交货)。

定量订货采购模型如图3-1所示。

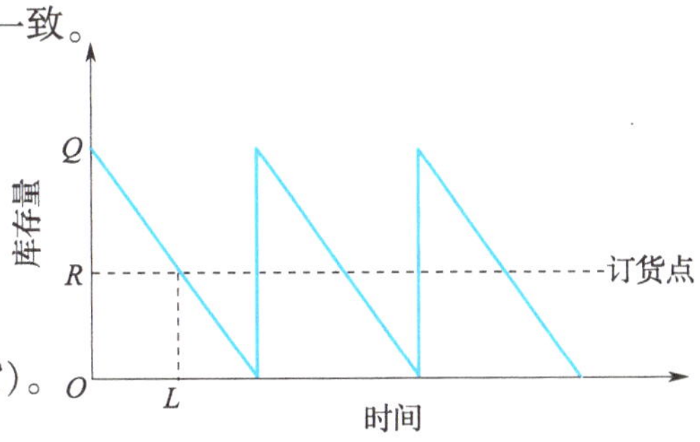

图3-1 定量订货采购模型

2. 定量订货采购模型

1)订货点的确定。通常订货点的确定主要取决于需求量和订货与到货间隔时间这两个要素。在需求固定均匀、订货与到货间隔时间不变的情况下，不需要设定安全库存。订货点的计算公式见式(3－1)。

$$R=\bar{d}L \tag{3-1}$$

式中 R——订货点；

$\bar{d}$——日平均需求量；

L——用天表示的订货提前期。

订货点的确定比较复杂，且往往需要安全库存。

2)最优订货批量的确定。订货量通常由经济订货批量方法确定，即以总库存成本最低时的经济订货批量(EOQ)为每次订货时的订货数量。在该模型中，年总成本＝年采购成本＋年订货成本＋年存储成本，即

$$\mathrm{TC}=DC+(D/Q)S+(Q/2)H \tag{3-2}$$

式中 TC——年总成本；

D——每年需求量；

C——单位产品成本；

Q——订货批量(最优订货批量称为经济订货批量)；

S——订货成本；

H——单位产品的年均存储成本。

然后将年总成本 TC 对 Q 求导数，并令其年总成本的导数等于0，计算如下：

$$(\mathrm{TC})'=0+(DS)/(-Q^2)+H/2=0$$

则经济订货批量 Q 的表达式如下：

$$Q=\sqrt{\frac{2DS}{H}} \tag{3-3}$$

定量订货系统是对库存水平进行连续监控，且当库存量降至某一水平 R 时就进行订货。该模型中，缺货的风险只发生在订货提前期，即在订货时点与收到货物时点之间。

3)既定服务水平下的定量订货采购模型。

再订货点的公式如下：

$$R=\bar{d}L+Z\sigma_L \tag{3-4}$$

式中 Z——既定服务水平；

σ_L——提前期中使用量的标准差。

日平均需求量为

$$\bar{d}=\frac{\sum_{i=1}^{n} d_i}{n} \tag{3-5}$$

式中 d_i——日需求量；

n——天数。

日需求量的标准差为

$$\sigma_d=\sqrt{\frac{\sum_{i=1}^{n}(d_i-\bar{d})^2}{n}} \tag{3-6}$$

i 天的标准差为

$$\sigma_L = \sqrt{\sigma_1^2 + \sigma_2^2 + \cdots + \sigma_i^2} \tag{3-7}$$

期望缺货量为

短缺概率 × 年需求量 = 每次订货短缺量 × 年订货次数

即

$$(1-P) \times D = E(Z)\sigma_L \times D/Q$$

$$E(Z) = \frac{(1-P)Q}{\sigma_L} \tag{3-8}$$

式中 P——期望服务水平；

$E(Z)$——期望缺货量。

3. 定量订货采购的作业步骤

1)确定应采购商品的现有库存量。

2)根据用户的需求确定商品的需求数量。

3)若现有库存能够满足用户的需求，则为用户提取货物。

4)计算库存量：库存量 = 现有库存量 - 提取数量 + 在途库存量 - 延期购买量。

5)当库存量小于或等于用户的订货量时，向供应商发出订货单，请求订货。

➢ 任务内容

某企业生产鼓风机需要电动机。已知年需求量 $D=1000$ 台，日平均需求量 $d=1000/365$ 台，订货成本 $S=5$ 美元/次，持有成本 $H=1.25$ 美元/台·年，提前期 $L=5$ 天，单位产品成本 $C=12.5$ 美元/台。设日需求量标准差 $\sigma_d=10$ 台，期望服务水平为 95%，求经济订货批量、年总成本和再订货点。

➢ 任务操作步骤

步骤1：分析已知条件，建立数据模型，如图 3-2 所示。

步骤2：根据已知条件和经济订货批量公式计算电动机的经济订货批量。在 D10 单元格输入“=ROUNDUP(SQRT(2*C2*C3/C4), 0)”，按 <Enter> 键，如图 3-3 所示，经济订货批量为 90 台。

	定量订货采购计算	
2	年需求量 D(台)=	1000
3	订货成本 S(美元/次)=	5
4	持有成本 H(美元/台·年)=	1.25
5	提前期 L(天) =	5
6	单位产品成本 C(美元/台)=	12.5
7	日需求量标准差 σ_d(台)=	10
8	期望服务水平	95%

图 3-2 建立数据模型

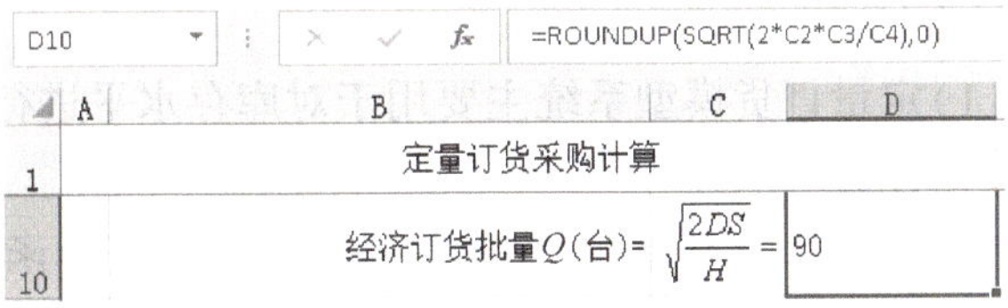

图 3-3 经济订货批量计算

步骤3：根据已知条件计算年总成本。在 E11 单元格输入“=ROUNDUP(C2*C6+C2/D10*C3+D10*C4/2, 1)”，按 <Enter> 键后，确定年总成本为 12611.8 美元。

步骤4：根据已知条件计算提前期为 5 天的标准差。在 E12 单元格输入“=ROUNDUP(SQRT(C5*C7^2), 0)”，按 <Enter> 键后，确定 5 天的标准差为 23 美元。

步骤5：在 B9 单元格输入“既定服务水平”，在 C9 单元格输入“ = NORMSINV(C8)”。在 D13 单元格输入“ = ROUNDUP(C9 * E12，0)”，按 <Enter> 键后，确定安全库存为 38 台。

步骤6：计算再订货点。在 D14 单元格输入“ = ROUND((C2/365) * C5 + D13，0)”，按 <Enter> 键后，确定再订货点为 52 台。

定量订货采购计算的函数和公式与计算结果如图 3 - 4 所示。

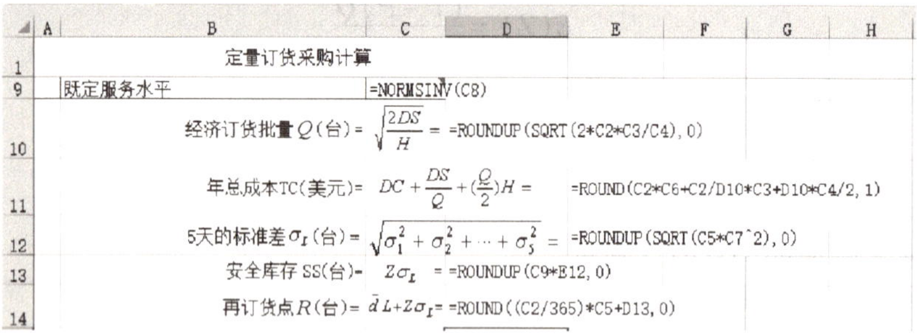

a）计算函数和公式

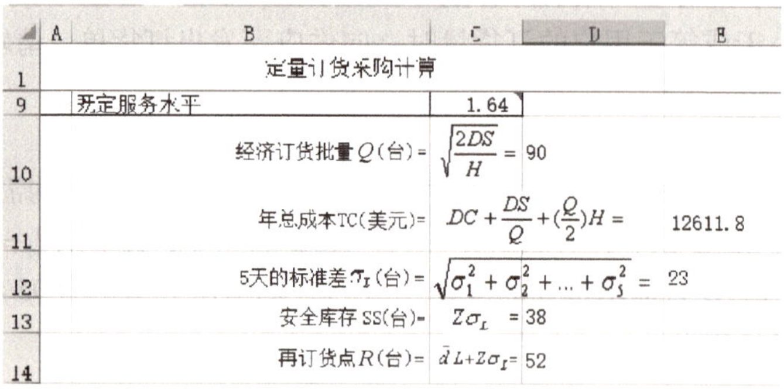

b）计算结果

图 3 - 4　定量订货采购计算

➤ 任务操作结果

当库内只有 52 台电动机时，立即开始订货；依据经济订货批量模型，订货数量为 90 台；年总成本为 12611.8 美元。

➤ 任务小结

1）定量订货模型系统主要用于对库存水平进行连续监控，当库存量降至一定水平 R 时就进行订货。

2）按条件向上舍入函数 ROUNDUP：使用本函数将参数 number 向上舍入数字。

格式：ROUNDUP(number，num_digits)

参数：number 为需要向上舍入的任意实数；num_digits 为四舍五入后的数字的位数。

3）按条件向下舍入函数 ROUNDDOWN：使用本函数将参数 number 向下舍入数字。

格式：ROUNDDOWN(number，num_digits)

参数：number 为需要向下舍入的任意实数；num_digits 为四舍五入后的数字的位数。

任务2　用不确定性定期订货采购模型求解经济订货周期、安全库存、最高库存和年订货量

方法原理

3-2

所谓定期订货方式是指按预先确定的订货周期进行订货，以补充库存的一种库存管理方式。订货量取决于各个时期库存货物的使用率，企业根据过去的经验或经营目标预先确定一个订货周期，每经过一个订货周期就进行订货。定期订货模型仅在所定的盘点期进行库存盘点，有可能在刚订完货时由于大批量的需求而使库存降为0，这种情况只有在下一个盘点期才能被发现，而新的订货需要一段时期才能到达，这样就有可能在整个盘点期和提前期内发生缺货，所以要有一个适当的安全库存来保证在盘点期和提前期内不发生缺货。

1. 定期订货采购模型的假设

1）库存需求速率是固定的。

2）订货提前期 L 和盘点期 T 是固定的。

3）单位产品的价格是固定的。

4）储存成本以平均库存为计算依据。

5）订货或生产准备成本固定。

6）不同时期订货量不一定相同。

定期订货采购模型如图3－5所示。

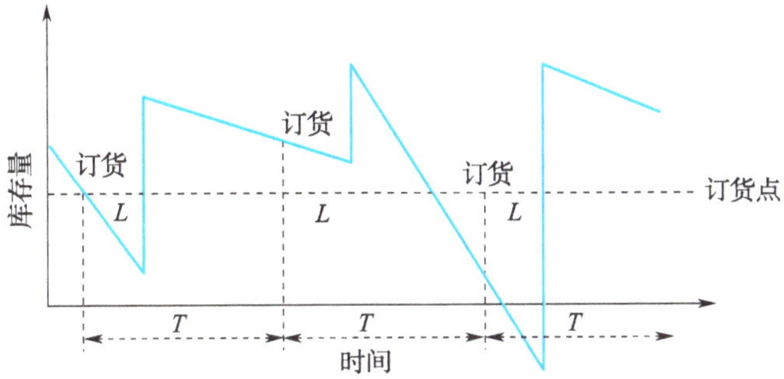

图3－5　定期订货采购模型

2. 定期订货采购模型

年总成本＝年采购成本＋年订货成本＋年运输成本＋年储存成本

年订货次数的表达式为

$$m = \frac{1}{T} \tag{3-9}$$

年订货成本的表达式为

$$mS = \frac{1}{T}S \tag{3-10}$$

年储存成本的表达式为

$$\frac{Q}{2}H = \frac{DT}{2}H \tag{3-11}$$

年总成本的表达式为

$$TC = DC + KD + \frac{1}{T}S + \frac{DT}{2}H \tag{3-12}$$

式中 KD——年运输成本。

将年总成本 TC 对 T 求导数，并令导数等于 0，则

$$-S\,T^{-2} + \frac{DH}{2} = 0$$

故经济订货周期的计算公式见式(3－13)。

$$T^{*} = \sqrt{\frac{2S}{DH}} \tag{3-13}$$

由于产品需求速率的单位为件/年，因此最高库存量为Q_{max}，又由于订货周期和订货提前期的单位为日，一年内的工作日为 N，则此时的最高库存量为

$$Q_{max} = \frac{L+T}{N}D \tag{3-14}$$

产品的需求速率和订货提前期是固定不变的，因此不需要设置安全库存，即$Q_s=0$。

3. 不确定性定期订货采购模型

不确定性定期订货采购模型与现实更为接近，现实中产品的需求速率和订货提前期是在不断变化的，因此每次订货的批量可能不同，订货周期也只能根据具体情况来定，其他假设不变。在该模型中假设了订货周期是一定的，因此可以近似用确定性定期订货采购模型中的经济订货周期公式，见式(3－15)。

$$T^{*} = \sqrt{\frac{2S}{DH}} \tag{3-15}$$

定期订货法的最高库存是为了满足订货周期和订货提前期的总需求，在不确定性定期订货采购模型中，因为产品需求速率是在不断变化的，因此在该模型中还要设置安全库存 Q_s。

最高库存的计算公式为

$$Q_{max} = Q_s + (T+L)d \tag{3-16}$$

安全库存的计算公式为

$$Q_s = Z\sigma\sqrt{L} \tag{3-17}$$

订货量的计算公式为

$$Q_t = \sum_{i=1}^{T} d_i \tag{3-18}$$

➢ 任务内容

某百货公司去年对 A 商品的年需求量为 2000 件，预测今年的年需求量为 2500 件。每次的订货成本为 70 元，每件的年储存成本为 7 元。百货公司的工作日计为 360 天，订货提前期为一周，根据经验缺货概率为 3.6%。预测未来一年的需求数据见表 3－1，求经济订货周期、安全库存、最高库存以及年订货量。

表 3－1 预测未来一年的需求数据

月份	1	2	3	4	5	6	7	8	9	10	11	12
需求量(件)	200	211	205	218	220	210	208	206	212	206	201	203

➢ 任务操作步骤

步骤 1：根据已知条件建立数据模型，如图 3－6 所示。

	A	B	C	D	E	F	G	H	I	J	K	L	M	N	O
1															
2	月份	1	2	3	4	5	6	7	8	9	10	11	12	合计	标准差
3	需求量(件)	200	211	205	218	220	210	208	206	212	206	201	203		
4															
5	年需求量（件）			2500											
6	订货成本（元/次）			70											
7	储存成本（元/年・件）			7											
8	工作日（天/年）			360											
9	订货提前期（天）			7											
10	缺货概率			3.60%											
11	Z														
12															
13	经济订货周期(年)														
14	安全库存(年)														
15	最高库存(年)														
16	年订货量(年)														

图3-6　建立数据模型

步骤2：计算年需求量和标准差。在N3单元格输入“=SUM(B3:M3)”，在O3单元格输入“=STDEV(B3:M3)”，结果如图3-7所示。

O3　=STDEV(B3:M3)

	A	B	C	D	E	F	G	H	I	J	K	L	M	N	O
1															
2	月份	1	2	3	4	5	6	7	8	9	10	11	12	合计	标准差
3	需求量(件)	200	211	205	218	220	210	208	206	212	206	201	203	2500	6.228

图3-7　年需求量和标准差计算

步骤3：在D13单元格输入“=SQRT(2*D6/(D5*D7))”，计算经济订货周期。在D11单元格输入“=NORMSINV(1-D10)”，计算既定服务水平下标准差的倍数；在D14单元格输入“=ROUNDUP(D11*O3*(D9/30)^0.5，0)”，计算安全库存，如图3-8所示。

步骤4：在D15单元格输入“=INT(D14+(D9+D13*360)/30*D5/12)”，计算最高库存，如图3-9所示。

D14　=ROUNDUP(D11*O3*(D9/30)^0.5,0)

	A	D	E	F	G
1					
5	年需求量（件）	2500			
6	订货成本（元/次）	70			
7	储存成本（元/年・件）	7			
8	工作日（天/年）	360			
9	订货提前期（天）	7			
10	缺货概率	3.60%			
11	Z	1.799			
12					
13	经济订货周期(年)	0.089			32（日）
14	安全库存(年)	6			
15	最高库存(年)				

图3-8　安全库存计算

D15　=INT(D14+(D9+D13*360)/30*D5/12)

	A	B	C	D	E	F	G	H	I	J	K
1											
2	月份	1	2	3	4	5	6	7	8	9	10
3	需求量(件)	200	211	205	218	220	210	208	206	212	206
4											
5	年需求量（件）			2500							
6	订货成本（元/次）			70							
7	储存成本（元/年・件）			7							
8	工作日（天/年）			360							
9	订货提前期（天）			7							
10	缺货概率			3.60%							
11	Z			1.799							
12											
13	经济订货周期(年)			0.089			32（日）				
14	安全库存(年)			6							
15	最高库存(年)			278							

图3-9　最高库存计算

步骤5：经济订货周期为0.089年，约为32天，近似1个月，所以2月份的订货量等于1月份，在C18单元格输入“=B3”，并横向填充至M18单元格；在D16单元格输入“=SUM(B18:M18)”，年订货量预测结果如图3-10所示。

D16　=SUM(B18:M18)

	A	B	C	D	E	F	G	H	I	J	K	L	M
1													
2	月份	1	2	3	4	5	6	7	8	9	10	11	12
3	需求量(件)	200	211	205	218	220	210	208	206	212	206	201	203
4													
16	年订货量(件)			2497									
17	月份	1	2	3	4	5	6	7	8	9	10	11	12
18	订货量(件)	200	200	211	205	218	220	210	208	206	212	206	201

图3-10　年订货量预测结果

➢ 任务操作结果

经济订货周期为0.089年(32天)；安全库存为6件；最高库存为278件；年订货量为2497件。

➢ 任务小结

1)样本偏差函数STDEV：使用本函数将估算样本的标准偏差。

格式：STDEV(number1，number2，…)

参数：number1，number2，…为对应于总体样本的1～30的参数。

2)标准正态分布累积函数的逆函数NORMSINV：返回标准正态分布累积函数的逆函数。

格式：NORMSINV(probability)

参数：probability 为正态分布的概率值。

任务3 利用单变量模拟运算表讨论动态经济订货批量

3-3

➢ 方法原理

经济订货批量(Economic Order Quantity，EOQ)模型，又称整批间隔进货模型。经济订货批量模型是目前大多数企业最常采用的货物订购方式，可以用来确定企业一次订货(外购或自制)的数量。当企业按照经济订货批量来订货时，可实现订货成本和储存成本之和最小化。这里我们重点讨论不允许缺货的经济订货批量模型。

1. 经济订货批量模型的假设

1)材料需求均衡，且一定时期的需求量已知，即单位时间的材料需求量为已知的常数。

2)材料补充瞬时完成。

3)材料单价为常数，即不存在价格折扣。

4)订货提前期确定，即不会发生缺货情况，意味着不考虑保险库存，缺货成本为0。

5)材料储存成本正比于材料的平均储存量。

6)材料订货成本不随订货量的变动而变动，即每次的订货成本为已知常数。

不允许缺货的经济订货批量模型的库存量和时间之间的关系如图3-11所示。订货批量为Q_{opt}，也是最高库存量，订货点为Q^*，平均库存为$\overline{Q}$，$\overline{Q}=Q/2$，订货提前期为T，d为单位时间平均需求，所以根据前面的假设条件可得如下表达式：

$$\text{再订货点}=Q^*=dT \tag{3-19}$$

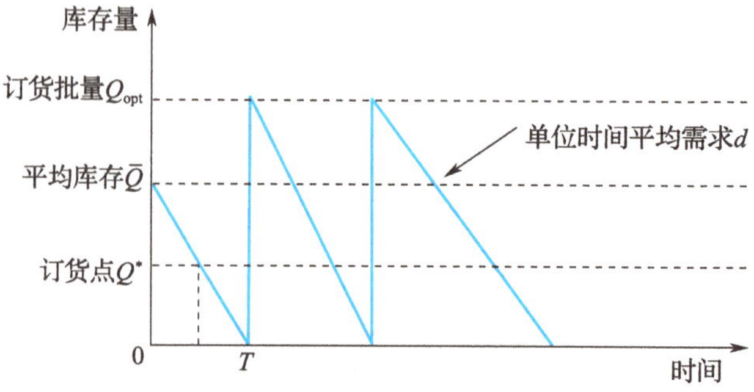

图3-11 不允许缺货的经济订货批量模型

2. 经济订货批量模型

根据经济订货批量模型的原理，能使总成本最低的订货批量即为经济订货批量，而总成本包括产品成本、采购成本和储存成本。所以，总成本可用以下公式表示：

总成本 = 产品成本 + 采购成本 + 储存成本

产品成本 = 产品单价 × 需求量

采购成本 = 每次采购成本 × 该期的采购次数

储存成本 = 平均库存量 × 该期的单位储存成本

$$\mathrm{TC} = DC + \frac{DS}{Q} + \frac{QH}{2} \tag{3-20}$$

式中 D——材料的年需求量；

C——单位材料采购成本；

H——单位材料的年储存成本；

S——一次采购业务的成本；

Q——每次采购量。

$Q/2$ 为平均库存水平，则每年的储存成本为 $QH/2$；每年的订购次数为 D/Q，则每年的采购成本为 DS/Q。

对 Q 求导，令其一阶导数等于0，得

$$\frac{\mathrm{dTC}}{\mathrm{d}Q} = 0 + \left(-\frac{DS}{Q^2}\right) + \frac{H}{2} = 0$$

因此，最佳批量的表达式为

$$Q_{\mathrm{opt}} = \sqrt{\frac{2DS}{H}} \tag{3-21}$$

最佳批次的表达式为

$$n = D/Q_{\mathrm{opt}} = \sqrt{\frac{DH}{2S}} \tag{3-22}$$

最佳订货周期的表达式为

$$t = \frac{365}{n} = 365 \times \sqrt{\frac{2S}{DH}} \tag{3-23}$$

通过确定经济订货批量，为管理者选择合适的订货批量及订货间隔期、做出正确的库存控制决策提供了辅助决策信息。下一步工作是确定何时发出订货指令，即确定订货点。由于需求稳定，单位时间内的平均需求 d 恒定已知，且假定从发出订货指令到订货的时间间隔即订货提前期 T 一定，因此

$$Q^{*} = dT \tag{3-24}$$

式中 d——单位时间内的平均需求；

T——订货提前期，常用日为单位。

➢ 任务内容

某公司需采购某零件，该零件的全年需求量为15000件，每次订货成本为500元，单件零件的年储存成本为30元。当订货量为800件时，要求：

1）计算年订货成本、年储存成本和年总成本。

2）计算经济订货批量及经济订货批量时的年总成本。

3）绘制反映该零件的年订货成本、年储存成本、年总成本随订货量变化的图形，并预测当该零件年需求量从 10000 件按增量 1000 件变化到 20000 件时的经济订货批量及经济订货批量时的年总成本。

4）在图形中反映出当订货量从 400 件按增量 50 件变化到 1000 件时的年订货成本、年储存成本和年总成本。

➢ 任务操作步骤

步骤 1：建立数据模型。在 D2 单元格输入“15000”，在 C2 单元格输入“ = D2”；在 D6 单元格输入“800”，在 C6 单元格输入“ = D6”，如图 3 – 12 所示。

步骤 2：在 C7 单元格输入“ = C2/C6 * C3”，在 C8 单元格输入“ = C4 * C6/2”，在 C9 单元格输入“ = C7 + C8”，如图 3 – 13 所示。

	A	B	C	D
1				
2		年需求量 D	15000	15000
3		一次订货的订货成本 K	500	
4		单位年储存成本 H	30	
5				
6		订货量 Q	800	800

图 3 – 12　建立数据模型

C7　fx　=C2/C6*C3

	A	B	C
1			
2		年需求量 D	15000
3		一次订货的订货成本 K	500
4		单位年储存成本 H	30
5			
6		订货量 Q	800
7		年订货成本	9375
8		年储存成本	12000
9		年总成本	21375

图 3 – 13　计算各项成本

步骤 3：在 C11 单元格输入“ = SQRT（2 * C2 * C3/C4）”；在 C12 单元格输入“ = C2/C11 * C3”；在 C13 单元格输入“ = C11/2 * C4”；在 C14 单元格输入“ = C12 + C13”；在 B16 单元格输入“ = "年需求量 = "&C2”；在 B17 单元格输入“ = "订货量 = "&D6”，如图 3 – 14 所示。

步骤 4：运用模拟运算表，计算各项成本。在 F2: I2 单元格区域分别输入“订货量”“年订货成本”“年储存成本”和“年总成本”；在 F3: I3 单元格区域分别输入“ = C6”“ = C7”“ = C8”“ = C9”；在 F4 单元格输入“200”，选中 F4: F16 单元格区域，选择“编辑”/“填充”/“序列”，在“序列”对话框中，分别选中“列”和“等差序列”，“步长值”为“100”，如图 3 – 15 所示，单击“确定”按钮。

C11　fx　=SQRT(2*C2*C3/C4)

	A	B	C	D
1				
10				
11		经济订货批量(EOQ)	707.1	
12		EOQ下的年订货成本	10606.6	
13		EOQ下的年储存成本	10606.6	
14		EOQ下的年总成本	21213.2	
15				
16		年需求量=15000		
17		订货量=800		

图 3 – 14　设置动态年需求量和订货量

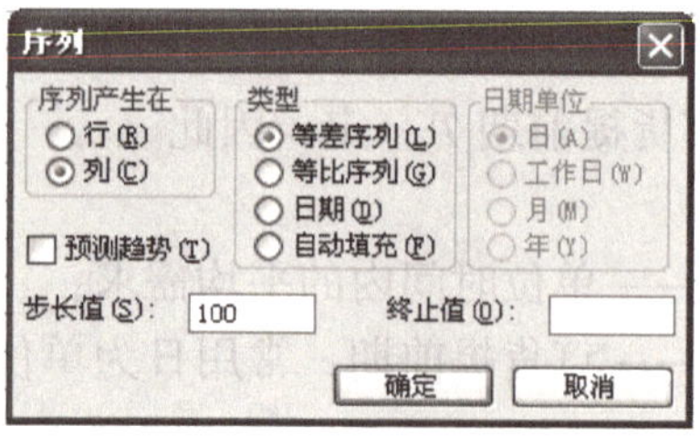

图 3 – 15　“序列”对话框

选中 F3: I16 单元格区域，选择“数据”/“模拟运算表”，在“模拟运算表”对话框的“输入引用列的单元格”中输入“ $ C $ 6”，如图 3 – 16 所示。单击“确定”按钮，即可得到各项成本，如图 3 – 17 所示。

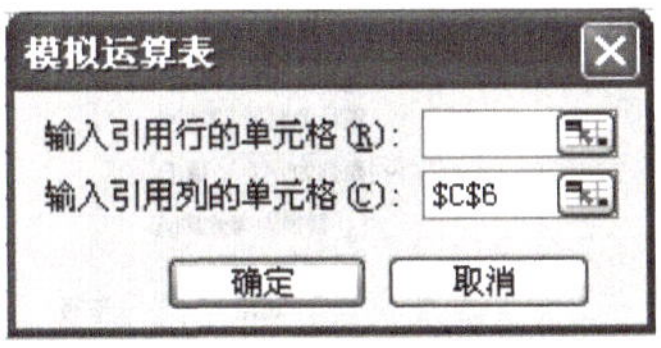

图 3-16 “模拟运算表”对话框

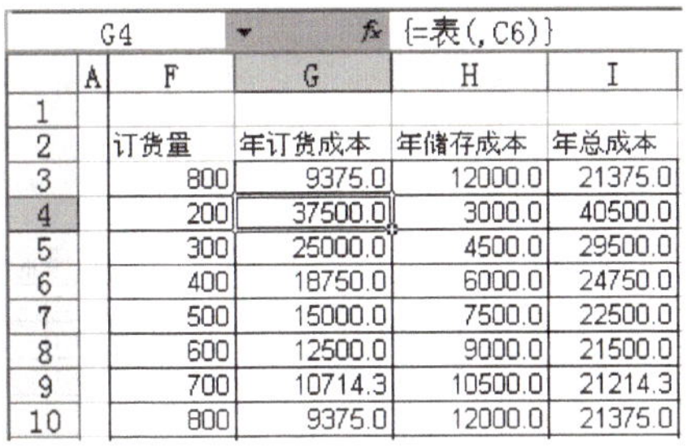

G4 fx {=表(,C6)}

	A	F	G	H	I
1					
2		订货量	年订货成本	年储存成本	年总成本
3		800	9375.0	12000.0	21375.0
4		200	37500.0	3000.0	40500.0
5		300	25000.0	4500.0	29500.0
6		400	18750.0	6000.0	24750.0
7		500	15000.0	7500.0	22500.0
8		600	12500.0	9000.0	21500.0
9		700	10714.3	10500.0	21214.3
10		800	9375.0	12000.0	21375.0

图 3-17 模拟运算表计算结果

步骤5：绘制动态图表。按 <Ctrl> 键同时选定 F2: I2 和 F4: I16 单元格区域，单击“插入”/“图表”，在图表类型中选择“散点图”，绘制散点图，如图3-18所示。

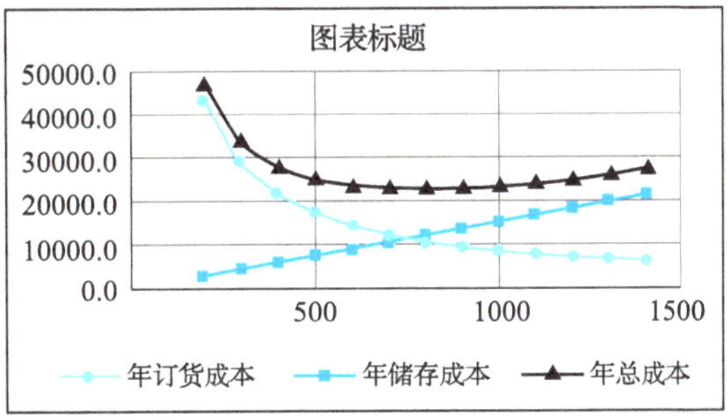

图 3-18 散点图

单击图表右上角的“+”，在图表元素中勾选“坐标轴”“坐标轴标题”“图表标题”“网格线”和“图例”复选框；在图表区单击右键，剪切该图表，粘贴到新工作表单“动态经济订货批量图表”，如图3-19所示。

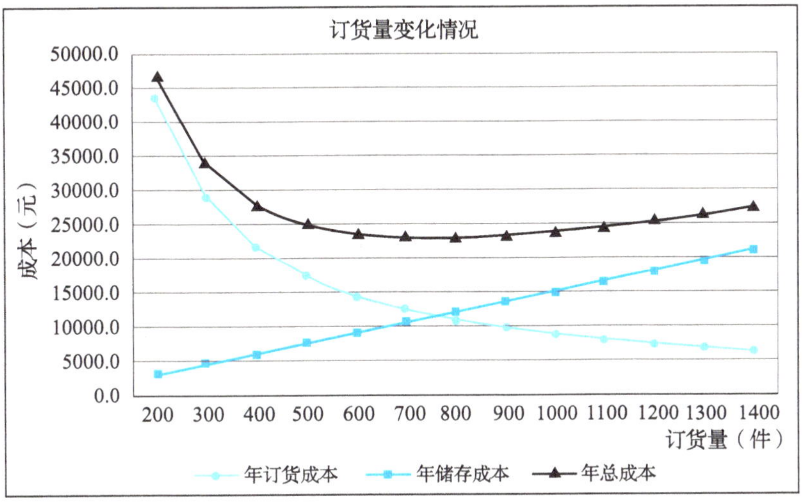

图 3-19 订货量变化情况图表

步骤6：建立订货量和经济订货批量的垂直参考线。在B19单元格输入“=C6”，C19单元格输入“50000”。F19单元格输入“=C11”，G19单元格输入“50000”。在B20单元格输入“=B19”，纵向填充至B23。在C20单元格输入“=C7”，纵向填充至C22单元格，在C23单元格输入“0”。在F20单元格输入“=F19”，纵向填充至F22单元格。在G20单元格输入“=C12”，G21输入“=C14”，G22输入“0”。输入结果如图3-20所示。

选定B19: C23单元格区域，选择“复制”，单击“动态经济订货批量图表”的图表，选择“开始”/“粘贴”/“选择性粘贴”，在“选择性粘贴”对话框中，选定“新建系列”“列”和“首列为分类X值”，如图3-21所示，建立订货量垂直参考线。同理建立经济订货批量垂直参考线。

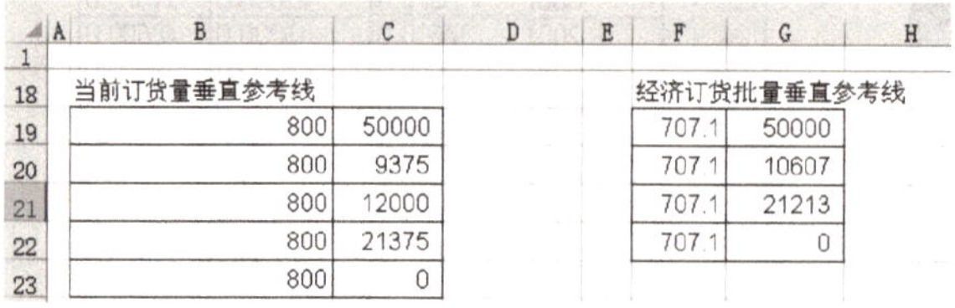

图 3-20 输入结果

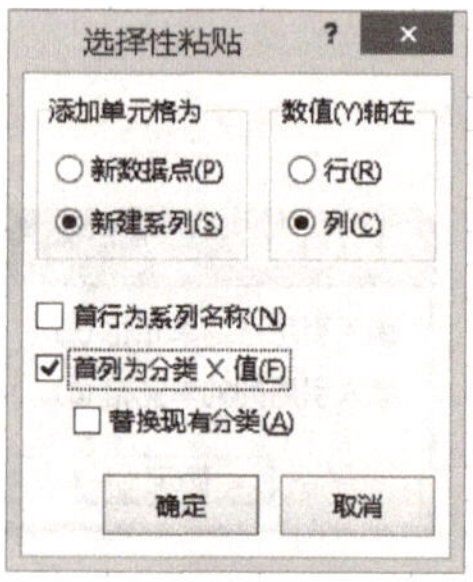

图 3-21 “选择性粘贴”对话框

选定订货量垂直参考线，单击右键选择“数据”后，单击“系列”标签，更改系列 4 的“名称”为“订货量”，系列 5 的“名称”为“经济订货批量”，如图 3-22 所示。

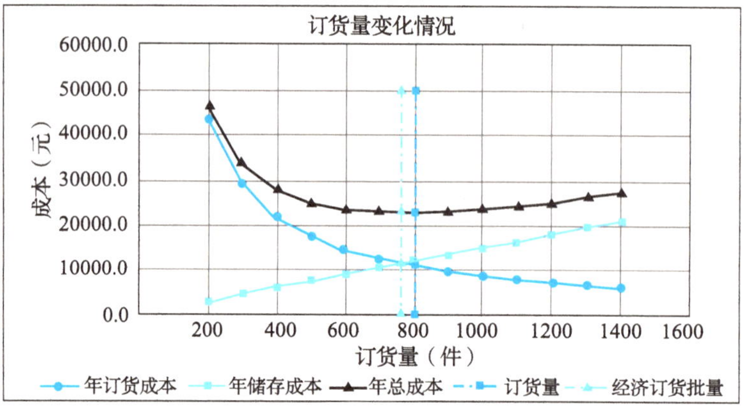

图 3-22 带有垂直参考线的订货量变化情况图表

步骤 7：在“动态经济订货批量图表”中，选择“开发工具”/“插入”/“表单控件”的“数值调节钮”选项，在合适的位置绘制“数值调节钮”控件，单击右键，选择“设置控件格式”后，单击“控制”选项卡，“最小值”处输入“10000”，“最大值”处输入“20000”，“步长”处输入“1000”，“单元格链接”处输入“动态经济订货批量！＄D＄2”，如图 3-23 所示。单击“确定”按钮，完成年需求量“数值调节钮”的设置。

同理完成订货量“数值调节钮”的设置，如图 3-24 所示。

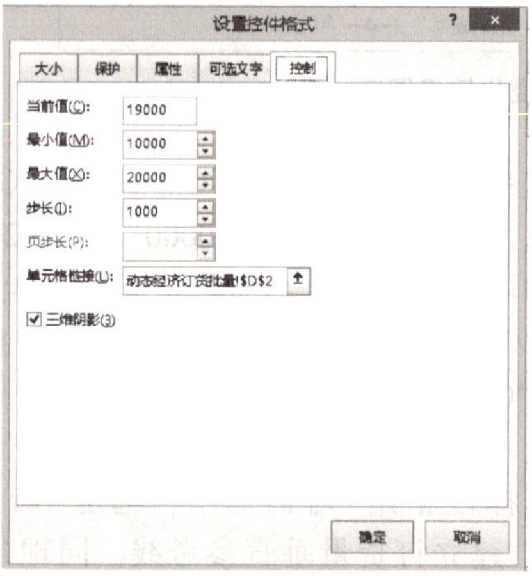

图 3-23 年需求量“数值调节钮”的设置

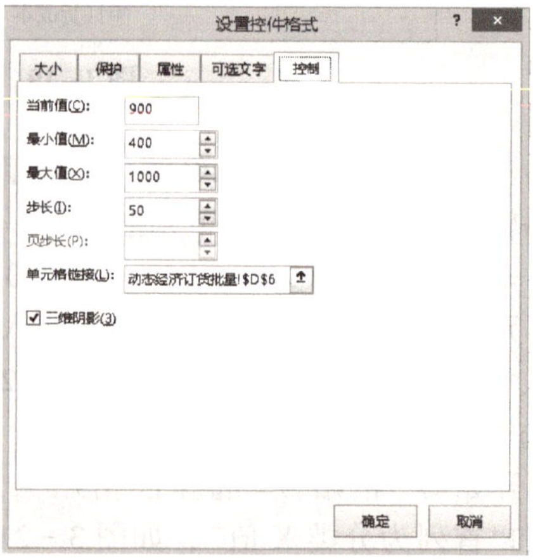

图 3-24 订货量“数值调节钮”的设置

步骤8：在“数值调节钮”按钮附近插入文本框，选中文本框，在编辑栏输入“=动态经济订货批量！$B$16”。同理完成订货量动态文本框的设置，如图3－25所示。

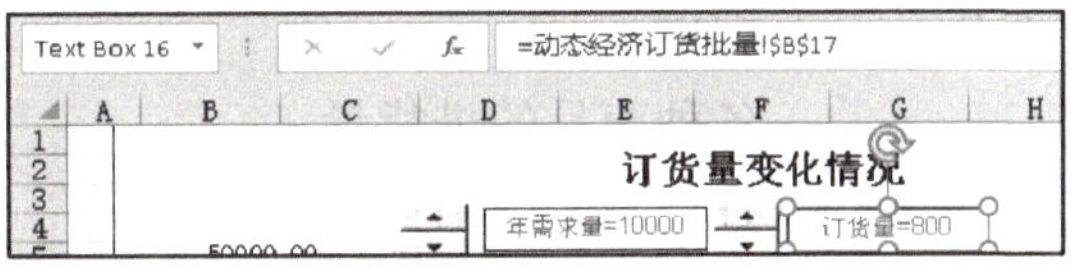

图3－25　设置动态文本框

➢ 任务操作结果

如图3－26、图3－27所示，当单击数值调节钮时，图形会发生变化。

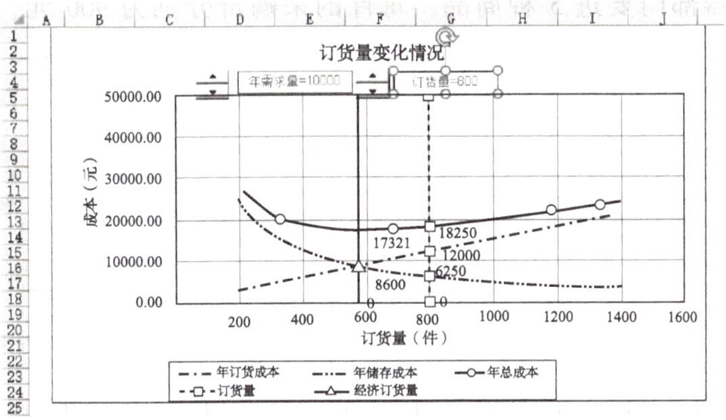

图3－26　任务操作结果(1)

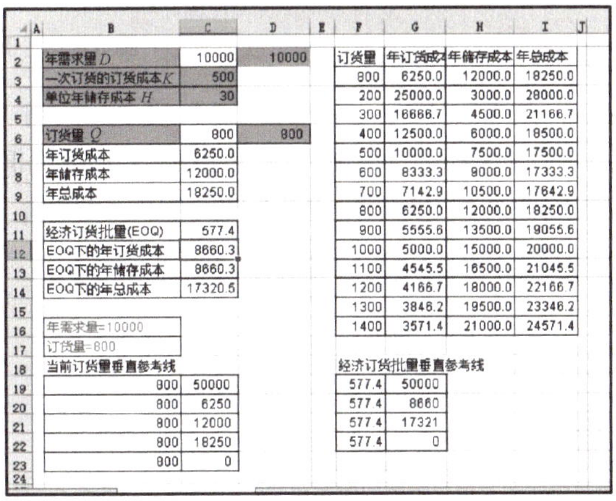

B	C	D
年需求量 D	10000	10000
一次订货的订货成本 K	500	
单位年储存成本 H	30	
订货量 Q	800	800
年订货成本	6250.0	
年储存成本	12000.0	
年总成本	18250.0	
经济订货批量(EOQ)	577.4	
EOQ下的年订货成本	8660.3	
EOQ下的年储存成本	8660.3	
EOQ下的年总成本	17320.5	
年需求量=10000		
订货量=800		
当前订货量垂直参考线		
800	50000	
800	6250	
800	12000	
800	18250	
800	0	

订货量	年订货成本	年储存成本	年总成本
800	6250.0	12000.0	18250.0
200	25000.0	3000.0	28000.0
300	16666.7	4500.0	21166.7
400	12500.0	6000.0	18500.0
500	10000.0	7500.0	17500.0
600	8333.3	9000.0	17333.3
700	7142.9	10500.0	17642.9
800	6250.0	12000.0	18250.0
900	5555.6	13500.0	19055.6
1000	5000.0	15000.0	20000.0
1100	4545.5	16500.0	21045.5
1200	4166.7	18000.0	22166.7
1300	3846.2	19500.0	23346.2
1400	3571.4	21000.0	24571.4

经济订货批量垂直参考线	
577.4	50000
577.4	8660
577.4	17321
577.4	0

图3－27　任务操作结果(2)

项目2　采购决策的制定及采购质量监控

任务4　利用规划求解法制定采购决策

3－4

➢ 方法原理

采购决策的制定遵循利润最大化原则。利润最大化的表达式如下：

$$\max(z) = \sum_{i=1}^{m} x_i c_i - \sum_{i=1}^{m} \sum_{j=1}^{n} x_i d_{ij} \tag{3-25}$$

式中 z——利润；

x_i——各种商品的进货量；

c_i——各种商品的销售价格；

d_{ij}——各种商品的成本；

j——各项成本。

➢ 任务内容

某超市的电器部门要进 5 种商品，每件的采购价分别为 900 元、800 元、700 元、1200 元、1350 元；每件的物流成本分别为 17 元、13 元、11 元、21 元、22 元；每件的仓储成本分别为 7 元、7 元、8 元、10 元、14 元；每件的销售价分别为 2400 元、2000 元、1800 元、2800 元、3500 元。在每月物流费用和仓储费用分别固定为 6500 元和 3500 元，每种商品进货数量不能低于 10 件的情况下，如何分配各种商品数量才能得到最大的销售利润？

	A	B	C	D	E	F
1			商品信息			
2	销售商品	商品A	商品B	商品C	商品D	商品E
3	采购价(元)	900	800	700	1200	1350
4	物流成本（元）	17	13	11	21	22
5	仓储成本（元）	7	7	8	10	14
6	销售价（元）	2400	2000	1800	2800	3500
7	进货数量（件）					
8			每月费用控制			
9	物流费用（元）	6500				
10	仓储费用（元）	3500				
11			销售利润			
12	总利润（元）					
13	物流总成本（元）					
14	仓储总成本（元）					

图 3－28 建立数据模型

➢ 任务操作步骤

步骤 1：建立数据模型，如图 3－28 所示。

步骤 2：在 B13 单元格输入物流成本公式“＝SUMPRODUCT(B4:F4，B$7:F$7)”，在 B14 单元格输入仓储成本公式“＝SUMPRODUCT(B5:F5，B$7:F$7)”，在 B12 单元格输入销售利润公式“＝SUMPRODUCT(B6:F6，B7:F7)－SUMPRODUCT(B3:F3，B7:F7)－B13－B14”，如图 3－29 所示。

B12 fx =SUMPRODUCT(B6:F6,B7:F7)-SUMPRODUCT(B3:F3,B7:F7)-B13-B14

	A	B	C	D	E	F	G	H
1			商品信息					
2	销售商品	商品A	商品B	商品C	商品D	商品E		
3	采购价(元)	900	800	700	1200	1350		
4	物流成本（元）	17	13	11	21	22		
5	仓储成本（元）	7	7	8	10	14		
6	销售价（元）	2400	2000	1800	2800	3500		
7	进货数量（件）							
8			每月费用控制					
9	物流费用（元）	6500						
10	仓储费用（元）	3500						
11			销售利润					
12	总利润（元）							
13	物流总成本（元）	0						
14	仓储总成本（元）	0						

图 3－29 总利润的计算

步骤 3：选择“数据”/“分析”/“规划求解”命令，弹出“规划求解参数”对话框。在“设置目标”中输入“$B$12”，到“最大值”，即要求销售利润最大；在“通过更改可变单元格”中输入“$B$7:$F$7”，即 5 种商品的各自进货数量。

步骤 4：设置规划求解的约束条件。选择“添加”按钮，添加约束条件，分别添加：“$B$13<=$B$9”，即物流成本控制；“$B$14<=$B$10”，即仓储成本控制；

“$B$7: $F$7 = 整数”，即进货数量为整数；“$B$7: $F$7 > =10”，即每种商品的进货数量都不低于10件。“选择求解方法”设置为“单纯线性规划”，勾选“使无约束变量为非负数”复选框，如图3-30所示。

步骤5：单击“求解”按钮，得“规划求解结果”对话框，如图3-31所示。

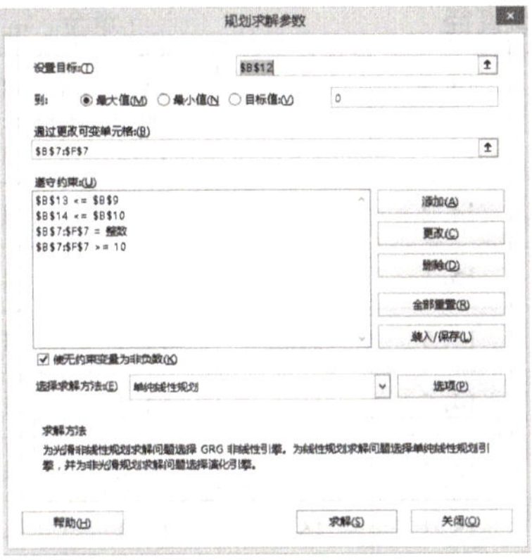

图3-30 设置规划求解参数

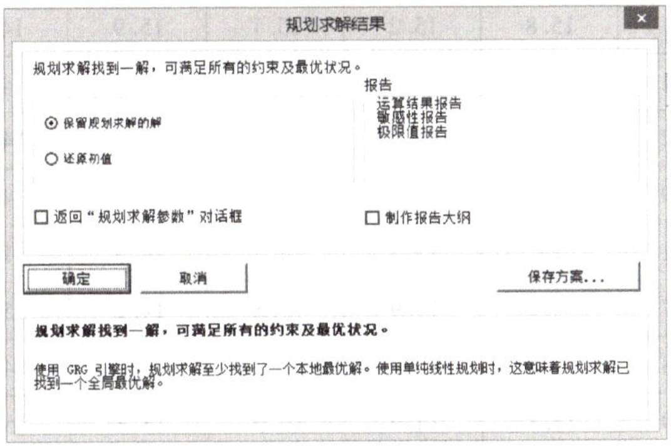

图3-31 “规划求解结果”对话框

单击“确定”按钮，得到最终求解结果，如图3-32所示。

	A	B	C	D	E	F
1			商品信息			
2	销售商品	商品A	商品B	商品C	商品D	商品E
3	采购价(元)	900	800	700	1200	1350
4	物流成本（元）	17	13	11	21	22
5	仓储成本（元）	7	7	8	10	14
6	销售价（元）	2400	2000	1800	2800	3500
7	进货数量（件）	157	12	11	10	152
8			每月费用控制			
9	物流费用（元）	6500				
10	仓储费用（元）	3500				
11			销售利润			
12	总利润（元）	594801				
13	物流总成本（元）	6500				
14	仓储总成本（元）	3499				

图3-32 最终求解结果

➢ 任务操作结果

5种商品的进货数量分别为157件、12件、11件、10件和152件，总利润为594801元。

➢ 任务小结

Excel 2016版的规划求解，由于精度的原因有时约束条件取整不执行，所以建议提前将B7: F7单元格区域的小数位数设置为0。

任务5 利用直方图法分析采购物品的质量分布情况

3-5

➢ 方法原理

直方图法是利用数据分组，通常采用组距分组。它将全部数据依次划分为若干个区间，并将一个区间的变量值作为一组，一个组的最小值称为下限，一个组的最大值称为上限。

分组步骤如下：

1）确定组数K。组数的确定应以能够显示数据的分布特征和规律为目的，一般组数$5 \leqslant K \leqslant 15$。

2）确定各组的组距。组距是一个组的上限与下限的差，组距=（最大值-最小值）/组数。注意第一组的下限应低于最小值，最后一组的上限应大于最大值。

3）根据分组编制频数分布表。

➤ 任务内容

某采购中心采购到一批滚珠，滚珠直径要求为 15.0 ± 1.0mm。100 个滚珠的样本直径见表 3－2，试用直方图法对该批滚珠进行统计分析。

表 3－2　100 个滚珠的样本直径　　（单位：mm）

15	15.8	15.2	15.1	15.9	14.7	14.8	15.5	15.6	15.3
15.1	15.3	15	15.6	15.7	14.8	14.5	14.2	14.9	14.9
15.2	15	15.3	15.6	15.1	14.9	14.2	14.6	15.8	15.2
15.9	15.2	15	14.9	14.8	14.5	15.1	15.5	15.5	15.6
15.1	15	15.3	14.7	14.5	15	15.5	14.6	14.7	14.2
15.7	14.2	15.9	15.8	14.2	15.9	14.5	15.5	14.1	15.8
15.8	14.0	16.0	15.1	14.8	14.9	15.7	15.6	14.2	14.9
15.9	15.1	14.9	14.9	15.8	15.8	15.2	15.3	15.4	14.6
14.2	14.03	14.5	15.3	15.5	15.6	15.4	15.4	14.9	14.9
14	14.2	14.3	14.5	15	15	15	15.1	15.2	15.1

➤ 任务操作步骤

步骤 1：建立数据模型。计算所有滚珠样本直径的最大值：在 D14 单元格输入“=MAX(B3:K12)”；计算所有滚珠样本直径的最小值：在 D15 单元格输入“=MIN(B3:K12)”；计算所有滚珠样本直径的极差：在 D16 单元格输入“=D14－D15”；计算所有滚珠样本直径的组距：取分组数为 9，在 D17 单元格输入“=D16/9”，如图 3－33 所示。

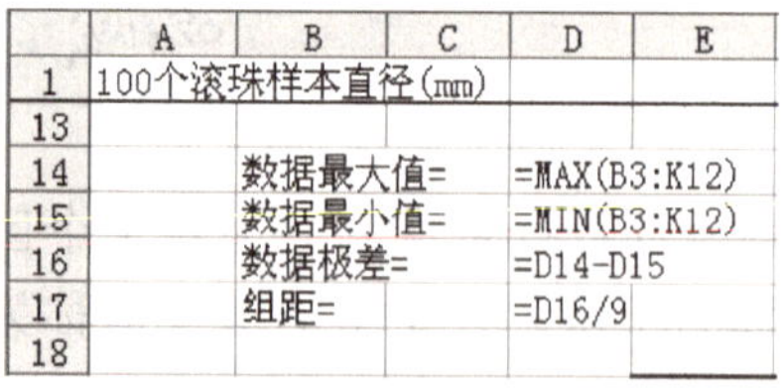

a）计算公式

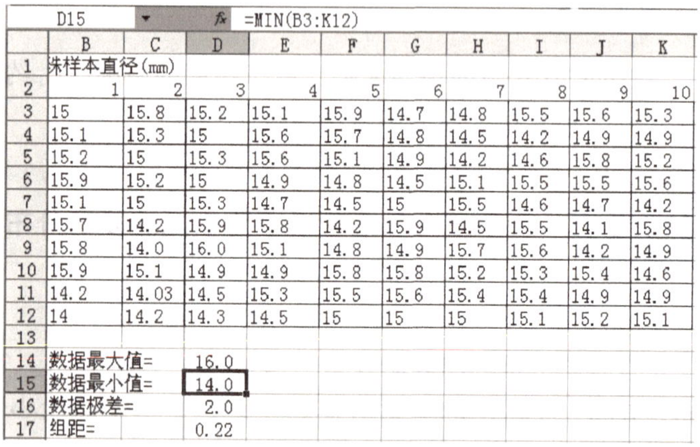

b）计算结果

图 3－33　设置样本极差和组距

步骤 2：计算组限。在 B20 单元格输入“=D15－D17”，在 B21 单元格输入“=B20＋D17”，按 <Enter> 键后，将光标放到 B20 单元格，选择“开始”/“编辑”/“填充”/“序列”，打开“序列”对话框。“序列产生在”选择“列”，“类型”选择“等差序列”，“步长值”设置为“0.22”，“终止值”设置为“16.22”，如图 3－34 所示，单击“确定”按钮，得到组距数据组。

步骤3：选择“数据”/“分析”/“数据分析”/“直方图”，在“直方图”对话框的“输入区域”输入“ $B$3: $K$12”，在“接收区域”输入“ $B$20: $B$31”，“输出选项”选择“输出区域”，输入“ $E$19”，勾选“图表输出”复选框，如图3-35所示。

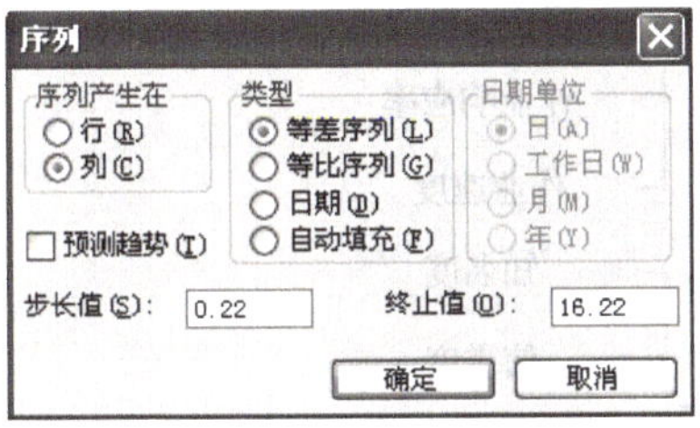

图3-34 计算组距数据组

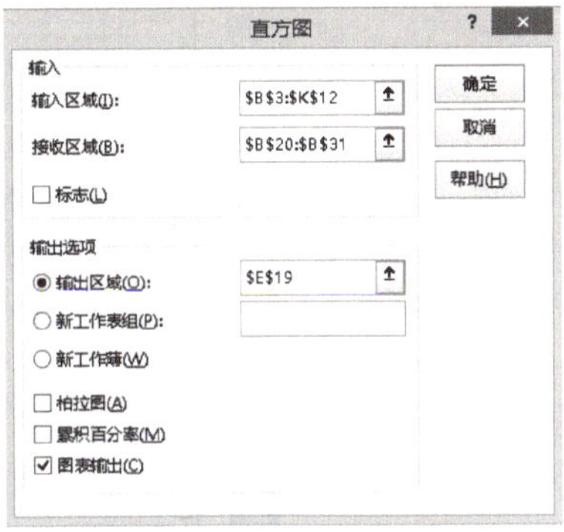

图3-35 “直方图”对话框

单击“确定”按钮，得到组限—频率图表，如图3-36所示。

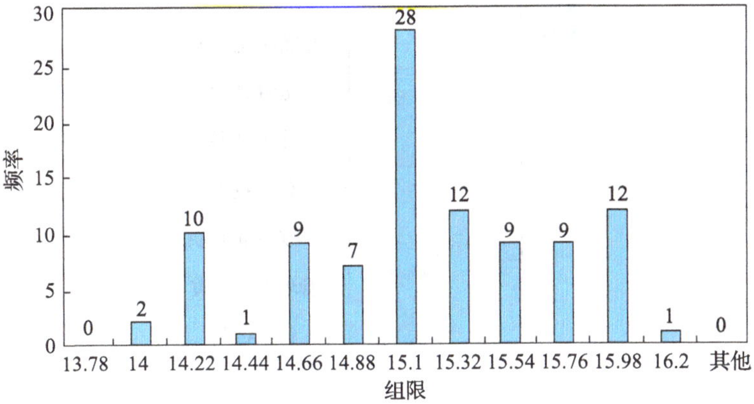

图3-36 组限—频率图表

➢ 任务操作结果

通过利用直方图法对100个滚珠直径进行分析，滚球直径基本符合正态分布。

项目3 供应商的选择与评估

为了提升企业的核心竞争力，集中资源和精力发展核心业务，越来越多的企业逐步把运输、仓储等物流作业外包出去，从而获得成本和服务上的优势。近年来，大量新兴的第三方民营物流企业占领了物流市场，如何选择合适的第三方物流服务供应商成了企业物流外包的关键问题之一。物流服务供应商的选择原则如图3-37所示。物流服务供应商的评价指标体系如图3-38所示。

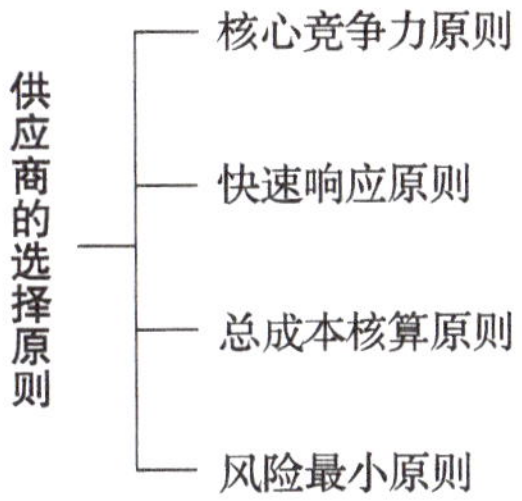

图3-37 物流服务供应商的选择原则

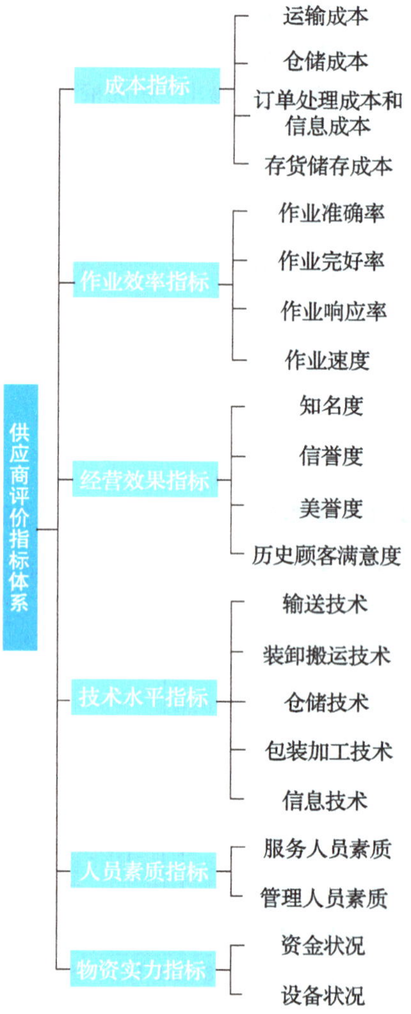

图 3－38　物流服务供应商的评价指标体系

评价选择物流服务供应商的方法较多，参考国内外物流服务供应商的选择经验，主要有两大类选择方法：第一类为定性的分析选择方法；第二类为定量的评价选择方法。定性方法主要是根据以往的经验，凭借以前的合作关系来选择物流服务供应商，其对问题的分析比较周全；而定量方法对问题的分析比较准确、可靠。

定性方法主要包括直观判断法、招标法和协商选择法等。

定量方法主要包括标杆法、优先权法、层次结构模型、模糊综合评判法等。

任务 6　用标杆法选择合适的供应商

3-6

标杆法以物流行业内一流企业的最佳实践为基准，将各个物流服务供应商的实际情况与这些基准进行定量化评价和比较，从中选择出符合企业要求的供应商。该方法的缺点在于只能对同一物流环节上的供应商进行评价选择，无法进行整个企业外部物流服务供应商组合的评价选择。

➢ 方法原理

$$\mathrm{Sim}_i = \sum_{i=1} \varpi_j \ \mathrm{Sim}_{ij} \tag{3-26}$$

$$\mathrm{Sim}_{ij} = \frac{100 - |y_{bj} - y_{ij}|}{100} \tag{3-27}$$

式中 Sim_i——备选供应商中第 i 个供应商与标杆供应商的综合相似度；

ϖ_j——第 j 个属性或特征在特征指标中所占的权重；

Sim_{ij}——第 i 个备选供应商的第 j 个属性指标与标杆供应商的第 j 个属性指标的相似度；

y_{bj}——标杆供应商的第 j 个属性指标的值；

y_{ij}——备选供应商中第 i 个供应商的第 j 个属性指标的值。

显然，Sim_i越大，表示第 i 个备选供应商相似度越高，则说明该供应商越接近理想标杆，即越能代表决策者的偏好，因而也最适用。

➢ 任务内容

某生产企业为提高核心竞争力，将其部分物流业务外包，其中有 4 个备选供应商。该企业选择物流供应商的关键因素为财务稳定性(Y_1)、客户服务能力(Y_2)、服务价格(Y_3)、解决问题创造力(Y_4)、技术能力(Y_5)、公共信誉(Y_6)、运输存储能力(Y_7)、货物缺损率(Y_8)和按时到货率(Y_9)。其中定量指标由供应商提供；定性指标由专家组通过调查总结，以 0 ~10 的分数给出。4 个备选供应商和标杆供应商关键因素集的指标评价值见表 3 - 3，专家组调查计算的 9 项权重指标见表 3 - 4。

表 3 - 3　4 个备选供应商和标杆供应商关键因素集的指标评价值

供应商	Y_1	Y_2	Y_3	Y_4	Y_5	Y_6	Y_7	Y_8	Y_9
X_1	8	6	500	2	6	5	200	0.01	0.98
X_2	7	4	495	3	7	4	180	0.02	0.99
X_3	5	1	490	8	4	6	190	0.01	0.99
X_4	3	2	480	4	5	3	170	0.03	0.98
X_b	10	10	480	10	10	10	200	0	1

表 3 - 4　9 项权重指标

权重	Y_1	Y_2	Y_3	Y_4	Y_5	Y_6	Y_7	Y_8	Y_9
ϖ_j	0.5	0.2	0.15	0.05	0.1	0.05	0.15	0.05	0.2

➢ 任务操作步骤

步骤 1：根据已知数据建立数据模型，如图 3 - 39 所示。

	A	B	C	D	E	F	G	H	I	J	K
1											
2	基础参数										
3		供应商	Y_1	Y_2	Y_3	Y_4	Y_5	Y_6	Y_7	Y_8	Y_9
4		X_1	8	6	500	2	6	5	200	0.01	0.98
5		X_2	7	4	495	3	7	4	180	0.02	0.99
6		X_3	5	1	490	8	4	6	190	0.01	0.99
7		X_4	3	2	480	4	5	3	170	0.03	0.98
8		X_b	10	10	480	10	10	10	200	0	1
9		ϖ_j	0.05	0.2	0.15	0.05	0.1	0.05	0.15	0.05	0.2

图 3 - 39　建立数据模型

步骤 2：根据式(3－27)计算备选供应商与标杆供应商属性指标的相似度 Sim_{ij}。在 C12 单元格输入“＝(100－ABS(C＄8－C4))/100”，依次向右下填充至 K15，如图 3－40 所示。

	A	B	C	D	J	K	L	M
10								
11	备选供应商与标杆供应商属性指标相似度							
12			=(100-ABS(C$8-C4))/100	=(100-ABS(	=(100-ABS	=(100-ABS(K$8-K4))/100		
13			=(100-ABS(C$8-C5))/100	=(100-ABS(	=(100-ABS	=(100-ABS(K$8-K5))/100		
14			=(100-ABS(C$8-C6))/100	=(100-ABS(	=(100-ABS	=(100-ABS(K$8-K6))/100		
15			=(100-ABS(C$8-C7))/100	=(100-ABS(	=(100-ABS	=(100-ABS(K$8-K7))/100		

a) Sim_{ij} 计算公式

	A	B	C	D	E	F	G	H	I	J	K
10											
11	备选供应商与标杆供应商属性指标相似度										
12			0.98	0.96	0.80	0.92	0.96	0.95	1.00	0.9999	0.9998
13			0.97	0.94	0.85	0.93	0.97	0.94	0.80	0.9998	0.9999
14			0.95	0.91	0.90	0.98	0.94	0.96	0.90	0.9999	0.9999
15			0.93	0.92	1.00	0.94	0.95	0.93	0.70	0.9997	0.9998

b) Sim_{ij} 计算结果

图 3－40　计算备选供应商与标杆供应商属性指标的相似度 Sim_{ij}

步骤 3：将特征指标中所占的权重 ϖ_j 转置。选择 B9: K9 单元格区域，单击“复制”，在 M3 单元格处单击“开始”/“粘贴”/“选择性粘贴”，在“选择性粘贴”对话框中勾选“转置”复选框，单击“确定”按钮，如图 3－41 所示。

图 3－41　“选择性粘贴”对话框

步骤 4：根据式(3－26)计算供应商与标杆供应商的综合相似度 Sim_i。选择 C18: C21 单元格区域，输入“＝MMULT(C12: K15，M4: M12)”，按下 <Ctrl＋Shift＋Enter> 组合键，得到如图 3－42 所示的综合相似度。

	A	B	C	D	E
16					
17	供应商与标杆供应商的综合相似度				
18			=MMULT(C12:K15,M4:M12)		
19			=MMULT(C12:K15,M4:M12)		
20			=MMULT(C12:K15,M4:M12)		
21			=MMULT(C12:K15,M4:M12)		

a) 综合相似度计算公式

	A	B	C	D	E
16					
17	供应商与标杆供应商的综合相似度				
18			0.95046		
19			0.92447		
20			0.94048		
21			0.92395		

b) 综合相似度计算结果

图 3－42　供应商与标杆供应商的综合相似度

步骤 5：选择最佳供应商。在 C18 单元格输入“＝IF(C18＝MAX(C＄18: C＄21)，"最佳"，"")”，向下填充至 C21，最佳供应商的选择结果如图 3－43 所示。

	A	B	C	D	E	F	G
17	供应商与标杆供应商的综合相似度						
18			0.95046	=IF(C18=MAX(C$18:C$21),"最佳","")			
19			0.92447	=IF(C19=MAX(C$18:C$21),"最佳","")			
20			0.94048	=IF(C20=MAX(C$18:C$21),"最佳","")			
21			0.92395	=IF(C21=MAX(C$18:C$21),"最佳","")			

a) 计算公式

	A	B	C	D
17	供应商与标杆供应商的			
18		X_1	0.95046	最佳
19		X_2	0.92447	
20		X_3	0.94048	
21		X_4	0.92395	

b) 计算结果

图 3－43　最佳供应商的选择结果

➢ 任务操作结果

相似度最接近标杆供应商的为供应商 X_1，它是最佳的选择。

3-7

任务 7　用优先权法选择合适的供应商

美国运筹学家 A. L. Saaty 于 20 世纪 70 年代提出的层次分析法(Analytical Hierarchy Process，AHP)是对定性问题进行定量分析的一种多准则决策方法。它能够把复杂问题中的各种因素通过划分为相互联系的有序层次使之条理化，对每一层次元素两两比较的重要性进行定量描述，然后再利用数学方法反映每一层次元素的相对重要性次序的权值，通过所有层次之间的总排序计算所有元素的相对权重并进行排序。层次分析法是一种定性与定量相结合的决策分析方法。优先权法是层次分析法中的一种。

➢ 方法原理

用优先权法选择供应商的基本过程大体可以分为如下 6 个基本步骤：

1)明确问题。即弄清问题的范围，所包含的因素，各因素之间的关系等。

2)建立层次结构模型。层次结构模型包括目标层、准则层和方案层。

3)为优先级构造成对比较矩阵。设共有 n 个元素参与比较，则 $\boldsymbol{A}=(a_{ij})_{n\times n}$ 称为成对比较矩阵。成对比较矩阵的特点为 $a_{ij}>0$，$a_{ii}=1$，$a_{ij}=\dfrac{1}{a_{ji}}$。a_{ij} 的确定，可以使用数字 1 ~ 9 及其倒数作为标度。

①建立准则层性能优先矩阵。

②建立方案层优先矩阵。

③对上述矩阵的列分别求和，用所求和除这一列的每一个元素的得分创建一个标准矩阵。

4)计算标准矩阵的平均值。

①在准则层标准矩阵中，计算每一行的平均值，将该平均值列为准则层相对应的性能优先级 Y。

②在方案层标准矩阵中，分别计算每一行的平均值，将各自的平均值列为方案层元素 X 相对应的每一个性能 Y 的优先级(优先级$_{XY}$)。

5)为每一个方案层元素计算优先级的值。

$$\text{优先级}_X=\sum_{Y=1}^{n}\text{优先级}_{XY}\times\text{优先级}_Y$$

式中　X——方案层元素(供应商)；

Y——准则层性能优先级元素；

优先级$_{XY}$——方案层 X 用相对应的性能优先级计算的优先值；

优先级$_Y$——优先级 Y 计算优先级得分。

6)优先级$_X$的最大值即为所求的 X。

➢ 任务内容

某公司必须从 3 个供应商中选择一个作为它的新供应商。公司管理层决定从 4 个层面用层次分析法考核供应商，以确定最优者。3 个供应商所执行的指标见表 3-5。

表 3-5 3 个供应商所执行的指标

标准	供应商 A	供应商 B	供应商 C
送货可靠性	95%	98%	90%
质量(镀层需无缺陷)	99.99%	95%	99%
金融稳定性	优秀	良好	良好
单位价格(美元)	5.50	5.00	4.50

➤ 任务操作步骤

步骤 1：根据已知条件建立供应商层次结构模型，如图 3-44所示。

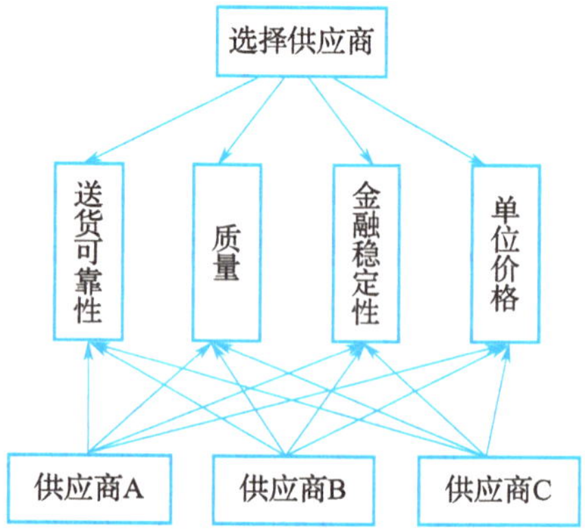

图 3-44 供应商层次结构模型

步骤 2：建立准则层性能优先矩阵。在单元格 B9: E9 区域分别输入“送货可靠性”“质量”“金融稳定性”和“单位价格”。选择单元格 B9: E9 区域，单击“复制”，选定单元格 A10，选择“粘贴”/“选择性粘贴”，在“选择性粘贴”对话框中勾选“转置”复选框，单击“确定”按钮。根据专家意见，设置准则层矩阵，如图 3-45 所示。注意设置对比矩阵时，应符合 $a_{ij}=\dfrac{1}{a_{ji}}$ 关系。

步骤 3：根据表 3-5，逐步分解供应商评价矩阵。分别在单元格 A16: D20、A23: D27、A30: D34 和 A37: D41 区域建立供应商送货可靠性评价矩阵、供应商质量评价矩阵、供应商金融稳定性评价矩阵和供应商价格评价矩阵，如图 3-46 ~ 图 3-49 所示。

	A	B	C	D	E
8	表2准则评价矩阵				
9		送货可靠性	质量	金融稳定性	单位价格
10	送货可靠性	1.00	1.00	6.00	3.00
11	质量	1.00	1.00	6.00	4.00
12	金融稳定性	0.17	0.17	1.00	0.33
13	单位价格	0.33	0.25	3.00	1.00

图 3-45 准则层矩阵的设置

	A	B	C	D
16	表3供应商送货可靠性评价矩阵			
17		供应商A	供应商B	供应商C
18	供应商A	1.00	0.25	4.00
19	供应商B	4.00	1.00	8.00
20	供应商C	0.25	0.13	1.00

图 3-46 供应商送货可靠性评价矩阵

	A	B	C	D
23	表4供应商质量评价矩阵			
24		供应商A	供应商B	供应商C
25	供应商A	1.00	7.00	3.00
26	供应商B	0.14	1.00	0.25
27	供应商C	0.33	4.00	1.00

图 3-47 供应商质量评价矩阵

	A	B	C	D
30	表5供应商金融稳定性评价矩阵			
31		供应商A	供应商B	供应商C
32	供应商A	1.00	3.00	3.00
33	供应商B	0.33	1.00	1.00
34	供应商C	0.33	1.00	1.00

图 3-48 供应商金融稳定性评价矩阵

步骤 4：创建新的标准矩阵。在单元格 A14 输入“合计”，在单元格 B14 输入“=SUM(B10: B13)”，向右填充至 E14。在单元格 G10: G13 和 H9: K9 区域分别输入“送货可靠性”“质量”“金融稳定性”和“单位价格”；在单元格 L9 输入“行平均”。在单元格 H10 输入“=B10/B$14”，向右填充至 K10，向下填充至 K13。完成准则层标准矩阵的创建。

步骤 5：估计优先权值。在单元格 L10 输入“=AVERAGE(H10: K10)”，向下填充至 L13。在单元格 L14 输入“=SUM(L10: L13)”，如图 3-50 所示，完成准则层优先权值的计算。

	A	B	C	D
37	表6供应商价格评价矩阵			
38		供应商A	供应商B	供应商C
39	供应商A	1.00	0.20	0.13
40	供应商B	5.00	1.00	0.33
41	供应商C	8.00	3.00	1.00

图 3－49 供应商价格评价矩阵

L14 =SUM(L10:L13)

	G	H	I	J	K	L
8	表7准则层标准矩阵					
9		送货可靠性	质量	金融稳定性	单位价格	行平均
10	送货可靠性	0.40	0.41	0.38	0.36	0.39
11	质量	0.40	0.41	0.38	0.48	0.42
12	金融稳定性	0.07	0.07	0.06	0.04	0.06
13	单位价格	0.13	0.10	0.19	0.12	0.14
14						1.00

图 3－50 准则层标准矩阵

同理分别建立供应商的各项指标标准矩阵，并计算优先权值，如图 3－51～图 3－54 所示。

	G	H	I	J	K
16	表8供应商送货可靠性标准矩阵				
17		供应商A	供应商B	供应商C	行平均
18	供应商A	0.19	0.18	0.31	0.23
19	供应商B	0.76	0.73	0.62	0.70
20	供应商C	0.05	0.09	0.08	0.07

图 3－51 供应商送货可靠性标准矩阵

	G	H	I	J	K
23	表9供应商质量标准矩阵				
24		供应商A	供应商B	供应商C	行平均
25	供应商A	0.68	0.58	0.71	0.66
26	供应商B	0.10	0.08	0.06	0.08
27	供应商C	0.23	0.33	0.24	0.26

图 3－52 供应商质量标准矩阵

	G	H	I	J	K
30	表10供应商金融稳定性标准矩阵				
31		供应商A	供应商B	供应商C	行平均
32	供应商A	0.6	0.6	0.6	0.6
33	供应商B	0.2	0.2	0.2	0.2
34	供应商C	0.2	0.2	0.2	0.2

图 3－53 供应商金融稳定性标准矩阵

J27 =D27/D$28

	G	H	I	J	K
37	表11供应商价格标准矩阵				
38		供应商A	供应商B	供应商C	行平均
39	供应商A	0.07	0.05	0.09	0.07
40	供应商B	0.36	0.24	0.23	0.27
41	供应商C	0.57	0.71	0.69	0.66

图 3－54 供应商价格标准矩阵

步骤 6：为每一个供应商计算优先权。在单元格 G45: G49 区域分别输入“送货可靠性”“质量”“金融稳定性”“单位价格”和“供应商优先权”。在单元格 H44: J44 区域分别输入“供应商 A”“供应商 B”和“供应商 C”。选择单元格 K18: K20 区域，单击“复制”，选择单元格 H45，单击右键，选择“选择性粘贴”。在“选择性粘贴”对话框中，选择“数值”，勾选“转置”复选框，单击“确定”按钮，完成各供应商送货可靠性的复制。同理完成质量、金融稳定性和单位价格的复制。在单元格 H49 输入“=SUMPRODUCT($L$10:$L$13, H45: H48)”，向右填充至 J49，完成供应商优先权的计算。在单元格 H50 输入“=IF(H49=MAX($H49:$J49), H44,"")”，向右填充至 J50，如图 3－55 所示，供应商 A 取得最终优先权。

	G	H	I	J
43	表12供应商整体评价矩阵			
44	行平均	供应商A	供应商B	供应商C
45	送货可靠性	0.23	0.70	0.07
46	质量	0.66	0.08	0.26
47	金融稳定性	0.60	0.20	0.20
48	单位价格	0.07	0.27	0.66
49	供应商优先权	0.41	0.35	0.24
50		供应商A		

图 3－55 供应商整体评价矩阵

➢ 任务操作结果

供应商 A 的优先权得分最高，所以选择供应商 A。

任务 8 利用层次结构模型选择合适的物流供应商

3－8

➢ 任务内容

利用图 3－56 所示的层次结构模型和比较矩阵选择供应商。

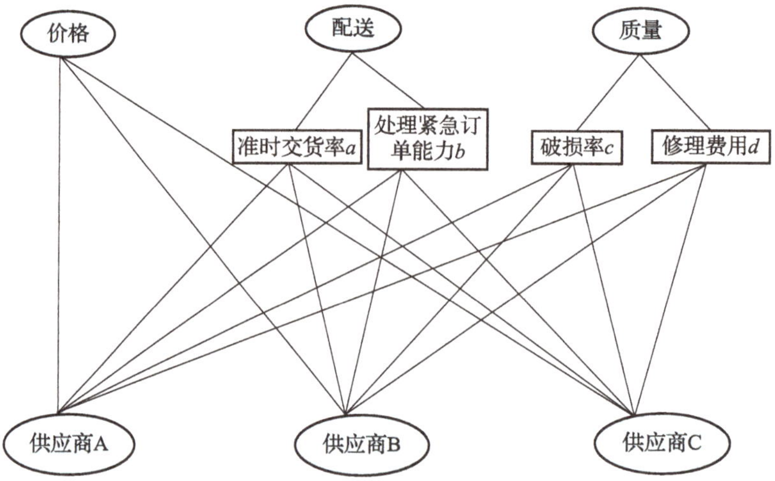

图 3-56 层次结构模型

各供应商在准时交货率 a、处理紧急订单能力 b、破损率 c、修理费用 d 和价格上的两两比较矩阵见表 3-6。

表 3-6 比较矩阵(1)

标准		A	B	C
准时交货率 *a*	A	1	5	3
	B	1/5	1	1
	C	1/3	1	1
处理紧急订单能力 *b*	A	1	1/3	2
	B	3	1	5
	C	1/2	1/5	1
破损率 *c*	A	1	1/2	1/3
	B	2	1	1/2
	C	3	2	1
修理费用 *d*	A	1	1	1/2
	B	1	1	1/2
	C	2	2	1
价格	A	1	1	1/5
	B	1	1	1/3
	C	5	3	1

价格、配送和质量的比较矩阵见表 3-7。

表 3-7 比较矩阵(2)

	价格	配送	质量
价格	1	3	1
配送	1/3	1	1/3
质量	1	3	1

配送中的准时交货率和处理紧急订单能力的比较矩阵见表3－8。

表3－8　比较矩阵(3)

	准时交货率	处理紧急订单能力
准时交货率	1	5
处理紧急订单能力	1/5	1

质量中的破损率和修理费用的比较矩阵见表3－9。

表3－9　比较矩阵(4)

	破损率	修理费用
破损率	1	1/5
修理费用	5	1

➢ 任务操作步骤

步骤1：根据表3－7计算第一层价格、配送、质量的标准权重，如图3－57所示。在单元格E3输入“=GEOMEAN(B3:D3)”，向下填充至E5；在单元格E6输入“=SUM(E3:E5)”，完成几何平均值合计的计算。在单元格F3输入“=E3/E$6”，向下填充至F5，完成第一层价格、配送、质量标准权重的计算。

	A	B	C	D	E	F
1	第一层价格、配送、质量标准权重					
2		价格	配送	质量	几何平均值	标准权重
3	价格	1	3	1	=GEOMEAN(B3:D3)	=E3/E$6
4	配送	0.3333333	1	0.333333333	=GEOMEAN(B4:D4)	=E4/E$6
5	质量	1	3	1	=GEOMEAN(B5:D5)	=E5/E$6
6	合计				=SUM(E3:E5)	

a) 计算公式

		A	B	C	D	E	F
8							
9	1	第一层：价格、配送、质量标准权重					
10	2		价格	配送	质量	几何平均值	标准权重
11	3	价格	1	3	1	1.4422	0.43
12	4	配送	0.3333333	1	0.333333333	0.4807	0.14
13	5	质量	1	3	1	1.4422	0.43
14	6	合计				3.3652	

b) 计算结果

图3－57　第一层价格、配送、质量标准权重的计算

步骤2：同理，完成第二层准时交货率、处理紧急订单能力标准权重的计算，如图3－58所示；完成破损率、修理费用标准权重的计算，如图3－59所示；完成价格满足程度标准权重的计算，如图3－60所示；完成准时交货满足程度标准权重的计算，如图3－61所示；完成处理紧急订单能力标准权重的计算，如图3－62所示；完成破损率满足程度标准权重的计算，如图3－63所示；完成修理费用满足程度标准权重的计算，如图3－64所示。

	A	B	C	D	E
7					
8	第二层准时交货率、处理紧急订单能力标准权重				
9		准时交货率	处理紧急订单能力	几何平均值	标准权重
10	准时交货率	1	5	2.2361	0.83
11	处理紧急订单	0.2	1	0.4472	0.17
12	合计			2.6833	

图3－58　第二层准时交货率、处理紧急订单能力标准权重的计算

	A	B	C	D	E
13					
14	破损率、修理费用标准权重				
15		破损率	修理费用	几何平均值	标准权重
16	破损率	1	0.2	0.4472	0.17
17	修理费用	5	1	2.2361	0.83
18	合计			2.6833	

图3－59　破损率、修理费用标准权重的计算

	A	B	C	D	E	F
19						
20	价格满足程度标准权重					
21	价格	A	B	C	几何平均值	标准权重
22	A	1	1	0.2	0.5848	0.156
23	B	1	1	0.333333333	0.6934	0.185
24	C	5	3	1	2.4662	0.659
25	合计				3.7444	

图3－60　价格满足程度标准权重的计算

	A	B	C	D	E	F
26						
27	准时交货满足程度标准权重					
28	交货	A	B	C	几何平均值	标准权重
29	A	1	5	3	2.4662	0.659
30	B	0.2	1	1	0.5848	0.156
31	C	0.3333333	1	1	0.6934	0.185
32	合计				3.7444	

图3－61　准时交货满足程度标准权重的计算

	A	B	C	D	E	F
33						
34	处理紧急订单能力标准权重					
35	处理订单	A	B	C	几何平均值	
36	A	1	0.333333	2	0.8736	0.230
37	B	3	1	5	2.4662	0.648
38	C	0.5	0.2	1	0.4642	0.122
39	合计				3.8040	

图 3-62　处理紧急订单能力标准权重的计算

	A	B	C	D	E	F
40						
41	破损率满足程度标准权重					
42	破损率	A	B	C	几何平均值	
43	A	1	0.5	0.333333333	0.5503	0.163
44	B	2	1	0.5	1.0000	0.297
45	C	3	2	1	1.8171	0.540
46	合计				3.3674	

图 3-63　破损率满足程度标准权重的计算

步骤 3：完成第二层供应商各项指标的标准权重的汇总，如图 3-65 所示。选择单元格区域 F29: F31，单击“复制”，在单元格 I3 选择“选择性粘贴”/“数值”，完成各供应商准时交货标准权重的复制。同理完成处理紧急订单能力、破损率和修理费用的复制。

	A	B	C	D	E	F
47						
48	修理费用满足程度标准权重					
49	修理费用	A	B	C	几何平均值	标准权重
50	A	1	1	0.5	0.7937	0.250
51	B	1	1	0.5	0.7937	0.250
52	C	2	2	1	1.5874	0.500
53	合计				3.1748	

图 3-64　修理费用满足程度标准权重的计算

	G	H	I	J	K	L
1		第二层供应商标准权重汇总				
2		权重	准时交货	处理紧急订单	破损率	修理费用
3		A	0.659	0.230	0.163	0.250
4		B	0.156	0.648	0.297	0.250
5		C	0.185	0.122	0.540	0.500

图 3-65　第二层供应商各项指标的标准权重的汇总

步骤 4：完成第一层供应商各项指标的标准权重的汇总。选择单元格区域 F22: F24，单击“复制”，在单元格 I9 选择“选择性粘贴”/“数值”，完成供应商价格标准权重的复制；选择单元格 J9，输入“ = MMULT(I3: J3, $E$10: $E$11)”，并向下填充至 J11，完成供应商配送标准权重的计算；选择单元格 K9，输入“ = MMULT(K3: L3, $E$16: $E$17)”，并向下填充至 K11，完成供应商质量标准权重的计算。选择单元格 L9，输入“ = MMULT(I9: K9, $F$3: $F$5)”，并向下填充至 L11，完成供应商总标准权重的计算。供应商标准权重计算公式如图 3-66 所示。

	G	H	I	J	K	L
6						
7		第一层供应商标准权重汇总				
8			价格	配送	质量	ϖ_j
9		A	0.156	=MMULT(I3:J3,$E$10:$E$11)	=MMULT(K3:L3,$E$16:$E$17)	=MMULT(I9:K9,$F$3:$F$5)
10		B	0.185	=MMULT(I4:J4,$E$10:$E$11)	=MMULT(K4:L4,$E$16:$E$17)	=MMULT(I10:K10,$F$3:$F$5)
11		C	0.659	=MMULT(I5:J5,$E$10:$E$11)	=MMULT(K5:L5,$E$16:$E$17)	=MMULT(I11:K11,$F$3:$F$5)

图 3-66　供应商标准权重计算公式

步骤 5：根据供应商总标准权重选择最佳供应商。在单元格 M9 输入“ = IF(L9 = MAX(L$9: L$11),"选择","")”，向下填充至 M11，如图 3-67 和图 3-68 所示。

	G	H	M	N	O	P
7		第一层供				
8			最佳选择			
9		A	=IF(L9=MAX(L$9:L$11),"选择","")			
10		B	=IF(L10=MAX(L$9:L$11),"选择","")			
11		C	=IF(L11=MAX(L$9:L$11),"选择","")			

图 3-67　最佳供应商选择公式

➢ 任务操作结果

供应商 C 标准权重最高，所以选择供应商 C。

	G	H	I	J	K	L	M
6							
7		第一层供应商标准权重汇总					
8			价格	配送	质量	ϖ_j	最佳选择
9		A	0.156	0.58714529	0.235570686	0.25177182	
10		B	0.185	0.23820634	0.257826889	0.22388700	
11		C	0.659	0.17464837	0.506602425	0.52434117	选择

图 3-68　最佳供应商选择结果

➢ 任务小结

几何平均数函数 GEOMEAN：返回正数数组或数值区域的几何平均数。

格式：GEOMEAN(number1，number2，…)

参数：number1，number2，…为计算平均数的参数。

3-9

任务9　用模糊综合评判法选择合适的物流供应商

模糊性是在人类认识客观事物的认识活动中产生的，它表征的不是客观事物的固有属性，而是人类在对客观世界的认识过程中形成的客观关系和客观特征。模糊性从思维上看是主观的，但其反映的事物是客观的。

➢ 方法原理

模糊综合评判法是指以模糊数学为基础，应用模糊关系合成的原理，将一些边界不清、不易定量的因素定量化，对问题进行综合评价的一种方法。L. A. Zadeh 于 1965 年首先提出了模糊几何理论和隶属度函数，开辟了解决模糊问题的科学途径。

模糊综合评判是运用模糊变换的原理，对某一对象(人员、方式)进行全面评判，它能比较顺利地解决传统方法难以解决的“模糊性”评判与决策问题，是一种行之有效的辅助决策方法。该方法应用模糊变换的原理和最大隶属度原则，考虑与被评价事物相关的各个因素，对其进行综合评价。当评价对象选定以后，首先要对评价目标进行分析；对评价对象所涉及的影响因素进行科学、合理地分类和分层，建立可测性、完备性和可行性相结合的评价指标体系；由于各个单因素在总评定因素中所起的作用不相同，因此要设定各评价指标在其评价向量中所占的权重比例；对于采集到的评语集合，还要确定各评定等级的值，即评定等级的隶属度，从而得到量化的评语区域。接下来要按照评价目标的要求选择恰当的模糊算子，建立模糊综合的运算公式，即评价的数学模型。然后就可以按照评价指标体系设计评语样本采集表，进行样本的采集和数据的处理，代入运算公式，得到评价结果。

具体评价步骤如下：

设评价因素集合为 U，且有 m 个评价因素，则有：

$$U=(u_1,\ u_2,\ u_3,\ \cdots,\ u_m)$$

设评价因素的评语集合为 V，且有 n 个评价等级，则评价等级构成评价集合：

$$V=(v_1,\ v_2,\ v_3,\ \cdots,\ v_n)$$

则评价因素集合 U 和评语集合 V 之间的模糊关系可用评价矩阵 $\boldsymbol{R}$ 来表示：

$$\boldsymbol{R}=\begin{pmatrix} r_{11} & r_{12} & \cdots & r_{1m} \\ r_{21} & r_{22} & \cdots & r_{2m} \\ \vdots & \vdots & \vdots & \vdots \\ r_{n1} & r_{n2} & \cdots & r_{nm} \end{pmatrix}$$

式中，r_{ij}表示对应于评价因素u_i，该评价对象的第 j 个评语。矩阵中的第 i 行 $R_i=(r_{i1},\ r_{i2},\ \cdots,\ r_{in})$则为第 i 个评价因素u_i的单因素评价，它是评语区域 U 上的一个模糊子集，并存在如下关系：

$$r_{ij}=u_r(u_i,\ v_i)\quad (0\leqslant r_{ij}\leqslant 1)$$

对于多因素评判，要考虑各因素在总评价中的影响程度，其影响程度的大小形成因素集 U 上的一个模糊子集 A，$A=(a_1, a_2, \cdots, a_n)$。其中，$a_i$是$u_i$对 A 的隶属度。它是单因素u_i在总评价中影响程度大小的度量，在一定程度上代表根据单因素u_i评定等级的能力，可以是一种调整系数，也可以是普通权系数。

当 A 和 $\boldsymbol{R}$ 已知时，做模糊变换进行评判：

$$B=(b_1, b_2, b_3, \cdots, b_n)=(a_1, a_2, a_3, \cdots, a_n)\begin{pmatrix} r_{11} & r_{12} & \cdots & r_{1m} \\ r_{21} & r_{22} & \cdots & r_{2m} \\ \vdots & \vdots & \vdots & \vdots \\ r_{n1} & r_{n2} & \cdots & r_{nm} \end{pmatrix}$$

式中，B 为评价集合 V 上的等价模糊子集；b_j为等级v_i对综合评判所对应的等价模糊子集 B 的隶属度。若要做出决策，应按照最大隶属度原则，将最大的b_i所对应的等级v_i作为综合评判的结果。

综合评判是指对受到多个因素制约的事物或对象做出一个总体评价，这是在日常生活和科研工作中经常遇到的问题，如产品质量评定、科技成果鉴定、某种作物种植适应性的评价等都属于综合评判问题。由于从多方面对事物进行评价难免带有模糊性和主观性，采用模糊数学的方法进行综合评判能使结果尽量客观，从而取得更好的实际效果。

➢ 任务内容

供应商评价指标体系及权重如图 3－69 所示，请用模糊综合评判法选择合适的物流供应商。

假设现有甲、乙、丙、丁 4 家备选供应商，经过专家对各供应商的客观评价，对各家一级指标中的质量、成本、服务和信息化等因素的打分评价结果见表 3－10～表 3－14。

一级指标　二级指标

- 质量（0.3）
  - 服务流程设计质量（0.2）
  - 技术设备质量（0.3）
  - 过程质量（0.3）
  - 管理质量（0.1）
  - 劳动力质量（0.1）
- 成本（0.3）
  - 市场开发成本（0.15）
  - 操作成本（0.3）
  - 交易成本（0.25）
  - 信息成本（0.15）
  - 机会成本（0.15）
- 服务（0.2）
  - 售前服务（0.3）
  - 售中服务（0.3）
  - 售后服务（0.4）
- 信息化（0.2）
  - 信息标准化程度（0.3）
  - 接收信息速度（0.2）
  - 信息处理速度（0.2）
  - 信息应用速度（0.3）

图 3－69　供应商评价指标体系及权重

表 3－10　质量因素的打分评价结果

供应商	指标	优秀	良好	一般	较差
供应商甲	服务流程设计质量	0.8	0.1	0.05	0.05
	技术设备质量	0.5	0.3	0.1	0.1
	过程质量	0.3	0.2	0.4	0.1
	管理质量	0.2	0.5	0.3	0
	劳动力质量	0.6	0.3	0	0.1
供应商乙	服务流程设计质量	0.75	0.05	0.2	0
	技术设备质量	0.8	0.2	0	0
	过程质量	0.6	0.2	0.1	0.1
	管理质量	0.5	0.5	0	0
	劳动力质量	0.9	0.1	0	0

（续）

供应商	指标	优秀	良好	一般	较差
供应商丙	服务流程设计质量	0.9	0.1	0	0
	技术设备质量	0.3	0.3	0.2	0.2
	过程质量	0.4	0.3	0.1	0.2
	管理质量	0.9	0.1	0	0
	劳动力质量	0.9	0.1	0	0
供应商丁	服务流程设计质量	0.6	0.3	0.1	0
	技术设备质量	0.5	0.3	0.1	0.1
	过程质量	0.4	0.5	0	0.1
	管理质量	0.6	0.2	0.2	0
	劳动力质量	0.4	0.5	0.1	0

表3-11　成本因素的打分评价结果

供应商	指标	优秀	良好	一般	较差
供应商甲	市场开发成本	0.7	0.1	0.05	0.05
	操作成本	0.5	0.3	0.1	0.1
	交易成本	0.3	0.3	0.4	0.1
	信息成本	0.2	0.4	0.3	0.15
	机会成本	0.4	0.3	0.1	0.1
供应商乙	市场开发成本	0.8	0.1	0.06	0.05
	操作成本	0.65	0.3	0.04	0.05
	交易成本	0.45	0.3	0.05	0.06
	信息成本	0.45	0.4	0.06	0.1
	机会成本	0.65	0.4	0.05	0.05
供应商丙	市场开发成本	0.7	0.1	0.05	0.05
	操作成本	0.5	0.3	0.05	0.2
	交易成本	0.4	0.25	0.25	0.1
	信息成本	0.25	0.3	0.2	0.15
	机会成本	0.4	0.3	0.1	0.3
供应商丁	市场开发成本	0.7	0.1	0.05	0.05
	操作成本	0.55	0.3	0.05	0.1
	交易成本	0.45	0.3	0.3	0.05
	信息成本	0.25	0.4	0.2	0.05
	机会成本	0.4	0.4	0.15	0.1

表3-12　服务因素的打分评价结果

供应商	指标	优秀	良好	一般	较差
供应商甲	售前服务	0.6	0.5	0.5	0
	售中服务	0.4	0.4	0.3	0.11
	售后服务	0.05	0.2	0.2	0

（续）

供应商	指标	优秀	良好	一般	较差
供应商乙	售前服务	0.6	0.5	0.2	0.02
	售中服务	0.4	0.3	0.3	0.01
	售后服务	0.1	0.15	0.2	0
供应商丙	售前服务	0.3	0.3	0.2	0.2
	售中服务	0.35	0.25	0.2	0.15
	售后服务	0.22	0.3	0.3	0.18
供应商丁	售前服务	0.4	0.4	0.2	0.1
	售中服务	0.5	0.45	0.25	0.1
	售后服务	0.2	0.2	0.25	0.05

表 3－13　信息化因素的打分评价结果

供应商	指标	优秀	良好	一般	较差
供应商甲	信息标准化程度	0.7	0.1	0.05	0.05
	接收信息速度	0.5	0.35	0.15	0
	信息处理速度	0.35	0.35	0.3	0
	信息应用速度	0.4	0.4	0.25	0.05
供应商乙	信息标准化程度	0.5	0.3	0.15	0.05
	接收信息速度	0.3	0.3	0.2	0.15
	信息处理速度	0.2	0.3	0.4	0.1
	信息应用速度	0.3	0.4	0.25	0.05
供应商丙	信息标准化程度	0.4	0.3	0.15	0.05
	接收信息速度	0.3	0.3	0.3	0.15
	信息处理速度	0.25	0.35	0.2	0.2
	信息应用速度	0.25	0.4	0.25	0.15
供应商丁	信息标准化程度	0.6	0.3	0.15	0.05
	接收信息速度	0.4	0.25	0.2	0.1
	信息处理速度	0.25	0.3	0.2	0.05
	信息应用速度	0.35	0.4	0.25	0.05

表 3－14　评分等级表

优秀	良好	一般	较差
4	3	2	1

➢ 任务操作步骤

步骤 1：根据表 3－10 建立供应商甲的第一层质量指标评价矩阵，如图 3－70 所示。

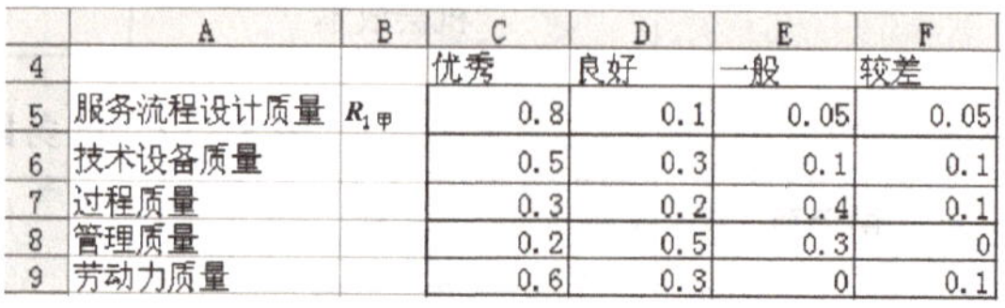

	A	B	C	D	E	F
4			优秀	良好	一般	较差
5	服务流程设计质量	$R_{1甲}$	0.8	0.1	0.05	0.05
6	技术设备质量		0.5	0.3	0.1	0.1
7	过程质量		0.3	0.2	0.4	0.1
8	管理质量		0.2	0.5	0.3	0
9	劳动力质量		0.6	0.3	0	0.1

图 3－70　供应商甲的第一层质量指标评价矩阵

步骤 2：根据图 3－69 建立质量二级指标矩阵，$A_1=(0.2,\ 0.3,\ 0.3,\ 0.1,\ 0.1)$，如图 3－71 所示。

	A	B	C	D	E	F	G
3	质量的二级指标	A_1	0.2	0.3	0.3	0.1	0.1

图3-71 质量二级指标矩阵

步骤3：计算供应商甲的第一层质量指标二级综合评价。在单元格C11:F11区域输入"=MMULT(C3:G3, C5:F9)"，同时按下<Ctrl+Shift+Enter>组合键，得到$\boldsymbol{B}_{1甲}$=(0.48，0.25，0.19，0.08)，如图3-72所示。

C11 {=MMULT(C3:G3,C5:F9)}

	A	B	C	D	E	F
11		$B_{1甲}$	0.48	0.25	0.19	0.08

图3-72 供应商甲的第一层质量指标二级综合评价的计算

同理，计算供应商乙、丙、丁的第一层质量指标二级综合评价，得到$\boldsymbol{B}_{1乙}$=(0.71，0.19，0.07，0.03)，$\boldsymbol{B}_{1丙}$=(0.57，0.22，0.09，0.12)，$\boldsymbol{B}_{1丁}$=(0.49，0.37，0.08，0.06)，如图3-73所示。

C19 {=MMULT(C3:G3,C13:F17)}

	A	B	C	D	E	F
19		$B_{1乙}$	0.71	0.19	0.07	0.03

a）供应商乙的第一层质量指标二级综合评价

C28 {=MMULT(C3:G3,C22:F26)}

	A	B	C	D	E	F
28		$B_{1丙}$	0.57	0.22	0.09	0.12

b）供应商丙的第一层质量指标二级综合评价

C28 {=MMULT(C3:G3,C22:F26)}

	A	B	C	D	E	F
36		$B_{1丁}$	0.49	0.37	0.08	0.06

c）供应商丁的第一层质量指标二级综合评价

图3-73 供应商乙、丙、丁的第一层质量指标二级综合评价的计算

步骤4：根据图3-69建立成本二级指标矩阵，$\boldsymbol{A}_2$=(0.15，0.3，0.25，0.15，0.15)，如图3-74所示。

	H	I	J	K	L	M	N
3	成本的二级指标	A_2	0.15	0.3	0.25	0.15	0.15

图3-74 成本二级指标矩阵

同理，计算供应商甲、乙、丙和丁的第一层成本指标二级综合评价，得到$\boldsymbol{B}_{2甲}$=(0.42，0.285，0.1975，0.1)，$\boldsymbol{B}_{2乙}$=(0.5925，0.3，0.05，0.06)，$\boldsymbol{B}_{2丙}$=(0.4525，0.2575，0.13，0.16)，$\boldsymbol{B}_{2丁}$=(0.48，0.3，0.15，0.0725)，如图3-75所示。

J12 {=MMULT(J3:N3,J6:M10)}

	I	J	K	L	M
12	$B_{2甲}$	0.42	0.285	0.1975	0.1

a）供应商甲的第一层成本指标二级综合评价

J20 {=MMULT(J3:N3,J14:M18)}

	I	J	K	L	M
20	$B_{2乙}$	0.5925	0.3	0.05	0.06

b）供应商乙的第一层成本指标二级综合评价

J28 {=MMULT(J3:N3,J22:M26)}

	I	J	K	L	M
28	$B_{2丙}$	0.4525	0.2575	0.13	0.16

c）供应商丙的第一层成本指标二级综合评价

J36 {=MMULT(J3:N3,J30:M34)}

	I	J	K	L	M
36	$B_{2丁}$	0.48	0.3	0.15	0.0725

d）供应商丁的第一层成本指标二级综合评价

图3-75 4家供应商的第一层成本指标二级综合评价的计算

步骤 5：根据图 3－69 建立服务二级指标矩阵，A_3 =（0.3，0.3，0.4），如图 3－76所示。

	O	P	Q	R	S
3	服务的二级指标	A_3	0.3	0.3	0.4

图 3－76　服务二级指标矩阵

同理，计算供应商甲、乙、丙和丁的第一层服务指标二级综合评价，得到$B_{3甲}$ =（0.32，0.35，0.32，0.033），$B_{3乙}$ =（0.34，0.3，0.23，0.009），$B_{3丙}$ =（0.283，0.285，0.24，0.177），$B_{3丁}$ =（0.35，0.335，0.235，0.08），如图 3－77 所示。

Q11　fx {=MMULT(Q3:S3,Q6:T8)}

	P	Q	R	S	T
11	$B_{3甲}$	0.32	0.35	0.32	0.033

a）供应商甲的第一层服务指标二级综合评价

Q17　fx {=MMULT(Q3:S3,Q13:T15)}

	P	Q	R	S	T
17	$B_{3乙}$	0.34	0.3	0.23	0.009

b）供应商乙的第一层服务指标二级综合评价

Q23　fx {=MMULT(Q3:S3,Q19:T21)}

	P	Q	R	S	T
23	$B_{3丙}$	0.283	0.285	0.24	0.177

c）供应商丙的第一层服务指标二级综合评价

Q29　fx {=MMULT(Q3:S3,Q25:T27)}

	P	Q	R	S	T
29	$B_{3丁}$	0.35	0.335	0.235	0.08

d）供应商丁的第一层服务指标二级综合评价

图 3－77　4 家供应商的第一层服务指标二级综合评价的计算

步骤 6：根据图 3－69 建立信息化二级指标矩阵，A_4 =（0.3，0.2，0.2，0.3），如图 3－78所示。

	V	W	X	Y	Z	AA
3	信息化二级指标	A_4	0.3	0.2	0.2	0.3

图 3－78　信息化二级指标矩阵

同理，计算供应商甲、乙、丙和丁的第一层信息化指标二级综合评价，得到$B_{4甲}$ =（0.5，0.29，0.18，0.03），$B_{4乙}$（0.34，0.33，0.24，0.08），$B_{4丙}$ =（0.305，0.34，0.22，0.13），$B_{4丁}$ =（0.415，0.32，0.2，0.06），如图 3－79 所示。

X11　fx {=MMULT(X3:AA3,X6:AA9)}

	W	X	Y	Z	AA	AB	AC
11	$B_{4甲}$	0.5	0.29	0.18	0.03		

a）供应商甲的第一层信息化指标二级综合评价

X18　fx {=MMULT(X3:AA3,X13:AA16)}

	W	X	Y	Z	AA
18	$B_{4乙}$	0.34	0.33	0.24	0.08

b）供应商乙的第一层信息化指标二级综合评价

X25　fx {=MMULT(X3:AA3,X20:AA23)}

	W	X	Y	Z	AA
25	$B_{4丙}$	0.305	0.34	0.22	0.13

c）供应商丙的第一层信息化指标二级综合评价

X32　fx {=MMULT(X3:AA3,X27:AA30)}

	W	X	Y	Z	AA
32	$B_{4丁}$	0.415	0.32	0.2	0.06

d）供应商丁的第一层信息化指标二级综合评价

图 3－79　4 家供应商的第一层信息化指标二级综合评价的计算

步骤 7：建立第二层评价表。将上述综合评价分别复制到单元格 C39: F54 区域，得到第二层评价表，如图 3－80 所示。

	A	B	C	D	E	F
37	第二层评价表					
38	供应商	指标	优秀	良好	一般	较差
39	供应商甲	质量	0.48	0.25	0.19	0.08
40		成本	0.42	0.29	0.20	0.10
41		服务	0.32	0.35	0.32	0.033
42		信息化	0.5	0.29	0.18	0.03
43	供应商乙	质量	0.71	0.19	0.07	0.03
44		成本	0.5925	0.3	0.05	0.06
45		服务	0.34	0.3	0.23	0.009
46		信息化	0.34	0.33	0.24	0.08
47	供应商丙	质量	0.57	0.22	0.09	0.12
48		成本	0.4525	0.2575	0.13	0.16
49		服务	0.283	0.285	0.24	0.177
50		信息化	0.305	0.34	0.22	0.13
51	供应商丁	质量	0.49	0.37	0.08	0.06
52		成本	0.48	0.3	0.15	0.0725
53		服务	0.35	0.335	0.235	0.08
54		信息化	0.415	0.32	0.2	0.06

图 3-80 第二层评价表

步骤 8：根据图 3-69 建立一级评价指标矩阵，如图 3-81 所示。

步骤 9：选择单元格 I42: L42 区域，输入"= MMULT(I39: L39，C39: F42)"，按下 <Ctrl + Shift + Enter> 组合键，得到 $\boldsymbol{B}_{甲}$ = (0.434，0.2885，0.21625，0.0666)。同理完成其他 3 家供应商的一级综合评价，如图 3-82 所示。

	H	I	J	K	L
37		一级指标			
38		质量	成本	服务	信息化
39	*A*	0.3	0.3	0.2	0.2

图 3-81 一级评价指标矩阵

	H	I	J	K	L
41		优秀	良好	一般	较差
42	$B_{甲}$	0.434	0.2885	0.21625	0.0666
43	$B_{乙}$	0.52675	0.273	0.13	0.0448
44	$B_{丙}$	0.42435	0.26825	0.158	0.1454
45	$B_{丁}$	0.444	0.332	0.156	0.06775

图 3-82 一级综合评价矩阵

步骤 10：建立评价等级评分矩阵，如图 3-83 所示。

步骤 11：对 4 家供应商的一级综合评价进行归一处理。在单元格 M42 输入"= SUM(I42: L42)"，向下填充至 M45；在单元格 I51 输入"= I42/ $ M42"，向下、向右填充至 L54，如图 3-84 所示。

	H	I	J	K	L
46	评价等级				
47		优秀	良好	一般	较差
48		4	3	2	1

图 3-83 评价等级评分矩阵

I51 =I42/$M42

	H	I	J	K	L
50	归一处理	优秀	良好	一般	较差
51	$B_{甲}$	0.43169	0.286965	0.215099	0.066246
52	$B_{乙}$	0.540506	0.280129	0.133395	0.04597
53	$B_{丙}$	0.426054	0.269327	0.158635	0.145984
54	$B_{丁}$	0.444111	0.332083	0.156039	0.067767

图 3-84 归一后的一级综合评价矩阵

步骤 12：给各个供应商综合打分。在单元格 I57 输入"= SUMPRODUCT($ I $ 48: $ L $ 48，$ I51: $ L51)"，在单元格 J57 输入"= SUMPRODUCT($ I $ 48: $ L $ 48，$ I52: $ L52)"，在单元格 K57 输入"= SUMPRODUCT($ I $ 48: $ L $ 48，$ I53: $ L53)"，在单

元格 L57 输入“ = SUMPRODUCT($I$48: $L$48, $I54: $L54)”，得到供应商甲、乙、丙和丁的综合评分，如图 3 - 85 所示。

步骤 13：选择最优供应商。在单元格 I58 输入“ = LOOKUP(MAX(I57: L57), I57: L57, I56: L56)”，结果如图 3 - 86 所示。

I57 =SUMPRODUCT($I$48:$L$48,$I51:$L51)

	H	I	J	K	L	M
56	评分结果	甲	乙	丙	丁	
57		3.0841	3.315171	2.975452	3.152538	

图 3 - 85　供应商甲、乙、丙和丁的综合评分

I58 =LOOKUP(MAX(I57:L57),I57:L57,I56:L56)

	H	I	J	K	L	M
56	评分结果	甲	乙	丙	丁	
57		3.0841	3.315171	2.975452	3.152538	
58	选择最高分	乙				

图 3 - 86　选择最优供应商

➢ 任务操作结果

供应商甲、乙、丙、丁分别得分 3.0841、3.315171、2.975452、3.152538，供应商乙得分最高，为最优供应商。

习　题

1. 某企业销售总收入为 1500 万元时所有成本随着销售变化的比例如图 3 - 87 所示，要使利润达到 200 万元，可以采取哪些措施？

	A	B	C	D
1				
2		收益表（万元）		
3	销售总收入			1
4	销售成本	采购		0.6
5		工资和奖金		0.2
6		企业管理费		0.06
7		营销费用		0.05
8		总计		0.91
9	税前利润	利润		0.09
10		计划利润		

图 3 - 87　收益表模型

2. 某企业需要阀门 1000 件，若订购成本 50 元/次，库存成本 12 元/件 · 年，经济订购批量是多少？若单位产品成本为 40 元，年总成本是多少？

3. 某企业需要弯头 10000 件，订购成本 50 元/次，库存成本 5 元/件 · 年，订货提前期 10 天，年工作日 300 天，求经济订货周期、最高库存量和年总成本。

4. 某企业每年需要耗用 $D = 1000$ 件的某种物资，现已知该物资的单价 $C = 30$ 元，同时已知每次的订货成本 $S = 20$ 元，每件物资的年保管费率为 15%，提前期 $T = 10$ 天，试求经济订货批量、再订货点、最佳批次、最佳订货周期、年订货总成本、年储存总成本以及年总成本。

5. 某超市的电器部门要进 4 种商品，它们的采购价分别为 900 元、800 元、700 元、1100 元；物流成本分别为 17 元、13 元、11 元、21 元；仓储成本分别为 6 元、7 元、10 元、9 元；销售价分别为 2300 元、2000 元、1800 元、2800 元。在每月物流费用和仓储费用分别固定为 6000 元和 3000 元，每种商品进货数量不能低于 10 件的情况下，如何分配各种商品数量才能得到最大销售利润？

6. 某采购中心采购到一批水管，水管直径要求为 30.0 ± 2.0mm，试用直方图法对该水管进行统计分析。

7. 某制造企业每年以单位价 10 元购进 8000 件的某种物品。每次订货的订货成本为 20 元，每单位每年的储存成本为 3 元。如果订货提前期为 10 天，一年有 250 个工作日，求经济订货周期、最高库存量和年总成本。

8. 某企业根据合同每月向外单位供货 100 件，每次生产准备结束所需成本为 5 元，存货储存成本每月每件为 0.3 元，如不能按期交货则每月每件罚款 0.4 元，试求经济订货批量、最佳交货期、最大缺货量和最低成本。

9. 某行业核心企业欲为其供应链寻找物流服务供应商来承担其产品送达经销商的运输业务，该企业根据自身和行业情况，决定采用时间(T)、质量(Q)、成本(C)、服务(S)、柔性(F)作为评估供应商的准则。共有3个备选物流服务供应商。层次结构如图3-88所示。

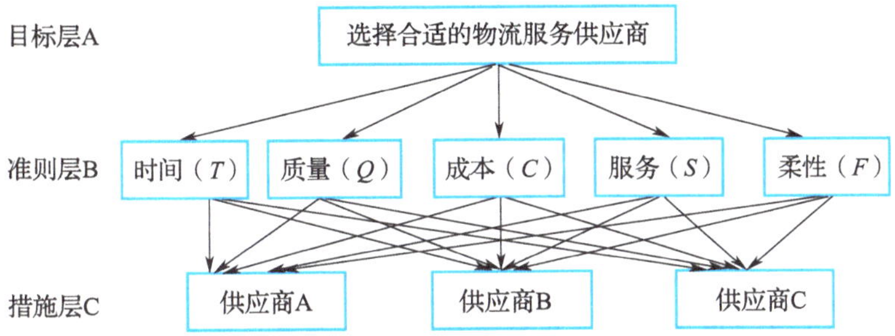

图3-88 层次结构

经过专家组讨论并结合实际，得出该企业这5项准则的相对权重，见表3-15。

表3-15 5项准则的相对权重

项目	T	Q	C	S	F
T	1	1/3	1/3	1	2
Q	3	1	2	3	3
C	3	1/2	1	5	5
S	3	1/3	1/5	1	1
F	1/2	1/3	1/5	1	1

3个备选物流服务供应商A、B、C的基本资料见表3-16。其中，供货时间是指途中运输所需的天数；成本是指物流服务供应商向此核心企业索取的服务费用；质量是指每100件物品到达经销商时的完好产品数；服务是指100件物品中，由于拼车等情况没有按时送达的物品数量(即数值越小，服务质量越好)。试用层次分析法选择合适的物流服务供应商。

表3-16 物流服务供应商A、B、C的基本情况

供应商	供货时间(天)	成本(元)	质量	服务
A	3	380	97	7
B	7	365	100	2
C	5	370	98	5

单元4
库存控制决策的定量分析

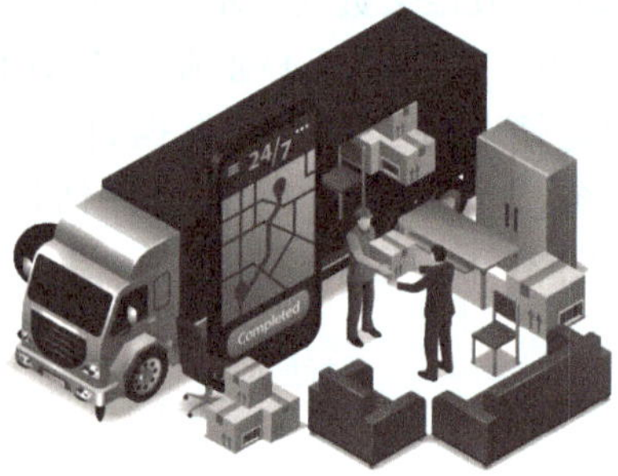

库存是指企业生产和物流渠道中各点堆积的原材料、供给品、零部件、半成品和成品。库存频繁出现在仓库、货场、商店的库房、运输设备和零售商店的货架上。持有这些库存每年要耗费的成本占其价值的20%~40%。因此，对库存水平进行精细控制很有经济价值。

库存能够使企业实现规模经济，能够平衡供给和需求，能够预防不确定因素，在供应链中起到了缓冲器的作用，并能提高服务水平。但是库存同样也存在着弊端，它会耗费大量资金，增加企业的商品成本和管理成本等。因此，库存控制是物流管理的核心内容，是提高顾客服务水平的需要，也是回避风险的需要。

项目1　库存的ABC控制方法

任务1　用产品类别和销售累计额完成80－20曲线和ABC分类法库存管理

方法原理

4－1

为了最大限度地提高库存服务水平、降低成本，企业需要对库存物品进行分类，常用的方法是在帕累托分析的基础上进行ABC分类。

80－20曲线是对许多企业产品模式的分析——来自产品系列中少量产品创造大部分销售额的事实，企业80%的销售额由20%的产品系列创造，即所谓的帕累托法则。

ABC分类法是依据帕累托法则，按照所控制对象价值的不同或重要性程度的不同将其分类，通常根据年耗用金额将物品分为3类。A类存货的品种种类占总品种数的10%左右，而价值占存货的70%左右；B类存货的品种种类占总品种数的20%左右，而价值占存货的20%左右；C类存货的品种种类占总品种数的70%左右，而价值占存货的10%左右。将库房物品进行ABC分类的目的是对每类物品采取适宜的库存控制措施。

任务内容

某小型化工厂生产14种产品，每种产品的类别和销售额见表4－1。

表4－1　某化工厂14种产品的销售情况

产品编号	销售额(万元)	产品编号	销售额(万元)
D－179－0	37982.50	D－186－0	17028.56
D－185－0	31132.80	D－191	16060.50

（续）

产品编号	销售额(万元)	产品编号	销售额(万元)
D－192	15602. 20	D－199	3190. 60
D－193	8902. 70	D－200	427040. 00
D－195	8220. 00	D－204	737. 20
D－196	5691. 60	D－205	1599. 20
D－198－0	4488. 00	D－212	24240. 56

请将这些产品按销售额排序，计算各产品占总销售额的累计百分比和占产品种类总数的累计百分比；绘出产品类别和总销售额的曲线，分出 80－20 区域和 A、B、C 区域，并加以说明。

➢ 任务操作步骤

步骤 1：根据已知表格建立数据模型。如图 4－1 所示，在“产品编号”列后插入一列，在“销售额(万元)”后插入 4 列，分别起名为“产品按销售额排序”“销售额累计(万元)”“占总销售额的累计百分比(%)”“占产品种类总数的累计百分比(%)”和“ABC 分类”。

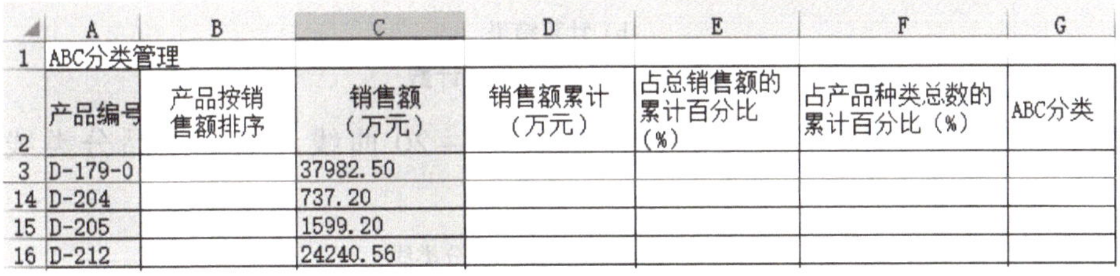

	A	B	C	D	E	F	G
1	ABC分类管理						
2	产品编号	产品按销售额排序	销售额（万元）	销售额累计（万元）	占总销售额的累计百分比（%）	占产品种类总数的累计百分比（%）	ABC分类
3	D-179-0		37982. 50				
14	D-204		737. 20				
15	D-205		1599. 20				
16	D-212		24240. 56				

图 4－1　建立数据模型

步骤 2：将光标放到表格内任意位置，选择“数据”/“排序”，在“排序”对话框中的“主要关键字”处选择“销售额(万元)”，“次序”选择“降序”，单击“确定”按钮。

步骤 3：在 B3 单元格输入“1”，并选择“开始”/“编辑”/“填充”/“序列”。在“序列”对话框中选择“列”，“类型”为“等差序列”，“步长值”为“1”，“终止值”为“14”，单击“确定”按钮，如图 4－2 所示。

步骤 4：在 D3 单元格输入“＝C3”，在 D4 单元格输入“＝D3＋C4”，然后向下填充至 D16，完成销售额累计的计算。

步骤 5：在 A17 单元格输入“总计”，在 C17 单元格输入“＝SUM(C3:C16)”，完成销售额总计的计算；在 E3 单元格输入“＝D3/＄C＄17＊100”，然后向下填充至 E16，完成占总销售额的累计百分比的计算。

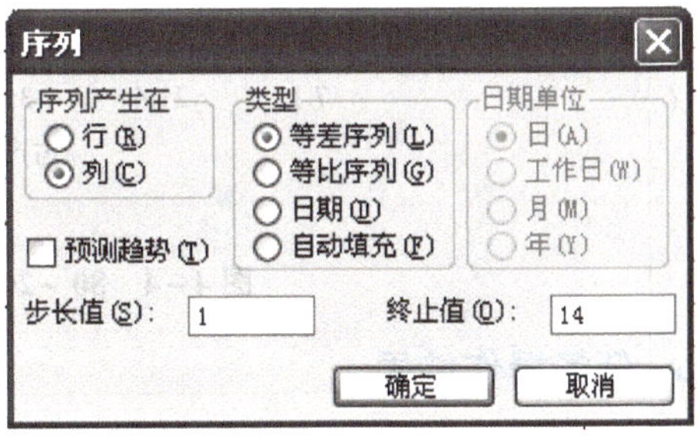

图 4－2　“序列”对话框

步骤 6：在 B17 单元格输入“＝COUNT(B3:B16)”，完成销售品种个数的计算；在 F3 单元格输入“＝B3/＄B＄17＊100”，然后向下填充至 F16，完成占产品种类总数的累计百分比的计算。将产品分成 A、B、C3 类，如图 4－3 所示。

	A	B	C	D	E	F	G
1	ABC分类管理						
2	产品编号	产品按销售额排序	销售额（万元）	销售额累计（万元）	占总销售额的累计百分比（%）	占产品种类总数的累计百分比（%）	ABC分类
12	D-196	10	5691.60	=D11+C12	=D12/$C$17*100	=B12/$B$17*100	
13	D-198-0	11	4488.00	=D12+C13	=D13/$C$17*100	=B13/$B$17*100	
14	D-199	12	3190.60	=D13+C14	=D14/$C$17*100	=B14/$B$17*100	C
15	D-205	13	1599.20	=D14+C15	=D15/$C$17*100	=B15/$B$17*100	
16	D-204	14	737.20	=D15+C16	=D16/$C$17*100	=B16/$B$17*100	
17	总计	=COUNT(B3:B16)	=SUM(C3:C16)				

a）计算公式和函数

	B	C	D	E	F	G
1	管理					
2	产品按销售额排序	销售额（万元）	销售额累计（万元）	占总销售额的累计百分比（%）	占产品种类总数的累计百分比（%）	ABC分类
3	1	427040.00	427040.00	70.9	7.1	A
4	2	37982.50	465022.50	77.3	14.3	B
5	3	31132.80	496155.30	82.4	21.4	
6	4	24240.56	520395.86	86.5	28.6	
7	5	17028.56	537424.42	89.3	35.7	
8	6	16060.50	553484.92	92.0	42.9	C
9	7	15602.20	569087.12	94.5	50.0	
10	8	8902.70	577989.82	96.0	57.1	
11	9	8220.00	586209.82	97.4	64.3	
12	10	5691.60	591901.42	98.34	71.43	
13	11	4488.00	596389.42	99.08	78.57	
14	12	3190.60	599580.02	99.61	85.71	
15	13	1599.20	601179.22	99.88	92.86	
16	14	737.20	601916.42	100.00	100.00	
17	14	601916.42				

b）计算结果

图 4-3　ABC 分类计数

步骤 7：选择单元格区域 E3:F16，绘制 80-20 曲线、ABC 产品分类线的折线图，如图 4-4 所示。

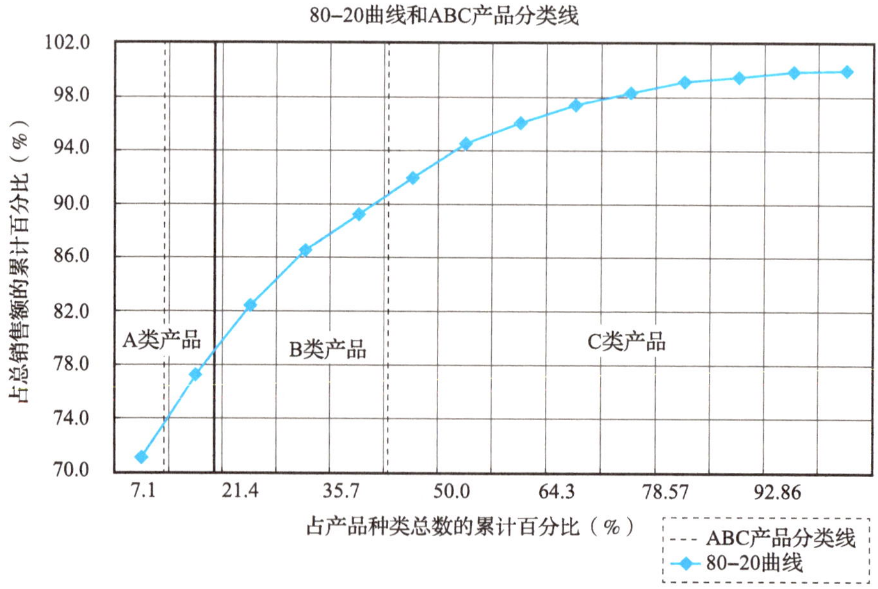

图 4-4　80-20 曲线和 ABC 产品分类线的折线图

➢ 任务操作结果

如图 4-4 所示，在 A 类产品范围内，产品种类很少，但是曲线的斜率很大，A 类产品占总销售额的累计百分比很高，要求的现货供应比率较高；在 C 类产品范围内，产品种类很多，但是曲线的斜率很小，产品可以集中储存在一个仓库中。

➢ 任务小结

1）计算数值单元格个数函数 COUNT：返回包含数字的单元格个数与参数列表中的数字个数之和。

格式：COUNT（value1，value2，…）

参数：value1，value2，…为包含或引用各种类型数据的参数，只有数值格式的被计算。

2）ABC 分类法的 4 条基本原则见表 4－2。

表 4－2 ABC 分类法的 4 条基本原则

原则	具体内容
控制程度	A：尽可能严加控制，包括最完善、准确的记录；最高层监督的经常评审；要求供应商按订单频繁交货，尽量缩短提前期
	B：做正常的控制，包括良好的记录和常规的关注
	C：尽可能使用简单的控制，定期检查，简化记录；采用大库存量与订货量以避免缺货
采购记录	A：要求最准确、完整、明细的记录，要频繁甚至时时更新记录；对事物文件、报废损失、收发货严密控制
	B：只需正常的记录、成批更新
	C：简单记录、成批更新
优先级	A：在一切活动中给予这类物品高优先级以压缩其提前期与库存
	B：只做正常的处理，仅在关键时给予高优先级
	C：给予这类物品最低优先级
订货过程	A：提供仔细、准确的订货量
	B：每季度或发生主要变化时评审一次经济订货批量与订货点
	C：一般不对此类物品做经济订货批量或订货点的计算，通常在手头存货还很多时就订购下一年的供应量

项目 2 库存控制模型

在单元 3 中已经介绍了经济订货批量，现在我们继续利用这一模型进行其他分析。

任务 2 用多层级库存管理确定再订货点和订货量

4－2

➢ 方法原理

我们知道供应的每一层渠道都有库存，库存遍布供应渠道的各个环节，而管理整个渠道的库存不是对各自独立的存储点进行累计。基本库存管理系统的思路是，供应渠道的每一级都按自己的库存水平加上来自所有下游的库存来制订库存计划。如图 4－5 所示是一个简化的二级供应渠道，由一个仓库 i 个零售商组成。零售商用自己的库存为最终客户提供服务，仓库为零售商补货。在基本库存管理系统中，零售商需要用合适的方法控制库存水平，并从市场获得最终客户的需求信息。零售商的库存水平是指持有的库存加上向仓库订货的数量。

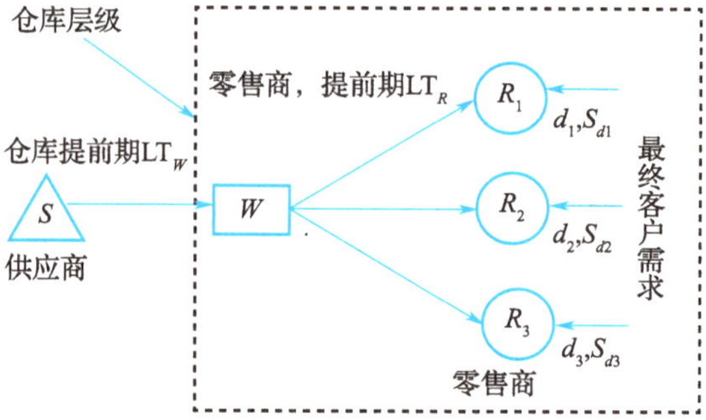

图 4-5 简化的二级供应渠道

多层级供货形式的计算公式如下：

库存订货量的计算公式为

$$Q_i = \sqrt{\frac{2D_{R_i}S_R}{IC_R}} \tag{4-1}$$

$$Q_W = \sqrt{\frac{2D_W S_W}{IC_W}} \tag{4-2}$$

式中 Q_i——零售商层级订货量；

Q_W——仓库层级订货量；

i——零售商个数。

再订货点的计算公式为

$$\mathrm{ROP}_i = d_i \mathrm{LT}_R + z s_{d_i} \sqrt{\mathrm{LT}_R} \tag{4-3}$$

$$\mathrm{ROP}_W = d_W \mathrm{LT}_W + z s_W \sqrt{\mathrm{LT}_W} \tag{4-4}$$

$$s_W = \sqrt{\sum_{i=1}^{n} s_{d_i}^2} \tag{4-5}$$

式中 ROP_i——零售商层级再订货点；

ROP_W——仓库层级再订货点；

d——平均需求；

z——既定服务水平。

平均库存水平的计算公式为

$$\mathrm{AIL}_i = \frac{Q_i}{2} + z s_{d_i} \sqrt{\mathrm{LT}_R} \tag{4-6}$$

$$\mathrm{AIL}_W = \frac{Q_W}{2} + z s_{d_W} \sqrt{\mathrm{LT}_W} \tag{4-7}$$

式中 AIL_i——零售商层级平均库存水平；

AIL_W——仓库层级平均库存水平。

➢ 任务内容

零售商对各种产品的需求预测见表 4-3。

表 4－3　零售商对各种产品的需求预测

零售商	一月	二月	三月	四月	五月	六月
零售商 1	218	188	225	217	176	187
零售商 2	101	87	123	101	95	97
零售商 3	268	296	321	312	301	294
零售商	**七月**	**八月**	**九月**	**十月**	**十一月**	**十二月**
零售商 1	221	212	210	203	188	185
零售商 2	93	131	76	101	87	114
零售商 3	285	305	289	303	324	332

产品在零售这一级的单位价值为 10 美元，在仓库的单位价值为 5 美元。持有成本每年为 20%，零售商的补货订单的单位处理成本是 40 美元/订单，仓库的是 75 美元/订单。零售商的补货提前期为 0.25 个月，仓库的补货提前期为 0.5 个月。零售商和仓库都保证提前期内 90% 的现货供应比率。零售商和仓库的订货点和订货数量用再订货点法求出。问仓库需要多少库存?

➢ 任务操作步骤

步骤 1：建立产品需求预测表，如图 4－6 所示。

	A	G	H	I	J	K	L	M
1								
2		六月	七月	八月	九月	十月	十一月	十二月
3	零售商1	187	221	212	210	203	188	185
4	零售商2	97	93	131	76	101	87	114
5	零售商3	294	285	305	289	303	324	332

图 4－6　产品需求预测表

步骤 2：建立数据模型，如图 4－7 所示。

	A	B	C	D	E
1					
8	零售的单位价值C_R（美元）				10
9	仓库的单位价值C_W（美元）				5
10	每年持有成本H				20%
11	零售商的补货成本S_R（美元/订单）				40
12	仓库的补货成本S_W（美元/订单）				75
13	仓库的补货提前期 LT_W（月）				0.5
14	零售商的补货提前期LT_R（月）				0.25
15	提前期内的现货供应比率				90%

图 4－7　建立数据模型

步骤 3：计算零售商每月总需求。在单元格 B6 输入“ = SUM(B3: B5)”，向右填充至 M6。

步骤 4：计算每个零售商的月平均量和总平均。在单元格 N3 输入“ = AVERAGE(B3: M3)”，向下填充至 N6。

步骤 5：计算每个零售商的标准差和总标准差。在单元格 O3 输入“ = STDEV(B3: M3)”，向下填充至 O5。在单元格 O6 输入“ = SQRT((SUMSQ(O3: O5)))”，如图 4－8 所示。

	A	M	N	O	P	Q
1	产品需求					
2		十二月	平均	标准差		
3	零售商1	185	=AVERAGE(B3:M3)	=STDEV(B3:M3)		
4	零售商2	114	=AVERAGE(B4:M4)	=STDEV(B4:M4)		
5	零售商3	332	302.5	=STDEV(B5:M5)		
6	总计	=SUM(M3:M5)	=SUM(N3:N5)	=SQRT((SUMSQ(O3:O5)))		

a) 计算函数

	A	B	C	L	M	N	O
1							
2		一月	二月	十一月	十二月	平均	标准差
3	零售商1	218	188	188	185	202.5	16.8
4	零售商2	101	87	87	114	100.5	15.6
5	零售商3	268	296	324	332	302.5	18.0
6	总计	587	571	599	631	605.5	29.2

b) 计算结果

图 4-8　零售商的平均需求和标准差及总平均需求和总标准差的计算

步骤6：计算 *z* 值。在单元格 E16 输入“=NORMSINV(E15)”，求得 *z* 值。

步骤7：计算零售商层级的库存决策量。在单元格 B20 输入“=SQRT(2 * N3 * 12 * $E$11/($E$10 * $E$8))”，向下填充至 B22，计算零售商层级的订货量；在单元格 C20 输入“=N3 * $E$14 + $E$16 * O3 * $E$14^0.5”，向下填充至 C22，计算零售商层级的再订货点；在单元格 D20 输入“=B20/2 + $E$16 * O3 * $E$14^0.5”，向下填充至 D22，计算零售商层级的平均库存；在单元格 D23 输入“=SUM(D20:D22)”，完成零售商平均总库存的计算。

步骤8：计算仓库层级的库存决策量。在单元格 B24 输入“=SQRT(2 * N6 * 12 * E12/(E10 * E9))”，计算仓库层级的订货量；在单元格 C24 输入“=N6 * E13 + E16 * O6 * E13^0.5”，计算仓库层级的再订货点；在单元格 D24 输入“=B24/2 + E16 * O6 * E13^0.5”，计算仓库层级的平均库存；在单元格 E25 输入“=$D24 - $D23”，计算预期库存水平，如图 4-9 所示。

B20　=SQRT(2*N3*12*$E$11/($E$10*$E$8))

	A	B	C	D	E	F
16			z=		=NORMSINV(E15)	
17						
18			零售商库存统计			
19		订货量	再订货点	平均库存	预期库存水平	
20	零售商1	=SQRT(2*N3*12*$E$11/($E$10*$E$8))	=N3*$E$14+$E$16*O3*$E$14^0.5	=B20/2+$E$16*O3*$E$14^0.5		
21	零售商2	=SQRT(2*N4*12*$E$11/($E$10*$E$8))	=N4*$E$14+$E$16*O4*$E$14^0.5	=B21/2+$E$16*O4*$E$14^0.5		
22	零售商3	=SQRT(2*N5*12*$E$11/($E$10*$E$8))	=N5*$E$14+$E$16*O5*$E$14^0.5	=B22/2+$E$16*O5*$E$14^0.5		
23	总计			=SUM(D20:D22)		
24	仓库层级	=SQRT(2*N6*12*E12/(E10*E9))	=N6*E13+E16*O6*E13^0.5	=B24/2+E16*O6*E13^0.5		
25					=$D24-$D23	

a) 计算公式和函数

	A	B	C	D	E	F
1						
18		零售商库存统计				
19		订货量	再订货点	平均库存	预期库存水平	
20	零售商1	312	61	167		
21	零售商2	220	35	120		
22	零售商3	381	87	202		
23	总计			489		
24	仓库层级	1044	329	548		
25					60	

b) 计算结果

图 4-9　零售商和仓库层级库存决策量的计算

➢ 任务操作结果

假设渠道中没有库存，那么仓库预期库存水平应是仓库层级的库存水平减去零售商层级的库存水平，即60，企业应当在仓库层级的库存水平降至329时，将下一张1044的订单发给供应商。

任务3 用双变量模拟运算表解决非瞬间接收问题的经济订货批量

4-3

➢ 方法原理

非瞬间经济订货批量公式如下：

$$Q^* = \sqrt{\frac{2C_2D_1}{C_1}}\sqrt{\frac{P}{P-D_2}} \tag{4-8}$$

式中 Q^*——非瞬间经济订货批量；

C_1——库存持有成本；

C_2——年需求量；

D_1——订货成本；

P——生产速率；

D_2——需求速率。

➢ 任务内容

产品年需求量为5000件，库存持有成本是12美元/年·件，每份订单的准备成本是500美元，如果该产品的需求是稳定的，每天11件，生产速率是50件/天，请计算非瞬间经济订货批量。如果需求速率 Y 满足 $5 \leqslant Y \leqslant 80$，生产速率 X 满足 $5 \leqslant X \leqslant 80$，那么非瞬间经济订货批量是多少？

➢ 任务操作步骤

步骤1：建立数据模型，如图4－10所示。

步骤2：求解经济订货批量。在单元格B9输入"＝ROUND(SQRT(2＊D2＊D3/D4＊D6/(D6－D5))，0)"。

步骤3：在单元格B9:I18区域建立双变量模拟运算表区域，如图4－11所示。

	A	B	C	D
1				
2	年需求量（件）			5000
3	准备成本（美元/订单）			500
4	库存持有成本（美元/年·件）			12
5	需求速率(件/天)			11
6	生产速率（件/天）			50

图4－10 建立数据模型

B9 =ROUND(SQRT(2*D2*D3/D4*D6/(D6-D5)),0)

	A	B	C	D	E	F	G	H
7								
8					生产速率			
9		731	20	30	40	50	60	70
10	需求速率	5						
11		10						
12		20						
13		30						
14		40						
15		50						
16		60						
17		70						
18		80						

图4－11 双变量模拟运算表区域

步骤 4：选择 B9: I18 单元格区域，选择“数据”/“预测”/“模拟分析”/“模拟运算表”，打开“模拟运算表”对话框，在“输入引用行的单元格”输入“ $ D $ 6”，在“输入引用列的单元格”输入“ $ D $ 5”，如图 4 - 12 所示。

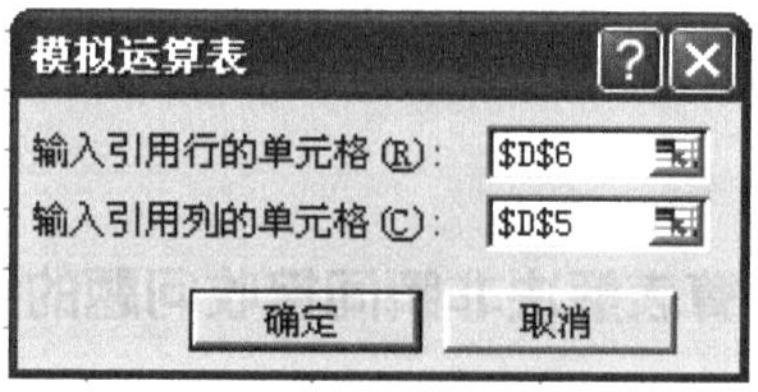

图 4 - 12 “模拟运算表”对话框

单击“确定”按钮，得到非瞬间接收的经济订货批量，如图 4 - 13 所示。从中可以看到，只有当生产速率大于需求速率时，订货批量 Q_p 才有意义。

	A	B	C	D	E	F	G	H	I
7									
8					生产速率				
9	需求速率	731	20	30	40	50	60	70	80
10		5	745	707	690	680	674	670	667
11		10	913	791	745	722	707	697	690
12		20	#DIV/0!	1118	913	833	791	764	745
13		30	#NUM!	#DIV/0!	1291	1021	913	854	816
14		40	#NUM!	#NUM!	#DIV/0!	1443	1118	986	913
15		50	#NUM!	#NUM!	#NUM!	#DIV/0!	1581	1208	1054
16		60	#NUM!	#NUM!	#NUM!	#NUM!	#DIV/0!	1708	1291
17		70	#NUM!	#NUM!	#NUM!	#NUM!	#NUM!	#DIV/0!	1826
18		80	#NUM!	#NUM!	#NUM!	#NUM!	#NUM!	#NUM!	#DIV/0!

图 4 - 13 非瞬间接收的经济订货批量

步骤 5：按 < Ctrl > 键的同时选定单元格区域 C9: C11、D9: D12、E9: E13、…、I9: I17，单击“插入”/“图表”，选择“带数据标记的折线图”。在图表区单击右键，选择“选择数据”。在“选择数据源”对话框中，在“水平(分类)轴标签”区域单击“编辑”，修改为“非瞬间经济订购批量! $ J $ 10: $ J $ 18”，取消勾选“0”复选框；在“图例项(系列)”区域单击“编辑”，将“系列 1”的名称改为“生产速率 = 20”，依次类推，改变所有系列的名称，如图 4 - 14 所示。

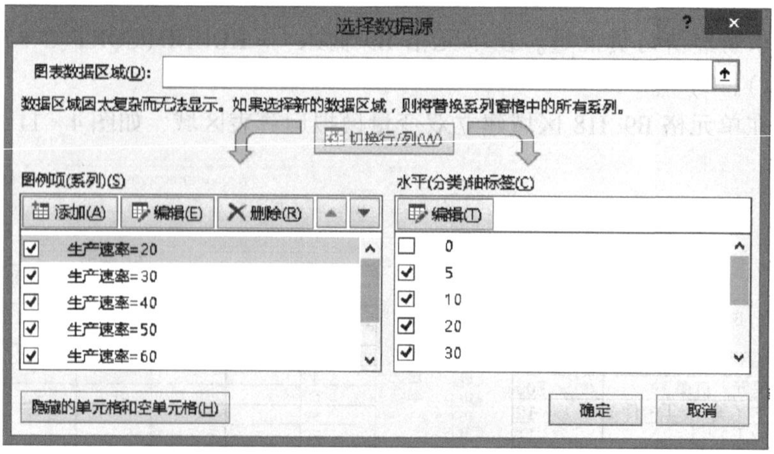

图 4 - 14 “选择数据源”对话框

进行修饰后，最终得到非瞬间经济订货批量的折线图，如图4－15所示。

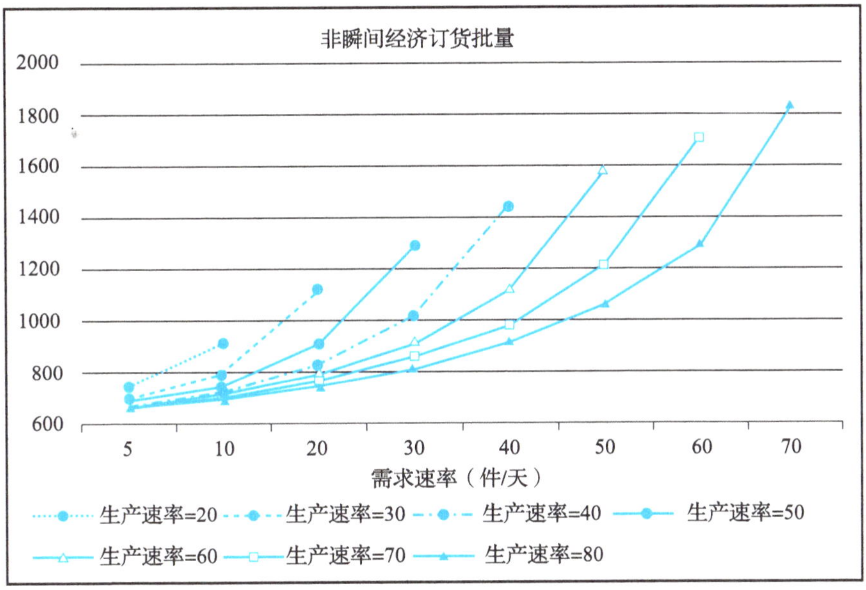

图4－15　非瞬间经济订货批量的折线图

➢ 任务操作结果

结果如图4－13、图4－15所示。

任务4　考虑补货提前期的再订货点、平均库存、总相关成本和客户服务水平的计算

➢ 方法原理

4－4

当库存消耗到一定程度，即当库存量等于或低于一定数量(这个数量称为再订货点)时，我们就要向订货商订货来补充库存，订货量为经济订货批量 Q^*。

再订货点ROP的计算公式如下

$$\mathrm{ROP} = d\mathrm{LT} + Zs'_d \tag{4-9}$$

$$s'_d = s_d\sqrt{\mathrm{LT}} \tag{4-10}$$

$$ss = Zs'_d \tag{4-11}$$

式中　d——需求速率；

LT——提前期；

s_d——单位时间需求呈正态分布时的标准差；

s'_d——提前期的需求呈正态分布时的标准差；

Z——距离提前期内需求的均值的标准差的倍数，在提前期内的期望现货供应概率，它可以通过正态分布表查到，也可以通过函数计算得到；

ss——安全库存。

平均库存指的是经常性库存与安全库存之和。

平均库存的计算公式如下：

$$\mathrm{AIL}=\frac{Q}{2}+Zs_d' \tag{4-12}$$

总相关成本 = 订货成本 + 库存持有成本 + 安全库存的库存持有成本 + 缺货成本，即

$$\mathrm{TC}=\frac{D}{Q}S+IC\frac{Q}{2}+ICZs_d'+\frac{D}{Q}ks_d'E(s) \tag{4-13}$$

式中 TC——总相关成本；

D——年均需求；

Q——订购批量；

S——补货成本；

I——年库存持有成本率；

C——库存产品价值；

$s_d'E(s)$——订货周期内缺货件数的期望值；

k——单位缺货成本；

$E(s)$——单位正态损失积分，是正态偏差 z 的函数。

客户服务水平是指根据特定的库存政策给予客户的服务(或产品订单的履行率)。

$$P=1-\frac{\frac{D}{Q}(s_d'E(z))}{D}=1-\frac{s_d'E(z)}{Q} \tag{4-14}$$

式中 P——客户服务水平。

➢ 任务内容

某公司经销一种名为连接杆的产品。已知连接杆经销数据见表 4-4，试求订货批量、再订货点和平均库存。假设缺货成本为 0.01 美元，求总成本和服务水平。

表 4-4 某公司连接杆经销数据

项目	数据
每月的需求预测(个)	11107
预测的标准差(个)	3099
补货提前期(月)	1.5
产品价值(美元/个)	0.11
处理订单成本(美元/订单)	10
每年库存持有成本	20%
提前期内的现货供应比率	75%
缺货成本(美元)	0.01

➢ 任务操作步骤

步骤 1：建立数据模型，如图 4-16 所示。

步骤 2：在单元格 A11 输入“订货批量 Q^*（个）=”，在单元格 C11 输入“=ROUND(SQRT(2*D2*D6/(D5*D7/12))，0)”，完成订货批量的计算；在单元格 A12 输入“标准差 s'_d(个)=”，在单元格 C12 输入“=ROUND(D3*SQRT(D4)，0)”，完成标准差的计算，如图 4-17 所示。

	A	B	C	D
1				
2	每月的需求预测（个）			11107
3	预测的标准差（个）			3099
4	补货提前期（月）			1.5
5	产品价值（美元/个）			0.11
6	处理订单成本（美元/订单）			10
7	每年库存持有成本			20%
8	提前期内的现货供应比率			75%
9	缺货成本（美元）			0.01

图 4-16　建立数据模型

	A	B	C	D	E	F
10						
11	订货批量 Q^*(个)=		=ROUND(SQRT(2*D2*D6/(D5*D7/12)),0)			
12	标准差 s'_d(个)=		=ROUND(D3*SQRT(D4),0)			

图 4-17　订货批量与标准差的计算

步骤 3：在单元格 A13 输入“正态偏差 z =”，在单元格 C13 输入“=ROUND(NORMSINV(D8)，2)”，完成正态偏差的计算，如图 4-18 所示。

步骤 4：在单元格 A14 输入“平均库存(个)=”，在单元格 C14 输入“=ROUND(C11/2+C13*C12，0)”，完成平均库存的计算，如图 4-19 所示。

C13　=ROUND(NORMSINV(D8),2)

	A	B	C	D	E	F
8	提前期内的现货供应比率			75%		
9	缺货成本（美元）			0.01		
10						
11	订货批量 Q^*(个)=		11008			
12	标准差 s'_d(个)=		3795			
13	正态偏差 z =		0.67			

图 4-18　正态偏差 z 的计算

C14　=ROUND(C11/2+C13*C12,0)

	A	B	C	D	E	F
12	标准差 s'_d(个)=		3795			
13	正态偏差 z =		0.67			
14	平均库存（个）=		8047			

图 4-19　平均库存的计算

步骤 5：根据正态偏差 $z=0.67$ 查相对于标准差的短缺期望值表，得到 $E(0.67)=0.15$；在单元格 A15 输入“库存总成本(美元)=”，在 C15 单元格输入“=D2*12*D6/C11+D7*D5*C11/2+D7*D5*C13*C12+D2*12/C11*D9*C12*F22”，完成库存总成本的计算，如图 4-20 所示。

C15　=D2*12*D6/C11+D7*D5*C11/2+D7*D5*C13*C12+D2*12/C11*D9*C12*F22

	A	B	C	D	E	F	G	H	I	J
14	平均库存（个）=		8047							
15	库存总成本（美元）=		367							

图 4-20　库存总成本的计算

步骤 6：在单元格 A16 输入“客户服务水平 =”，在 C16 单元格输入“=1-C12*F22/C11”；在单元格 A17 输入“再订货点 ROP =”，在 C17 单元格输入“=ROUND(D2*D4+C13*C12，0)”。任务操作结果如图 4-21 所示。

➢ 任务操作结果

库存总成本为 367 美元，客户服务水平为 0.948，当库存水平降到 19203 个时就应该及时补货 11008 个。

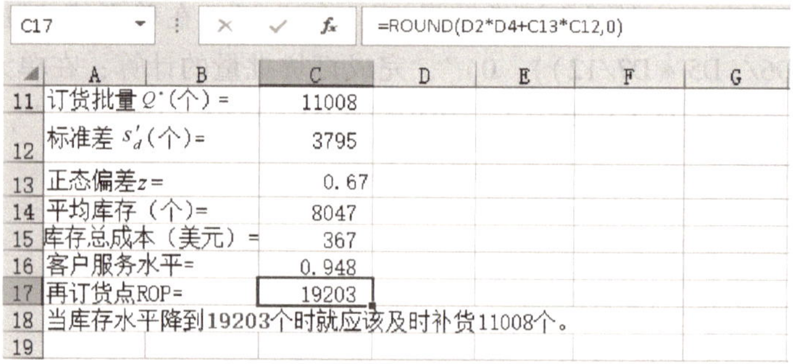

C17　=ROUND(D2*D4+C13*C12,0)

	A	B	C	D	E	F	G
11	订货批量 Q^*(个) =		11008				
12	标准差 s'_d(个)=		3795				
13	正态偏差 z =		0.67				
14	平均库存（个）=		8047				
15	库存总成本（美元）=		367				
16	客户服务水平=		0.948				
17	再订货点ROP=		19203				
18	当库存水平降到19203个时就应该及时补货11008个。						
19							

图 4-21　任务操作结果

➢ 任务小结

在经济订货批量模型中，假设任何订货批量 Q^* 都可以瞬间补货。在有些生产和供应环节中，生产经常要持续一段时间，而且可能和需求同步进行，现在将订货批量变成生产量，记为 Q_p^*，那么基本订货批量的表达式为

$$Q_p^* = \sqrt{\frac{2DS}{IC}} \cdot \sqrt{\frac{p}{p-d}} \tag{4-15}$$

式中　p——生产速率；

　　　d——需求速率。

任务 5　用反复迭代法计算缺货成本已定的再订货点、总相关成本和客户服务水平

➢ 方法原理

4-5

如果缺货成本已知，我们就没有必要规定客户服务水平，可以通过计算客户服务水平和成本的最佳平衡点求得订货批量和再订货点。下面介绍反复迭代法的求解过程。

1）利用 EOQ 公式得出订货批量的近似值，计算公式为

$$Q = \sqrt{\frac{2DS}{IC}} \tag{4-16}$$

2）计算提前期内现货供应的概率，计算公式为

$$P = 1 - \frac{QIC}{Dk} \tag{4-17}$$

如果缺货时销售出现损失，则现货供应的概率应是通过现货供应概率 P 值，在正态分布表中查出与 P 相对应的 z 值（本书通过函数计算），再从单位正态损失积分表中查出 $E(z)$ 值。

3）利用修正的 EOQ 公式计算 Q 的修正值：

$$Q = \sqrt{\frac{2D[S + ks'_d E(x)]}{IC}} \tag{4-18}$$

4）重复第 2、3 步，直到 P 和 Q 不再变化为止。

5）计算所需的统计值。

➢ 任务内容

某公司经销一种名为连接杆的产品。连接杆产品经销数据见表4－5，求经济订货批量、再订货点和总成本。

表4－5　连接杆产品经销数据

项目	数据
每月的需求预测(个)	11107
预测的标准差(个)	3099
补货提前期(月)	1.5
产品价值(美元/个)	0.11
处理订单成本(美元/订单)	10
每年库存持有成本	20%
提前期内的现货供应比率	75%
缺货成本(美元)	0.01

➢ 任务操作步骤

步骤1：建立数据模型，如图4－22所示。

步骤2：在单元格A11输入“订货批量 Q^*（个）＝”，在单元格C11输入“＝ROUND(SQRT(2＊D2＊D6/(D5＊D7/12))，0)”，第一次估计 Q^* 值。

步骤3：在单元格A12输入“标准差 s_d'(个)＝”，在单元格C12输入“＝ROUND(D3＊SQRT(D4)，0)”，计算标准差。

步骤4：在单元格A13输入“正态偏差 z ＝”，在单元格C13输入“＝ROUND(NORMSINV(D8)，2)”，计算正态偏差，如图4－23所示。

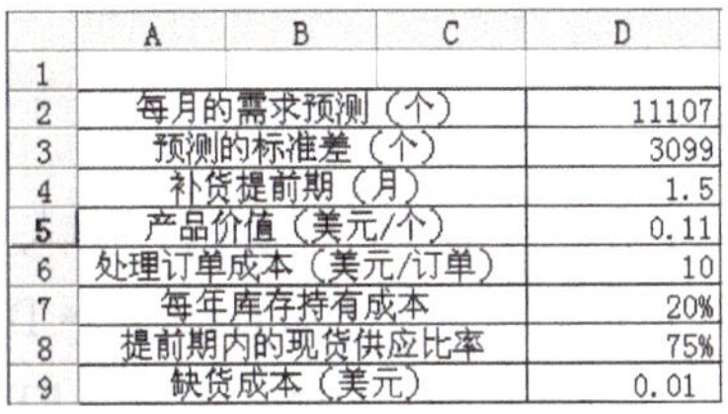

	A–C	D
1		
2	每月的需求预测（个）	11107
3	预测的标准差（个）	3099
4	补货提前期（月）	1.5
5	产品价值（美元/个）	0.11
6	处理订单成本（美元/订单）	10
7	每年库存持有成本	20%
8	提前期内的现货供应比率	75%
9	缺货成本（美元）	0.01

图4－22　建立数据模型

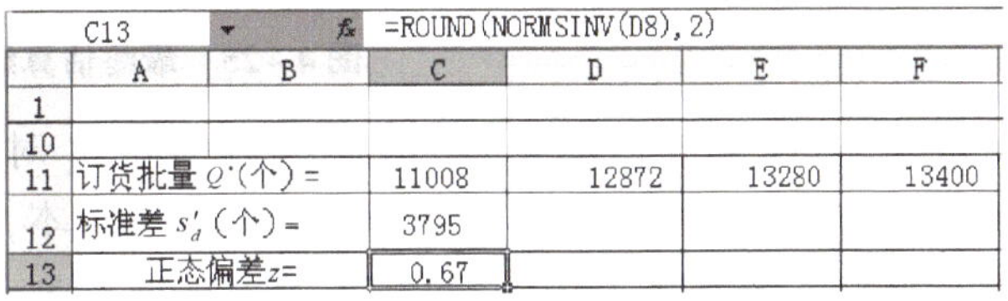

C13　=ROUND(NORMSINV(D8),2)

	A–B	C	D	E	F
1					
10					
11	订货批量 Q^*(个)＝	11008	12872	13280	13400
12	标准差 s_d'(个)＝	3795			
13	正态偏差 z=	0.67			

图4－23　正态偏差的计算

步骤5：在单元格A14输入“提前期现货供应概率 P＝”，在单元格C14输入“＝1－C$11＊$D$5＊$D$7/($D$2＊12＊$D$9)”，估算提前期内现货供应的概率 P。在单元格A15输入“z＝”，在单元格C15输入“＝ROUND(NORMSINV(C$14)，2)”，通过 z 值查得 $E(z)$ 为0.0968。第一次估算结果如图4－24所示。

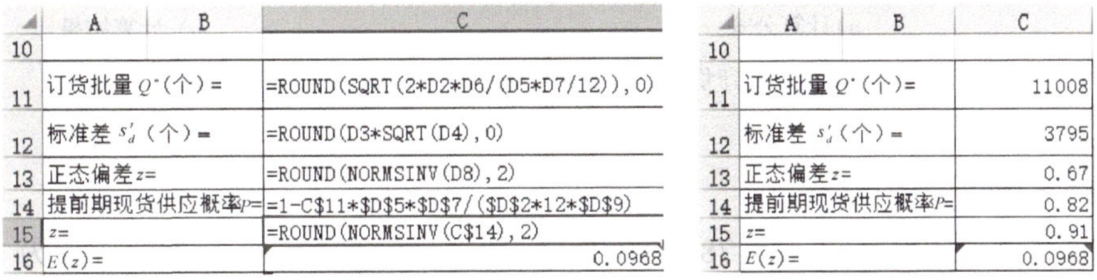

	A–B	C
10		
11	订货批量 Q^*(个)＝	=ROUND(SQRT(2*D2*D6/(D5*D7/12)),0)
12	标准差 s_d'(个)＝	=ROUND(D3*SQRT(D4),0)
13	正态偏差 z=	=ROUND(NORMSINV(D8),2)
14	提前期现货供应概率 P=	=1-C$11*$D$5*$D$7/($D$2*12*$D$9)
15	z=	=ROUND(NORMSINV(C$14),2)
16	$E(z)$=	0.0968

a)估算公式

	A–B	C
10		
11	订货批量 Q^*(个)=	11008
12	标准差 s_d'(个)＝	3795
13	正态偏差 z=	0.67
14	提前期现货供应概率 P=	0.82
15	z=	0.91
16	$E(z)$=	0.0968

b)估算结果

图4－24　第一次估算结果

步骤 6：第二次估算。在单元格 D11 输入“=ROUND(SQRT(2 * $D$2 * 12 * ($D$6 + $D$9 * $C$12 * C$16)/($D$7 * $D$5)), 0)”，估算 Q^* 值；将光标放到 C14，向右填充至 D14，估算 P 值；将光标放到 C15，向右填充至 D15，估算 z 值；通过 z 值查得 $E(z)$，完成第二次估算。依次类推，最终估算结果如图 4－25 所示，P 和 Q^* 的变化很小，进一步计算无实际意义。提前期现货供应概率 P 为 0.78 时，订货批量 Q^* 为 13400 个。

	A	B	D	E	F
10					
11	订货批量 Q^*(个)=		=ROUND(SQRT(2*$D$2*12*($D$6+$D$9*$C$12*C$16)/($D$7*$D$5)),0)	=ROUND(SQRT(2*$D$2*12*($D$6+$D$9*$C$12*D$16)/($D$7*$D$5)),0)	=ROUND(SQRT(2*$D$2*12*($D$6+$D$9*$C$12*E$16)/($D$7*$D$5)),0)
12	标准差 s_d'(个)=		=ROUND(D3*SQRT(D4),0)		
13	正态偏差 z=		=ROUND(NORMSINV(D8),2)		
14	提前期现货供应概率 p=		=1-D$11*$D$5*$D$7/($D$2*12*$D$9)	=1-E$11*$D$5*$D$7/($D$2*12*$D$9)	=1-F$11*$D$5*$D$7/($D$2*12*$D$9
15	z=		=ROUND(NORMSINV(D$14),2)	=ROUND(NORMSINV(E$14),	ROUND(NORMSINV(F$14),2)
16	$E(z)$=		0.12	0.13	0.13

a) 估算函数和公式

C15 　 f_x =ROUND(NORMSINV(C$14),2)

	A	B	C	D	E	F
1						
11	订货批量 Q^*(个)=		11007.60	12871.85	13279.83	13400.49
12	标准差 s_d'(个)=		3795.48			
13	正态偏差 z=		0.67			
14	提前期现货供应概率 p=		0.82	0.79	0.78	0.78
15	z=		0.91	0.80	0.77	0.77
16	$E(z)$=		0.10	0.12	0.13	0.13

b) 估算结果

图 4－25 最终估算结果

步骤 7：计算提前期现货供应概率 P 为 0.78 时的再订货点，在单元格 C17 输入“=ROUND(D2 * D4 + C12 * F15, 0)”；计算总相关成本，在单元格 C18 输入“=D2 * 12 * D5 + D2 * 12/F11 * D6 + D5 * D7 * F11/2 + D5 * D7 * F15 * C12 + D2 * 12/F11 * D9 * C12 * F16”；计算实际服务水平，在单元格 C19 输入“=1 − C12 * F16/F11”，如图 4－26 所示。

	A	B	C
17	再订货点=		=ROUND(D2*D4+C12*F15,0)
18	总相关成本=		=D2*12*D5+D2*12/F11*D6+D5*D7*F11/2+D5*D7*F15*C12+D2*12/F11*D9*C12*F16
19	实际服务水平=		=1-C12*F16/F11

a) 计算公式

	A	B	C
17	再订货点=		19583
18	总相关成本=		15020.33
19	实际服务水平=		0.96

b) 计算结果

图 4－26 再订货点、总相关成本和实际服务水平的计算

➢ 任务操作结果

提前期现货供应概率 P 为 0.78 时的经济订货批量为 13400 个，再订货点为 19583 个，总相关成本为 15020.33 美元，实际服务水平为 96%。

任务 6　用销售量和补货提前期计算安全库存

4 - 6

➢ 方法原理

安全库存是指在给定时期，为了满足顾客需求而保有的超过预测数量的库存，其公式为

$$ss = k\sqrt{\bar{t}\sigma_D^2 + \bar{D}^2\sigma_t^2} \tag{4-19}$$

式中　k——按既定的服务水平确定的安全系数；

$\bar{t}$，σ_t^2——提前订货时间的均值和方差；

$\bar{D}$，σ_D^2——需求量的均值和方差。

➢ 任务内容

某超市桶装花生油的销售历史数据见表 4 - 6，补货周期数据见表 4 - 7，试求该超市的安全库存。

表 4 - 6　桶装花生油的销售历史数据

天	销售量(箱)	天	销售量(箱)	天	销售量(箱)	天	销售量(箱)	天	销售量(箱)
1	100	6	90	11	130	16	90	21	70
2	80	7	120	12	120	17	100	22	100
3	70	8	110	13	100	18	140	23	130
4	60	9	100	14	50	19	110	24	110
5	80	10	110	15	90	20	120	25	90

表 4 - 7　补货周期数据

次数	提前期(天)	次数	提前期(天)	次数	提前期(天)	次数	提前期(天)
1	7	5	10	9	10	13	9
2	8	6	11	10	11	14	10
3	9	7	11	11	8	15	12
4	10	8	12	12	9	16	13

➢ 任务操作步骤

步骤 1：建立数据模型，如图 4 - 27 所示。

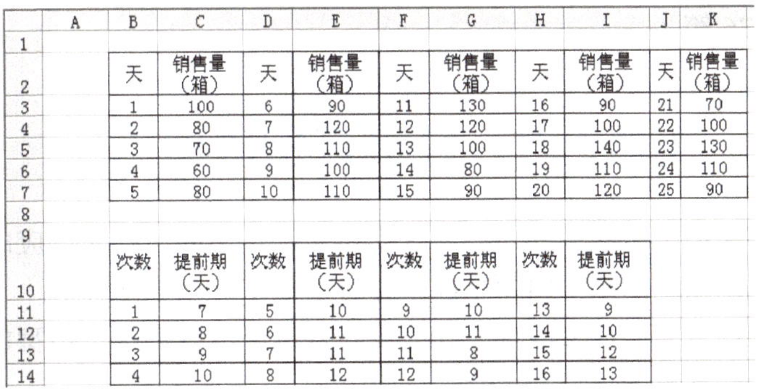

	A	B	C	D	E	F	G	H	I	J	K
1											
2		天	销售量（箱）	天	销售量（箱）	天	销售量（箱）	天	销售量（箱）	天	销售量（箱）
3		1	100	6	90	11	130	16	90	21	70
4		2	80	7	120	12	120	17	100	22	100
5		3	70	8	110	13	100	18	140	23	130
6		4	60	9	100	14	80	19	110	24	110
7		5	80	10	110	15	90	20	120	25	90
8											
9											
10		次数	提前期（天）	次数	提前期（天）	次数	提前期（天）	次数	提前期（天）		
11		1	7	5	10	9	10	13	9		
12		2	8	6	11	10	11	14	10		
13		3	9	7	11	11	8	15	12		
14		4	10	8	12	12	9	16	13		

图 4 - 27　建立数据模型

步骤 2：在单元格 B16 输入“销售量标准差”，在单元格 D16 输入“ = STDEV(C3: C7，E3: E7，G3: G7，I3: I7，K3: K7)”；在单元格 B17 输入“补货周期标准差”，在单元格 D17 输入“ = STDEV (C11: C14，E11: E14，G11: G14，I11: I14)”，完成标准差的计算，如图 4 – 28所示。

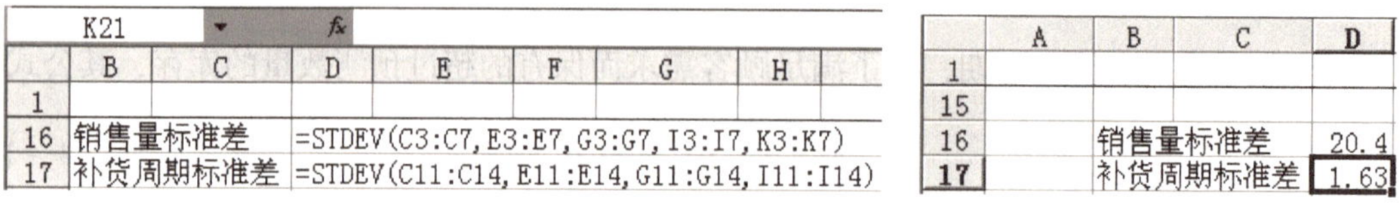

a）计算函数和公式　　b）计算结果

图 4 – 28　销售量和补货周期标准差的计算

步骤 3：在单元格 B18 输入“销售量平均值”，在单元格 D18 输入“ = AVERAGE(C3: C7，E3: E7，G3: G7，I3: I7，K3: K7)”；在单元格 B19 输入“补货周期平均值”，在单元格 D19 输入“ = AVERAGE(C11: C14，E11: E14，G11: G14，I11: I14)”，完成平均值的计算，如图 4 – 29 所示。

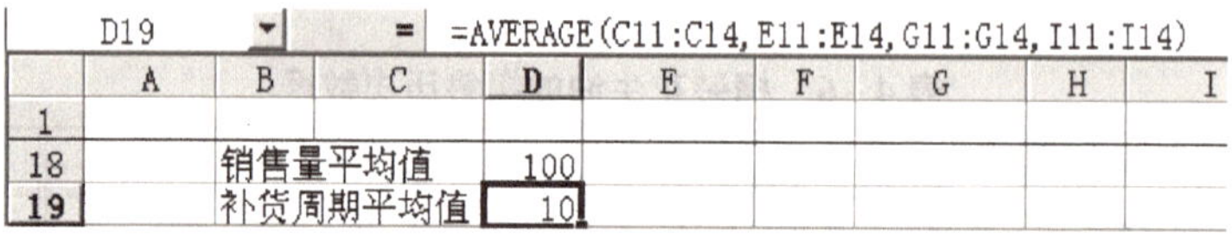

图 4 – 29　销售量平均值和补货周期平均值的计算

步骤 4：在单元格 B21 输入“安全库存”，在单元格 D21 输入“ = ROUND(SQRT(D19 * D16^2 + D18^2 * D17^2)，0)”，完成安全库存的计算，如图 4 – 30 所示。

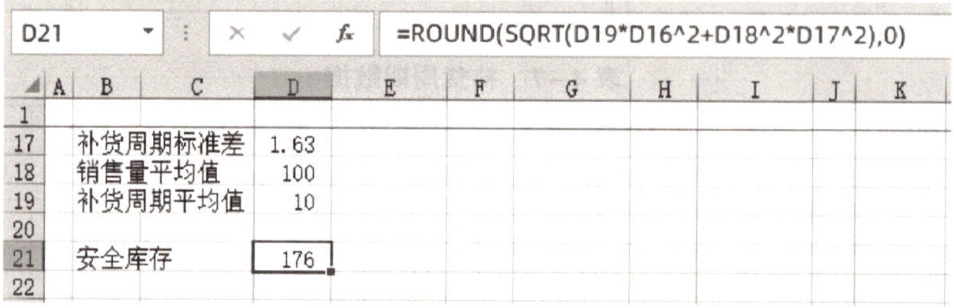

图 4 – 30　安全库存的计算

➢ 任务操作结果

安全库存为 176 箱。

| 项目 3　经济订货周期

在确定型库存模型中，假设物品的需求率是连续均匀的，补充供应的前置时间也是固定的。固定订货周期系统的基本问题是确定订货周期 T 和最高库存 E。

对于基本经济订货周期模型而言，其假设与基本经济订货批量模型的假设相同，在单元三已经详细描述，这里不再重复。

4－7

任务7 求解多项物品的经济订货周期和每项物品的最高库存

一般由一个供应厂家提供多项物品，并且采取联合订购是比较经济的。在联合订购时，多项物品都从同一货源或供应厂家处订购。每项物品需订购的数量随各次整组订购之间的时间间隔而定。这个系统的基本任务是确定订货周期 T 和每项物品的期望最高库存 E。

➢ 方法原理

订货周期的计算公式为

$$T_0 = \sqrt{\frac{2(C+nc)}{H\sum_{i=1}^{n} D_i P_i}} \tag{4-20}$$

式中 D_i——i 物品的年需求量；

P_i——i 物品的购入成本；

n——联合订购物品的总项数；

C——联合订购成本；

c——同每一单项物品有关的订购成本；

H——以购入成本的一定百分数表示的存储费率。

最高库存的计算公式为

$$E_i = \frac{D_i T}{N} + \frac{D_i L}{N} = \frac{D_i(T+L)}{N} \tag{4-21}$$

式中 E_i——i 物品的最高库存；

T——以年计的订货周期；

N——每年的作业天数。

➢ 任务内容

某公司从同一厂家订购7种物品。订购成本为每采购订货一次1.50元，每项物品附加0.50元，各项物品的年需求量及单价见表4－8。若存储费率为20%，则经济订货周期为多少？若订货提前期为1个月，每项物品的最高库存为多少？

表4－8 各项物品的年需求量及单价

物品	年需求量	单价(元)
A	150	1.00
B	400	0.50
C	125	2.00
D	100	3.00
E	800	0.50
F	70	5.00
G	175	2.00

➢ 任务操作步骤

步骤 1：建立数据模型，如图 4－31 所示。

步骤 2：在单元格 A18 输入“订货周期(年)”，在单元格 C18 输入“＝SQRT(2＊(C12＋C11＊C13)/(C14＊SUMPRODUCT(B3:B9，C3:C9)))”，完成订货周期的计算。在单元格 C19 输入“＝ROUND(C18＊12，0)”，将以年为单位的订货周期转换成以月为单位，如图 4－32 所示。

	A	B	C
1			
2	物品	年需求量	单价（元）
3	A	150	1.00
4	B	400	0.50
5	C	125	2.00
6	D	100	3.00
7	E	800	0.50
8	F	70	5.00
9	G	175	2.00
10			
11		n=	7
12		采购成本（元/次）	1.50
13		附加成本（元/项）	0.50
14		存储费率	20%
15		订货提前期（月）	1

图 4－31 建立数据模型

	A	B	C	D	E	F	G	H
1								
2	物品	年需求量	单价（元）					
17								
18		订货周期(年)	=SQRT(2*(C12+C11*C13)/(C14*SUMPRODUCT(B3:B9,C3:C9)))					
19		订货周期(月)	=ROUND(C18*12,0)					

a) 计算公式和函数

	A	B	C
1			
2	物品	年需求量	单价（元）
17			
18		订货周期(年)	0.1581
19		订货周期(月)	2

b) 计算结果

图 4－32 订货周期的计算

步骤 3：在单元格 D2 输入“最高库存”，在单元格 D3 输入“＝ROUND(B3＊($C$18＋$C$15/12)，0)”，向下填充至 D9，完成每项物品最高库存的计算，如图 4－33 所示。

D3 fx =ROUND(B3*($C$18+$C$15/12),0)

	A	B	C	D	E	F
1						
2	物品	年需求量	单价（元）	最高库存		
3	A	150	1.00	36		
4	B	400	0.50	97		
5	C	125	2.00	30		
6	D	100	3.00	24		
7	E	800	0.50	193		
8	F	70	5.00	17		
9	G	175	2.00	42		
10						
11		n=	7			
12		采购成本（元/次）	1.50			
13		附加成本（元/项）	0.50			
14		存储费率	20%			
15		订货提前期（月）	1			

图 4－33 最高库存的计算

➢ 任务操作结果

订货周期为 2 个月，每项物品的最高库存分别为 36、97、30、24、193、17 和 42。

项目 4 一次性订货量系统和库存的总量控制

许多实际存在的库存问题涉及时鲜产品或一次性需求产品。诸如水果、蔬菜、鲜花、食品等保质期短暂的产品，过期就无法销售；还有为某些活动准备的服装、纪念品海报等，这些需求都是一次性的，通常无法准确预测，为满足此类需求只能订购一次产品，企业需要知道这种一次性订单有多大。

当确定已知需求量的概率分布时，可以根据期望利润最大或期望成本最小的原则确定订货量。采用期望值法进行决策，可以利用输出或损益值表来决定订货量，使期望收益最大或期望损失最小。

采用期望值法进行决策，要对订货量和需求量可能取值的所有组合进行损益值计算。当损益值过大时，计算工作量较大，这时可用边际分析法确定最佳订货量。

销售单位产品所获得的单位边际收益为

$$\text{单位边际收益} = \text{单位价格} - \text{单位成本} \tag{4-22}$$

销售不出去所产生的单位损失为

$$\text{单位损失} = \text{单位成本} - \text{单位残值} \tag{4-23}$$

$$CP_n = \frac{\text{单位边际收益}}{(\text{单位边际收益} + \text{单位损失})} \tag{4-24}$$

式中　CP_n——至多售出 n 单位产品的累计概率。

$$\text{边际损失概率} = \frac{\text{边际数量} - \text{最佳数量}}{\text{边际数量}} \tag{4-25}$$

让物流管理的高层领导者更感兴趣的往往是库存占用的总资金量和大类产品的服务水平，而不是单一产品的库存管理。在各种管理方法中，对几种产品的库存进行综合控制的方法仍然是有效的。

在物流网络规划中，为适应客户服务和成本目标对存储点数量进行增减是常有的事。风险合并法指的是，如果把库存合并到较少的几个存储点，库存水平会下降。而增加存储点个数则会产生相反的效果。系统库存水平由受库存决策影响的周转库存与受需求和提前期不确定影响的安全库存共同构成。

对许多企业来说，都要控制库存上限。一旦总的平均库存投资超过这一水平，就需要调整库存管理政策以实现这一管理目标。

任务8　用规划求解法控制限定总投资额的库存总量

4-8

➤ 方法原理

假设需求和提前期确定，企业运用再订货点法控制库存，那么，要规定某存储点所有库存产品占用资金的上限，我们可以将其表达为

$$\sum_{i=1}^{n} C_i \frac{Q_i}{2} \leqslant L \tag{4-26}$$

式中　L——库存产品 i 的投资额；

C_i——库存产品 i 的价值；

Q_i——库存产品 i 的订货量。

基本经济订货批量公式修正为

$$Q_i = \sqrt{\frac{2D_i S_i}{C_i(i+\alpha)}} \tag{4-27}$$

式中　α——待定系数。

➤ 任务内容

某企业有 3 种库存产品。管理人员对这些产品的平均库存投资总额设定的上限为 10000 美元。年持有成本为 30%，其他数据见表 4-9，请计算各库存产品的经济订货批量。

表 4-9　库存营销数据

产品	采购成本(美元/订单)	购买成本(美元/件)	年需求(件)
1	50	20	12000
2	50	10	25000
3	50	15	8000

➢ 任务操作步骤

步骤 1：根据已知条件建立数据模型，如图 4-34 所示。

	A	B	C	D
1				
2	产品	采购成本s（美元/订单）	购买成本C（美元/件）	年需求D（件）
3	1	50	20	12000
4	2	50	10	25000
5	3	50	15	8000
6				
7	年持有成本H		30%	
8	投资总额TC（美元）≤		10000	

图 4-34　建立数据模型

步骤 2：在单元格 B9 输入“经济订货批量”，在单元格 A11、A12 和 A13 分别输入“Q1”“Q2”和“Q3”；在单元格 B11 输入“=SQRT(2*D3*B3/(C3*($C$7+$C$10)))”，向下填充至 B13，如图 4-35 所示，计算不考虑投资限额时的经济订货批量。

B11　=SQRT(2*D3*B3/(C3*($C$7+$C$10)))

	A	B	C	D	E	F
9		经济订货批量				
10		α =	0			
11	Q1	447.21				
12	Q2	912.87				
13	Q3	421.64				

图 4-35　不考虑投资限额时的经济订货批量

步骤 3：在单元格 A15 输入“总投资 =”，在单元格 B15 输入“=SUMPRODUCT(C3:C5，B11:B13)/2”，计算出总投资额为 12198.77 美元。

步骤 4：在单元格 D9 输入“修正后的订货批量”，在单元格 D10 输入“α =”；在单元格 D11 输入“=SQRT(2*D3*B3/(C3*($C$7+$E$10)))”，向下填充至 D13；在单元格 D15 输入“=SUMPRODUCT(C3:C5，D11:D13)/2”，作为目标函数，如图 4-36 所示。

	A	D	E
9		修正后的订货批量	
10		α =	
11	Q1	=SQRT(2*D3*B3/(C3*($C$7+$E$10)))	
12	Q2	=SQRT(2*D4*B4/(C4*($C$7+$E$10)))	
13	Q3	=SQRT(2*D5*B5/(C5*($C$7+$E$10)))	
14	目标函数		
15	总投资=	=SUMPRODUCT(C3:C5,D11:D13)/2	

图 4-36　修正后的订货批量和总投资的计算公式和函数

步骤5：将光标放到D15单元格，选择“数据”/“规划求解”，打开“规划求解参数”对话框，在“设置目标”处输入“$D$15”，到目标值为“10000”，“通过更改可变单元格”为“$E$10”，添加遵守约束“$B$15>=$D$15”，勾选“使无约束变量为非负数”复选框，如图4-37所示。

单击“求解”按钮，再单击“确定”按钮完成求解，任务操作结果如图4-38所示。

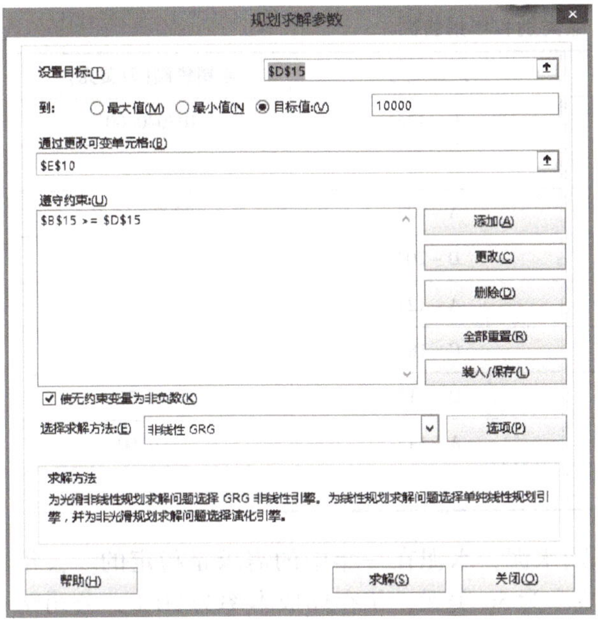

图4-37　“规划求解参数”对话框

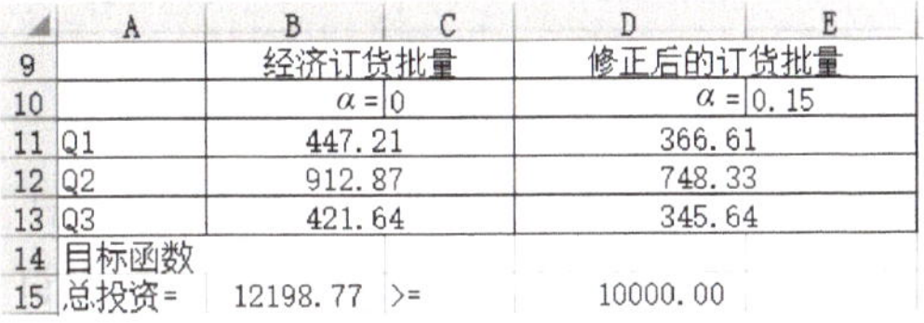

	A	B	C	D	E
9		经济订货批量		修正后的订货批量	
10		α =	0	α =	0.15
11	Q1	447.21		366.61	
12	Q2	912.87		748.33	
13	Q3	421.64		345.64	
14	目标函数				
15	总投资=	12198.77	>=	10000.00	

图4-38　任务操作结果

➢ 任务操作结果

当总投资额限制在10000美元时，3种库存产品的经济订货批量分别为367件、749件和346件。

➢ 任务小结

平方根法也是一种确定合并仓库对库存水平影响的方法。但是它只能衡量周转库存的减少，而不能讨论周转库存和安全库存的合并效果。假设库存控制决策基于经济订货批量公式，且所用的存储点保有的库存水平相同，则用平方根法，我们可以将其表达为

$$AIL_T = AIL_i\sqrt{n} \tag{4-28}$$

$$AIL_i = \frac{AIL_T}{\sqrt{n}} \tag{4-29}$$

式中　AIL_T——若合并到一处仓库库存产品的最佳数量，以货币单位或产品单位表示均可；

AIL_i——n处存储点中每一处仓库的库存量，单位与AIL_T相同；

n——合并前存储点的数量。

习 题

1. 某小型仪表工厂生产 17 种产品，产品类别和年销售额见表 4－10。将这些产品按年销售额排序，计算各产品占总销售额的累计百分比和占总品种数量的累计百分比；绘出产品类别和总销售额的曲线，分出 80－20 区域和 A、B、C 区域，并加以说明。

表 4－10 产品类别和年销售额

产品编号	年销售额(万美元)	产品编号	年销售额(万美元)
D－041	420.00	C－125	107040.00
C－176	62982.50	A－123	520.00
C－186	691.60	A－023	27028.56
D－191	19060.50	D－204	737.20
D－193	902.70	A－121	5602.20
D－198	4488.00	C－185	1132.80
C－225	1599.20	D－212	4240.56
C－052	3700.10	A－145	3190.60
A－221			

2. 某建筑批发商需要定期从水泥厂采购水泥，水泥在一年中的需求是稳定的。去年公司一共出售 12000t 水泥，估计每次订货成本为 50 美元，年存储成本率为 20%，公司购进水泥的价格为 100 美元/t，提前期为 7 天，年工作日为 300 天，则每次订货量是多少吨比较合适？(卡车载重量为 50t)

3. 某企业每年需要耗用 1000 件 A 种物质，订货成本为 5 元/次，每件物质的年存储费率为 20%。当订货批量不超过 40 件时，单价为 30 元；订货批量在 41～79 件时，单价为 28 元；订货批量为 80 件以上(含 80 件)时，单价为 26 元，试求此种情况下的经济订货批量和总成本。

4. 零售商对各种产品的需求预测见表 4－11。产品在零售商这一级的单位价值为 10 美元，在仓库的单位价值为 5 美元。每年持有成本为 20%，零售商的补货订单的单位处理成本是 40 美元/订单，仓库的单位处理成本是 75 美元/订单。零售商的补货提前期为 0.25 个月，仓库的补货提前期为 0.5 个月。零售商和仓库都保证提前期内 90% 的现货供应比率。零售商和仓库的订货点和订货批量用再订货点法求出。问仓库需要多少库存？

表 4－11 产品需求预测

零售商	一月	二月	三月	四月	五月	六月
零售商 1	218	188	225	217	176	187
零售商 2	101	87	123	101	95	97
零售商	**七月**	**八月**	**九月**	**十月**	**十一月**	**十二月**
零售商 1	221	212	210	203	188	185
零售商 2	93	131	76	101	87	114

5. 某超市桶装饮料的销售历史数据和补货周期见表4－12和表4－13，试求该饮料的安全库存。

表4－12 桶装饮料销售历史数据

天	销售量(箱)	天	销售量(箱)	天	销售量(箱)	天	销售量(箱)
1	100	6	90	11	125	16	120
2	80	7	120	12	120	17	100
3	70	8	110	13	100	18	140
4	60	9	100	14	95	19	130
5	80	10	110	15	90	20	120

表4－13 桶装饮料补货周期

次数	提前期(天)	次数	提前期(天)	次数	提前期(天)
1	7	5	10	9	10
2	8	6	11	10	11
3	9	7	11	11	11
4	10	8	12	12	10

6. 某公司从同一厂家订购5种物品。订货成本为5元/次，每项物品附加1元，各项物品的年需求量及单价见表4－14。若存储费率为20%，则经济订货周期为多少？若订货提前期为1个月，每项物品的最高库存为多少？

表4－14 各项物品的年需求量及单价

物品	年需求量(单位)	单价(元)
A	200	1.00
B	400	0.50
C	300	2.00
D	200	3.00
E	800	1.50

7. 某包子铺某分店估计下周将销售500kg猪肉大葱包子，需求服从正态分布，标准差为20kg。该店以20元/kg的价格销售包子，原料成本为12元/kg，所有未售出的包子都将以1元/kg卖给养猪场，试计算利润最大时的产量。

8. 某企业有4种库存产品。管理人员对这些产品的平均库存投资总额设定的上限为10000美元。年持有成本为30%，其他数据见表4－15，试计算各库存产品的经济订货批量。

表4－15 库存产品的成本与需求数据

产品	采购成本 S(美元/订单)	购买成本 C(美元/件)	年需求 D(件)
1	50	20	12000
2	50	10	25000
3	50	15	8000
4	50	12	15000

9. 某企业每年需要耗用1000 件的某种物资，已知该物资的单价为 20 元，每次的订货成本为 5 元，每件物资的年存储费率为 20%，试求经济订货批量、年订货总成本以及年存储总成本。

10. 某建筑批发商需要定期从水泥厂采购水泥，水泥在一年中的需求是稳定的。去年公司一共出售 2000t 水泥，车的载重量是 20t，估计每次订货成本为 25 美元，年存储成本率为 20%，公司购进水泥的价格为 60 美元/t，则每次订货量是多少吨？

11. 某制造公司每年购入 8000 件 A 种物品。每次订货成本为 30 元，每单位每年的存储成本为 3 元。若提前期为 8 天，一年有 250 个工作日，问经济订货周期、最高库存和最低库存成本是多少？

12. 某批发商计划存储一批圣诞树供圣诞节期间销售。由于短期内只能供应一次订货，所以他必须决定订货数量。每单位的购入成本为 2 美元，售价为 6 美元。订货成本忽略不计。未售出的部分只能作为木材卖掉，按每棵 1 美元出售。节日期间用户对该批发商圣诞树需求量的概率分布见表 4－16，该批发商应订购多少棵圣诞树？（订货量只能为 10 的倍数）

表 4－16　批发商圣诞树需求量的概率分布

概率	0.10	0.10	0.20	0.35	0.15	0.10
需求量(棵)	10	20	30	40	50	60

13. 企业举行一次春游需为每人准备一听饮料，参加春游的人服从正态分布，均值为 200 人，标准差为 40 人。如果提前两周订购较大数量的货，某商店愿意以每听 1.5 元的价格提供饮料，但是若到时饮料不够，就必须在春游地以每听 2.0 元的价格购买，问应提前订购多少饮料？

14. 某物流公司经营着 16 个地区性公共仓库，每个仓库平均持有 165000 美元的库存。若所有库存都集中到一个地方存储，应持有多少库存？如果集中到 3 个仓库，那么库存量为多少？

单元5
运输管理

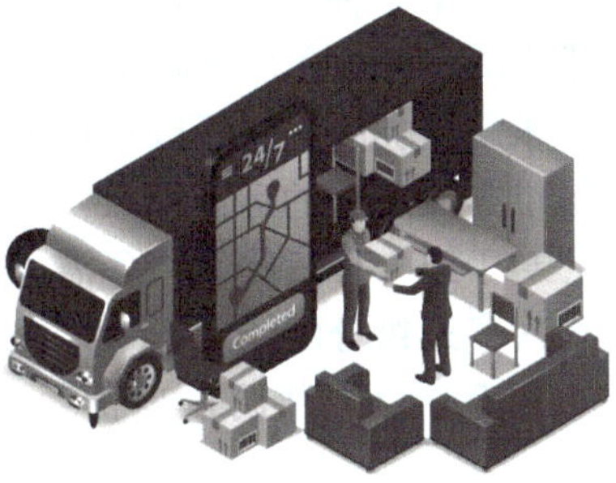

运输是指货物实体的流动，是物流的重要环节之一。货物运输的规划和运作效率很大程度上决定了物流的效率。

项目1　运输模式的选择

多品种货物调运是物流运输中常用到的方法。

1．实际运输中多品种货物调运情况分析

1）各种货物之间不能相互替代。此时只要根据不同货物的供需关系分别建立运输模型，或者是令不同品种货物的供需点之间不能形成供需关系（令相应的单位运价为M，M为一充分大的正数），再建立运输模型，即可求解。

2）各种货物之间具有一定的替代作用。在实际的物流网络中，常常遇到的问题是同一类的不同规格型号的产品需要统一运输。这些产品往往在质量和性能上有所差别，但基本功能相同。具体处理时可以把这类在质量和性能上有差别的同类货物看作不同品种的物资，忽略它们之间的替代作用，从而根据运输线路规划问题的相关方法进行优化分析。若是看作多品种货物且当作不可替代的问题进行处理，完全不考虑货物的可替代性，就可能导致货物的浪费，并且引起费用的上升。

2．具有替代作用的多品种货物调运问题的优化分析

在多品种货物的调运问题中，对替代作用的考虑，又可以根据货物的具体使用特点分成两种情况：各种货物有明确的优先使用次序的调运问题和各种货物没有明确的优先使用次序的调运问题。

在这里我们重点介绍有明确的优先使用次序的多品种货物调运问题。不同品种货物之间虽然具有替代作用，但是要求只有在所需货物不能满足全部需求时，才能够使用替代货物。对于这类调运问题的分析，关键是建立合乎要求的各供需点之间的运价系数，使各种货物的优先使用次序能够通过调整后的"运价"给予恰当的体现。

任务1　根据各种货物优先使用次序解决多品种货物调运问题

5－1

方法原理

现假设有一个货物运输网络，其中包含 m 个供应点（$i=1,2,\cdots,m$）和 n 个需求点（$j=1,2,\cdots,n$），网络中需要运输的货物可分为 p 类（$S=1,2,\cdots,p$）。第 i 个供应点

可提供的第 S 种货物的数量为 a_{is}；第 j 个需求点对第 S 种货物的需求量为 b_{js}；供应点 i 与需求点 j 之间的第 S 种货物的单位运输费用为 c_{ijs}，各品种货物之间具有一定的替代作用。

求解这类问题，可以根据各种货物的需求情况给各需求点划分优先级别，从而重新建立各供需点之间的运价系数：

对于第 S 种货物，将各需求点按对该种货物的需求的优先程度划分优先级别，然后按优先次序逐级分配调运量，优先级别较高的用户优先分配。

下面介绍一种调整运价系数的方法，在构成供需平衡后利用规划求解的方法进行求解。

设 c'_{ij}表示调整后的运价系数。

1）供应点和需求点之间不能发生运输量时，运价系数不需要计算，任取一个充分大的正数 M。

2）设第 S 种物资的第 k 级需求点 j 的调整后的运价系数为 c'_{ijsk}（i 为能够为需求点 j 提供第 S 种货物的供应点），则

$$c'_{ijsk} = c_{ijs} + \max\{C'_{sk-1}\} \tag{5-1}$$

$$c'_{ijs0} = 0$$

式中 $\{C'_{sk-1}\}$——第 S 种货物的第 $k-1$ 级需求的调整后的运价系数的集合；

c_{ijs}——供应点与一级需求点之间的单位货物的运价系数，即原运输费用。

➢ 任务内容

现有 4 个矿山共发运 1500t 铁矿石供给 3 个炼铁厂，预计需用量为 1900t，各矿山及各炼铁厂供需量以及运送 1t 铁矿石的运价见表 5－1 。

表 5－1 各矿山与各炼铁厂之间的运价

矿山	炼铁厂			供应量/t
	B1（百元）	B2（百元）	B3（百元）	
A1	2	10	7	200
A2	11	3	8	300
A3	3	2	1	400
A4	4	9	2	600
需求量/t	700	500	700	

B1 炼铁厂需优先使用富矿石，其次是使用一般矿石，不能使用贫矿石；B2 炼铁厂可从当地获得 200t 矿石的货源；B3 炼铁厂可使用贫矿石，其他炼铁厂应优先使用品位高的矿石；A3 矿山存有富矿石 300t，剩余的是一般矿石；A4 矿山的矿石是贫矿石，其他矿山存有一般矿石。试求在满足以上条件下，运费最少的运输方案。

➢ 任务操作步骤

步骤 1：建立产销平衡与运价表模型。按矿石的种类分为富矿、一般矿石和贫矿。而矿山 A3 既存有富矿，又存有一般矿石，故将其分为 A3 和 A′3，供应量分别为 300t 富矿和 100t 一般矿石。从富矿需求来看，炼铁厂 B1、B2 和 B3 的优先级分别为 1，2，3 级。所以 A3 与 B1 的运价系数单元格 B13 应输入“ = B5”；A3 与 B2 的运价系数单元格 C13 应输入

“=C5+MAX(B13)”；A3与B3的运价系数单元格D13应输入“=D5+MAX(B13:C13)”；同理其他运价系数如图5-1所示。从矿石的总供应量和总需求量看，供需之间有400t的缺口，B2可以自行解决200t，因此总缺口为200t，可虚设一资源A5来提供这一部分的供应量，它的运价系数可设为0，如图5-1所示。

	A	B	C	D	E	F
9	产销平衡与运价表					
10	炼铁厂 / 矿山	B1	B2	B3	供应量	
11	A1	=B3	=C3	=D3	200	
12	A2	=B4	=C4	=D4	300	富矿
13	A3	=B5	=C5+MAX(B13)	=D5+MAX(B13:C13)	300	
14	A′3	=B5	=C5	=D5	100	一般矿石
15	A4	1E+13	=C6+MAX(D15)	=D6	600	
16	A5		认为无穷大 0	0	200	贫矿
17	需求量	700	300	700		
18						

图5-1　产销平衡与运价表模型

步骤2：设置最优调运方案单元格区域和约束条件。在单元格G21输入“=SUM(B21:D21)”，向下填充至G26；在单元格B29输入“=SUM(B21:B26)”，向右填充至D29，如图5-2所示。

	A	B	C	D	E	F	G
19	最优调运方案						
20	炼铁厂 / 矿山	B1	B2	B3	供应量		供应量
21	A1				200	=	0
22	A2			富矿	300	=	0
23	A3			一般矿石	300	=	0
24	A′3			贫矿	100	=	0
25	A4				600	=	0
26	A5				200	=	0
27	需求量	700	300	700			
28		=	=	=			
29	需求量	0	0	0			

图5-2　最优调运方案模型

步骤3：设置目标函数。在单元格B30输入“=SUMPRODUCT(B11:D16，B21:D26)。

步骤4：规划求解。选择“数据”/“规划求解”，打开“规划求解参数”对话框。在“设置目标”中选择“$B$30”，选择“最小值”；在“通过更改可变单元格”中选择“$B$21:$D$26”；添加约束条件“$D$25<=$E$25”“$B$23<=$E$23”“$E$21:$E$26=$G$21:$G$26”“$B$27:$D$27=$B$29:$D$29”；“选择求解方法”设置为“单纯线性规划”；勾选“使无约束变量为非负数”复选框，如图5-3所示。

图5-3　“规划求解参数”对话框

单击“求解”按钮，单击“确定”按钮，任务操作结果如图5-4所示。

	A	B	C	D	E	F	G
18							
19	最优调运方案						
20	炼铁厂 矿山	B1	B2	B3	供应量		
21	A1	200	0	0	200	=	200
22	A2	0	300	0	300	= 富矿	300
23	A3	300	0	0	300	=	300
24	A'3	0	0	100	100	= 一般矿石	100
25	A4	0	0	600	600	=	600
26	A5	200	0	0	200	= 贫矿	200
27	需求量	700	300	700			
28		=	=	=			
29		700	300	700			
30	总费用:	3500					

图 5-4　任务操作结果

➢ 任务操作结果

A3 矿山的 300t 富矿全部给了 B1 炼铁厂，A1 矿山的 200t 一般矿石全部给了 B1 炼铁厂，A2 矿山的 300t 一般矿石全部给了 B2 炼铁厂，A3 矿山剩余的 100t 一般矿石全部给了 B3 炼铁厂，A4 矿山的 600t 贫矿全部给了 B3 炼铁厂，B1 炼铁厂实际缺口为 200t。运输总费用为 350000 元。

➢ 任务小结

多品种货物调运问题，尤其是具有替代作用的多品种货物调运问题的优化分析，经过一定的调整后可以转化为一般的运输问题求解。在分析时需要根据货物之间替代的要求和程度具体分析，所得到的结果应能够充分地体现替代效用与运输、生产、采购等费用的综合作用。

物流需求企业采取的运输系统业务模式不同，其运输系统规划的内容也不同，主要分为运输业务外包和运输业务自营两种。

企业将运输业务外包并不意味着对运输业务的工作完全放弃，企业还必须有专门的部门或人员负责对运输业务进行考核、监督、协调等工作，其中包括对运输服务商的选择和评价，在前面我们已经进行了详细的阐述。

企业如果选择自营运输方式，其运输系统规划需要考虑到各种运输方式的结合，运输工具的配备，运输线路、运输流量等的规划。所不同的是，物流服务企业面临的是市场化需求，具有很强的随机性，而且需要兼顾企业的长期发展战略。

运输模式的选择也可以使用量本利分析方法。它是一种简单的数量分析方法，主要用于盈亏平衡点的分析。本书在第 2 单元已经做了详细介绍。

任务 2　用背包法确定运输数量

➢ 方法原理

一个人在徒步旅行时，其可携带的物品的质量（体积）是有限的，只能选择几种物品装入包中，而且每种物品的质量（体积）及使用价值已知，那

5-2

么此人应如何选择携带的物品才能使使用价值最大？这就是背包问题，我们常用整数规划模型来描述，这类问题在工厂下料、车辆运输装载和人造卫星内的物品装载等方面经常用到。

目标函数为

$$\max z = c_1x_1 + c_2x_2 + \cdots + c_nx_n \tag{5-2}$$

约束条件为

$$w_1x_1 + w_2x_2 + \cdots + w_nx_n \leqslant W$$
$$v_1x_1 + v_2x_2 + \cdots + v_nx_n \leqslant V$$
$$x_1,\ x_2,\ \cdots,\ x_n \text{ 均为非负整数}$$

式中 $x_1, x_2, \cdots, x_n$——每种货物的数量；
$c_1, c_2, \cdots, c_n$——每种货物的单位成本；
$w_1, w_2, \cdots, w_n$——每种货物的重量；
$v_1, v_2, \cdots, v_n$——每种货物的体积。

➢ 任务内容

有一辆载重量为50t的卡车，最大装货体积为42m³，每种产品的重量、体积和单件利润见表5-2，问如何装载可使总价值最大？

表5-2 每种产品的重量、体积和单件利润

产品种类	a	b	c
重量/t	2	2	2.1
体积/m³	0.8	2.3	2.5
单件利润(万元)	80	130	140

➢ 任务操作步骤

步骤1：根据已知条件建立数据模型，如图5-5所示。
步骤2：设置可变单元格，如图5-6所示。

1				
2	载重量（t）	50		
3	载重体积（m³）	42		
4				
5	产品种类	a	b	c
6	重量（t）	2	2	2.1
7	体积（m³）	0.8	2.3	2.5
8	单件利润（万元）	80	130	140

图5-5 建立数据模型

	A	B	C	D
10	变量			
12	产品种类	a	b	c
13	数量			

图5-6 设置可变单元格

步骤3：建立目标函数。在单元格B16输入"=SUMPRODUCT(B8:D8，B13:D13)"。

步骤4：设置约束条件。在单元格B18输入"=SUMPRODUCT(B6:D6，B13:D13)"，在单元格B19输入"=SUMPRODUCT(B7:D7，B13:D13)"，在单元格C18和C19输入"<="，在单元格D18输入"=B2"，在单元格D19输入"=B3"，如图5-7所示。为保证每一种产品在车上至少有一个，在单元格E13输入">="，在单元格F13输入"1"。

	A	B	C	D
14				
15	目标函数			
16		=SUMPRODUCT(B8:D8,B13:D13)		
17	约束条件			
18	重量	=SUMPRODUCT(B6:D6,B13:D13)	<=	=B2
19	体积	=SUMPRODUCT(B7:D7,B13:D13)	<=	=B3

图 5-7　设置约束条件

步骤 5：规划求解。选择“数据”/“分析”/“规划求解”，打开“规划求解参数”对话框。在“设置目标”中选择“ $B$16”，选择“最大值”；在“通过更改可变单元格”中选择“ $B$13: $D$13”；添加约束条件“ $B$13: $D$13 = 整数”“ $B$13: $D$13 > = 1”“ $B$18 < = $D$18”“ $B$19 < = $D$19；勾选“使无约束变量为非负数”复选框；在“选择求解方法”中选择“单纯线性规划”，如图 5-8 所示。

单击“求解”按钮，单击“确定”按钮。任务操作结果如图 5-9 所示。

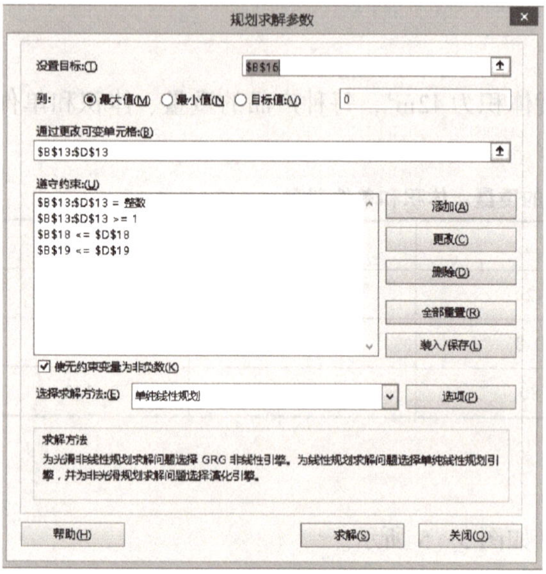

图 5-8　规划求解参数设置

	A	B	C	D
9				
10	变量			
12	产品种类	a	b	c
13	数量	11.03	1.00	12.35
15	目标函数			
16		2742		
17	约束条件			
18	重量	50	<=	50
19	体积	42	<=	42

图 5-9　任务操作结果

➢ 任务操作结果

考虑到产品数量应该是整数，当装载 a 种产品 11 件，b 种产品 1 件和 c 种产品 12 件时，可使卡车的装载总价值最大，最大价值为 2690 万元。

➢ 任务小结

鉴于 Excel 2016 版比 Excel 2003 版在规划求解中更精准，请读者注意以下几点：

1) Excel 2016 版规划求解中对变量设置整数时，如果不执行，建议后期向下取整，注意更改目标函数值。

2) Excel 2016 版求得的结果几次不一样，可以理解为在包里放东西也有不同的方法，读者可以进行不同尝试。

本书在此处把变量设置为“ > =1”是假设每一种产品包里都应该有。

项目2 运输线路模型

在整个物流成本中运输成本要占1/3～2/3，因而要优化运输的在途时间，确定最佳路线，从而在降低运输成本的同时改善客户服务。

任务3 用规划求解法确定单起讫点的行车时间最短的路线

5-3

起讫点不同的单一路径问题可以通过规划求解得到解决，最简单、最直接的方法就是最短路径法，也就是在一个已知的交通网络图中，寻找从始点到终点或从出发地到目的地的最佳路径。这里的“最佳”是指距离最短、时间最短和成本最低。

➢ 方法原理

利用线性规划模型求出最佳路径。设 x_{ij} 为弧(i, j)是否走的决策变量，则 $x_{ij}=1$ 表示经过该弧，$x_{ij}=0$ 表示不经过该弧。

目标函数为

$$\min L=\sum_i \sum_j f_{ij} x_{ij} \tag{5-3}$$

约束条件为

$$\sum_j f_{Sj}-0=1$$
$$0-\sum_i f_{iT}=-1$$
$$\sum_j f_{ij}-\sum_i f_{ij}=0, i \neq S, T$$
$$0 \leqslant f_{ij} \leqslant c_{ij}，且 x_{ij}=0，1$$

式中 S——始点；

T——终点；

f_{Sj}——供应点；

f_{iT}——需求点。

➢ 任务内容

请找到起点A与终点J之间行车时间最短的路线。节点之间的每条路线上都标有相应的行车时间，节点代表公路的连接处，如图5-10所示。

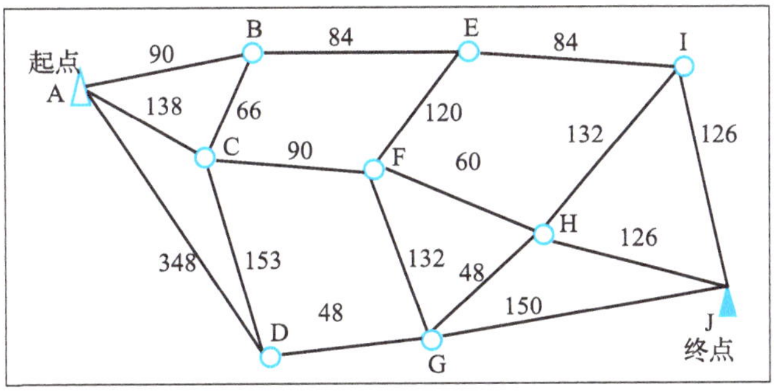

图5-10 起点A与终点J之间的行车路线

注：所有链上的时间都以min计。

➢ 任务操作步骤

步骤 1：创建数据模型。在单元格 B2 输入“从”，C2 输入“到”，D2 输入“是否走”，E2 输入“时间(min)”，根据图 5－10 创建数据模型，如图 5－11 所示。

步骤 2：创建运算模型。在单元格 G2 输入“节点”，H2 输入“净时间”，J2 输入“需求时间”。在单元格 G3: G12 区域分别输入“A”“B”“C”“D”“E”“F”“G”“H”“I”“J”。在单元格 H3 输入“ = SUMIF(B $3: B $19，G3，D $3: D $19) – SUMIF(C $3: C $19，G3，D $3: D $19)”，然后向下填充至 H12。在单元格 I3: I12 区域输入“ = ”。在单元格 J3 输入“1”，J12 输入“ –1”，J4: J11 区域均输入“0”，如图 5－12 所示。

	A	B	C	D	E
1					
2		从	到	是否走	时间(min)
3		A	B		90
4		A	C		138
5		A	D		348
6		B	C		66
7		B	E		84
8		C	D		153
9		C	F		90
10		D	G		48
11		E	F		120
12		E	I		84
13		F	G		132
14		F	H		60
15		G	H		48
16		G	J		150
17		H	I		132
18		H	J		126
19		I	J		126

图 5－11　创建数据模型

H3　fx　=SUMIF(B$3:B$19,G3,D$3:D$19)-SUMIF(C$3:C$19,G3,D$3:D$19)

	F	G	H	I	J
1					
2		节点	净时间		需求时间
3		A		=	1
4		B		=	0
5		C		=	0
6		D		=	0
7		E		=	0
8		F		=	0
9		G		=	0
10		H		=	0
11		I		=	0
12		J		=	-1

图 5－12　创建运算模型

步骤 3：设置目标函数。在单元格 H16 输入“最短时间 = ”，在单元格 J16 输入“ = SUMPRODUCT(D3: D19，E3: E19)”。选择“数据”/“分析”/“规划求解”，在“规划求解参数”对话框中的“设置目标”处输入“ $J $16”，并选择“最小值”，在“通过更改可变单元格”处输入“ $D $3: $D $19”。在“遵守约束”处单击“添加”按钮，在“添加约束”对话框内，在“单元格引用”处输入“ $D $3: $D $19”，单击中间箭头，选择“bin”，单击“添加”按钮；继续添加约束，在“单元格引用”处输入“ $H $3: $H $12”，单击中间箭头，选择“ = ”，在“约束”处输入“ $J $3: $J $12”。勾选“使无约束变量为非负数”复选框。在“选择求解方法”中选择“单纯线性规划”，如图 5－13 所示。

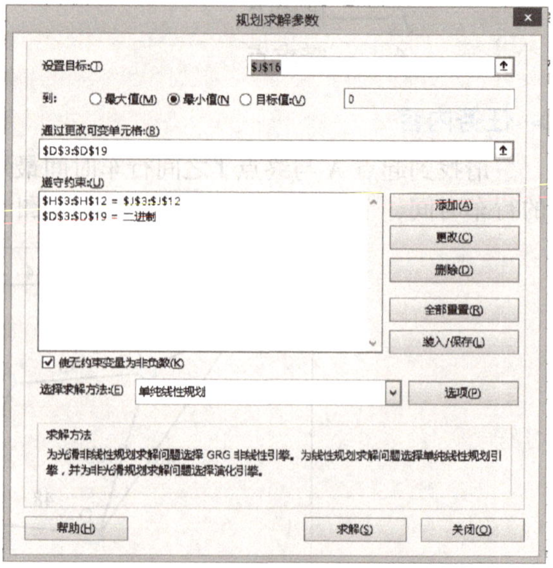

图 5－13　“规划求解参数”对话框

单击“求解”按钮，单击“确定”按钮。任务操作结果如图 5－14 所示。

J16 fx =SUMPRODUCT(D3:D19,E3:E19)

	A	B	C	D	E	F	G	H	I	J
1										
2		从	到	是否走	时间(min)		节点	净时间		需求时间
3		A	B	1	90		A	1	=	1
4		A	C	0	138		B	0	=	0
5		A	D	0	348		C	0	=	0
6		B	C	0	66		D	0	=	0
7		B	E	1	84		E	0	=	0
8		C	D	0	153		F	0	=	0
9		C	F	0	90		G	0	=	0
10		D	G	0	48		H	0	=	0
11		E	F	0	120		I	0	=	0
12		E	I	1	84		J	-1	=	-1
13		F	G	0	132					
14		F	H	0	60					
15		G	H	0	48					
16		G	J	0	150			最短时间=		384
17		H	I	0	132					
18		H	J	0	126					
19		I	J	1	126					

图 5-14 任务操作结果

➢ 任务操作结果

最短路径时间为 384min。最佳路径为 A→B→E→I→J。

任务 4 用规划求解法解决多起讫点的运输问题

5-4

多起讫点的运输问题是指多个供货地可以服务多个目的地的运输调配问题，在指定各目的地的供货地时，同时要找到供货地与目的地之间的最佳路径。该问题经常发生在多个供应商、工厂或仓库服务于多个客户的情况下。它是运筹学中的运输问题，常用来优化从供应地到需求地的货物供应网络，其目标是通过网络运输，使配送货物成本最低。

➢ 方法原理

目标函数为

$$\min z = \sum_{i=1}^{m} \sum_{j=1}^{n} C_{ij} x_{ij} \tag{5-4}$$

约束条件为

$$\sum_{j=1}^{m} x_{ij} \leqslant s_i$$

$$\sum_{i=1}^{n} x_{ij} = d_j$$

$$x_{ij} \geqslant 0,\ i=1,\ 2,\ \cdots,\ m;\ j=1,\ 2,\ \cdots,\ n$$

式中 C_{ij}——运输成本；

x_{ij}——相关变量；

s_i——各供应商的需求；

d_j——各工厂供给。

➢ 任务内容

某玻璃制造商与3个位于不同地点的纯碱供应商签订合同，由它们供货给3个工厂，条件是不超过合同所定的数量，且必须满足生产需求。供应商与工厂之间的供需关系示意图如图5－15所示。求总运输费用最低的运输方式。

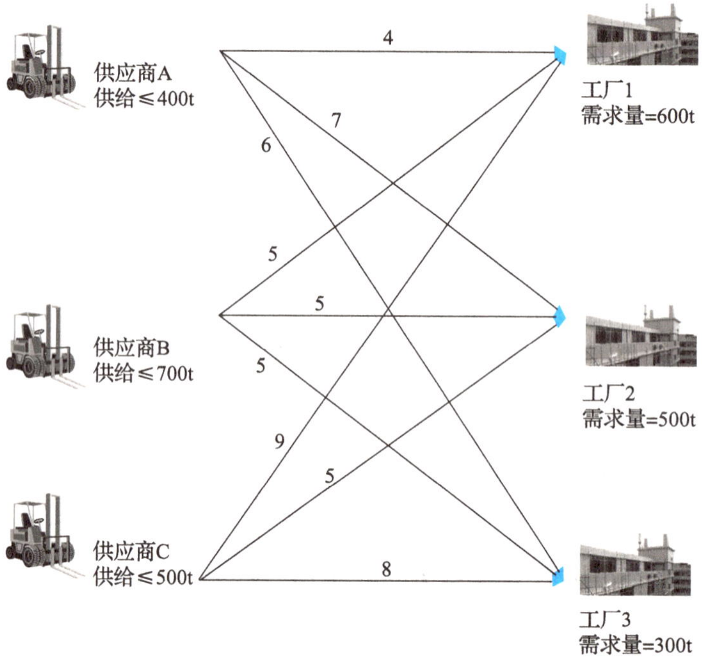

图5－15　供应商与工厂之间的供需关系示意图

这里纯碱的供需单位为t，每条线上的数据是运输费率，单位为美元/t。

➢ 任务操作步骤

步骤1：根据图5－15建立数据模型，如图5－16所示。

步骤2：建立可变单元格，如图5－17所示。

	A	B	C	D	E
1	产能表（t）				
2		供应商A	供应商B	供应商C	
3		400	700	500	
4					
5	需求表（t）				
6		工厂1	工厂2	工厂3	
7		600	500	300	
8					
9	最佳路径的运输费率（美元/t）				
10					
11			工厂1	工厂2	工厂3
12		供应商A	4	7	6
13		供应商B	5	5	5
14		供应商C	9	5	8

图5－16　建立数据模型

	A	B	C	D	E
16	可变单元格				
17			工厂1	工厂2	工厂3
18		供应商A			
19		供应商B			
20		供应商C			

图5－17　建立可变单元格

步骤3：建立约束条件。在单元格F18输入“＝SUM(C18: E18)”，向下填充至F20；在单元格G18: G20区域分别输入“≤”，在单元格H18: H20区域分别输入“400”“700”

“500”，完成供应商的条件约束；在单元格 C21 输入“ = SUM(C18: C20)”，向右填充至 E21；在单元格 C22: E22 区域分别输入“ = ”，在单元格 C23: E23 区域分别输入“600”“500”“300”，完成各工厂的条件约束，如图 5 - 18 所示。

E21 =SUM(E18:E20)

	A	B	C	D	E	F	G	H
16	可变单元格							
17			工厂1	工厂2	工厂3	合计	约束条件	
18		供应商A				0	≤	400
19		供应商B				0	≤	700
20		供应商C				0	≤	500
21		合计	0	0	0			
22		约束条件	=	=	=			
23			600	500	300			

图 5 - 18 工厂和供应商的约束条件

步骤 4：建立目标函数。在单元格 D25 输入“ = SUMPRODUCT(C12: E14，C18: E20)”，如图 5 - 19 所示。

D25 =SUMPRODUCT(C12:E14,C18:E20)

	A	B	C	D	E	F
25	目标函数：总运输费用最低			0		

图 5 - 19 建立目标函数

步骤 5：选择“数据”/“分析”/“规划求解”，在“规划求解参数”对话框中的“设置目标”处输入“ $D$25”，并选择“最小值”，在通过更改“可变单元格”处输入“ $C$18: $E$20”。在“遵守约束”处单击“添加”按钮，在“添加约束”对话框内，在“单元格引用”处输入“ $C$21: $E$21”，单击中间箭头，选择“ = ”，在“约束”处输入“ $C$23: $E$23”，单击“添加”按钮；重复上述操作，在“单元格引用”处输入“ $F$18: $F$20”，单击中间箭头，选择“ < = ”，在“约束”处输入“ $H$18: $H$20”。勾选“使无约束变量为非负数”复选框。在“选择求解方法”中选择“单纯线性规划”，如图 5 - 20 所示。

图 5 - 20 “规划求解参数”对话框

单击“求解”按钮，单击“确定”按钮。任务操作结果如图 5 - 21 所示。

D25 =SUMPRODUCT(C12:E14,C18:E20)

	A	B	C	D	E	F	G	H
16	可变单元格							
17			工厂1	工厂2	工厂3	合计	约束条件	
18		供应商A	400	0	0	400	≤	400
19		供应商B	200	0	300	500	≤	700
20		供应商C	0	500	0	500	≤	500
21		合计	600	500	300			
22		约束条件	=	=	=			
23			600	500	300			
24								
25	目标函数：总运输费用最低			6600				

图 5 - 21 任务操作结果

➢ 任务操作结果

总运输费用为 6600 美元，供应商 A 给工厂 1 供货 400t；供应商 B 给工厂 1 供货 200t，给工厂 3 供货 300t；供应商 C 给工厂 2 供货 500t。

任务 5　利用扫描法确定组车路线

➢ 方法原理

扫描法由两个阶段组成：第一阶段是将停留点的货运量分配给送货车；第二阶段是安排停留点在路线上的顺序。

5-5

扫描法的步骤可简述为以下 3 步：

1）将仓库和所有停留点的位置画在地图上或坐标图上。

2）通过仓库位置放置一把直尺，直尺指向任何方向均可，然后顺时针方向转动直尺，直到直尺交到一个停留点。查看累计的装货量是否超过送货车的载重量或载货体积，如果超过了，则将最后的停留点排除后，将第一辆车的停留点确定下来，再从这个被排除点开始继续扫描，开辟另一条新的路线。这样依次扫描下去，直至全部的停留点都被分配完毕。

3）安排每辆车运行路线的停留点顺序，以求运行距离最小化。

➢ 任务内容

北京某仓库在早晨 7 点之前要将晚上集聚的某些货物送到四环以内各客户点并返回仓库。各客户点需要的货物数量和位置如图 5－22 所示。送货车每次可运载 10000 件，且一般每天凌晨只能完成一次送货。问该仓库需要多少辆送货车？每条路线上有哪几个客户点？送货车途径有关客户点的顺序是什么？

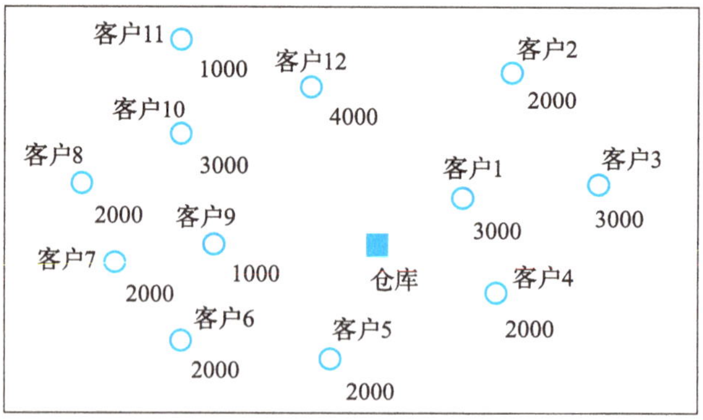

图 5－22　各客户点需要的货物数量和位置

➢ 任务操作步骤

步骤 1：根据图 5－22 建立数据模型，如图 5－23 所示。

步骤 2：在单元格 C1 输入“提货量累加（件）”，在单元格 C2 输入“＝B2”，在单元格 C3 输入“＝C2＋B3”，向下填充至 C13，完成累计提货量的计算，如图 5－24 所示。可以看出，仓库这一天晚上共集聚了27000件货物，由于每车最多能装10000件，所以需要3辆车。

	A	B
1	客户点排列顺序	提货量（件）
2	1	3000
3	2	2000
4	3	3000
5	4	2000
6	5	2000
7	6	2000
8	7	2000
9	8	2000
10	9	1000
11	10	3000
12	11	1000
13	12	4000

图5-23 建立数据模型

	A	C
1	客户点排列顺序	提货量累加（件）
2	1	3000
3	2	5000
4	3	8000
5	4	10000
6	5	12000
7	6	14000
8	7	16000
9	8	18000
10	9	19000
11	10	22000
12	11	23000
13	12	27000

图5-24 累计提货量的计算

步骤3：在单元格D1输入“换车点”，在单元格D2输入“=1+LOOKUP(10000，C2:C13，A2:A13)”。同理在单元格D3输入“=1+LOOKUP(20000，C2:C13，A2:A13)”，在单元格D4输入“=1+LOOKUP(30000，C2:C13，A2:A13)”，如图5-25所示。

D2 fx =1+LOOKUP(10000,C2:C13,A2:A13)

	A	D	E	F	G	H
1	客户点排列顺序	换车点				
2	1	5				
3	2	10				
4	3	13				
5	4					
6	5					
7	6					
8	7					
9	8					
10	9					
11	10					
12	11					
13	12					

图5-25 换车点的确定

➢ 任务操作结果

如图5-26所示，我们可以看到客户1、客户2、客户3、客户4为一辆车，走路线1，共运货10000件；客户5、客户6、客户7、客户8、客户9为一辆车，走路线2，共运货9000件；客户10、客户11、客户12为一辆车，走路线3，共运货8000件。

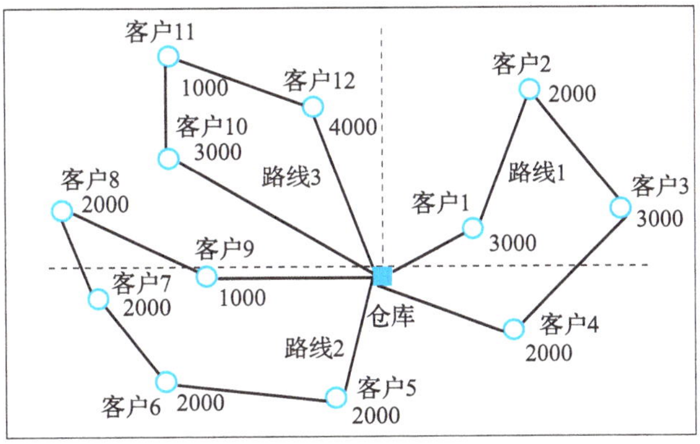

图5-26 利用扫描法确定的行车路线

任务 6 用规划求解法解决车辆分配和派送问题

5-6

➢ 方法原理

指派问题实际上是一个特殊的运输问题。它的目标是使 m 辆车完成 m 项工作所花的成本最低。这里假设所有的车辆都被指派，所有的工作都由车辆完成。

目标函数为

$$\min z = \sum_{i=1}^{m}\sum_{j=1}^{m} c_{ij}x_{ij} \tag{5-5}$$

式中 c_{ij}——费用；

x_{ij}——项目。

约束条件为

$$\sum_{j} x_{ij} = 1, 对每项工作\ i$$

$$\sum_{i} x_{ij} = 1, 对每辆车\ j$$

$$x_{ij} = 0\ 或\ 1$$

➢ 任务内容

北京某物流有限公司今天有 4 项派送任务，恰好有 2 辆 8t 和 2 辆 9t 的卡车可用，不同车辆完成各项任务的费用见表 5-3，请确定总费用最少的车辆分配方案并打出派车单。

表 5-3 不同车辆完成各项任务的费用 （单位：万元）

车辆	任务 a	任务 b	任务 c	任务 d
8t	14	5	8	7
8t	2	12	6	5
9t	7	8	3	9
9t	2	4	6	10

➢ 任务操作步骤

步骤 1：建立可变单元格和约束条件。在单元格 C11: F14 区域建立可变单元格区域；在单元格 G11 输入“ =SUM(C11: F11)”，向下填充至 G14；在单元格 H11 输入“ =”，向下填充至 H14；在单元格 I11 输入“1”，向下填充至 I14。在单元格 C15 输入“ =SUM(C11: C14)”，向右填充至 F15；在单元格 C16 输入“ =”，向右填充至 F16；在单元格 C17 输入“1”，向右填充至 F17，如图 5-27 所示。

步骤 2：建立目标函数。在单元格 C19 输入“ = SUMPRODUCT(C4: F7，C11: F14)”。

选择“数据”/“分析”/“规划求解”，在“规划求解参数”对话框中的“设置目标”处输入“ $C$19”，并选择“最小值”，在“通过更改可变单元格”处输入“ $C$11:$F$14”。

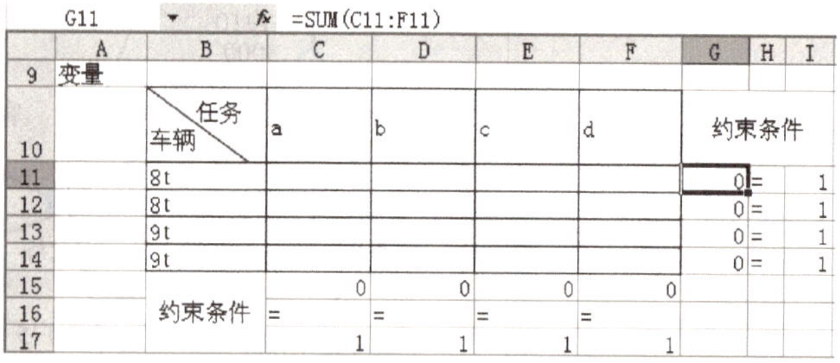

图 5-27 车辆和任务的约束条件设置

添加约束条件“$C$11:$F$14 = 二进制”“$C$15:$F$15 = $C$17:$F$17”“$G$11:$G$14 = $I$11:$I$14”。勾选“使无约束变量为非负数”复选框。在“选择求解方法”中选择“单纯线性规划”，如图5－28所示。

单击“求解”按钮，单击“确定”按钮。规划求解结果如图5－29所示。费用最少为15万元，两个8t的车分别选任务b、d，两个9t的车分别选任务c、a。

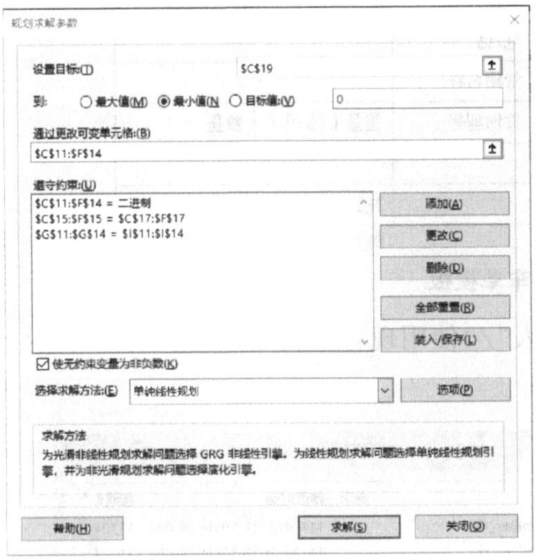

图5－28 规划求解参数设置

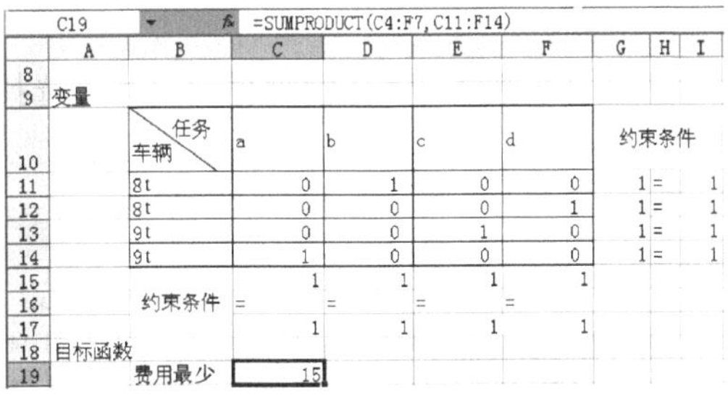

图5－29 规划求解结果

步骤3：确定派车单内容，如图5－30所示。

	A	B	C	D	E	F	G	H
1	日期	联系人1	驾驶员	车 型	车 号	手 机	驾驶证号	托运单位
2	2021年11月24日	李某	潘某	解放牌（9t）	京A-UJxxx	139xxxxxxxx	142xxxxxxxxx	A
3	2021年11月24日	刘某	岳某	跃进牌（9t）	京A-UJxxx	187xxxxxxxx	142xxxxxxxxx	B
4	2021年11月24日	马某	赵某	东风牌（8t）	京A-6Fxxx	139xxxxxxxx	110xxxxxxxxx	C
5	2021年11月24日	胡某	齐某	东风牌六驱	京A-6Fxxx	136xxxxxxxx	110xxxxxxxxx	D

a）

I	J	K	L	M	N	O
地 址	联系人2	电 话	货物名称	货物型号	数量	重量（体积）
北京东三环xx号	王某	010-68xxxx	恒力干式变压器	SCB10-1000/10-0.4	1	3210kg
天津河西开发区xx	朱某	022-83xxxx	非晶合金变压器	SH15-M	3	
运城城西开发区B座xx	胡某	0359-68xxxx	油浸式变压器	S11	2	
廊坊开发区A区xx	冷某	0316-56xxxx	三相干式变压器	scb12-2500kva	3	3m³

b）

图5－30 派车单内容

步骤 4：填写派车单。打开“派车单模板”(Word)，如图 5－31 所示。

派车单

日期：

承运单位			托运单位		
地　址			地　址		
联系人			联系人		
驾驶员	车　型	车　号	电　话		
			货物名称		
手　机			货物型号	重量（体积）	数量
证件号					
备注	承运方签字：			托运方签字：	

制表人：

图 5－31　派车单模板

选择“邮件”/“开始邮件合并”/“选择收件人”/“使用现有列表”，如图 5－32 所示。选择‘指派－2＄’表格，如图 5－33 所示。

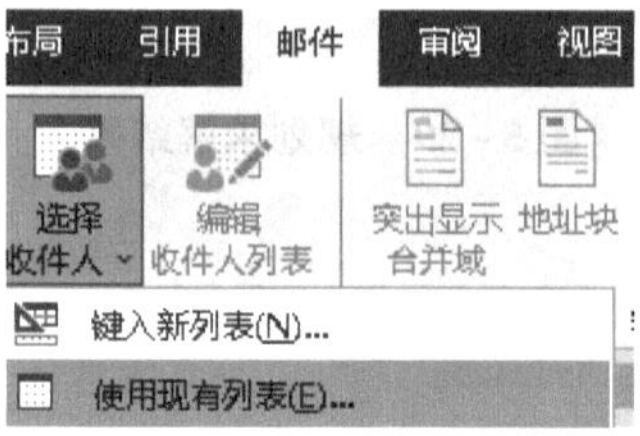

图 5－32　选择收件人

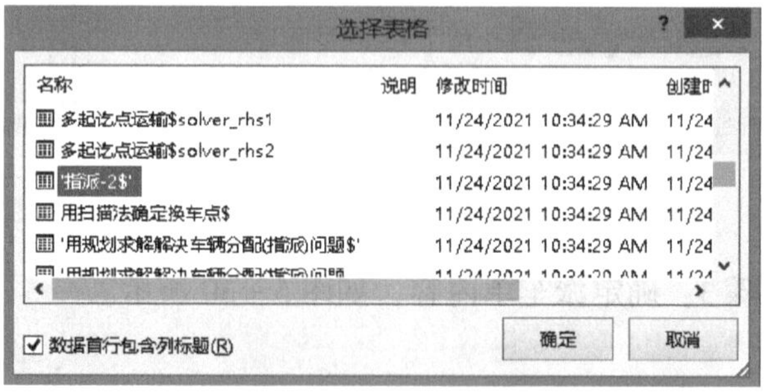

图 5－33　选择表格

单击“邮件”/“编写和插入域”/“插入合并域”，如图 5－34 所示，将光标放到“日期”旁，选择“日期”。同理完成所有插入合并域选项，如图 5－35 所示。

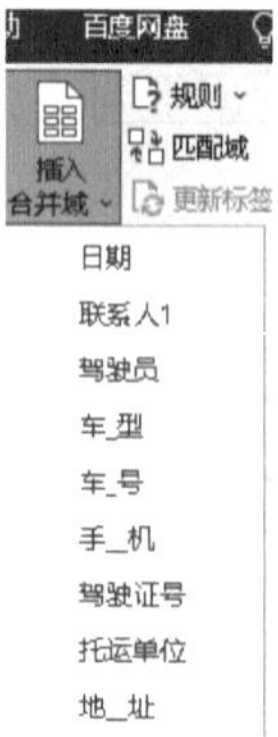

图 5－34　插入合并域

派车单

日期：«日期»

承运单位	北京 X X 物流有限公司		托运单位	«托运单位»	
地　址	北京 X X 经济开发区		地　址	«地_址»	
联系人	«联系人 1»		联系人	«联系人 2»	
驾驶员	车　型	车　号	电　话	«电_话»	
«驾驶员»	«车_型»	«车_号»	货物名称	«货物名称»	
手　机	«手_机»		货物型号	重量（体积）	数量
证件号	«驾驶证号»		«货物型号»	«重量（体积）»	«数量»
备注	承运方签字：			托运方签字：	

制表人：X X

图 5－35　完成的插入合并域

步骤 5：将派车单模板表框线去掉，原表的项目名称的文字全部改成无色，修改后的合并域如图 5－36 所示。

：«日期»

	北京 XX 物流有限公司			«托运单位»	
	北京XX经济开发区XX			«地__址»	
	«联系人 1»			«联系人 2»	
				«电_话»	
«驾驶员»	«车_型»	«车_号»		«货物名称»	
	«手__机»				
	«驾驶证号»		«货物型号»	«重量(体积)»	«数量»

图 5－36　修改后的合并域

步骤 6：单击“邮件”/“完成”/“完成并合并”/“编辑单个文档”，弹出如图 5－37 所示对话框，单击“确定”按钮。如图 5－38 所示为 4 张派车单之一。

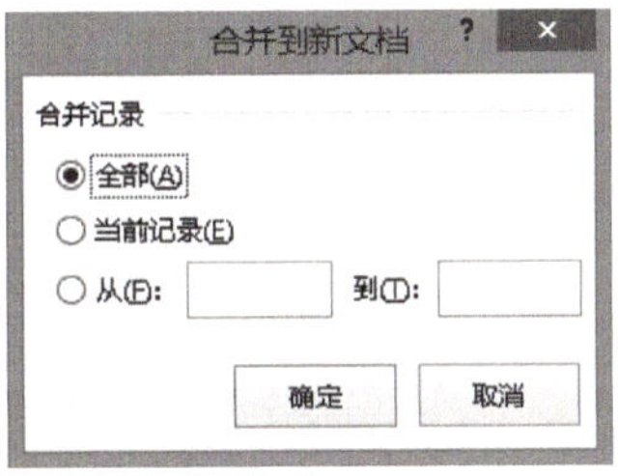

图 5－37　“合并到新文档”对话框

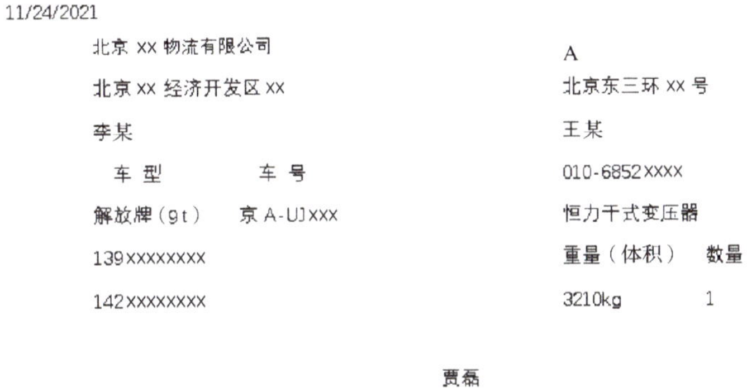

图 5－38　派车单

➢ 任务操作结果

如图 5－39 所示为打印后的派车单之一，将派车单分给各辆车，完成派车任务。

派车单

日期：11/24/2021

承运单位	北京 X X 物流有限公司			托运单位	D	
地　址	北京 X X 经济开发区 X X			地　址	廊坊开发区 A 区 XXX	
联系人	胡某			联系人	冷某	
驾驶员	车　型	车　号		电　话	0316-56XXXX	
齐良	东风牌六驱	京 A-6F XXX		货物名称	三相干式变压器	
手　机	136 XXXXXXXX			货物型号	重量(体积)	数量
证件号	110 XXXXXXXXX			scb12-2500kva	$3m^3$	3
备注	承运方签字：				托运方签字：	

制表人：贾磊

图 5－39　打印后的派车单

➢ 任务小结

1) 一般派车单、出入库单等都有现成的，可以手填，但是现在一般都是机打，即根据现成单据做成模板，然后填写；所有手填单都可以用这种方法改成机打。

2)邮件合并前将“非手填项”改成无色，避免单据上字迹重叠。

➢ 任务拓展

转运问题是指在到达目的地节点之前运输可能经过某个中间节点(转运点)的运输问题。

目标函数为

$$\min z = \sum_{i=1}^{m}\sum_{j=1}^{m} c_{ij}x_{ij} \tag{5-6}$$

约束条件为

$$\sum_j x_{ij} \leqslant s_i\text{，对每个源头 } i$$
$$\sum_i x_{ik} - \sum_j x_{kj} = 0\text{，对每个中间节点 } k$$
$$\sum_i x_{ij} = d_j\text{，对每个目的地 } j$$
$$x_{ij} \geqslant 0\text{，对所有的 } i \text{ 和 } j$$

式中　c_{ij}——运输成本；

x_{ij}——运输量；

x_{ik}——源头到中间节点的运输量；

x_{kj}——中间节点到目的地的运输量；

s_i——每个源头的运输量；

d_j——每个目的地的运输量。

项目 3　车辆选择

任务 7　根据出库的概率密度确定各种车辆数量

➢ 方法原理

5-7

当货物批量超过最大载重量车辆的运输能力时，根据经济性原则，可以将最大载重量的车辆组合起来使用。货物批量适合于 i 辆最大载重量车辆组合起来运输的货物批量概率 P_m 的表达式为

$$P_m = \begin{cases} \int_{(q\gamma)_{m-1}}^{(q\gamma)_m} f(x)\,dx, & i = 1 \\ \int_{(i-1)(q\gamma)_m}^{i(q\gamma)_m} f(x)\,dx, & i > 1 \end{cases} \tag{5-7}$$

当汽车载重量与货物批量分布相适应时，货物批量的均值可表示为

$$\bar{q} = \sum_{j=1}^{m-1} P_j\,(q\gamma)_j + (q\gamma)_m \sum_{i=1}^{\infty} iP_{m,i} \tag{5-8}$$

式中　$(q\gamma)_j$，$(q\gamma)_m$——分别为第 j 种车的实际载重量和最大载重量。

每运次车辆实际载重量均值的表达示为

$$\bar{q} = \sum_{i=1}^{m} p_i (q\gamma)_i \tag{5-9}$$

$$P_m = \sum_{j=1}^{\infty} P_{m,j} \tag{5-10}$$

式中 P_m——最大载重量车辆所完成的货物批量概率。

每运次车辆额定载重量均值的表达式为

$$\overline{q_0} = \sum_{i=1}^{m} P_i q_i \tag{5-11}$$

汽车总数的载重量利用率均值的表达式为

$$\bar{\gamma} = \frac{\bar{q}}{\overline{q_0}} \tag{5-12}$$

计划期内，汽车总数应完成的运次总数的表达式为

$$\sum n = \frac{\sum Q}{\overline{q\gamma}} \tag{5-13}$$

每一种车型应完成的运次数的表达式为

$$n_i = p_i \sum n \tag{5-14}$$

每一种车型应完成的货运量的表达式为

$$Q_i = n_i (q\gamma)_i \tag{5-15}$$

每一种车型的日产量的表达式为

$$Q_{Di} = \frac{q_i \gamma_i}{\dfrac{L_{Li}}{V_{Ti}\beta_i} + t_{lui}} T_{di} = \frac{V_{Ti}\beta_i q_i \gamma_i}{L_{Li} + V_{Ti}\beta_i t_{lui}} T_{di} \tag{5-16}$$

那么所需载重量为 q_i 的在册车辆数的表达式为

$$A_i = \frac{Q_i}{D_p \alpha_{di} Q_{di}} \tag{5-17}$$

式中 $\sum Q$——计划期总货运量；

V_{Ti}——第 i 型车的技术速度；

β_i——第 i 型车的里程利用率；

α_{di}——计划期第 i 型车的工作率；

γ_i——第 i 型车的载重量利用率；

q_i——第 i 型车的额定载重量；

L_{Li}——第 i 型车的平均运次载重行程；

t_{lui}——第 i 型车的平均运次装卸停歇时间；

T_{di}——第 i 型车的每车日路线工作时间；

D_p——计划期每车营运日数。

➢ 任务内容

仓库运出的金属材料批量按指数函数分布，其概率密度函数为 $f(x) = 0.11\mathrm{e}^{-0.11x}$，年货运量 $\sum Q = 406720\mathrm{t}$。现计划采用 3 种类型的车辆完成上述货运任务，其中：

解放汽车：$q_1=4\text{t}$，$\alpha_{d1}=0.85$，$t_{lu1}=60\text{min}$

黄河型汽车：$q_2=8\text{t}$，$\alpha_{d2}=0.90$，$t_{lu2}=76\text{min}$

玛斯型汽车：$q_3=12.5\text{t}$，$\alpha_{d3}=0.75$，$t_{lu3}=90\text{min}$

其余各指标相同，$L_i=15\text{km}$，$V_{Ti}=20\text{km/h}$，$\beta_i=0.65$，$T_{di}=8\text{h}$，$\gamma_i=1$，$D_p=365$ 天。试计算所需的各种车型数量。

➢ 任务操作步骤

步骤 1：根据已知条件建立数据模型，如图 5－40 所示。

	A	B	C	D
1				
2	概率密度函数　　$f(x)=$	$0.11e^{-0.11x}$		
3	年货运量（t）	406720		
4				
5		解放汽车	黄河型汽车	玛斯型汽车
6	额定载重量 q_i(t)	4	8	12.5
7	计划期内工作率 α_{di}	0.85	0.9	0.75
8	平均运次装卸停歇时间 t_{lui}(min)	60	76	90
9	平均运次载重行程 L_{li}(km)	15	15	15
10	技术速度 V_{Ti}(km/h)	20	20	20
11	里程利用率 β_i	0.65	0.65	0.65
12	日路线工作时间 T_{di}(h)	8	8	8
13	车载重量利用率 γ_i	1	1	1
14	营运日数 D_p	365	365	365

图 5－40　建立数据模型

步骤 2：根据概率密度函数和额定载重量计算每种车型的货物批量概率。在单元格 B15 输入“＝－EXP(－0.11＊B6)＋EXP(－0.11＊0)”，在单元格 C15 输入“＝－EXP(－0.11＊C6)＋EXP(－0.11＊B6)”，向右填充至 D15。

步骤 3：计算每运次车辆实际载重量均值，在单元格 B16 输入“＝SUMPRODUCT(B6:D6，B13:D13，B15:D15)”；计算每运次车辆额定载重量均值，在单元格 B17 输入“＝SUMPRODUCT(B6:D6，B15:D15)”；计算汽车总数的载重量利用率均值，在单元格 B18 输入“＝B16/B17”；计算计划期内汽车总数应完成的运次总数，在单元格 B19 输入“＝ROUNDUP(B3/B17，0)”；计算每一种车型应完成的运次数，在单元格 B20 输入“＝ROUND(B15＊$B19，0)”，向右填充至 D20。

步骤 4：计算每一种车型应完成的货运量，在单元格 B21 输入“＝B20＊B6＊B13”，向右填充至 D21；计算每一种车型的日产量，在单元格 B22 输入“＝B10＊B11＊B6＊B13＊B12/(B9＋B10＊B11＊B8/60)”，向右填充至 D22；计算在册车辆数，在单元格 B23 输入“＝ROUND(B21/(B14＊B7＊B22)，0)”，向右填充至 D23，如图 5－41 所示。

	A	B	C	D
1				
5		解放汽车	黄河型汽车	玛斯型汽车
15	货物批量概率	=-EXP(-0.11*B6)+EXP(-0.11*0)	=-EXP(-0.11*C6)+EXP(-0.11*B6)	=-EXP(-0.11*D6)+EXP(-0.11*C6)
16	每运次车辆实际载重量均值	=SUMPRODUCT(B6:D6,B13:D13,B15:D15)		
17	每运次车辆额定载重量均值	=SUMPRODUCT(B6:D6,B15:D15)		
18	汽车总数的载重量利用率均值	=B16/B17		
19	计划期内，汽车总数应完成的运次总数（次）	=ROUNDUP(B3/B17,0)		
20	每一种车型应完成的运次数	=ROUND(B15*$B19,0)	=ROUND(C15*$B19,0)	=ROUND(D15*$B19,0)
21	每一种车型应完成的货运量（t）	=B20*B6*B13	=C20*C6*C13	=D20*D6*D13
22	每一种车型的日产量（t）	=B10*B11*B6*B13*B12/(B9+B10*B11*B8/60)	=C10*C11*C6*C13*C12/(C9+C10*C11*C8/60)	=D10*D11*D6*D13*D12/(D9+D10*D11*D8/60)
23	在册车辆数(辆)	=ROUND(B21/(B14*B7*B22),0)	=ROUND(C21/(C14*C7*C22),0)	=ROUND(D21/(D14*D7*D22),0)

图 5－41　计算公式和函数

➢ 任务操作结果

如图5－42所示，解放汽车在册车辆数为24辆；黄河型汽车在册车辆数为16辆；玛斯型汽车在册车辆数为15辆。

	A	B	C	D
4				
5		解放汽车	黄河型汽车	玛斯型汽车
15	货物批量概率	0.355964	0.229254	0.161943
16	每运次车辆实际载重量均值	5.28		
17	每运次车辆额定载重量均值	5.28		
18	汽车总数的载重量利用率均值	1		
19	计划期内，汽车总数应完成的运次总数（次）	76999		
20	每一种车型应完成的运次数	27409	17652	12469
21	每一种车型应完成的货运量（t）	109636	141216	155863
22	每一种车型的日产量（t）	14.86	26.44	37.68
23	在册车辆数(辆)	24	16	15

图5－42　任务操作结果

➢ 任务小结

利用时间排序法也可以减少货车数量。

习　题

1. 某企业有2个仓库和3个客户，需要经常由仓库发货给客户。货物的运输方式企业可以选择自营，也可以选择外包。若选择自营运输，每年因车辆的购置费、保养费、专职运输人员的工资福利等，预计支出70万元；若选择外包运输，则没有固定费用，但每件货物的运输费用要高于自营时。企业自营与外包相关数据见表5－4，试选择运输方式。

表5－4　企业自营与外包相关数据

仓库	客户1		客户2		客户3		供给量(万件/年)
	自营	外包	自营	外包	自营	外包	
仓库1	3	4	2	3	2	4	50
仓库2	4	5	2	3	3	6	70
需求量(万件/年)	30		40		50		

2. 某物流运输公司计划从产地A出发把产品运往销地H。有下列运输网络可以选择，每两点之间的运输距离见表5－5，该公司应如何规划线路使得运输路径最短？

表5－5　某物流运输公司运输路径距离

起点	A	A	A	B	B	B	B	C	C	D	E	E	F	G	G
终点	B	C	D	C	F	D	G	E	F	G	H	F	H	F	H
距离	6	4	5	3	9	5	6	8	3	5	12	5	9	4	13

3. 某石油公司要从某原油基地W将19单位原油运往某炼油厂Z，原油运送网络管线如图5－43所示。线路上的数字表示最大通过量，○表示各泵房。该公司应如何设计运送管线使得运送数量最大？

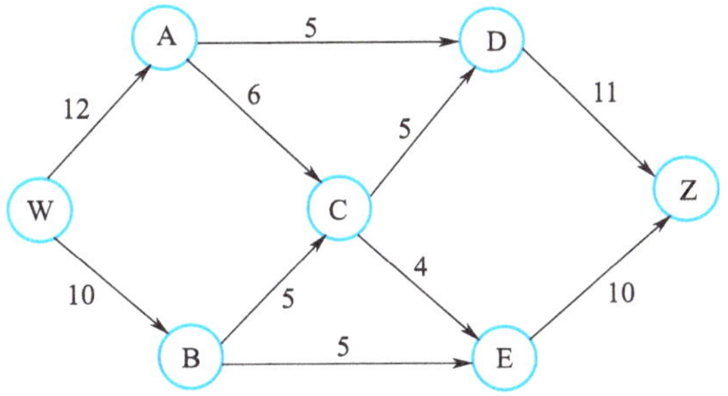

图5－43　原油运送网络管线

4. 有一辆载重量为 100t 的卡车，最大装货体积为 $85m^3$，要运送 3 种货物，每种货物的重量、体积及单件利润见表 5－6，问如何装载可使总价值最大？

表 5－6　每种货物的重量、体积及单件利润

产品种类	a	b	c
重量/t	4	4.1	4.2
体积/m^3	1.5	4.5	4.9
单件利润（万元）	85	132	140

5. 北京某仓库在早晨 7 点之前要将晚上集聚的某种货物送到四环以内各客户点并返回仓库。各客户点需要的货物数量和位置如图 5－44 所示。送货车每次可运载 8000 件，且一般每天凌晨只能完成一次送货。问该仓库需要多少辆送货车？每条路线上有哪几个客户点？送货车途径有关客户点的顺序是什么？

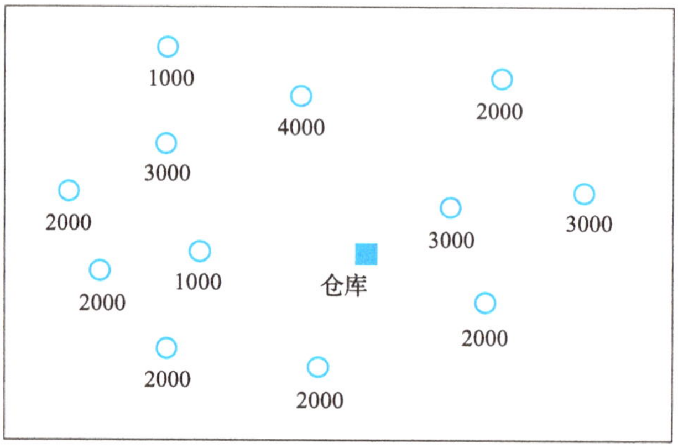

图 5－44　各客户点需要的货物数量和位置

6. 某工厂生产的产品要运往销售地，运送方式有两种：自运和外包。如果为自运，工厂需要添置运输装卸设备，每年将增加设备固定成本 12 万元，此外运输每件产品的直接成本为 40 元；如果让运输公司运送，每件要支付 100 元。试分析该工厂应该选择自运还是外包。

7. 某石油公司 W 按照图 5－45 所示网络管线用泵将 15 单位原油送抵炼油厂 F。线路上括号内第一个数字表示容量，第二个数字表示单位费用；○表示各泵房。请设计出能使运送成本最小的路线。

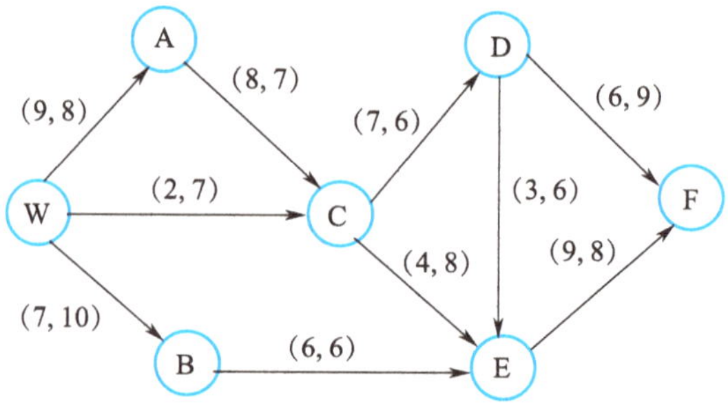

图 5－45　原油运送网络管线（1）

8．某石油公司要从某原油基地W将原油运往某炼油厂Z，原油运送网络管线如图5-46所示。线路上的数字表示最大通过量，○表示各泵房。请设计出能使运送数量最大的路线。

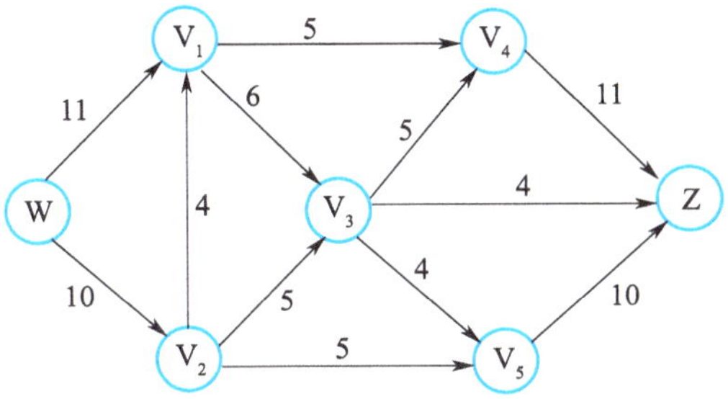

图5-46 原油运送网络管线(2)

9．某物流运输公司计划从产地A出发把产品运往销地H，产销地运输网络如图5-47所示。图中每条线路上的数字为运输距离，该公司应该如何规划线路使得运输路径最短？

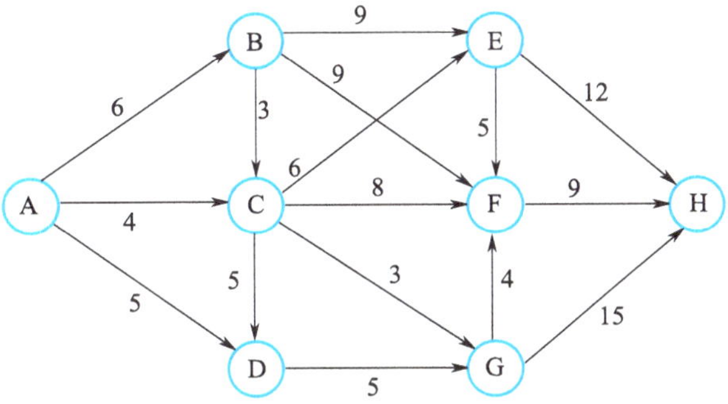

图5-47 产销地运输网络

10．某电子公司的生产线分别位于成都和武汉。在任意生产线出产的部件可能被运送到公司在重庆或长沙的任意一个仓库。公司从这些仓库向贵阳、杭州、西安和深圳的零售商发货。工厂与仓库间的运输成本见表5-7，仓库与零售商间的运输成本见表5-8。该电子公司转运网络如图5-48所示，每个起始节点的供给和每个终止节点的需求分别在左侧和右侧标明。请设计合适的运输路线，使得任意生产线生产出的部件运送到零售商的费用最少。

表5-7 工厂与仓库间的运输成本

工厂	仓库	
	重庆	长沙
成都	2	3
武汉	3	1

表5-8 仓库与零售商间的运输成本

仓库	零售商			
	贵阳	杭州	西安	深圳
重庆	2	6	3	6
长沙	4	4	6	5

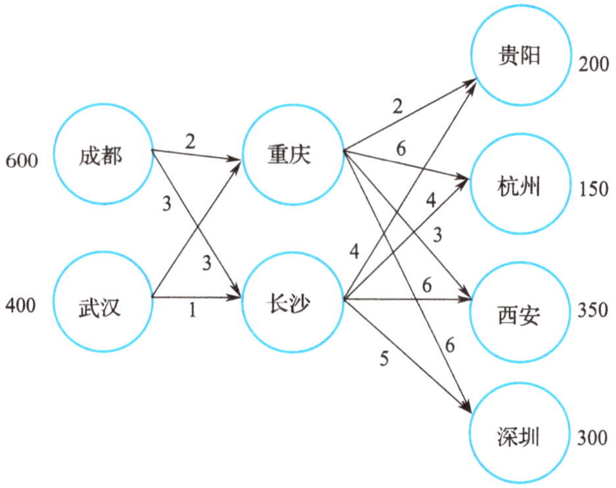

图 5-48 转运网络

11. 某物流公司有 10 条行车路线，发车时间和返回时间见表 5-9。问如何组合能够使所需车辆最少？

表 5-9 发车时间和返回时间

路线	发车时间	返回时间
1	8:00	10:25
2	8:30	11:45
3	14:00	16:53
4	11:31	15:21
5	8:12	9:52
6	15:03	17:13
7	12:24	14:22
8	13:33	16:46
9	8:10	10:34
10	10:56	14:25

单元 6
物流中心设施选址

配送是在整个物流过程中的一种既包括集货、储存、拣货、配货、装货等一系列狭义的物流活动，也包括输送、送达、验货等以送货上门为目的的商业活动，它是商流与物流紧密结合的一种综合的、特殊的复合性供应链环节，也是物流过程中的关键环节。

配送由一般送货形态发展到今天必须以信息技术和自动化技术等先进技术为手段，以良好的交通设施为基础，配送方式不断优化，而配送现代化又必然推动物流新技术的应用和开发，促进科学技术的不断进步。

为适应配送信息化和自动化的要求，条码技术在配送作业中得到了广泛应用，将所有配送货物贴上标准条码，同时尽可能归并为易于自动机械装卸的组合化货物单元，利用这些技术可以使分拣、配货的速度大幅度提高。

配送区域是指配送中心辐射的范围，即以某一点为核心建立配送中心，其配送的距离和区域的大小不仅关系到配送中心的投资规模，也影响到配送中心的运作方式。

配送中心的建设规划特别是地址的选择，直接影响配送中心各项经济活动的成本，同时也关系到配送中心的正常运作和发展，因为配送中心建成后还必须适应市场环境的变化，不断调整自身的活动方式。

项目 1　配送中心选址模型

任务 1　用规划求解法解决单设施选址问题

➢ 方法原理

6-1

单设施选址模型，也可以叫作数值分析法模型，该模型的选址因素只包括运输费率和该点的货物运输量。

设有若干个生产地和需求地，各自有一定量货物需要以一定的运输费率运向一个位置待定的仓库，那么这个仓库应该位于何处呢？我们以该点的运输量乘以到该点的运输费率，再乘以到该点的距离，求出上述乘积之和的最小值。

即

$$\min TC = \sum V_i R_i d_i \tag{6-1}$$

式中　TC——总运输成本；

V_i——i 点的运输量；

R_i——到 i 点的运输费率；

d_i——从位置待定的仓库到 i 点的距离。

d_i 的表达式为

$$d_i = \sqrt{(x - x_i)^2 + (y - y_i)^2} \tag{6-2}$$

其中，(x, y) 为待定仓库的坐标，(x_i, y_i) 为生产地或需求地的坐标。

➢ 任务内容

某公司有两个工厂向仓库供货，由仓库供应 3 个市场。产品 A 由工厂 P1 负责供应，产品 B 由工厂 P2 负责供应。这些产品随后再被运到 M1、M2、M3 市场。工厂和市场的坐标、货物运输量和运输费率见表 6-1，我们需要寻找使运输成本最小的单一仓库的位置。

表 6-1 工厂和市场坐标、货物运输量和运输费率

地点 i	总运输量	运输费率	坐标值	
	V_i(担)	R_i(美元/担/英里①)	x_i	y_i
P1	2000	0.050	3	8
P2	3000	0.050	8	2
M1	2500	0.075	2	5
M2	1000	0.075	6	4
M3	1500	0.075	8	8

① 1 英里≈1.61km。

➢ 任务操作步骤

步骤 1：设立待定的可变单元格区域。在单元格 A11 输入“仓库位置:”，B11、C11 分别输入“x”“y”，确定可变单元格区域，如图 6-1 所示。

	A	B	C
10			
11	仓库位置:	x	y
12			
13			

图 6-1 可变单元格区域

步骤 2：在单元格 G3 输入“距离/英里”，G4 输入“d_i”；在单元格 G5 输入“=SQRT((E5-B$12)^2+(F5-C$12)^2)”，向下填充至 G9，完成待定仓库到各工厂和市场的距离的设定。在单元格 H3 输入“美元/英里”，H4 输入“V_iR_i”；在单元格 H5 输入“=C5*D5”，向下填充至 H9，完成单位运输成本的设定，如图 6-2 所示。

	A	B	C	D	E	F	G	H
1								
2								
3			总运输量	运输费率	坐标值		距离/英里	美元/英里
4		地点 i	V_i(担)	R_i(美元/担/英里)	x_i	y_i	d_i	V_iR_i
5		P1	2000	0.050	3	8	=SQRT((E5-B$12)^2+(F5-C$12)^2)	=C5*D5
6		P2	3000	0.050	8	2	=SQRT((E6-B$12)^2+(F6-C$12)^2)	=C6*D6
7		M1	2500	0.075	2	5	=SQRT((E7-B$12)^2+(F7-C$12)^2)	=C7*D7
8		M2	1000	0.075	6	4	=SQRT((E8-B$12)^2+(F8-C$12)^2)	=C8*D8
9		M3	1500	0.075	8	8	=SQRT((E9-B$12)^2+(F9-C$12)^2)	=C9*D9
10								

a) 计算函数和公式

图 6-2 单位运输成本的计算

地点i	总运输量 V_i(担)	运输费率 R_i(美元/担/英里)	坐标值 x_i	y_i	距离/英里 d_i	美元/英里 V_iR_i
P1	2000	0.050	3	8	8.54	100.00
P2	3000	0.050	8	2	8.25	150.00
M1	2500	0.075	2	5	5.39	187.50
M2	1000	0.075	6	4	7.21	75.00
M3	1500	0.075	8	8	11.31	112.50

b)计算结果

图6-2　单位运输成本的计算（续）

步骤3：在单元格B14输入“=SUMPRODUCT(G5:G9，H5:H9)”，完成目标函数的设置。

步骤4：设置规划求解参数。选择“数据”/“分析”/“规划求解”，打开“规划求解参数”对话框。在“设置目标”处输入“$B$14”；“到”选择“最小值”；在“通过更改可变单元格”处输入“$B$12:$C$12”；在“选择求解方法”中选择“非线性GRG”，如图6-3所示。

单击“求解”按钮和“确定”按钮。任务操作结果如图6-4所示。

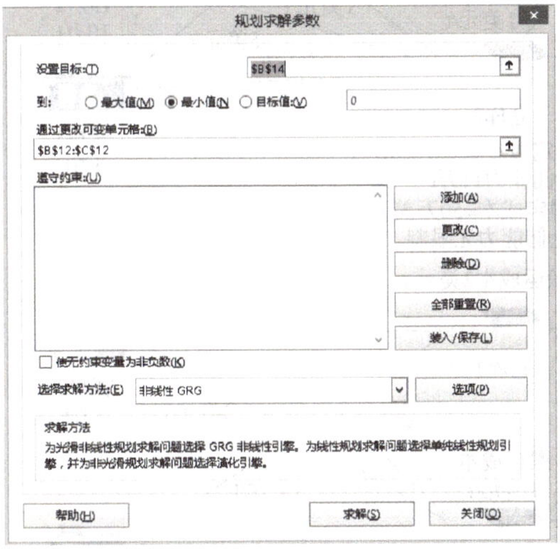

图6-3　“规划求解参数”对话框

	A	B	C
10			
11	仓库位置：	x	y
12		4.91	5.06
13			
14	目标函数	2142.51	

图6-4　任务操作结果

➤ 任务操作结果

仓库位置为(4.91，5.06)，最少运输费用为2142.51美元。

大多数企业面临的问题通常不是选择一个设施，而是经常需要同时决定两个或多个设施，在这种情况下通常选择线性规划求解的方法来解决问题。

任务2　用混合——整数线性规划求解的方法解决多设施选址问题

6-2

➤ 任务内容

现有3个顾客需要两种产品，但每个顾客须由同一个仓库供货，这就需要在两个仓库之间进行选择。仓库 1 的货物搬运处理成本为 2 美元/t；如果投入搬运，该仓库的固定成本为每年 10 万美元，仓库的处理能力为每年 11 万 t。仓库 2 的货物搬运处理成本为 1 美元/t；固定成本为 50 万美元，处理能力无限制，不存在维持仓库运营最低数量限制。

有两个工厂为仓库提供产品，每个工厂都可以生产其中任何一种产品。工厂 1 的生产能力有限制(可生产 6 万 t 产品 1，5 万 t 产品 2)。工厂 2 生产任意一种产品都没有生产能力的限制。

工厂、仓库与客户之间的供需关系和各种成本情况如图 6－5 所示。请用线性规划法求出使用哪些仓库？怎样将顾客需求分配给它们？各工厂应该向每个仓库供多少货？

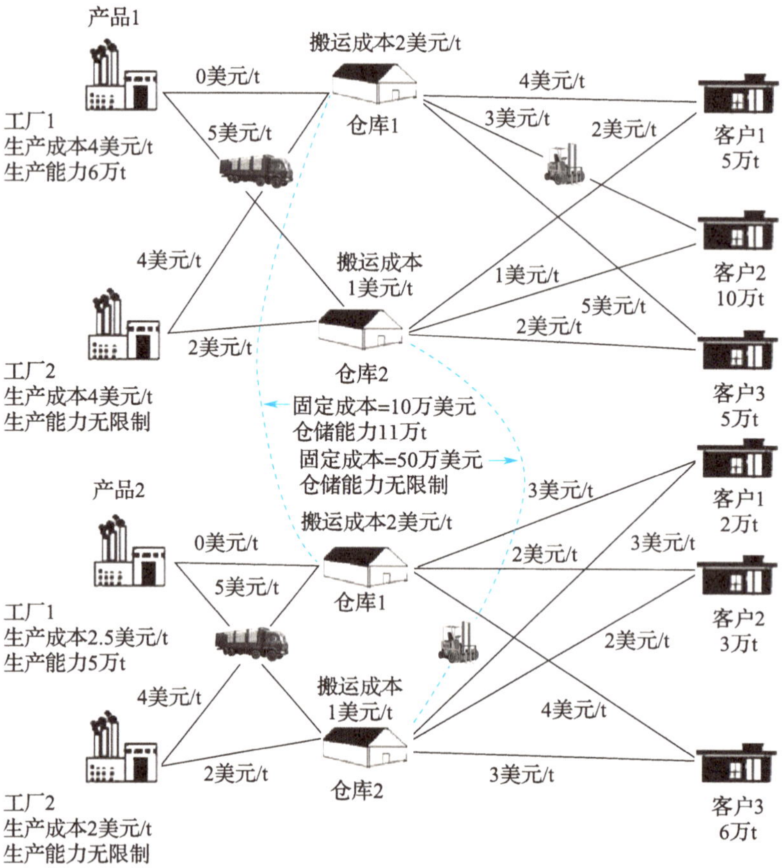

图 6－5　工厂、仓库与客户之间的供需关系和各种成本情况

➢ 任务分析

这是一个求成本最小的问题。

总成本 = 产品到仓库的总成本 + 仓库到客户的总成本 + 仓库的固定成本

根据上述等式建立任务模型：

$$\min z = \sum_{j=1}^{2}\sum_{k=1}^{2}(x_{1jk}c_{1jk} + x_{2jk}c_{2jk}) + \sum_{k=1}^{2}\sum_{gk=1}^{3}(y_{1kg}c_{1kg} + y_{2kg}c_{2kg}) + C_1z_1 + C_2z_2 \qquad (6-3)$$

任务模型的约束条件如下：

工厂 1 的生产能力：

$$x_{111}+x_{112}\leqslant 60000,$$
$$x_{211}+x_{212}\leqslant 50000;$$

仓库 1 的储存能力：

$$x_{111}+x_{121}+x_{211}+x_{221}\leqslant 110000;$$

产品的生产量与客户需求相等：

$$x_{111}+x_{121}=y_{111}+y_{112}+y_{113},$$
$$x_{112}+x_{122}=y_{121}+y_{122}+y_{123},$$
$$x_{211}+x_{221}=y_{211}+y_{212}+y_{213},$$
$$x_{212}+x_{222}=y_{221}+y_{222}+y_{223};$$

客户需求一定由某一仓库配送：

$$y_{111}-50000m_{11}=0,$$
$$y_{211}-20000m_{11}=0,$$
$$y_{121}-50000m_{21}=0,$$
$$y_{221}-20000m_{21}=0,$$
$$y_{112}-100000m_{12}=0,$$
$$y_{212}-30000m_{12}=0,$$
$$y_{122}-100000m_{22}=0,$$
$$y_{222}-30000m_{22}=0,$$
$$y_{113}-50000m_{13}=0,$$
$$y_{213}-60000m_{13}=0,$$
$$y_{123}-50000m_{23}=0,$$
$$y_{223}-60000m_{23}=0;$$

每个客户只能从一个仓库得到货物：

$$m_{11}+m_{21}=1,$$
$$m_{12}+m_{22}=1,$$
$$m_{13}+m_{23}=1,$$
$$z_1-m_{11}\geqslant 0,$$
$$z_1-m_{12}\geqslant 0,$$
$$z_1-m_{13}\geqslant 0,$$
$$z_2-m_{21}\geqslant 0,$$
$$z_2-m_{22}\geqslant 0,$$
$$z_2-m_{23}\geqslant 0;$$

$$m_{11}、m_{12}、m_{13}、m_{21}、m_{22}、m_{23}、z_1、z_2\in \text{二进制}$$

式中　x_{ijk}——产品从工厂到仓库的决策变量；

c_{ijk}——产品从工厂到仓库的成本；

y_{ikg}——产品从仓库到客户的决策变量；

c_{ikg}——产品从仓库到客户的成本；

C_k——仓库固定成本；

z_k——仓库的决策变量；

m_{kg}——仓库与客户关系的决策变量；

i——产品类别，取值为 1、2；

j——工厂类别，取值为 1、2；
k——仓库类别，取值为 1、2；
g——客户类别，取值为 1、2、3。

➢ 任务操作步骤

步骤 1：列出需求决策变量，如图 6-6～图 6-8 所示。

	A	B	C
1	变量		
2	产品1		
3		仓库1	仓库2
4	工厂1		
5	工厂2		
6			
7			
8	产品2		
9		仓库1	仓库2
10	工厂1		
11	工厂2		

a) 工厂为仓库供货表

G	H	I
产品1		
	仓库1	仓库2
客户1		
客户2		
客户3		
产品2		
	仓库1	仓库2
客户1		
客户2		
客户3		

b) 仓库为客户供货表

图 6-6 供货表

L	M	N
	仓库1	仓库2
客户1		
客户2		
客户3		

图 6-7 仓库与客户的关系

L	M
仓库1	仓库2

图 6-8 所选仓库

步骤 2：根据已知条件建立数据模型，如图 6-9 所示。

	A	B	C	D	E	F	G	H	I	J	K
14	产品到仓库成本				仓库到客户的运输成本						
15											
16	运输成本				产品1				客户需求		
17		仓库1	仓库2			仓库1	仓库2			产品1	产品2
18	工厂1	0	5		客户1	4	2		客户1	50000	20000
19	工厂2	4	2		客户2	3	1		客户2	100000	30000
20					客户3	5	2		客户3	50000	60000
21	搬运成本										
22		仓库1	仓库2								
23		2	1		产品2						
24	生产成本					仓库1	仓库2		固定成本		
25		产品1	产品2		客户1	3	3		仓库1	仓库2	
26	工厂1	4	2.5		客户2	2	2		100000	500000	
27	工厂2	4	2		客户3	4	3				
28											

图 6-9 建立数据模型

步骤 3：计算产品从工厂到仓库的单位成本。在单元格 C31 输入" = B26 + B18 + B $23"，向下填充至 C32；在单元格 D31 输入" = B26 + C18 + C $23"，向下填充至 D32。同理，依次完成产品从工厂到仓库的单位成本的计算，如图 6-10 所示。

步骤 4：建立目标函数。在单元格 C36 输入" = SUMPRODUCT(B4: C5, C31: D32) + SUMPRODUCT(B10: C11, C33: D34) + SUMPRODUCT(H4: I6, F18: G20) + SUMPRODUCT(H10: I12, F25: G27) + SUMPRODUCT(I26: J26, L4: M4)"。

	A	B	C	D
29	工厂到仓库成本			
30			仓库1	仓库2
31	产品1	工厂1	6	10
32		工厂2	10	7
33	产品2	工厂1	4.5	8.5
34		工厂2	8	5

图 6-10 产品从工厂到仓库的单位成本的计算

步骤 5：设置规划求解参数。选择"数据"/"分析"/"规划求解"，打开"规划求解参数"对话框。在"设置目标"处输入" $C $36"；"到"选择"最小值"；在"通过更改可变单元格"处输入" $B $4: $C $5， $B $10: $C $11， $H $4: $I $6， $H $10: $I $12， $L $4: $M $4， $M $10: $N $12"。

步骤6：建立约束条件。在“遵守约束”下，单击“添加”按钮，分别添加约束“$O$10:$O$12=$Q$10:$Q:$12”“$B$6=$H$7”“$B$12=$H$13”“$M$10:$N$12=二进制”“$L$4:$M$4=二进制”“$E$40<=$G$40”“$E$57:$E$62>=$G$57:$G$62”“$D$4<=$F$4”“$E$45:$E$56=$G$45:$G$56”“$C$6=$I$7”“$C$12=$I$13”“$D$10<=$F$10”勾选“使无约束变量为非负数”复选框；在“选择求解方法”中选择“非线性 GRG”，如图6-11所示。单击“求解”按钮，单击“确定”按钮。

步骤7：在单元格B16输入“=SUMPRODUCT(B4:C5，B18:C19)+SUMPRODUCT(B10:C11，B18:C19)”；在单元格B21输入“=C5*C23+C11*C23”；在单元格B24输入“=SUMPRODUCT(C4:C5，B26:B27)+SUMPRODUCT(C10:C11，C26:C27)”；在单元格F16输入“=SUMPRODUCT(H4:I6，F18:G20)”；在单元格F23输入“=SUMPRODUCT(H10:I12，F25:G27)”；在单元格J24输入“=SUMPRODUCT(L4:M4，I26:J26)”。任务操作结果如图6-12所示。

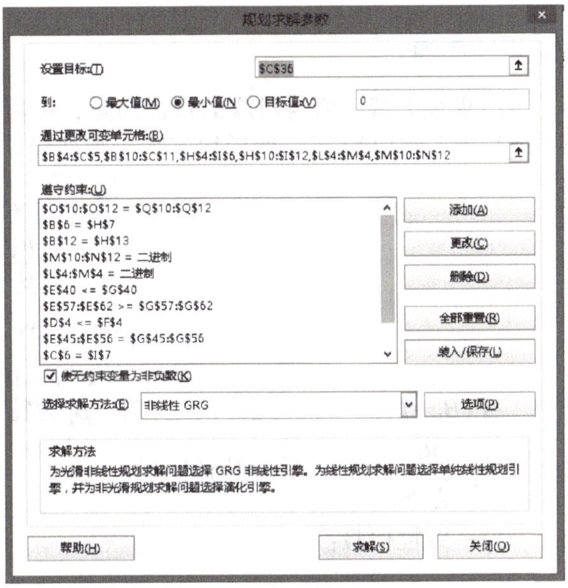

图6-11 “规划求解参数”对话框

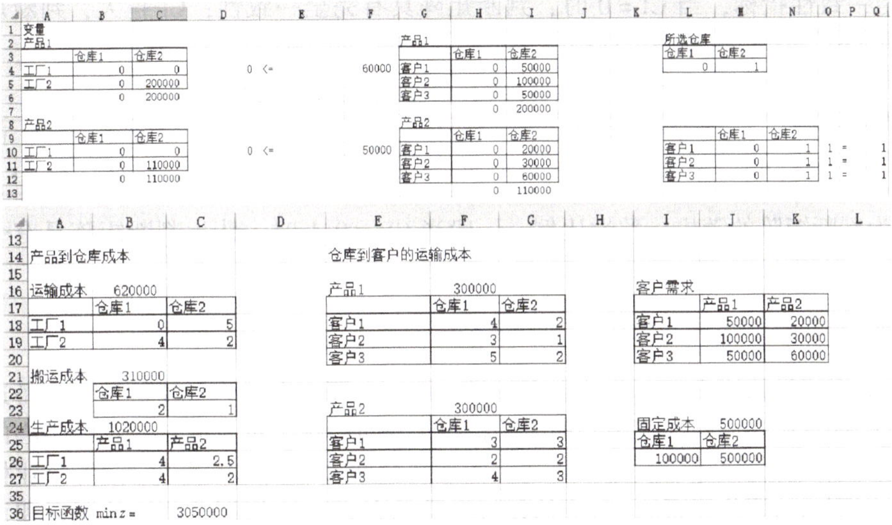

图6-12 任务操作结果

➤ 任务操作结果

应选工厂2给仓库2供应200000t产品1，110000t产品2。仓库2分别给3个客户供应产品1：50000t、100000t、50000t；产品2：20000t、30000t、60000t。其中，产品的生产成本为102万美元，搬运成本为31万美元，运输成本为122万美元，固定成本为50万美元，总成本为305万美元。

任务 3　利用层次分析法解决物流中心设施选址问题

6-3

层次分析法在单元 3 中已经做了一些介绍，这里我们就物流中心设施选址的三级指标，利用层次分析法解决物流中心设施选址问题。

➢ 方法原理

1）求最大特征值与对应的特征向量，可用方根法计算。假设矩阵为 $\boldsymbol{A}$，首先任意假定一个初始非零向量 $\boldsymbol{u}_0$，然后按下述步骤迭代：

$$\begin{cases} \beta_{k-1} = \sqrt{\boldsymbol{u}_{k-1}^{\mathrm{T}}\boldsymbol{u}_{k-1}} \\ \boldsymbol{y}_{k-1} = \dfrac{\boldsymbol{u}_{k-1}}{\beta_{k-1}} \\ \boldsymbol{u}_k = \boldsymbol{A}\boldsymbol{y}_{k-1} \\ \beta_k = \boldsymbol{y}_{k-1}^{\mathrm{T}}\boldsymbol{u}_k \end{cases} \tag{6-4}$$

当 $|\beta_k - \beta_{k-1}| < \varepsilon$（允许误差）时，$\beta_k$ 为特征值，$\boldsymbol{u}_k$ 为特征向量，$\boldsymbol{y}_{k-1}$ 为正则化后的特征向量，$\dfrac{\boldsymbol{u}_k}{\sum \boldsymbol{u}_k}$ 为归一后的特征向量。

2）一致性检验：

$$\mathrm{CI} = \frac{\beta_{\max} - n}{n-1};\quad \mathrm{CR} = \frac{\mathrm{CI}}{\mathrm{RI}} \tag{6-5}$$

CI 为一致性指标，当 CI = 0 时，判断矩阵具有完全一致性；CI 越大，判断矩阵的一致性越差。RI 为平均随机一致性指标，见表 6－2。

表 6－2　阶数与平均随机一致性指标对照表

阶数	1	2	3	4	5	6	7	8	9	10	11	12	13	14	15
RI	0	0	0.58	0.90	1.12	1.24	1.32	1.41	1.45	1.49	1.52	1.54	1.56	1.58	1.59

CR 为判断矩阵的随机一致性比例，一般当 CR < 0.1 时，认为判断矩阵具有令人满意的一致性。

➢ 任务内容

某企业拟建设物流中心，备选点有 1，2，…，8 等 8 个。为了评价这 8 个备选点的优劣，首先根据企业建设此物流中心的目的拟定了评价指标。本企业选择物流中心的评价因素包括自然环境、交通运输、经营环境、候选地块和公共设施 5 个方面（各企业根据实际需要可采用不同的评价因素），对应的评价标准见表 6－3。根据这些评价因素和评价标准建立的三级指标模型见表 6－4。

表 6－3　物流中心选址评价因素和评价标准

评价因素		评价标准
自然环境	气象条件	温度、湿度、风力、降水、日照等气象因素适中
	地质条件	符合建筑承载力要求
	水文条件	远离泛滥的河流
	地形条件	要求地形坡度平缓，适宜建筑

（续）

评价因素		评价标准
交通运输	中心位置距离高速路口的距离	要求距离最短
经营环境	周边企业状况	要求周边环境和谐，企业密度适中
候选地块	面积	考虑近期及远景规划，要求面积不宜过小
候选地块	形状	要求形状尽量规则，以矩形为宜
候选地块	周边干线	要求路况好
候选地块	地价	地价适中
公共设施	供水、供电、供气	公共设施便利，符合标准
公共设施	排水、固体废物处理	公共设施便利，符合标准
公共设施	通信	公共设施便利，符合标准
公共设施	交通	公共设施便利，符合标准

表 6-4　三级指标模型(备选点评分)

因素	备选点							
	1	2	3	4	5	6	7	8
气象条件	91	85	87	98	79	60	60	95
地质条件	93	81	93	87	61	61	95	87
水文条件	88	82	94	88	64	61	95	91
地形条件	90	83	94	89	63	71	95	91
交通运输	95	90	90	94	60	91	95	94
经营环境	90	90	87	95	87	65	74	61
面积	60	95	60	95	95	95	95	95
形状	60	69	92	92	87	74	89	95
周边干线	95	69	93	85	60	60	94	78
地价	75	60	80	93	84	84	60	80
供水	60	71	77	60	82	95	65	76
供电	60	71	70	60	80	95	65	76
供气	91	90	93	91	95	93	81	89
排水	92	90	93	91	95	93	81	89
固体废物处理	87	87	64	71	95	61	74	65
通信	81	94	89	60	65	95	95	89
交通	90	60	92	60	60	84	65	81

➢ 任务操作步骤

根据专家评价法确定判断矩阵。首先从第三级指标开始，接着确定第二级指标对应的判断矩阵，最后确定第一级指标的权重。

步骤1：第三级判断矩阵模型的建立。

1)对于“三供”指标而言，供水、供电和供气三个指标同等重要，因而判断矩阵为

$$\boldsymbol{A}=\begin{pmatrix}1 & 1 & 1\\1 & 1 & 1\\1 & 1 & 1\end{pmatrix}$$

建立如图 6－13 所示的“三供”指标判断模型。

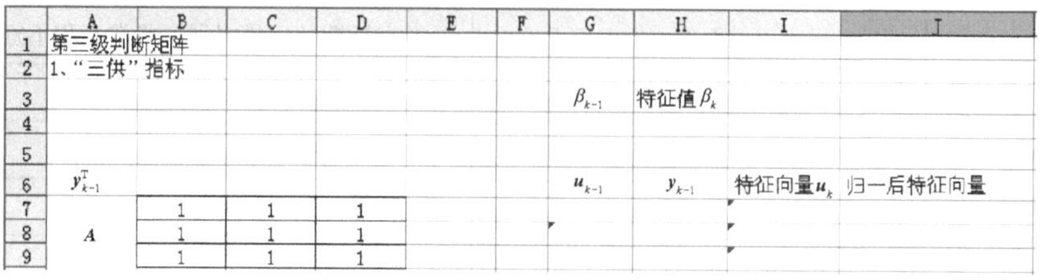

图 6－13 “三供”指标判断模型

2）计算特征向量。由于矩阵函数中的元素不能为空，设单元格 H7: H9 分别为 1，选择单元格区域 I7: I9，输入“ = MMULT(B7: D9， H7: H9)”，按 <Ctrl + Shift + Enter> 组合键，计算出特征向量 $\boldsymbol{u}_k$；在单元格 I10 输入“ = SUM(I7: I9)”，在单元格 J7 输入“ = I7/ \$I\$10”，向下填充至 J9，完成归一后特征向量的计算。

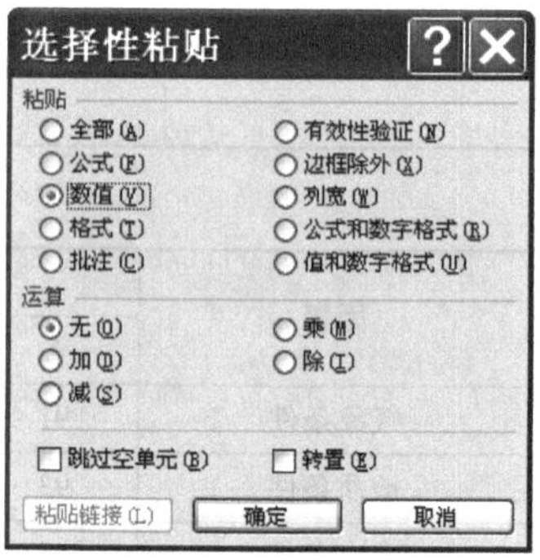

图 6－14 “选择性粘贴”对话框(1)

3）计算最大特征值。复制单元格区域 I7: I9，选中单元格 G7，选择“粘贴”/“选择性粘贴”，在“选择性粘贴”对话框中选择“数值”，如图 6－14 所示。单击“确定”按钮，计算出 $\boldsymbol{u}_{k-1}$。

复制 G7: G9 单元格区域，选中单元格 H12，选择“粘贴”/“选择性粘贴”，在“选择性粘贴”对话框中选择“数值”，勾选“转置”复选框，如图 6－15 所示，计算出 $\boldsymbol{u}_{k-1}^{T}$。

图 6－15 “选择性粘贴”对话框(2)

在单元格 G4 输入“ = SQRT(MMULT(H12: J12， G7: G9))”，完成特征值 β_{k-1} 的计算；在单元格 H7 输入“ = G7/ \$G\$4”，向下填充至 H9，完成 y_{k-1} 的计算，同时在 B6: D6 单元格区域完成 y_{k-1} 的转置；在单元格 H4 输入“ = MMULT (B6: D6， I7: I9)”，完成最大特征值 β_{max} 的计算，如图 6－16 所示。最大特征值 $\beta_{max}=3$，对应特征向量 $\boldsymbol{u}_k=(0.3333，0.3333，0.3333)^{T}$。

4）计算层次总排序的一致性指标 CI，在单元格 B12 输入“ = (H4 － B11)/(B11 －1)”，得 CI =0；在单元格 D11 输入“ = LOOKUP(B11，备选点！B3: I3，备选点！B4: I4)”，得

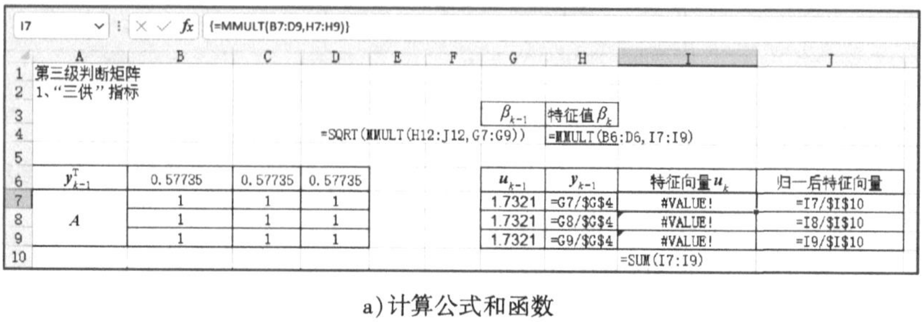

a）计算公式和函数

图 6－16 “三供”指标判断矩阵计算

	A	B	C	D	E	F	G	H	I	J
1	第三级判断矩阵									
2	1、"三供"指标									
3							β_{k-1}	特征值β_k		
4							3.0000	3		
5										
6	y_{k-1}^{T}	0.57735	0.57735	0.57735			u_{k-1}	y_{k-1}	特征向量u_k	归一后特征向量
7		1	1	1			1.732051	0.5774	1.73205	0.333333333
8	A	1	1	1			1.732051	0.5774	1.73205	0.333333333
9		1	1	1			1.732051	0.5774	1.73205	0.333333333
10									5.19615	

b) 计算结果

图 6-16 "三供"指标判断矩阵计算(续)

平均随机一致性指标 RI = 0.58；在单元格 B13 输入" = B12/D11"，得判断矩阵的随机一致性比例 CR = 0，如图 6 - 17 所示。由于 CR < 0.1，故该判断矩阵具有一致性，求出的权系数 $\boldsymbol{u}_k = (0.3333, 0.3333, 0.3333)^{\mathrm{T}}$ 恰当。

	A	B	C	D
11	n=	3	RI=	0.58
12	CI=	0		
13	CR=	0		

图 6-17 "三供"指标判断矩阵随机一致性结果

5) 同理完成废物处理的排水和固体废物处理两个指标的计算。判断矩阵 $\boldsymbol{A} = \begin{pmatrix} 1 & 3 \\ 1/3 & 1 \end{pmatrix}$，最大特征值$\beta_{\max} = 2$，对应特征向量 $\boldsymbol{u}_k = (0.75, 0.25)^{\mathrm{T}}$，$n = 2$，CR = 0，因此 CR < 0.1，判断矩阵具有一致性，求出的权系数 $\boldsymbol{u}_k = (0.75, 0.25)^{\mathrm{T}}$ 恰当，如图 6 - 18 所示。

	A	B	C	D	E	F	G	H	I
1	第三级判断矩阵								
2	2、废物处理指标					β_{k-1}	特征值 β_k		
3						=SQRT(SUMPRODUCT(F6:F7,H6:H7))	=MMULT(B5:C5,H6:H7)		
4									
5	y_{k-1}^{T}	0.9486833	0.3162278			u_{k-1}	y_{k-1}	特征向量 u_k	归一后特征向量
6		1	3			1.897366596	=F6/$F$3	=B6*$B$5+C6*$C$5	=H6/$H$8
7	A	0.333333	1			0.632455532	=F7/$F$3	=B7*$B$5+C7*$C$5	=H7/$H$8
8	废物处理评分表							=SUM(H6:H7)	

a) 计算公式和函数

	A	B	C	D	E	F	G	H	I
1	第三级判断矩阵								
2	2、废物处理指标					β_{k-1}	特征值β_k		
3						2.0000	2.0000		
4									
5	y_{k-1}^{T}	0.9487	0.3162			u_{k-1}	y_{k-1}	特征向量u_k	归一后特征向量
6		1	3			1.897367	0.9487	1.897366596	0.75
7	A	0.333333	1			0.632456	0.3162	0.632455532	0.25
8								2.529822128	

b) 计算结果

图 6-18 废物处理指标判断矩阵计算

步骤 2：第二级判断矩阵模型的建立。

同理完成自然环境的气象条件、地质条件、水文条件和地形条件四个指标的判断矩阵。四个指标同等重要，则判断矩阵 $\boldsymbol{A} = \begin{pmatrix} 1 & 1 & 1 & 1 \\ 1 & 1 & 1 & 1 \\ 1 & 1 & 1 & 1 \\ 1 & 1 & 1 & 1 \end{pmatrix}$，最大特征值$\beta_{\max} = 4$，对应特征向量 $\boldsymbol{u}_k = (0.25, 0.25, 0.25, 0.25)^{\mathrm{T}}$，$n = 4$，CI = 0，RI = 0.9，CR = 0，因此 CR < 0.1，判断矩阵具有一致性，求出的权系数 $\boldsymbol{u}_k = (0.25, 0.25, 0.25, 0.25)^{\mathrm{T}}$ 恰当，如图 6 - 19 所示。

	A	B	C	D	E	F	G	H	I	J
1	第二级判断矩阵									
2	1、自然环境						β_{k-1}	特征值 β_k		
3					=SQRT(G6*G6+G7*G7+G8*G8+G9*G9)			=H6*I6+H7*I7+H8*I8+H9*I9		
4										
5	y_{k-1}^{T}	=G6/$G$3	=G7/$G$3	=G8/$G$3	=G9/$G$3		u_{k-1}	y_{k-1}	特征向量 u_k	归一后特征向量
6		1	1	1	1		2	=G6/$G$3	=B6*$B$5+C6*$C$5+D6*$D$5+E6*$E$5	=I6/$I$10
7	*A*	1	1	1	1		2	=G7/$G$3	=B7*$B$5+C7*$C$5+D7*$D$5+E7*$E$5	=I7/$I$10
8		1	1	1	1		2	=G8/$G$3	=B8*$B$5+C8*$C$5+D8*$D$5+E8*$E$5	=I8/$I$10
9		1	1	1	1		2	=G9/$G$3	=B9*$B$5+C9*$C$5+D9*$D$5+E9*$E$5	=I9/$I$10
10									=SUM(I6:I9)	
11	n =	4	RI=	=LOOKUP(B11, Sheet2!B3:I3, Sheet2!B4:I4)						
12	CI=	=(H3-B11)/(B11-1)								
13	CR=	=B12/D11								

a) 计算公式和函数

	A	B	C	D	E	F	G	H	I	J
1	第二级判断矩阵									
2	1、自然环境						β_{k-1}	特征值 β_k		
3							4.0000	4.0000		
4										
5	y_{k-1}^{T}	0.5	0.5	0.5	0.5		u_{k-1}	y_{k-1}	特征向量 u_k	归一后特征向量
6		1	1	1	1		2	0.5000	2	0.25
7	*A*	1	1	1	1		2	0.5000	2	0.25
8		1	1	1	1		2	0.5000	2	0.25
9		1	1	1	1		2	0.5000	2	0.25
10									8	
11	n =	4	RI=	0.9						
12	CI=	0								
13	CR=	0								

b) 计算结果

图 6-19 自然环境指标判断矩阵计算

同理完成候选地块的面积、形状、周边干线和地价四个指标的判断矩阵。判断矩阵 $\boldsymbol{A}=\begin{pmatrix}1 & 7 & 1 & 3\\ 1/7 & 1 & 1/3 & 1/2\\ 1 & 3 & 1 & 1\\ 1/3 & 2 & 1 & 1\end{pmatrix}$，最大特征值 $\beta_{\max}=4.1386$，对应特征向量 $\boldsymbol{u}_k=(0.450, 0.080, 0.281, 0.189)^{T}$，$n=4$，CI = 0.046，RI = 0.9，CR = 0.05，因此 CR < 0.1，判断矩阵具有一致性，求出的权系数 $\boldsymbol{u}_k=(0.450, 0.080, 0.281, 0.189)^{T}$ 恰当，如图 6-20 所示。

	A	B	C	D	E	F	G	H	I	J
1	第二级判断矩阵									
2	2、候选地块						β_{k-1}	特征值 β_k		
3							4.1375	4.1386		
4										
5	y_{k-1}^{T}	0.79081	0.141729	0.493737	0.332801		u_{k-1}	y_{k-1}	特征向量 u_k	归一后特征向量
6		1	7	1	3		3.271982	0.7908	3.275053518	0.450063546
7	*A*	0.142857	1	0.333333	0.5		0.586406	0.1417	0.585681303	0.080485342
8		1	3	1	1		2.042838	0.4937	2.042535226	0.28068874
9		0.333333	2	1	1		1.376964	0.3328	1.373599073	0.188762372
10									7.27686912	
11	n =	4	RI=	0.9						
12	CI=	0.046188								
13	CR=	0.05132								

图 6-20 候选地块指标判断矩阵计算

同理完成公共设施的“三供”、废物处理、通信和交通四个指标的判断矩阵。判断矩阵 $\boldsymbol{A}=\begin{pmatrix}1 & 2 & 4 & 1/2\\ 1/2 & 1 & 1/2 & 1/5\\ 1/4 & 2 & 1 & 1/4\\ 2 & 5 & 4 & 1\end{pmatrix}$，最大特征值 $\beta_{\max}=4.1727$，对应特征向量 $\boldsymbol{u}_k=(0.292, 0.096, 0.122, 0.490)^{T}$，$n=4$，CI = 0.058，RI = 0.9，CR = 0.064，因此 CR < 0.1，判断矩阵具

有一致性，求出的权系数 $\boldsymbol{u}_k=(0.292,0.096,0.122,0.490)^{\mathrm{T}}$ 恰当，如图 6－21 所示。

	A	B	C	D	E	F	G	H	I	J
1	第二级判断矩阵									
2	3、公共设施						β_{k-1}	特征值 β_k		
3							4.1779	4.1727		
4										
5	y_{k-1}^{T}	0.494341	0.162516	0.206996	0.828474		u_{k-1}	y_{k-1}	特征向量 u_k	归一后特征向量
6		1	2	4	0.5		2.065292	0.4943	2.061593924	0.291972241
7	A	0.5	1	0.5	0.2		0.678972	0.1625	0.678879138	0.096145929
8		0.25	2	1	0.25		0.864803	0.2070	0.862731798	0.122183973
9		2	5	4	1		3.461258	0.8285	3.457719543	0.489697856
10									7.060924402	
11	$n=$	4	RI=	0.9						
12	CI=	0.057557								
13	CR=	0.063952								
14										

图 6－21 公共设施指标判断矩阵计算

步骤 3：针对目标选址的判断矩阵模型的建立。

同理完成目标选址的自然环境、交通运输、经营环境、候选地块和公共设施五个指标的判断矩阵。判断矩阵

$$\boldsymbol{A}=\begin{pmatrix}1 & 1/2 & 1/5 & 1/2 & 1/2\\ 2 & 1 & 1/4 & 1 & 1\\ 5 & 4 & 1 & 4 & 4\\ 2 & 1 & 1/4 & 1 & 1\\ 2 & 1 & 1/4 & 1 & 1\end{pmatrix}$$

，最大特征值 $\beta_{\max}=5.027$，对应特征向量 $\boldsymbol{u}_k=(0.077,0.138,0.508,0.138,0.138)^{\mathrm{T}}$，$n=5$，CI = 0.007，RI = 1.12，CR = 0.006，因此 CR < 0.1，判断矩阵具有一致性，求出的权系数 $\boldsymbol{u}_k=(0.077,0.138,0.508,0.138,0.138)^{\mathrm{T}}$ 恰当，如图 6－22 所示。

	A	B	C	D	E	F	G	H	I	J	K
1	第一级判断矩阵										
2	目标选址							β_{k-1}	特征值 β_k		
3								5.026710602	5.026710602		
4											
5	y_{k-1}^{T}	0.13547	0.244202	0.89596	0.244202	0.244202		u_{k-1}	y_{k-1}	特征向量 u_k	归一后特征向量
6		1	0.5	0.2	0.5	0.5		0.680964508	0.135469209	0.680964508	0.076795031
7		2	1	0.25	1	1		1.22753499	0.244202439	1.22753499	0.138433922
8	A	5	4	1	4	4		4.503729606	0.895959597	4.503729606	0.507903203
9		2	1	0.25	1	1		1.22753499	0.244202439	1.22753499	0.138433922
10		2	1	0.25	1	1		1.22753499	0.244202439	1.22753499	0.138433922
11										8.867299083	
12	$n=$	5	RI=	1.12							
13	CI=	0.006678									
14	CR=	0.005962									

图 6－22 目标选址指标判断矩阵计算

步骤 4：由此可见，上述判断矩阵都满足一致性。将上述计算出来的权系数与表 6－3 结合起来可得表 6－5。

表 6－5 物流中心选址三级指标模型的权重分配

第一级指标		第二级指标		第三级指标	
指标	权重分配	指标	权重分配	指标	权重分配
自然环境	0.077	气象条件	0.25		
		地质条件	0.25		
		水文条件	0.25		
		地形条件	0.25		
交通运输	0.138				

（续）

第一级指标		第二级指标		第三级指标	
指标	权重分配	指标	权重分配	指标	权重分配
经营环境	0.508				
候选地块	0.138	面积	0.450		
		形状	0.080		
		周边干线	0.281		
		地价	0.189		
公共设施	0.138	三供	0.292	供水	0.3333
				供电	0.3333
				供气	0.3333
		废物处理	0.096	排水	0.75
				固体废物处理	0.25
		通信	0.122		
		交通	0.490		

步骤 5：根据备选点评分表进行综合评价。

1）三级指标综合评价。打开“层次分析法”工作簿的“备选点”工作表，选择 A23: I25 单元格区域，复制供水、供电、供气的评分，在“三供”工作表的 A15: I17 单元格区域粘贴，建立“三供”单因素评价矩阵：

$$\boldsymbol{R}=\begin{pmatrix}60 & 71 & 77 & 60 & 82 & 95 & 65 & 76\\ 60 & 71 & 70 & 60 & 80 & 95 & 65 & 76\\ 91 & 90 & 93 & 91 & 95 & 93 & 81 & 89\end{pmatrix}$$

在“三供”工作表中选择单元格 J7: J9 区域，单击“复制”按钮，选中单元格 B19，选择“粘贴”/“选择性粘贴”，在“选择性粘贴”对话框中选择“数值”，勾选“转置”复选框，单击“确定”按钮，完成“三供”权重的转置，如图 6－23 所示。

	A	B	C	D	E	F	G	H	I
14	“三供”评分表								
15	供水	60	71	77	60	82	95	65	76
16	供电	60	71	70	60	80	95	65	76
17	供气	91	90	93	91	95	93	81	89
18									
19	$u_k^{\mathrm{T}}=$	0.333333333	0.333333	0.333333					

图 6－23 “三供”评分表

选择单元格 B21: I21 区域，在单元格 B21 输入“ = MMULT(B19: D19，B15: I17)”，按 < Ctrl + Shift + Enter > 组合键，得到如图 6－24 所示的“三供”综合评分表。

B21 {=MMULT(B19:D19,B15:I17)}

	A	B	C	D	E	F	G	H	I
21	$R=$	70.33333333	77.33333	80	70.33333	85.7	94.3333	70.33333	80.3333333

图 6－24 “三供”综合评分表

同理在“废物处理”工作表中完成废物处理单因素评价矩阵和废物处理的综合评价矩阵，如图 6－25 所示。

B14　{=MMULT(B12:C12, B9:I10)}

	A	B	C	D	E	F	G	H	I
8	废物处理评分表							2.529822128	
9	排水	92	90	93	91	95	93	81	89
10	固体废物处理	87	87	64	71	95	61	74	65
11									
12	u_k^T =	0.75	0.25						
13									
14	R =	90.75	89.25	85.75	86	95	85	79.25	83

图 6-25　废物处理综合评分表

2）二级指标综合评价。同理在“自然环境”工作表中完成自然环境单因素评价矩阵和自然环境的综合评价矩阵，如图 6-26 所示。

B22　{=MMULT(B20:E20, B15:I18)}

	A	B	C	D	E	F	G	H	I
14	自然环境评分表								
15	气象条件	91	85	87	98	79	60	60	95
16	地质条件	93	81	93	87	61	61	95	87
17	水文条件	88	82	94	88	64	61	95	91
18	地形条件	90	83	94	89	63	71	95	91
19									
20	u_k^T =	0.25	0.25	0.25	0.25				
21									
22	R=	90.5	82.75	92	90.5	66.8	63.25	86.25	91
23									

图 6-26　自然环境综合评分表

同理在“候选地块”工作表中完成候选地块单因素评价矩阵和候选地块的综合评价矩阵，如图 6-27 所示。

B22　{=MMULT(B20:E20, B15:I18)}

	A	B	C	D	E	F	G	H	I
14	候选地块评分表								
15	面积	60	95	60	95	95	95	95	95
16	形状	60	69	92	92	87	74	89	95
17	周边干线	95	69	93	85	60	60	94	78
18	地价	75	60	80	93	84	84	60	80
19									
20	u_k^T =	0.450064	0.080485	0.280689	0.188762				
21									
22	R =	72.65554	79.00279	75.61351	91.57413	82.5	81.4093	87.62972	87.3968558

图 6-27　候选地块综合评分表

同理在“公共设施”工作表中完成公共设施单因素评价矩阵和公共实施的综合评价矩阵，如图 6-28 所示。应该注意的是在公共设施评价中，“三供”和“废物处理”都有第三级指标的判断矩阵。

B22　{=MMULT(B21:E21, B16:I19)}

	A	B	C	D	E	F	G	H	I
15	公共设施评分表								
16	三供	70.33333	77.33333	80	70.33333	85.666667	94.33333333	70.33333333	80.3333333
17	废物处理	90.75	89.25	85.75	86	95	85	79.25	83
18	通信	81	94	89	60	65	95	95	89
19	交通	90	60	92	60	60	84	65	81
20									
21	u_k^T =	0.291972	0.096146	0.122184	0.489698				
22	R =	83.23033	72.02738	87.52887	65.51684	71.469982	88.45721613	71.59278397	81.9751155

图 6-28　公共设施综合评分表

3）一级指标综合评价。根据表 6-5 物流中心选址三级指标模型的权重分配方案，自然环境、候选地块和公共设施都有第二级指标的判断矩阵，因此目标选址的单因素判断矩阵如图 6-29 所示。

	A	B	C	D	E	F	G	H	I
15	第一级评分表								
16	备选点	1	2	3	4	5	6	7	8
17	自然环境	90.5	82.75	92	90.5	66.75	63.25	86.25	91
18	交通运输	95	90	90	94	60	91	95	94
19	经营环境	90	90	87	95	87	65	74	61
20	候选地块	72.65554	79.00279	75.61351	91.57413	82.45563	81.40932	87.6297162	87.39685584
21	公共设施	83.23033	72.02738	87.52887	65.51684	71.46998	88.45722	71.59278397	81.97511548

图 6－29　目标选址的单因素判断矩阵

在“目标选址”工作表中选择单元格 K6: K10 区域，单击“复制”按钮，选中单元格 B23，选择“粘贴”/“选择性粘贴”，在“选择性粘贴”对话框中选择“数值”，勾选“转置”复选框，单击“确定”按钮，完成目标选址权重的转置。选择单元格 B24: I24 区域，在单元格 B24 输入“＝MMULT(B23: F23，B17: I21)”，按 <Ctrl＋Shift＋Enter> 组合键，得到目标选址的综合评价矩阵，如图 6－30 所示。

B24　{=MMULT(B23:F23,B17:I21)}

	A	B	C	D	E	F	G	H	I
23	$u_k^T=$	0.076795	0.138434	0.507903	0.138434	0.138434			
24	R=	87.39235	85.43283	86.29621	89.96026	78.92821	73.98377	79.40142621	74.43005814
25	评分排序	2	4	3	1	6	8	5	7

图 6－30　目标选址的综合评价矩阵

步骤 6：选择目标选址的综合评价矩阵中元素最大的最佳备选点。在单元格 B25 输入“＝RANK(B24，$B24: $I24)”，并向右填充至 I25，完成备选点的排序，如图 6－31 所示。

B25　=RANK(B24,$B24:$I24)

	A	B	C	D	E	F	G	H	I
15	第一级评分表								
16	备选点	1	2	3	4	5	6	7	8
24	R=	87.39235	85.43283	86.29621	89.96026	78.92821	73.98377	79.40142621	74.43005814
25	评分排序	2	4	3	1	6	8	5	7

图 6－31　备选点排序

➤ 任务操作结果

备选点的排序为 2、4、3、1、6、8、5、7。如果企业只建设一个物流中心，应选择评分第 1 的 4 号备选点。

任务 4　利用因素权重法确定配送中心的备选地址

6－4

➤ 方法原理

因素权重法主要依据德尔菲法的基本原理，选择企业各方面的专家，采取独立填表选取权数的形式，将他们各自选取的权数进行整理和统计分析，最后确定出各因素、各指标的权数。因素权重法是一个科学合理的方法，它集合了各方面专家的智慧和意见，并运用数理统计的方法进行检验和修正。

➤ 任务内容

某物流公司要建立一个配送中心，备选地址分别为 A、B、C、D，考虑到经济和环境的要求，物流公司定出 6 项评价准则，用权重表示。现对 A、B、C、D4 个备选地址进行招标，招标评分标准见表6－6，以总分最高的备选地址作为招标的首选，请进行计算。

表6－6 招标评分标准

评价准则	权重	备选地址得分			
		A	B	C	D
现有设施	6	2	10	4	6
临近企业	8	3	5	6	4
临近主干道	9	9	4	5	7
临近交通枢纽	8	7	9	4	2
地价	10	4	3	6	8
周围环境影响	5	3	6	3	7
总分					

➢ 任务操作步骤

步骤1：根据已知条件建立数据模型，如图6－32所示。

	A	B	C	D	E	F	G
1	配送中心权重						
2		现有设施	临近企业	临近主干道	临近交通枢纽	地价	周围环境影响
3	权重	6	8	9	8	10	5
4							
5	各配送中心得分						
6		A	B	C	D		
7	现有设施	2	10	4	6		
8	临近企业	3	5	6	4		
9	临近主干道	9	4	5	7		
10	临近交通枢纽	7	9	4	2		
11	地价	4	3	6	8		
12	周围环境影响	3	6	3	7		
13	总分						
14	配送中心的确定						

图6－32 建立数据模型

步骤2：计算每一个备选地址的总分。选择单元格区域B13:E13，输入"=MMULT(B3:G3，B7:E12)"，按<Ctrl+Shift+Enter>组合键，结果如图6－33所示。

	A	B	C	D	E	F	G
1	配送中心权重						
2		现有设施	临近企业	临近主干道	临近交通枢纽	地价	周围环境影响
3	权重	6	8	9	8	10	5
4							
5	各配送中心得分						
6		A	B	C	D		
7	现有设施	2	10	4	6		
8	临近企业	3	5	6	4		
9	临近主干道	9	4	5	7		
10	临近交通枢纽	7	9	4	2		
11	地价	4	3	6	8		
12	周围环境影响	3	6	3	7		
13	总分	228	268	224	262		

图6－33 各备选地址的总分

步骤3：确定备选地。选择单元格B14，输入"=IF(B13=MAX($B$13:$E$13)，B$6,"")"，并向右填充至E14，得到备选地址中最高得分者。

➢ 任务操作结果

如图6－34所示，备选地址B的总分最高，为首选。

	A	B	C	D	E
5	各配送中心得分				
13	总分	=MMULT(B3:G3,B7:E12)	=MMULT(B3:G3,B7:E12)	=MMULT(B3:G3,B7:E12)	=MMULT(B3:G3,B7:E12)
14	配送中心的确定	=IF(B13=MAX($B$13:$E$13),B$6,"")	=IF(C13=MAX($B$13:$E$13),C$6,"")	=IF(D13=MAX($B$13:$E$13),D$6,"")	=IF(E13=MAX($B$13:$E$13),E$6,"")

a）计算函数和公式

	A	B	C	D	E
5	各配送中心得分				
6		A	B	C	D
7	现有设施	2	10	4	6
8	临近企业	3	5	6	4
9	临近主干道	9	4	5	7
10	临近交通枢纽	7	9	4	2
11	地价	4	3	6	8
12	周围环境影响	3	6	3	7
13	总分	228	268	224	262
14	配送中心的确定		B		

b）计算结果

图 6－34　配送中心备选地址的确定

任务 5　基于周转量最低原则确定粮库位置

6－5

➢ 任务内容

已知有 A、B、C、D、E、F6 个村子都生产粮食，它们拟合建一座粮库。各村之间道路连接状况和距离如图 6－35 所示。已知 A 村每年产粮食 50t，B 村 40t，C 村 60t，D 村 20t，E 村 70t，F 村 90t。问该粮库建在哪个村子更便于向各村送粮食？

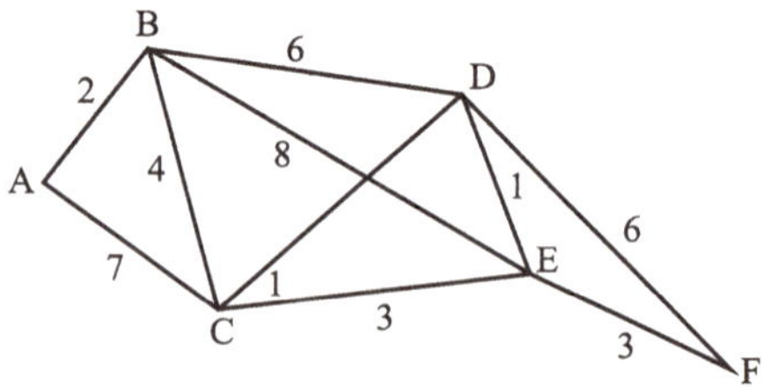

图 6－35　各村之间道路连接状况和距离

➢ 任务操作步骤

步骤 1：根据已知条件建立数据模型，如图 6－36和图 6－37 所示。

	A	B	C	D	E	F	G	H
24	年产量							
25		产地	A	B	C	D	E	F
26		产量（t）	50	40	60	20	70	90

图 6－36　各村粮食产量模型

	A	B	C	D	E
1	最短路径				
2		从	到	是否走	距离
3		A	B		2
4		A	C		7
5		B	C		4
6		B	D		6
7		B	E		8
8		C	D		1
9		C	E		3
10		D	E		1
11		D	F		6
12		E	F		3

图 6－37　最短路径设计模型

步骤 2：分别在单元格 G2、H2 和 J2 输入“节点”“净流量”“需求量”；分别在单元格 G3:G8 区域输入“A”“B”“C”“D”“E”“F”；在单元格 H3 输入“＝SUMIF(B $3: B $12，G3，D $3: D $12)－SUMIF(C $3: C $12，G3，D $3: D $12)”，向下填充至 H8；分别在单元格 I3:I8 区域输入“＝”；分别在单元格 J3: J8 区域输入“1”“0”“0”“0”“0”“－1”，如图 6－38 所示。

	G	H	I	J
1				
2	节点	净流量		需求量
3	A	=SUMIF(B$3:B$12,G3,D$3:D$12)-SUMIF(C$3:C$12,G3,D$3:D$12)	=	1
4	B	=SUMIF(B$3:B$12,G4,D$3:D$12)-SUMIF(C$3:C$12,G4,D$3:D$12)	=	0
5	C	=SUMIF(B$3:B$12,G5,D$3:D$12)-SUMIF(C$3:C$12,G5,D$3:D$12)	=	0
6	D	=SUMIF(B$3:B$12,G6,D$3:D$12)-SUMIF(C$3:C$12,G6,D$3:D$12)	=	0
7	E	=SUMIF(B$3:B$12,G7,D$3:D$12)-SUMIF(C$3:C$12,G7,D$3:D$12)	=	0
8	F	=SUMIF(B$3:B$12,G8,D$3:D$12)-SUMIF(C$3:C$12,G8,D$3:D$12)	=	-1

图 6-38 最短路径设计模型的函数

步骤 3：在单元格 G13 输入“最短路程”，在单元格 H13 输入“ = SUMPRODUCT(D3:D12，E3:E12)”。选择“数据”/“分析”/“规划求解”，打开“规划求解参数”对话框。在“设置目标”处输入“ $H$13”；“到”选择“最小值”；在“通过更改可变单元格”处输入“ $D$3:$D$12”；添加约束条件“ $H$3:$H$8 = $J$3:$J$8”和“ $D$3:$D$12 = 二进制”；勾选“使无约束变量为非负数”复选框；在“选择求解方法”中选择“非线性 GRG”，如图 6-39 所示。单击“求解”和“确定”按钮，得到最佳节点路径 A→B→C→D→E→F，如图 6-40 所示。

图 6-39 “规划求解参数”对话框

	A	B	C	D	E
1	最短路径				
2		从	到	是否走	距离
3		A	B	1	2
4		A	C	0	7
5		B	C	1	4
6		B	D	0	6
7		B	E	0	8
8		C	D	1	1
9		C	E	0	3
10		D	E	1	1
11		D	F	0	6
12		E	F	1	3

图 6-40 最佳节点路径

步骤 4：根据最佳节点路径建立各村与粮库间的最短距离矩阵。节点 A、B 可以走，距离为“ = E3 * D3”。A、C 不能走，所以 A 到 C 为“ = C18 + D5 * E5”。同理完成矩阵其他数据的填充，如图 6-41 所示。

	A	B	C	D	E	F	G	H
14	最佳选址							
15–16		粮库位置	A	B	C	D	E	F
17		A	0	=C18	=C19	=C20	=C21	=C22
18		B	=E3*D3	0	=D19	=D20	=D21	=D22
19		C	=C18+D5*E5	=D5*E5	0	=E20	=E21	=E22
20		D	=C19+E8*D8	=D19+E8*D8	=E8*D8	0	=F21	=F22
21		E	=C20+D10*E10	=D20+E10*D10	=E20+E10*D10	=E10*D10	0	=G22
22		F	=C21+D12*E12	=D21+E12*D12	=E21+E12*D12	=F21+D12*E12	=E12*D12	0

a）计算公式

	A	B	C	D	E	F	G	H
14	最佳选址							
15–16		粮库位置	A	B	C	D	E	F
17		A	0	2	6	7	8	11
18		B	2	0	4	5	6	9
19		C	6	4	0	1	2	5
20		D	7	5	1	0	1	4
21		E	8	6	2	1	0	3
22		F	11	9	5	4	3	0

b）计算结果

图 6-41 各村之间的距离

步骤 5：计算每个粮库到各村的总距离，在单元格 I17 输入“=SUM(C17:H17)”，向下填充至 I22；计算每个粮库的总周转量，在单元格 J17 输入“=SUMPRODUCT(C17:H17, C$26:H$26)”，向下填充至 J22；选择最佳位置，在单元格 K17 输入“=IF(J17=MIN(J$17:J$22),"√","")”，向下填充至 K22，如图 6－42 所示。

	A	B	I	J	K	L	M	N
14	最佳选址							
15			粮库到各村总距离	总周转量	最佳选择			
16		粮库位置						
17		A	=SUM(C17:H17)	=SUMPRODUCT(C17:H17,C$26:H$26)	=IF(J17=MIN(J$17:J$22),"✓","")			
18		B	=SUM(C18:H18)	=SUMPRODUCT(C18:H18,C$26:H$26)	=IF(J18=MIN(J$17:J$22),"✓","")			
19		C	=SUM(C19:H19)	=SUMPRODUCT(C19:H19,C$26:H$26)	=IF(J19=MIN(J$17:J$22),"✓","")			
20		D	=SUM(C20:H20)	=SUMPRODUCT(C20:H20,C$26:H$26)	=IF(J20=MIN(J$17:J$22),"✓","")			
21		E	=SUM(C21:H21)	=SUMPRODUCT(C21:H21,C$26:H$26)	=IF(J21=MIN(J$17:J$22),"✓","")			
22		F	=SUM(C22:H22)	=SUMPRODUCT(C22:H22,C$26:H$26)	=IF(J22=MIN(J$17:J$22),"✓","")			

a) 计算函数和公式

	A	B	I	J	K
14	最佳选址				
15			粮库到各村总距离	总周转量	最佳选择
16		粮库位置			
17		A	34	2130	
18		B	26	1670	
19		C	18	1070	
20		D	18	1040	✓
21		E	20	1050	
22		F	32	1500	

b) 计算结果

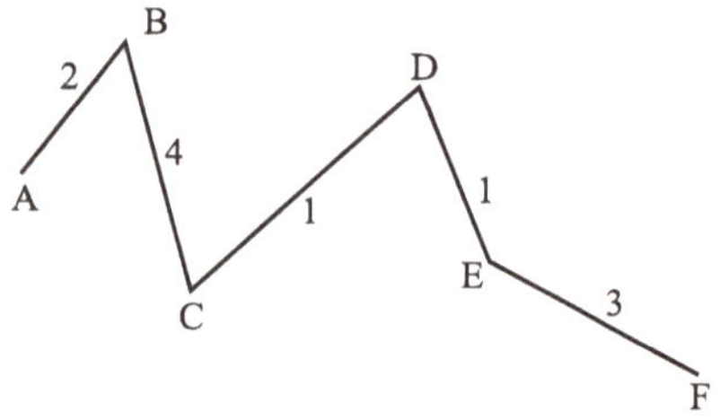

c) 粮库与产地的路线

图 6－42　粮库到各村的总距离、总周转量与路线

➢ 任务操作结果

总周转量最低的 D 村为粮库的最佳选择。

任务 6　用重心法确定物流设施的最佳位置

➢ 方法原理

重心法是一种设置单个厂房或仓库位置的方法，它是一种模拟方法。这种方法将物流系统中的需求点和资源点看成是分布在某一个平面范围内的物流系统，各点的需求量和资源量分别看成是物体的重量，物流系统的重心作为物流网点的最佳设置点，利用物流系统重心的方法来确定物流网点的位置。

$$H = \min\left(\sum_{j=1}^{n} C_j\right) = \min\left(\sum_{j=1}^{n} (h_j w_j d_j)\right) \tag{6-6}$$

式中　h_j——从物流设施到需求点 j 的运输费率；

w_j——需求点 j 的需求量；

d_j——从物流设施到需求点 j 的距离。

$$d_j = \sqrt{(x - x_j)^2 + (y - y_j)^2} \tag{6-7}$$

其中，(x, y) 为所求物流设施的坐标；(x_j, y_j) 为各需求点的坐标。

➢ 任务内容

假设物流设施选址范围内有5个需求点，其坐标、需求量和运输费率见表6-7。现要设置一个物流设施，问该物流设施的最佳位置为何处？

表6-7 需求点的坐标、需求量和运输费率

需求点	坐标		需求量	运输费率
	x	*y*		
A	3	8	2000	0.5
B	8	2	3000	0.5
C	2	5	2500	0.75
D	6	4	1000	0.75
E	8	8	1500	0.75

➢ 任务操作步骤

步骤1：建立数据模型。设置可变单元格区域为“$B$10:$C$10”，如图6-43所示。

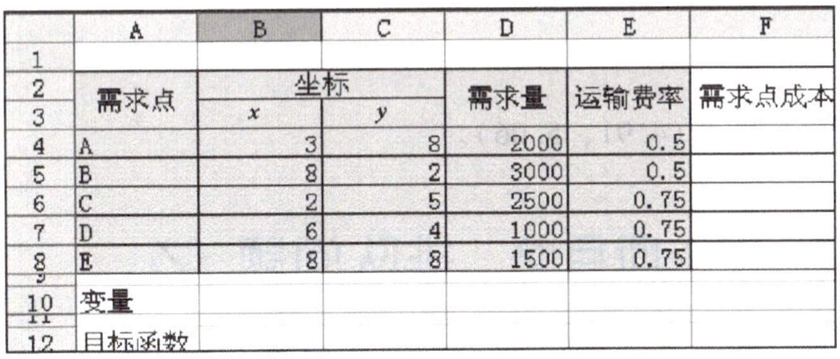

	A	B	C	D	E	F
1						
2	需求点	坐标		需求量	运输费率	需求点成本
3		x	y			
4	A	3	8	2000	0.5	
5	B	8	2	3000	0.5	
6	C	2	5	2500	0.75	
7	D	6	4	1000	0.75	
8	E	8	8	1500	0.75	
10	变量					
12	目标函数					

图6-43 建立数据模型

步骤2：在单元格F4输入“=SQRT((B$10-B4)^2+(C$10-C4)^2)*D4*E4”，向下填充至F8；建立目标函数，在单元格B12输入“=SUM(F4:F8)”。

步骤3：设置规划求解参数。选择“数据”/“分析”/“规划求解”，打开“规划求解参数”对话框。在“设置目标”处输入“$B$12”；“到”选择“最小值”；在“通过更改可变单元格”处输入“$B$10:$C$10”；勾选“使无约束变量为非负数”复选框；在“选择求解方法”中选择“非线性GRG”，如图6-44所示。

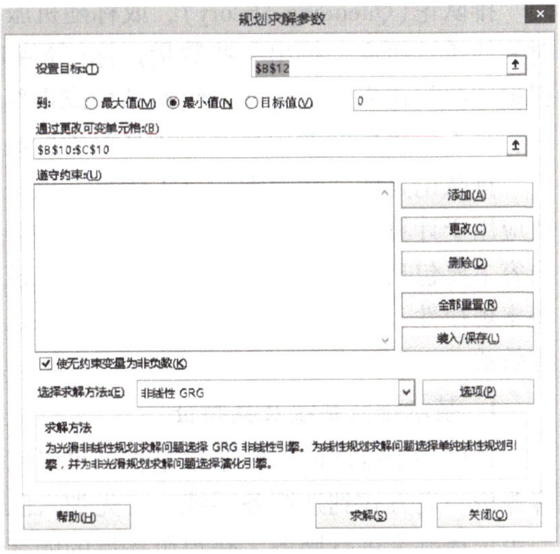

图6-44 “规划求解参数”对话框

单击“求解”按钮，单击“确定”按钮。任务操作结果如图6-45所示。

	A	B	C	D	E	F
1						
2	需求点	坐标		需求量	运输费率	需求点成本
3		x	y			
4	A	3	8	2000	0.5	=SQRT((B$10-B4)^2+(C$10-C4)^2)*D4*E4
5	B	8	2	3000	0.5	=SQRT((B$10-B5)^2+(C$10-C5)^2)*D5*E5
6	C	2	5	2500	0.75	=SQRT((B$10-B6)^2+(C$10-C6)^2)*D6*E6
7	D	6	4	1000	0.75	=SQRT((B$10-B7)^2+(C$10-C7)^2)*D7*E7
8	E	8	8	1500	0.75	=SQRT((B$10-B8)^2+(C$10-C8)^2)*D8*E8
10	变量					
11						
12	目标函数	=SUM(F4:F8)				

a)计算公式和函数

	A	B	C	D	E	F
1						
2	需求点	坐标		需求量	运输费率	需求点成本
3		x	y			
4	A	3	8	2000	0.5	3507.96
5	B	8	2	3000	0.5	6520.57
6	C	2	5	2500	0.75	5457.53
7	D	6	4	1000	0.75	1139.05
8	E	8	8	1500	0.75	4800.03
10	变量	4.9101093	5.057675			
12	目标函数	21425.14				

b)计算结果

图 6－45　任务操作结果

➢ 任务操作结果

物流设施的最佳位置为(4.91，5.06)。

项目 2　排队问题

由物流服务的特性可以看出，物流服务在很大限度上表现为随机性。这种随机服务的管理通常使用排队论来建立模型，并运用计算机技术仿真求解以便进行优化。

排队论(Queueing Theory)，或称随机服务系统理论，是指通过对服务对象到来及服务时间的统计研究，得出一些数量指标(等待时间、排队长度、忙期长短)的统计规律，然后根据这些规律来改进服务系统的结构或重新组织服务对象，使得服务系统既能满足服务需求，又能使机构的费用最经济或某些指标最优。

排队论是数学运筹学的分支学科，也是研究服务系统中排队现象随机规律的学科，广泛应用于计算机网络、生产、运输、库存等各项资源共享的随机服务系统。排队论研究的内容主要包括：统计推断，根据数据建立模型；系统的性态，即和排队有关的数量指标的概率规律性；系统的优化问题，其目的是正确设计和有效运行各个服务系统，使之发挥最佳效益。

1. 基本排队系统及其特征

任何一个排队问题的基本过程都可以用如图 6－46 所示的模型来概括。每个顾客由顾客源按一定方式到达服务系统，首先加入队列等待接受服务，然后服务台按一定规则从队列中选择顾客进行服务，获得服务后的顾客立即离开。

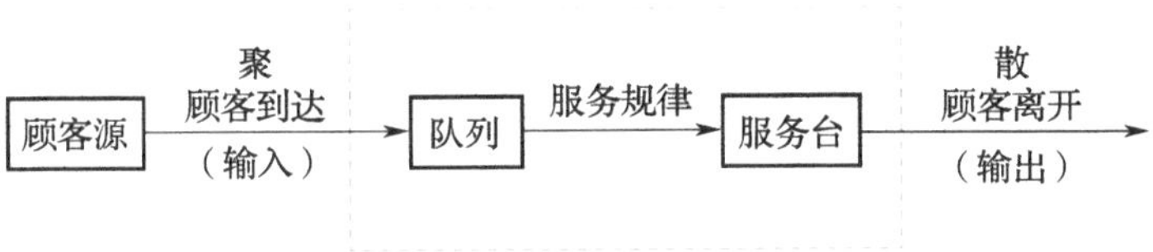

图6-46 随机服务系统

排队系统有如下共同特征：

1)有请求服务的人或物——顾客。

2)有为顾客服务的人或物——服务员或服务台。

3)顾客到达系统的时间是随机的。

2. 排队模型的分类

为了区别各种排队系统，根据输入过程、排队规则和服务机制的变化对排队模型进行描述或分类，可给出多种排队模型。为了方便对众多模型的描述，肯德尔(D. G. Kendall)提出了一种目前在排队论中被广泛采用的“Kendall 记号”，完整的表达方式通常用到6个符号，并取 A/B/C/D/E/F 或 X/Y/Z/A/B/C 的固定格式，其符号的意义如下：

1)A(X)表示顾客相继到达间隔时间的分布。常用符号 M 表示到达过程为泊松过程或负指数分布。

2)B(Y)表示服务时间的分布。所用符号与表示顾客相继到达间隔时间的分布相同。

3)C(Z)表示服务台(员)个数。1 表示单个服务台，$S(S>0)$表示多个服务台。

4)D(A)表示系统中的顾客限额。若系统有 K 个等待位置，则 $0<K<\infty$。$K=0$ 时表示系统不允许等待；$K=\infty$ 时表示等待止，此时∞省略不写。

5)E(B)表示顾客源限额。分有限与无限两种，∞ 表示顾客源无限，一般可省略不写。

6)F(C)表示服务规则。常用符号 FCFS 表示先到先服务的排队规则；LCFS 表示后到先服务的排队规则；PR 表示优先权服务的排队规则。

3. 排队模型的主要指标

求解排队模型问题的目的是研究排队系统运行的效率、评估服务的质量、确定系统参数的最优值，以确定系统结构是否合理、研究设计改进的措施等，所以必须确定用以判断系统运行优劣的基本数量指标。求解排队问题就是首先求出这些数量指标的概率分布或特征数。这些指标通常包括：

1)队长和排队长(队列长)。队长是指 t 时刻系统中的顾客数(排队等待的顾客数与正在接受服务的顾客数之和)，通常记作 $N(t)$，其期望值(平均队长)通常记作 L_S。排队长是指 t 时刻系统中正在排队等待服务的顾客数，通常记作 $N_q(t)$，其期望值(平均排队长)通常记作 L_q。

2)逗留时间和等待时间。逗留时间是指 t 时刻到达系统的顾客在系统中的停留时间，通常记作 $T(t)$，其期望值(平均逗留时间)记作 W_S。等待时间是指 t 时刻到达系统的顾客在系统中的等待时间，通常记作 $T_q(t)$，其期望值(平均等待时间)记作 W_q。

这4项主要性能指标(又称主要工作指标)的值越小，说明系统排队越短、等待时间越短，因而系统性能越好。显然，它们是顾客与服务系统的管理者都很关注的。这4项指标一般都是随机变量，想要确定其分布情况，至少需要确定相应变量的平均值以及有关的矩阵(如方差等)。

任务 7 服务时间服从指数分布的随机状态的排队分析

6-7

➢ 任务内容

某物流配送中心拥有一个装卸平台，货车以平均 20 辆/h 的速率随机到达，而装卸平台平均装卸货车 24 辆/h，尽管装卸速率快于货车的到达速率，但由于时间的波动，往往不能满足顾客的需求。现在仿真模拟 30 个顾客 100 次访问的情况，请完成以下分析：

1) 确定顾客的平均等待时间。

2) 确定装卸港的空闲百分比。

3) 确定服务系统内的最多等待人数。

➢ 任务操作步骤

步骤 1：输入已知的基本参数。在单元格 B3: C4 区域分别输入“平均到达速率/min”和“平均服务速率/min”；在单元格 D3 输入“ =20/60”，在 D4 输入“ =24/60”，如图 6－47 所示。

步骤 2：建立仿真区。在单元格 B6: J6 区域分别输入“顾客”“间隔时间”“到达时间”“开始时间”“服务时间”“结束时间”“等待时间”“空闲时间”和“等待人数”；在 B7: J7 单元格区域分别输入“0”；在单元格 B8 输入“ = B7 +1”，向下填充至 B37；在单元格 C8 输入“ = －1/ $D$3 * LN(RAND())”，向下填充至 C37；在单元格 D8 输入“ = C8 + D7”，向下填充至 D37；在单元格 E8 输入“ = MAX(D8, G7)”，向下填充至 E37；在单元格 F8 输入“ = －1/ $D$4 * LN(RAND())”，向下填充至 F37；在单元格 G8 输入“ = E8 + F8”，向下填充至 G37；在单元格 H8 输入“ = E8 － D8”，向下填充至 H37；在单元格 I8 输入“ = E8 － G7”，向下填充至 I37；在单元格 J8 输入“ = B8 －INDEX($B$7: B8, MATCH(D8, $G$7: G8, 1)) －1”，向下填充至 J37，如图 6－48 所示。

	A	B	C	D
1				
2	基本参数			
3		平均到达速率/min		0.3333333
4		平均服务速率/min		0.4

图 6－47 已知基本参数

	B	C	D	E	F
6	顾客	间隔时间	到达时间	开始时间	服务时间
7	0	0	0	0	0
8	1	=-1/$D$3*LN(RAND())	=C8+D7	=MAX(D8,G7)	=-1/$D$4*LN(RAND())
9	2	=-1/$D$3*LN(RAND())	=C9+D8	=MAX(D9,G8)	=-1/$D$4*LN(RAND())
36	29	=-1/$D$3*LN(RAND())	=C36+D35	=MAX(D36,G35)	=-1/$D$4*LN(RAND())
37	30	=-1/$D$3*LN(RAND())	=C37+D36	=MAX(D37,G36)	=-1/$D$4*LN(RAND())

	B	G	H	I	J	K	L
6	顾客	结束时间	等待时间	空闲时间	等待人数		
7	0	0	0	0	0		
8	1	=E8+F8	=E8-D8	=E8-G7	=B8-INDEX($B$7:B8,MATCH(D8,$G$7:G8,1))-1		
9	2	=E9+F9	=E9-D9	=E9-G8	=B9-INDEX($B$7:B9,MATCH(D9,$G$7:G9,1))-1		
36	29	=E36+F36	=E36-D36	=E36-G35	=B36-INDEX($B$7:B36,MATCH(D36,$G$7:G36,1))-1		
37	30	=E37+F37	=E37-D37	=E37-G36	=B37-INDEX($B$7:B37,MATCH(D37,$G$7:G37,1))-1		

a) 计算公式和函数

图 6－48 单服务台排队模拟各单元格的计算

	A	B	C	D	E	F	G	H	I	J
5	仿真情况									
6		顾客	间隔时间	到达时间	开始时间	服务时间	结束时间	等待时间	空闲时间	等待人数
7		0	0	0	0	0	0	0	0	0
8		1	1.614257868	1.6142579	1.614258	0.403024	2.017282	0	1.614258	0
9		2	3.354869137	4.969127	4.969127	1.556159	6.525286	0	2.951845	0
36		29	4.297197527	98.148497	98.1485	0.325891	98.47439	0	0.279087	0
37		30	4.506190476	102.65469	102.6547	0.368241	103.0229	0	4.1803	0

b) 计算结果

图 6-48　单服务台排队模拟各单元格的计算(续)

步骤 3：计算仿真结果。计算平均等待时间，在单元格 B40 输入“ = SUM(H8: H37)/B37”；计算空闲百分比，在单元格 D40 输入“ = SUM(I8: I37)/G37 * 100”；计算最多等待人数，在单元格 E40 输入“ = MAX(J7: J37)”，如图 6-49 所示。

	A	B	C	D	E
1					
38	仿真结果				
39		平均等待时间/min		空闲百分比（%）	最多等待人数
40		=SUM(H8:H37)/B37		=SUM(I8:I37)/G37*100	=MAX(J7:J37)

a) 计算公式和函数

	A	B	C	D	E	F
1						
38	仿真结果					
39		平均等待时间/min		空闲百分比（%）	最多等待人数	
40		9.105661291		5.418194731	7	

b) 计算结果

图 6-49　单服务台排队模拟仿真数据随机结果

步骤 4：模拟运算。在单元格 M3: P3 区域分别输入“次数”“平均等待时间/min”“空闲百分比(%)”和“最多等待人数”；在单元格 N4 输入“ = B40”，在单元格 O4 输入“ = D40”，在单元格 P4 输入“ = E40”；在单元格 M5 输入“1”，选中 M5 单元格，选择“开始”/“编辑”/“填充”/“序列”，打开“序列”对话框，如图 6-50 所示，“序列产生在”选择“列”，“类型”为“等差序列”，“步长值”为“1”，“终止值”为“100”，单击“确定”按钮，生成 100 次的模拟次数。

选择 M4: P104 单元格区域，选择“数据”/“模拟分析”/“模拟运算表”，在“模拟运算表”对话框的“输入引用列的单元格”中输入“ $M$4”，如图 6-51 所示，单击“确定”按钮。单服务台排队模拟运算结果如图 6-52 所示。

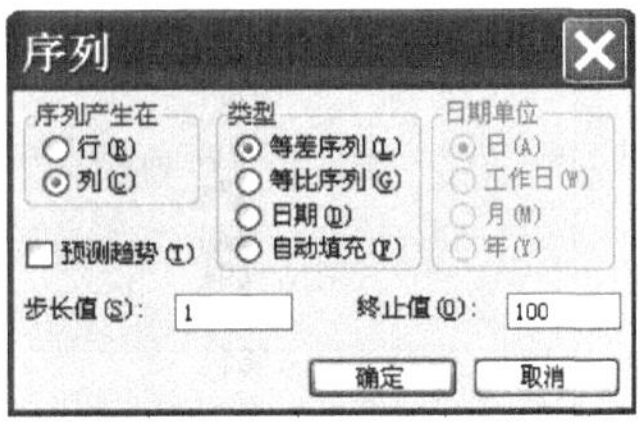

图 6-50　“序列”对话框

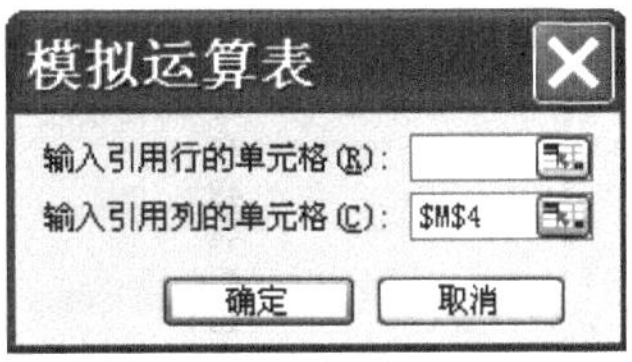

图 6-51　“模拟运算表”对话框

2	模拟运算				
3		次数	平均等待时间/min	空闲百分比（%）	最多等待人数
4			=B40	=D40	=E40
5		1			
6		2			
7		3			
103		99			
104		100			

a) 计算公式

图 6-52　单服务台排队模拟运算结果

	L	M	N	O	P
1					
2	模拟运算				
3		次数	平均等待时间/min	空闲百分比（%）	最多等待人数
4			2.140557046	29.76524478	4
5		1	10.29473419	15.59200056	7
6		2	1.393303397	47.21525686	3
7		3	8.739958227	16.33389574	9
103		99	5.388749263	22.00940471	8
104		100	2.14784039	33.04496594	3

b）计算结果

图 6－52　单服务台排队模拟运算结果（续）

步骤 5：统计分析。在单元格 C42: E42 区域分别输入“平均等待时间/min”“空闲百分比（%）”和“最多等待人数”；在单元格 B43: B51 区域分别输入“模拟次数”“平均值”“中位数”“标准差”“变异系数”“偏度”“峰度”“最小值”和“最大值”；在单元格 C43: E43 区域分别输入“100”；在单元格 C44 输入“＝AVERAGE（N5: N104）”，向右填充至 E44；在单元格 C45 输入“＝MEDIAN（N5: N104）”，向右填充至 E45；在单元格 C46 输入“＝STDEV（N5: N104）”，向右填充至 E46；在单元格 C47 输入“＝C46/C44”，向右填充至 E47；在单元格 C48 输入“＝SKEW（N5: N104）”，向右填充至 E48；在单元格 C49 输入“＝KURT（N5: N104）”，向右填充至 E49；在单元格 C50 输入“＝MIN（N5: N104）”，向右填充至 E50；在单元格 C51 输入“＝MAX（N5: N104）”，向右填充至 E51，如图 6－53 所示。

	A	B	C	D	E	F
1						
41	统计分析					
42			平均等待时间/min	空闲百分比（%）	最多等待人数	
43		模拟次数	100	100	100	
44		平均值	=AVERAGE(N5:N104)	=AVERAGE(O5:O104)	=AVERAGE(P5:P104)	
45		中位数	=MEDIAN(N5:N104)	=MEDIAN(O5:O104)	=MEDIAN(P5:P104)	
46		标准差	=STDEV(N5:N104)	=STDEV(O5:O104)	=STDEV(P5:P104)	
47		变异系数	=C46/C44	=D46/D44	=E46/E44	
48		偏度	=SKEW(N5:N104)	=SKEW(O5:O104)	=SKEW(P5:P104)	
49		峰度	=KURT(N5:N104)	=KURT(O5:O104)	=KURT(P5:P104)	
50		最小值	=MIN(N5:N104)	=MIN(O5:O104)	=MIN(P5:P104)	
51		最大值	=MAX(N5:N104)	=MAX(O5:O104)	=MAX(P5:P104)	

a）计算函数和公式

	A	B	C	D	E	F
1						
41	统计分析					
42			平均等待时间/min	空闲百分比（%）	最多等待人数	
43		模拟次数	100	100	100	
44		平均值	5.46	25.57	5.64	
45		中位数	3.84	27.28	5.00	
46		标准差	4.84	13.99	2.58	
47		变异系数	0.89	0.55	0.46	
48		偏度	1.60	-0.04	0.93	
49		峰度	2.30	-0.81	0.45	
50		最小值	0.55	0.30	2.00	
51		最大值	23.25	60.93	13.00	

b）计算结果

图 6－53　单服务台排队统计分析数据

➢ 任务操作结果

如图 6－53 所示，顾客的平均等待时间为 5.46min，装卸港平均空闲百分比为 25.57%，服务系统内最多等待人数为 13 人。

➢ 任务小结

1) 给定数值集合的中值函数 MEDIAN：返回给定数值的中值。

格式：MEDIAN(number1，number2，…)

参数：number1，number2，…是要计算中值的 1～30 个数值。

2) 样本标准偏差函数 STDEV：估算样本的标准偏差。

格式：STDEV(number1，number2，…)

参数：number1，number2，…为对应总体样本的 1～30 个参数。

3) 分布的偏斜度函数 SKEW：返回分布的偏斜度。

格式：SKEW(number1，number2，…)

参数：number1，number2，…为需要计算偏斜度的 1～30 个参数。

4) 数据集的峰值函数 KURT：返回数据集的峰值。

格式：KURT(number1，number2，…)

参数：number1，number2，…是用于计算峰值的 1～30 个参数。

随机状态的排队分析还有其他方法，这里不再陈述。

任务 8　用 $M/M/1/N/\infty$ 排队模型分析库存服务

6-8

$M/M/1$ 排队模型有多种形式，这里我们介绍 $M/M/1/N/\infty$ 排队模型。

➢ 方法原理

使用 $M/M/1/N/\infty$ 排队模型有几个前提假设：泊松分布输入、负指数服务、单服务台、系统有限制、顾客源无限制。

系统中没有个体的概率：

$$P_0=\frac{1-\rho}{1-\rho^{N+1}} \tag{6-8}$$

N 个个体在系统中的概率：

$$P_N=\rho^n P_0(\rho\neq 1,\ n\leqslant N) \tag{6-9}$$

系统中个体的平均数：

$$L_S=\frac{\rho}{1-\rho}-\frac{(N+1)\rho^{N+1}}{1-\rho^{N+1}} \tag{6-10}$$

系统中等候个体的平均数：

$$L_q=L_S-(1-P_0) \tag{6-11}$$

一个个体在系统中所花费的平均时间：

$$W_S=\frac{L_S}{\lambda_e} \tag{6-12}$$

一个个体在排队中所花费的时间：

$$W_q=\frac{L_q}{\lambda_e} \tag{6-13}$$

其中，为有效到达率$\lambda_e=\lambda(1-P_N)=\mu(1-P_0)$。

➢ 任务内容

某库房站台只有一台叉车，且站前最多只能停放 3 台待卸货的卡车。设待卸货的卡车按泊松分布到达，平均每小时到达 1 辆；卸车时间服从负指数分布，平均每 1.25 小时可卸货 1 辆卡车。试求站内空闲率，顾客损失率，有效到达率，站内平均队长和卡车为卸货需等待的平均时间。

➢ 任务操作步骤

这是一个 $M/M/1/4/\infty$ 排队模型形式的问题。

步骤 1：计算服务强度，在单元格 C5 输入“=C3/C4”。

步骤 2：计算站内空闲率，在单元格 C6 输入“=(1-C5)/(1-C5^(C2+1))”。

步骤 3：计算顾客损失率，在单元格 C7 输入“=C5^C2*C6”。

步骤 4：计算有效到达率，在单元格 C8 输入“=C3*(1-C7)”。

步骤 5：计算站内平均队长，在单元格 C9 输入“=C5/(1-C5)-(C2+1)*C5^(C2+1)/(1-C5^(C2+1))”。

步骤 6：计算卡车为卸货需等待的平均时间，在单元格 C10 输入“=(C9-(1-C6))/C8”，如图 6-54 所示。

	A	B	C	D	E	F	G
1	M/M/1/N/∞排队模型						
5	服务强度	ρ =	=C3/C4				
6	站内空闲率	P_0 =	=(1-C5)/(1-C5^(C2+1))				
7	顾客损失率	P_4 =	=C5^C2*C6				
8	有效到达率	λ_e =	=C3*(1-C7)				
9	站内平均队长	L_s =	=C5/(1-C5)-(C2+1)*C5^(C2+1)/(1-C5^(C2+1))				
10	卡车为卸货需等待的平均时间	W_q =	=(C9-(1-C6))/C8				

a) 计算公式

	A	B	C
1	M/M/1/N/∞排队模型		
2	系统内数量	N =	4
3	平均到达率	λ =	1
4	平均服务率	μ =	0.8
5	服务强度	ρ =	1.25
6	站内空闲率	P_0 =	0.122
7	顾客损失率	P_4 =	0.297
8	有效到达率	λ_e =	0.703
9	站内平均队长	L_s =	2.44
10	卡车为卸货需等待的平均时间	W_q =	2.22

b) 计算结果

图 6-54 $M/M/1/4/\infty$ 排队模型的数据分析

➢ 任务操作结果

站内空闲率为 12.2%，顾客损失率为 29.7%，有效到达率为 70.3%，站内平均队长为 2.44，卡车为卸货需等待的平均时间为 2.22h。

➢ 任务小结

时间过长，建议增加一台叉车帮助卸货。

➢ 任务拓展

试计算两台叉车会是什么结果？

习　题

1. 某公司有两个工厂向仓库供货，由仓库供应4个市场。产品A由工厂P1负责供应，产品B由工厂P2负责供应。这些产品随后再被运到M1、M2、M3、M4市场。工厂和市场的总运输量、运输费率和坐标见表6-8，请寻找使运输成本最小的单一仓库的位置。

表6-8　总运输量、运输费率和坐标

地点 i	总运输量	运输费率	坐标	
	V_i(t)	R_i(美元/t/km)	x_i	y_i
P1	2000	0.050	3	8
P2	3000	0.050	5	2
M1	2500	0.075	2	5
M2	1000	0.075	6	4
M3	1500	0.075	8	8
M4	800	0.080	11	12

2. 某物流公司要建立一个配送中心，备选地址分别为A、B、C、D、E5地，考虑到经济和环境的要求，物流公司定出6项评价准则，用权重表示。现对A、B、C、D、E5块备选地址进行招标，备选地址得分见表6-9，以总分最高的备选地址作为招标的首选，请进行计算。

表6-9　备选地址得分

因素	权重	备选地址得分				
		A	B	C	D	E
现有设施	5	2	10	4	6	7
临近企业	7	3	5	6	4	7
临近主干道	9	9	4	5	7	3
临近交通枢纽	8	7	9	4	2	5
地价	9	4	3	6	8	9
周围环境影响	6	3	6	3	7	4

3. 某物流公司计划在东、西、南、北4个区建立仓储基地，拟议有10个位置Ai(i=1，2，…，10)可供选择。规定：东区，在A1、A2、A3中至多选2个；西区，在A4、A5中至少选1个；南区，在A6、A7中至少选1个；北区，在A8、A9、A10中至少选2个。每个仓储基地的设备投资额和年预计获利见表6-10。要求投资总额不能超过320万元，选择哪几个点可使公司的年利润最大？

表 6-10 仓储基地设备投资额和年预计获利

项目	东区			西区		南区		北区		
	A1	A2	A3	A4	A5	A6	A7	A8	A9	A10
设备投资额 b_i(万元)	29	32	18	44	56	72	68	28	33	44
年获利 c_i(万元)	12	17	8	22	30	32	32	12	19	25

4. 假设物流设施选址范围内有 6 个需求点，其坐标、需求量和运输费率见表 6-11。现要设置一个物流设施，问物流设施的最佳位置为何处？

表 6-11 需求点的坐标、需求量和运输费率

需求点	坐标		需求量	运输费率
	x	y		
A	3	8	2000	0.5
B	8	2	3000	0.5
C	2	5	2500	0.75
D	6	4	1000	0.75
E	8	8	1500	0.75
F	5	3	2800	0.7

5. 某物流配送中心的车流服从均匀分布，其中最小时间间隔为 0min，最大时间间隔为 6min，而接待顾客的服务服从平均时间为 2.5min、方差为 0.5min 的正态分布。请建立仿真模型，模拟 300 台车接受服务的情况，并完成以下分析：

1）确定顾客的等待数量及等待概率。

2）确定顾客的平均等待时间及最长等待时间。

3）确定等待超过 1min 的人数及等待概率。

4）确定系统服务效率以及实际繁忙的时间。

单元 7 物流数据管理和数据查找

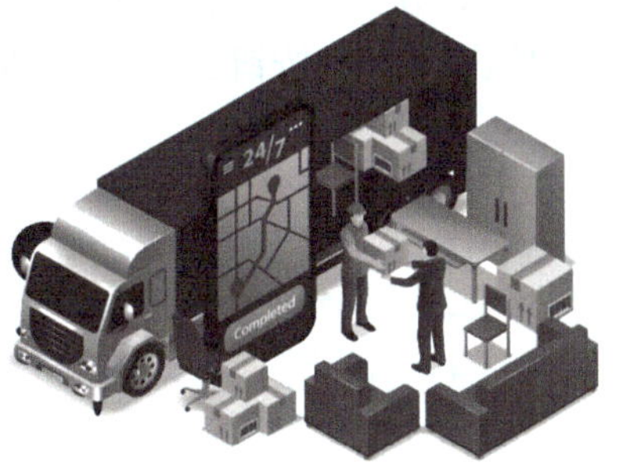

市场上有许多物流管理软件，但是由于需求的变化，常常用 Excel 作为辅助。有些物流公司也一直用 Excel 作为物流管理软件。Excel 的“数据”菜单下的一些子菜单也是进行数据管理的好帮手，特别是数据透视表，近几年在大数据的管理和查找上有很大的突破。

项目 1　数据透视表法

数据透视表是 Excel 最强大、最实用的工具之一，它不像函数公式需要对数学等方面有许多要求，只需要熟练操作就可以得到满意的结果。特别是 Power Query 和Power Pivot工具的加入，使大数据的处理如虎添翼。

任务 1　利用数据透视表查找 66 个店铺中净利润前 10 的店铺

7 – 1

➢ 任务内容

某物流公司有 66 个店铺，现要考察当月各店铺经营情况，各店铺的经营数据如图 7 – 1 所示，请查找经营利润前 10 的店铺的名称和利润值。

➢ 任务操作步骤

步骤 1：在新建工作簿上选择“数据”/“获取和转换”/“新建查询”/“从文件”/“从工作簿”命令，如图 7 – 2 所示。

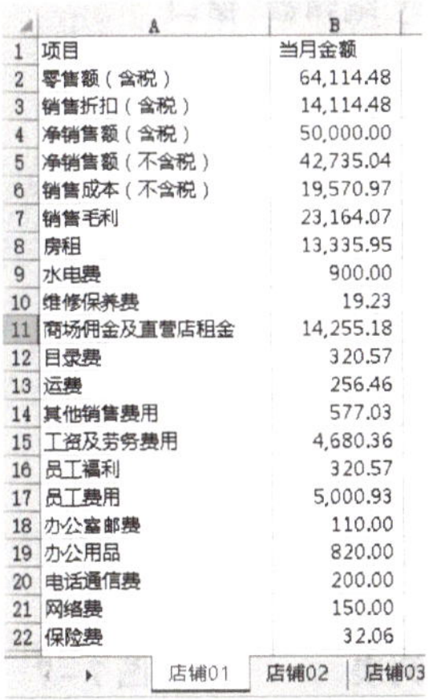

	A	B
1	项目	当月金额
2	零售额（含税）	64,114.48
3	销售折扣（含税）	14,114.48
4	净销售额（含税）	50,000.00
5	净销售额（不含税）	42,735.04
6	销售成本（不含税）	19,570.97
7	销售毛利	23,164.07
8	房租	13,335.95
9	水电费	900.00
10	维修保养费	19.23
11	商场佣金及直营店租金	14,255.18
12	目录费	320.57
13	运费	256.46
14	其他销售费用	577.03
15	工资及劳务费用	4,680.36
16	员工福利	320.57
17	员工费用	5,000.93
18	办公室邮费	110.00
19	办公用品	820.00
20	电话通信费	200.00
21	网络费	150.00
22	保险费	32.06

店铺01　店铺02　店铺03

图 7 – 1　店铺的经营数据

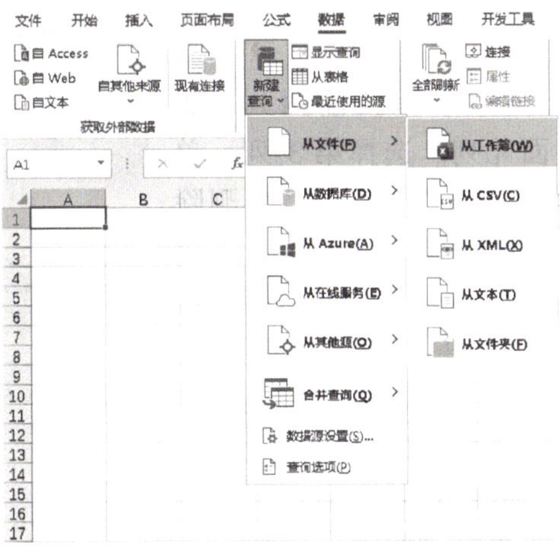

图 7 – 2　选择“从工作簿”命令

单击“从工作簿”，打开“导入数据”对话框，选择“7－1. xlsx”工作簿，如图 7－3 所示。单击“导入”按钮，打开“导航器”对话框，如图 7－4 所示。

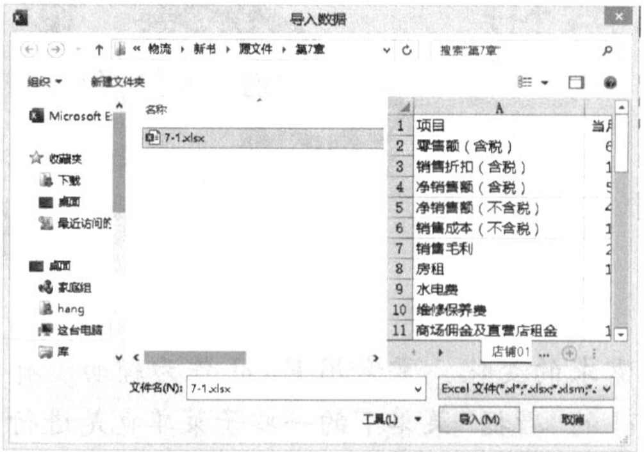

图 7－3　选择工作簿

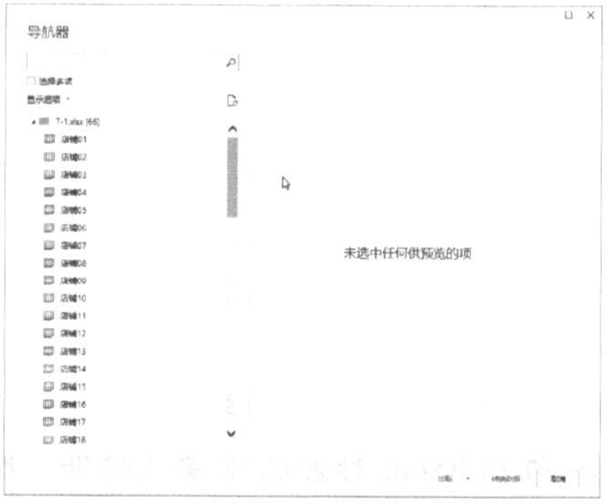

图 7－4　“导航器”对话框

在“导航器”对话框中选择“7－1. xlsx[66]”，单击“转换数据”按钮，进入“7－1 xlsx-Power Query 编辑器”窗口，如图 7－5 所示。

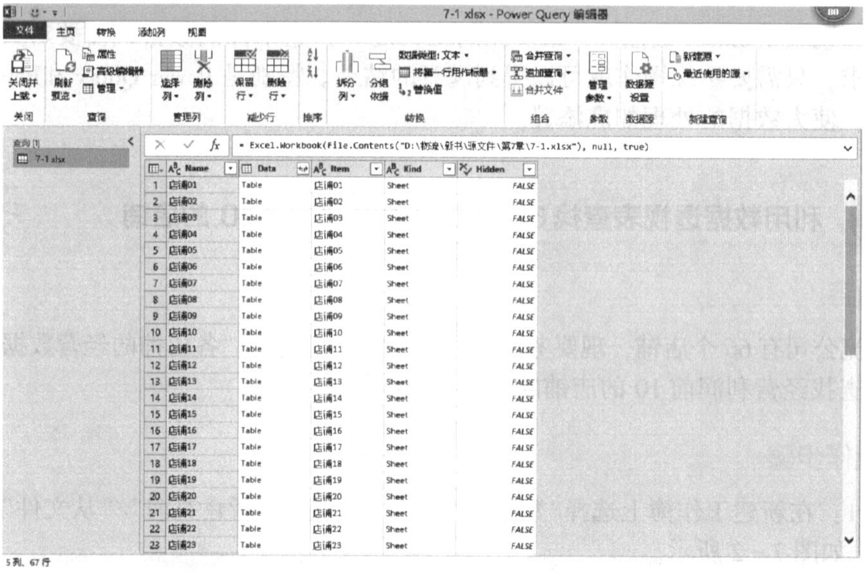

图 7－5　“7－1 xlsx-Power Query 编辑器”窗口

步骤 2：保留前两列，删除后面几列。选择第 3 列，单击“管理列”/“删除列”/“删除列”；同理删除后几列。

步骤 3：单击 Data 字段右上角的按钮，展开字段列表，如图 7－6 所示。取消勾选“使用原始列名作为前缀”复选框，单击“加载更多”，显示所有字段，如图 7－7所示。

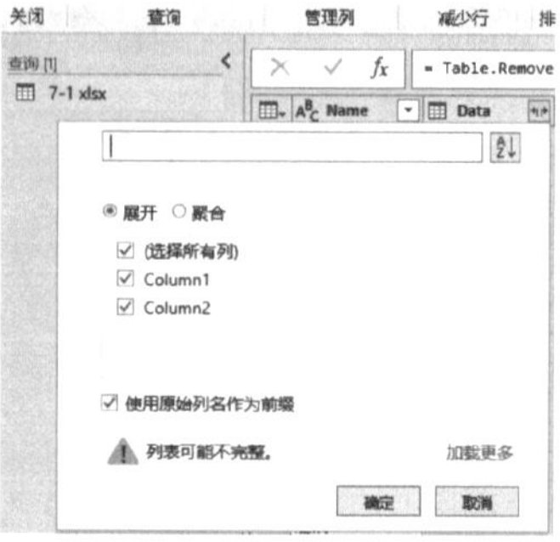

图 7－6　展开字段列表

图 7－7　显示所有字段

单击“确定”按钮，展开所有字段，如图 7－8 所示。

步骤 4：单击“将第一行用作标题”；单击“店铺 01”下拉按钮，取消勾选“-xlnm. -FilterDatabase”复选框；设置列的数据类型，将第 1 列和第 2 列设置为“文本”，将第 3 列设置为“小数”，如图 7－9 所示。数据处理完毕后的表如图 7－10 所示。

图 7－8　展开所有字段

图 7－9　设置数据类型

图 7－10　数据处理完毕后的表

步骤 5：单击“文件”/“关闭并上载至...”，弹出“加载到”对话框，如图 7－11 所示，选择“仅创建连接”，勾选“将此数据添加到数据模型”复选框，单击“加载”按钮。

步骤 6：打开“Power Pivot”，单击“数据模型”/“管理”，在 Power Pivot 中得到 66 个店铺的当月汇总，如图 7－12 所示。

步骤 7：单击“主页”/“获取外部数据”/“数据透视表”/“数据透视表”，创建数据透视表。将“项目”作为“筛选”项，“店铺 01”为“行”字段，“当月金额”为“值”项；在“当月金额”列选择“降序”，打开“店铺 01”字段上的按钮，选择“值筛选”/“前 10 项”，如图 7－13 所示，单击“确定”按钮，建立前 10 项的数据透视表。

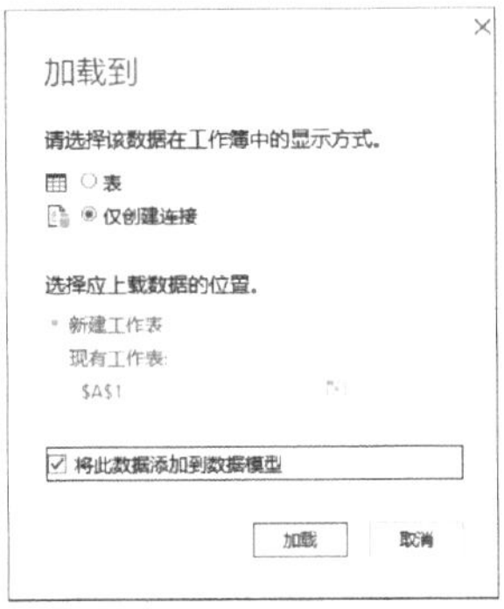

图 7－11　“加载到”对话框

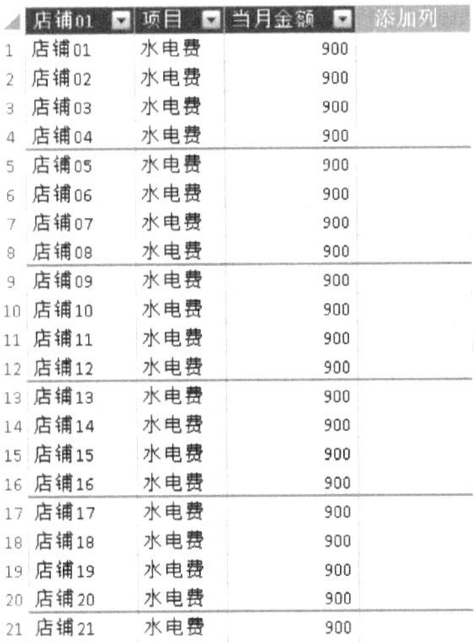

图 7－12　66 个店铺的当月汇总

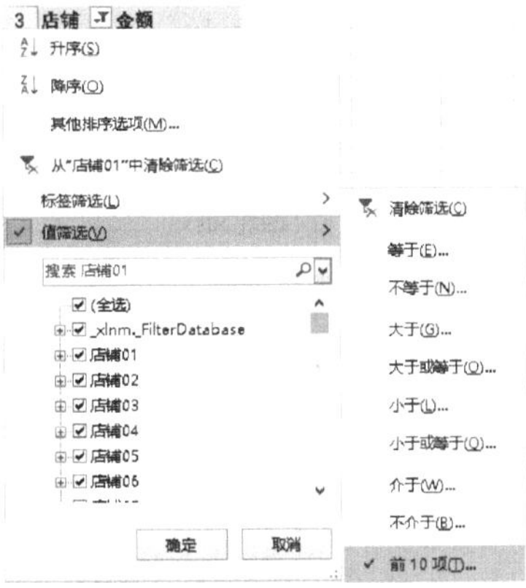

图 7－13　选择“前 10 项”

➢ 任务操作结果

该物流公司 66 个店铺中当月净利润前 10 的店铺的数据透视表和数据透视图如图 7－14所示。

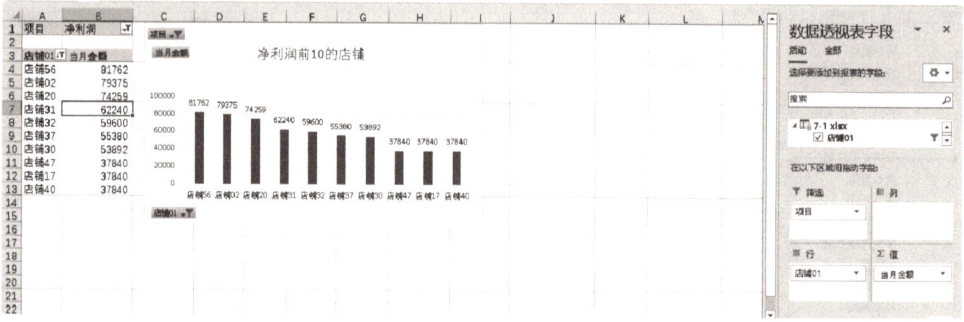

图 7－14 净利润前 10 的店铺的数据透视表和数据透视图

➢ 任务小结

如果想继续设计其他项目的数据透视表(图)，可以重新打开 Power Pivot 进行操作。

任务 2 利用数据透视表对 6 个分公司去年的销售情况进行汇总分析

7－2

➢ 任务内容

某物流集团在东北、华北、华南、华中、西北和西南有 6 个分公司，现要求将去年的销售情况进行汇总和分析。要汇总的 6 个分公司工作簿的名称如图 7－15 所示，某分公司工作簿的工作表数据如图 7－16 所示。

图 7－15 要汇总的分公司工作簿的名称

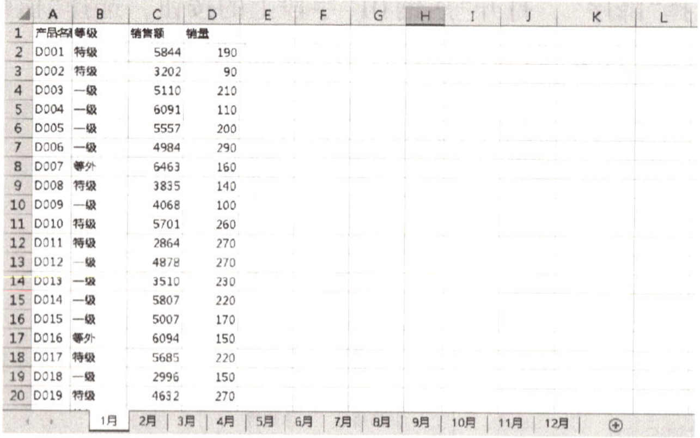

产品名称	等级	销售额	销量
D001	特级	5844	190
D002	特级	3202	90
D003	一级	5110	210
D004	一级	6091	110
D005	一级	5557	200
D006	一级	4984	290
D007	等外	6463	160
D008	特级	3835	140
D009	一级	4068	100
D010	特级	5701	260
D011	特级	2864	270
D012	一级	4878	270
D013	一级	3510	230
D014	一级	5807	220
D015	一级	5007	170
D016	等外	6094	150
D017	特级	5685	220
D018	一级	2996	150
D019	特级	4632	270

图 7－16 某分公司工作簿的工作表数据

➢ 任务操作步骤

步骤 1：在新建工作簿上选择“数据”/“获取和转换”/“新建查询”/“从文件”/“从文件夹”命令，如图 7－17 所示，浏览到本任务的源文件。要汇总的工作簿如图 7－18 所示。

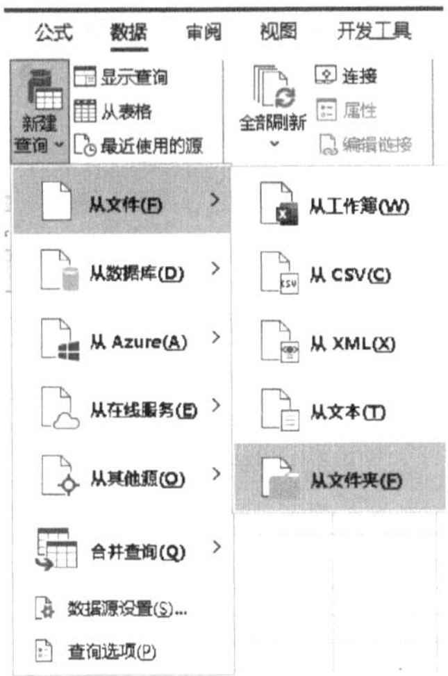

图 7－17　选择“从文件夹”命令

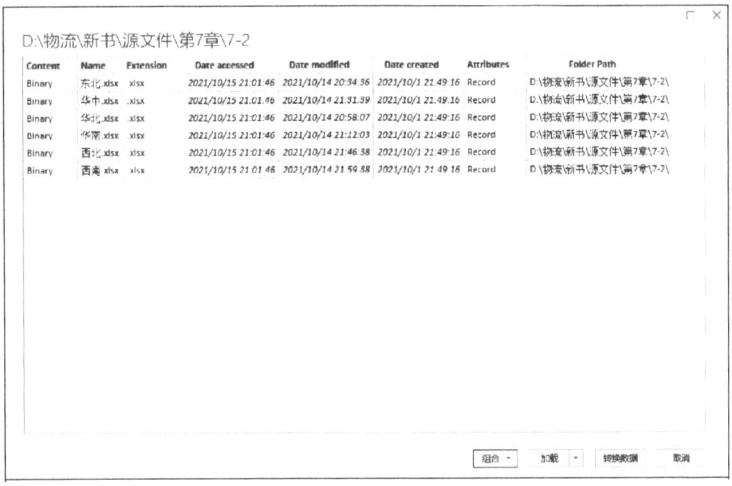

图 7－18　要汇总的工作簿

步骤 2：单击“转换数据”按钮，进入“7－2－Power Query 编辑器”窗口，如图 7－19 所示。保留“Content”和“Name”两列，删除其余列。

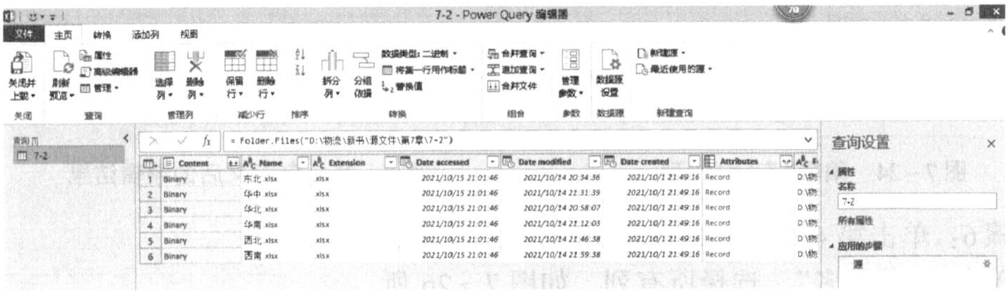

图 7－19　“7－2－Power Query 编辑器”窗口

步骤 3：在“添加列”选项卡中单击“自定义列”按钮，如图 7－20 所示。

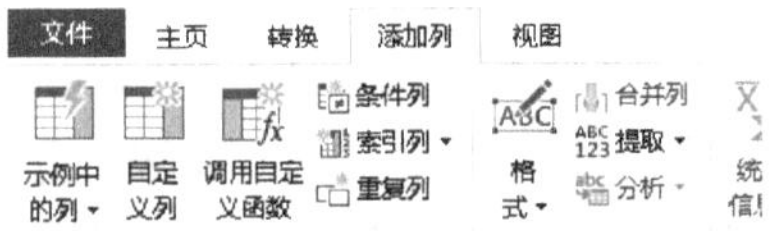

图 7－20　“自定义列”按钮

在“自定义列”对话框中，从“可用列”的列表框中选择“Content”，单击“插入”按钮，系统自动在“自定义列公式”中填入公式“＝[Content]”，如图 7－21 所示。

步骤 4：将“自定义列公式”修改为“＝Excel.Workbook([Content])”，如图 7－22 所示。

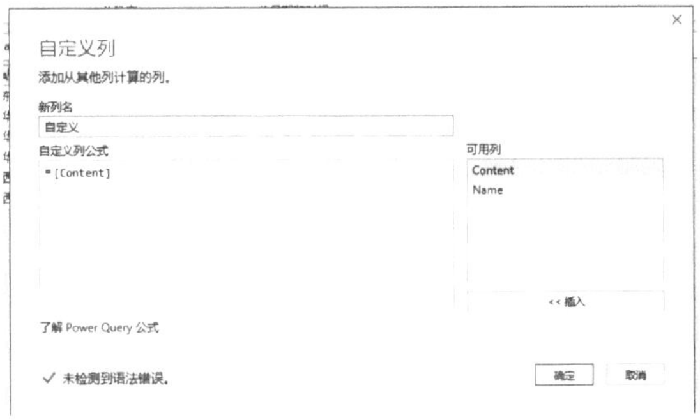

图 7－21　“自定义列”对话框

图 7－22　修改自定义列公式

步骤5：单击“确定”按钮，返回到源文件的 Power Query 编辑器，添加“自定义”列，如图 7－23 所示。

图 7－23 添加“自定义”列

单击“自定义”右侧按钮，在展开的列表中单击“加载更多”，然后勾选“Name”和“Date”复选框，如图 7－24 所示。单击“确定”按钮，返回到 Power Query 编辑器，结果如图 7－25 所示。

图 7－24 编辑“自定义”列

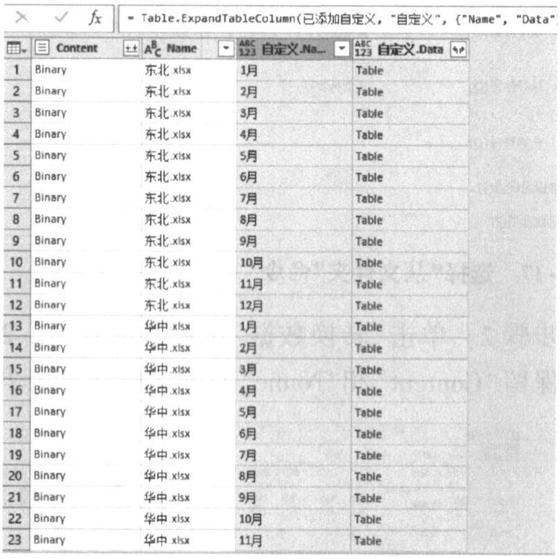

图 7－25 自定义后的编辑结果

步骤6：单击第 4 列“Date”右侧按钮，在展开的列表中单击“加载更多”，选择所有列，如图 7－26 所示。单击“确定”按钮，工作簿合并后的编辑结果如图 7－27所示。

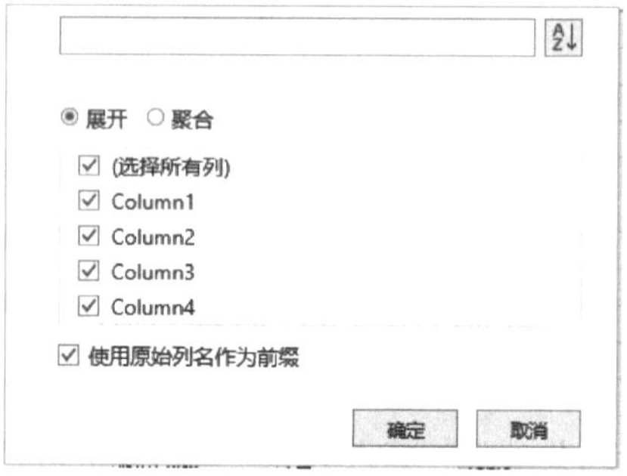

图 7－26 编辑“Date”列

步骤7：删除第 1 列“Content”；单击“将第一行用作标题”；单击“产品等级”右侧按钮，在展开的列表中取消勾选“产品等级”复选框，删除重复标题。将第 1 列命名为“分公司”，第 2 列命名为“月份”。展开的所有列数据如图 7－28 所示。

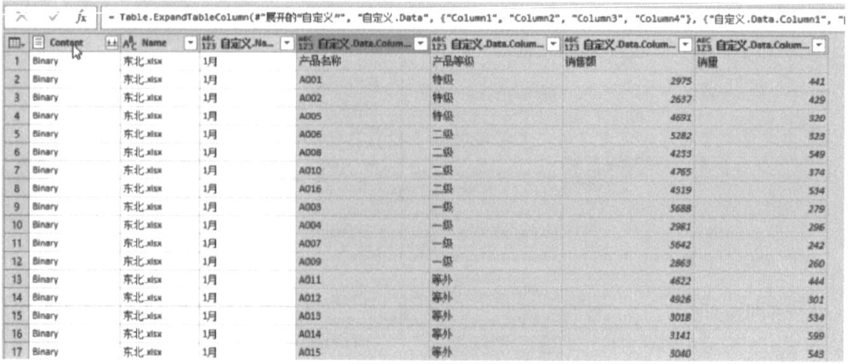

图 7－27 工作簿合并后的编辑结果

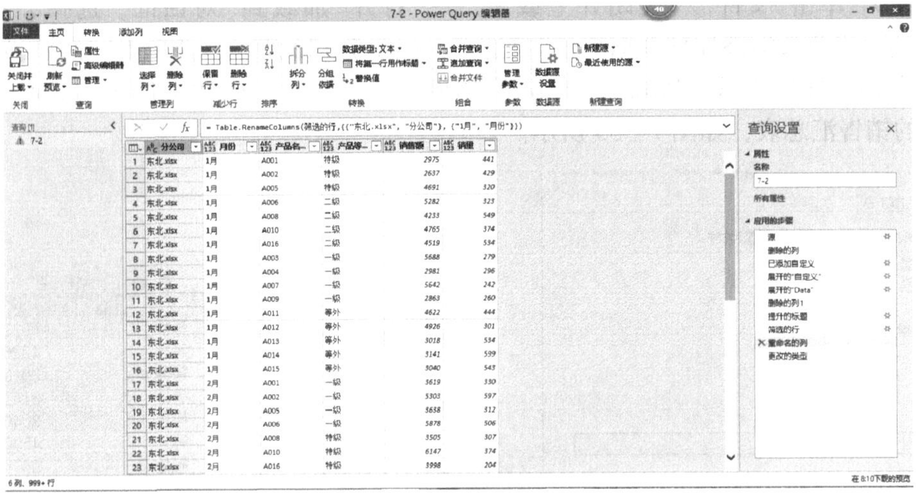

图 7-28 展开的所有列的数据

步骤 8：选中第 1 列，在“转换”/“提取”下拉列表中选择“分隔符之前的文本”命令，如图 7-29 所示。在打开的“分隔符之前的文本”对话框中，在“分隔符”文本框中输入分隔符“.”，如图 7-30 所示，单击“确定”按钮。

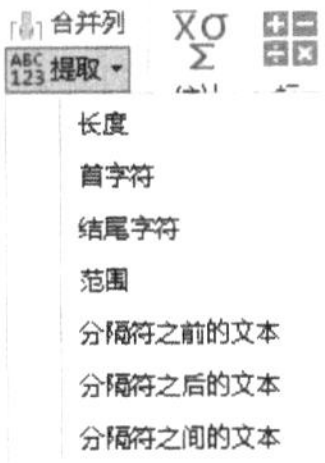

图 7-29 “提取”下拉列表

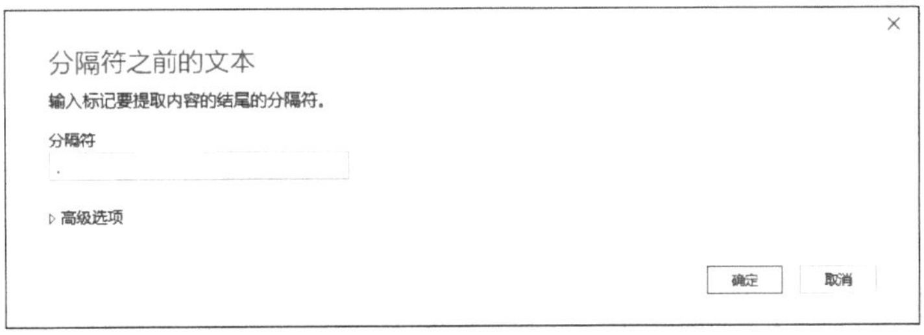

图 7-30 “分隔符之前的文本”对话框

将各列的数据类型分别设置为文本、日期、文本、文本、小数和小数，最后得到一个完整的数据汇总筛选数据表，如图 7-31 所示。

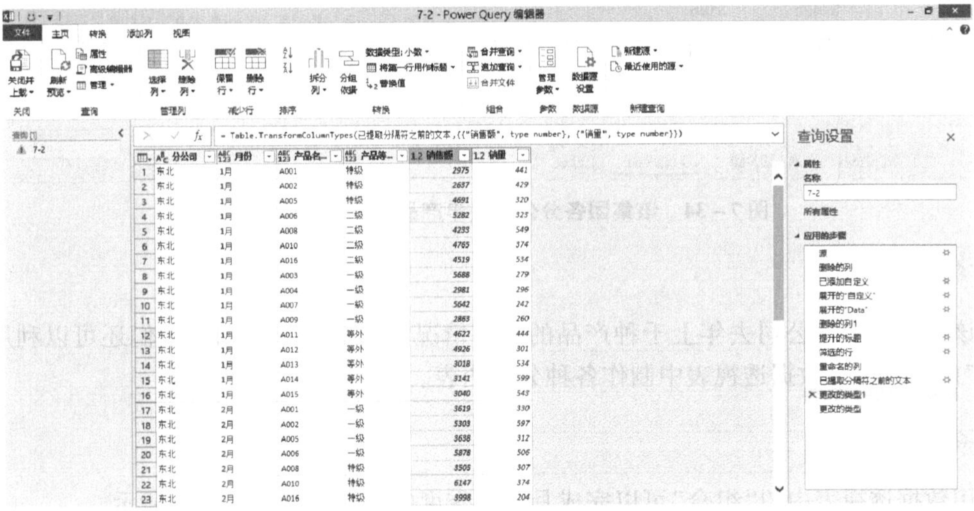

图 7-31 数据汇总筛选数据表

步骤 9：单击“文件”/“关闭并上载至…”，打开“加载到”对话框，选择“仅创建连接”，勾选“将此数据添加到数据模型”复选框，如图 7－32 所示，并单击“加载”按钮。

步骤 10：打开“Power Pivot”，单击“数据模型”/“管理”，得到在 Power Pivot 中的各个分公司的销售汇总表，如图 7－33 所示。

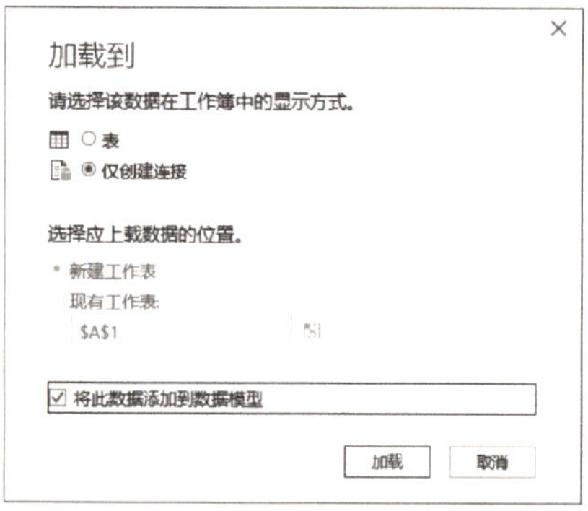

图 7－32 “加载到”对话框

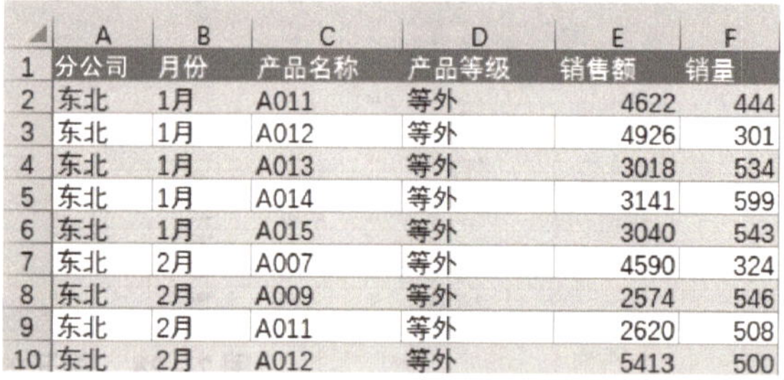

	A	B	C	D	E	F
1	分公司	月份	产品名称	产品等级	销售额	销量
2	东北	1月	A011	等外	4622	444
3	东北	1月	A012	等外	4926	301
4	东北	1月	A013	等外	3018	534
5	东北	1月	A014	等外	3141	599
6	东北	1月	A015	等外	3040	543
7	东北	2月	A007	等外	4590	324
8	东北	2月	A009	等外	2574	546
9	东北	2月	A011	等外	2620	508
10	东北	2月	A012	等外	5413	500

图 7－33 分公司的销售汇总表

步骤 11：在“插入”或“Power Pivot”中创建数据透视表，选择“数据透视表分析”/“插入切片器”，选择需要的切片器。该集团各分公司去年产品销售汇总分析图表如图 7－34 所示。

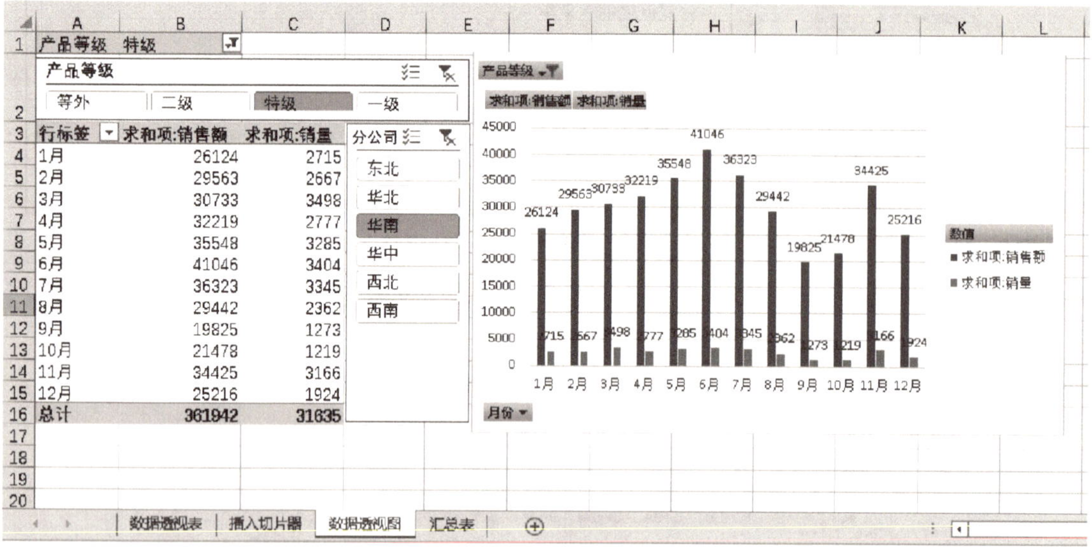

图 7－34 该集团各分公司去年产品销售汇总分析图表

➢ 任务操作结果

该集团 6 个分公司去年上千种产品的销售情况如图 7－34 所示。我们还可以利用“汇总表”的数据，在数据透视表中制作各种分析图表。

➢ 任务拓展

用数据透视表中的“组合”可以完成月份变季度的汇总，如图 7－35 所示。

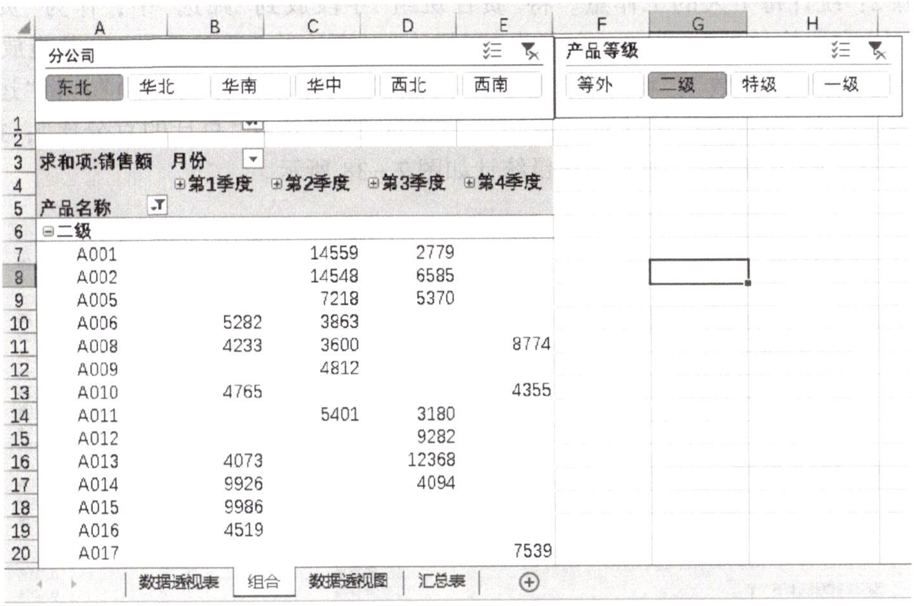

图 7－35　各分公司产品季度销售汇总分析表

任务 3　利用数据透视表处理快递行业集包业务

7－3

➤ 任务内容

某物流快递公司在 2016 年 12 月份的运单量非常大，为了能快速处理，合理调配人力、车辆和作业工具，请进行数据分析，使公司对整体运营数据有清晰的了解。2016 年 12 月 12 日运单集包如图 7－36 所示。

运单编号	袋号	下一站点	件数	最大重量	车牌号	扫描人	责任班组	扫描时间	未集包数
70401700001659	820053482950	沈阳分拨中心	1	0.3	辽ACXXXX	马野	二班	2016/12/12 8:44	0
610006176118	820053482950	沈阳分拨中心	1	0.5	辽ACXXXX	马野	二班	2016/12/12 8:44	0
350479056419	820053482950	沈阳分拨中心	1	0.2	辽ACXXXX	马野	二班	2016/12/12 8:44	0
350471053956	820053482950	沈阳分拨中心	1	0.2	辽ACXXXX	马野	二班	2016/12/12 8:44	0
350470644165	820053482950	沈阳分拨中心	1	0.2	辽ACXXXX	马野	二班	2016/12/12 8:44	0
350470610666	820053482950	沈阳分拨中心	1	0.2	辽ACXXXX	马野	二班	2016/12/12 8:44	0
350470189960	820053482950	沈阳分拨中心	1	0.6	辽ACXXXX	马野	二班	2016/12/12 8:44	0
350469514707	820053482950	沈阳分拨中心	1	1.5	辽ACXXXX	马野	二班	2016/12/12 8:44	0
350469343220	820053482950	沈阳分拨中心	1	0.2	辽ACXXXX	马野	二班	2016/12/12 8:44	0
350469193248	820053482950	沈阳分拨中心	1	0.4	辽ACXXXX	马野	二班	2016/12/12 8:44	0
350461538517	820053482950	沈阳分拨中心	1	0.4	辽ACXXXX	马野	二班	2016/12/12 8:44	0
350461538452	820053482950	沈阳分拨中心	1	1.5	辽ACXXXX	马野	二班	2016/12/12 8:44	0
350458066742	820053482950	沈阳分拨中心	1	0.2	辽ACXXXX	马野	二班	2016/12/12 8:44	0
350456991466	820053482950	沈阳分拨中心	1	0.2	辽ACXXXX	马野	二班	2016/12/12 8:44	0
350453707679	820053482950	沈阳分拨中心	1	0.5	辽ACXXXX	马野	二班	2016/12/12 8:44	0
350422590189	820053482950	沈阳分拨中心	1	0.6	辽ACXXXX	马野	二班	2016/12/12 8:44	0
210913332411	820053482950	沈阳分拨中心	1	1.1	辽ACXXXX	马野	二班	2016/12/12 8:44	0
210913174158	820053482950	沈阳分拨中心	1	0.6	辽ACXXXX	马野	二班	2016/12/12 8:44	0

图 7－36　2016 年 12 月 12 日运单集包

➤ 任务操作步骤

步骤 1：建立数据透视表。打开“7－3. xlsx”文件，打开“快递集包数据”表，单击“插入”/“表格”/“数据透视表”，“创建数据透视表”对话框如图 7－37 所示。

步骤 2：统计每个人的工作量。将“责任班组”字段放到“筛选”中，作为“页字段”；将“扫描人”字段拖放到“行”中，命名为“扫描人”；两次将“运单编号”字段拖放到“值”中，计算方式设为“计数”；将“运单编号 1”的值字段设为“工作量(件)”；将“运单编号 2”的值字段设为“占总工作量的百分数”，“值显示方式”选择“总计的百分比”；按“工作量(件)”进行“降序”排序。个人工作量统计如图 7－38 所示。

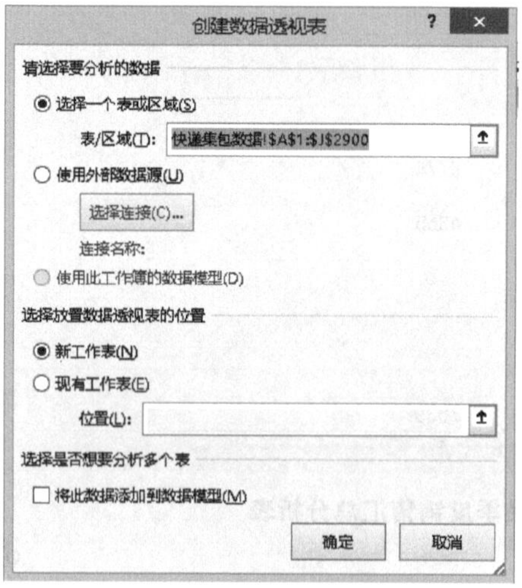

图 7－37　“创建数据透视表”对话框

	A	B	C
4	扫描人	工作量（件）	占总工作量的百分数
5	钱易吾	1119	38.60%
6	邓金刚	417	14.38%
7	马野	247	8.52%
8	郑楠	207	7.14%
9	张吉	174	6.00%
10	戴丽丽	149	5.14%
11	田鑫	123	4.24%
12	王梦莹	102	3.52%
13	董香军	101	3.48%
14	孙昊	40	1.38%
15	张杰	38	1.31%
16	贾海洋	32	1.10%
17	刘佳月	30	1.03%
18	李璐	26	0.90%
19	纪月	26	0.90%
20	张磊	22	0.76%
21	郜成	22	0.76%
22	曲春泉	9	0.31%
23	张春雷	8	0.28%
24	刘福贵	4	0.14%
25	高全	1	0.03%
26	梁显阔	1	0.03%
27	高树严	1	0.03%
28	总计	2899	100.00%

图 7－38　个人工作量统计

步骤 3：单击“扫描人”标签，选择“值筛选”/“前 10 个”，设置成前 5 个排名，结果如图 7－39 所示。

	A	B	C
4	扫描人	工作量（件）	占总工作量的百分数
5	钱易吾	1119	51.71%
6	邓金刚	417	19.27%
7	马野	247	11.41%
8	郑楠	207	9.57%
9	张吉	174	8.04%
10	总计	2164	100.00%

图 7－39　个人工作量前 5 名

步骤 4：统计班组的工作量。在上一个透视表上将“责任班组”字段拖到行标签的第一个位置，显示班组汇总，选择“设计”/“报表布局”/“以表格形式显示”；同理筛选出前 5 名。结果如图 7－40 和图 7－41 所示。

	A	B	C	D
4	责任班组	扫描人	工作量（件）	占总工作量的百分数
5	⊟二班	邓金刚	417	14.38%
6		马野	247	8.52%
7		郑楠	207	7.14%
8		张吉	174	6.00%
9		戴丽丽	149	5.14%
10		田鑫	123	4.24%
11		王梦莹	102	3.52%
12		董香军	101	3.48%
13		孙昊	40	1.38%
14		张杰	38	1.31%
15		刘佳月	30	1.03%
16		李璐	26	0.90%
17		张磊	22	0.76%
18		郜成	22	0.76%
19		曲春泉	9	0.31%
20		张春雷	8	0.28%
21		刘福贵	4	0.14%
22		高全	1	0.03%
23		梁显阔	1	0.03%
24		高树严	1	0.03%
25	二班 汇总		1722	59.40%
26	⊟一班	钱易吾	1119	38.60%
27		贾海洋	32	1.10%
28		纪月	26	0.90%

图 7－40　班组工作量汇总

	F	G	H	I
4	责任班组	扫描人	工作量（件）	占总工作量的百分数
5	⊟二班	邓金刚	417	17.59%
6		马野	247	10.42%
7		郑楠	207	8.73%
8		张吉	174	7.34%
9		戴丽丽	149	6.28%
10	二班 汇总		1194	50.36%
11	⊟一班	钱易吾	1119	47.20%
12		贾海洋	32	1.35%
13		纪月	26	1.10%
14	一班 汇总		1177	49.64%
15	总计		2371	100.00%

图 7－41　班组工作量前 5 名

步骤 5：用鼠标右键单击任何一个“扫描人”，在弹出的快捷菜单中选择“筛选”/“从‘扫描人’中清除筛选”，得到各班组明细。

步骤 6：用鼠标右键单击任何一个“扫描人”，在弹出的快捷菜单中选择“展开/折叠”/“折叠整个字段”，折叠到责任班组，完成班组汇总，如图 7－42 所示。

19	责任班组	扫描人	工作量（件）	占总工作量的百分数
20	⊞二班		1722	59.40%
21	⊞一班		1177	40.60%
22	总计		2899	100.00%

图 7－42 班组汇总数据

步骤 7：将“未集包数”拖到列标签处，得到班组集包数据汇总，如图 7－43 所示，其中“0”为集包的数量，“1”为未集包的数量。

	F	G	H	I	J	K	L	M
25			集包数	未集包数				
26			工作量（件）		占总工作量的百分数		工作量（件）汇总	占总工作量的百分数汇总
27	责任班组	扫描人	0	1	0	1		
28	⊞二班		1528	194	52.71%	6.69%	1722	59.40%
29	⊞一班		642	535	22.15%	18.45%	1177	40.60%
30	总计		2170	729	74.85%	25.15%	2899	100.00%

图 7－43 班组集包数据汇总

步骤 8：统计下一站点的快递配送量。将“责任班组”换成“下一站点”，形成下一站点配送明细，如图 7－44 所示。

3		集包情况					
4		工作量（件）		占总工作量百分数		工作量（件）汇总	占总工作量百分数汇总
5	下一站点	0	1	0	1		
6	⊟白山分拨仓	20	3	0.69%	0.10%	23	0.79%
7	高全		1	0.00%	0.03%	1	0.03%
8	孙昊		2	0.00%	0.07%	2	0.07%
9	王梦莹	20		0.69%	0.00%	20	0.69%
10	⊟北京分拨中心	74	2	2.55%	0.07%	76	2.62%
11	戴丽丽	74	1	2.55%	0.03%	75	2.59%
12	董香军		1	0.00%	0.03%	1	0.03%
13	⊟北京金鑫分拨中心	9	6	0.31%	0.21%	15	0.52%
14	邓金刚		1	0.00%	0.03%	1	0.03%
15	刘福贵		4	0.00%	0.14%	4	0.14%
16	张吉	9		0.31%	0.00%	9	0.31%
17	张杰		1	0.00%	0.03%	1	0.03%
18	⊟大连分拨中心	6		0.21%	0.00%	6	0.21%
19	张吉	6		0.21%	0.00%	6	0.21%
20	⊟哈尔滨分拨中心	266	136	9.18%	4.69%	402	13.87%
21	邓金刚	16		0.55%	0.00%	16	0.55%
22	马野	121		4.17%	0.00%	121	4.17%
23	钱易君	129	136	4.45%	4.69%	265	9.14%
24	⊟合肥分拨中心	72	17	2.48%	0.59%	89	3.07%
25	董香军	72	16	2.48%	0.55%	88	3.04%
26	郑楠		1	0.00%	0.03%	1	0.03%
27	⊟淮安分拨中心	18	6	0.62%	0.21%	24	0.83%

图 7－44 下一站点配送明细

步骤 9：在“下一站点”的任何数据上单击右键，选择“展开/折叠”/“折叠整个字段”，形成所有下一站点的配送情况，如图 7－45 所示。

3		集包情况					
4		工作量（件）		占总工作量百分数		工作量（件）汇总	占总工作量百分数汇总
5	下一站点	0	1	0	1		
6	⊞白山分拨仓	20	3	0.69%	0.10%	23	0.79%
7	⊞北京分拨中心	74	2	2.55%	0.07%	76	2.62%
8	⊞北京金鑫分拨中心	9	6	0.31%	0.21%	15	0.52%
9	⊞大连分拨中心	6		0.21%	0.00%	6	0.21%
10	⊞哈尔滨分拨中心	266	136	9.18%	4.69%	402	13.87%
11	⊞合肥分拨中心	72	17	2.48%	0.59%	89	3.07%
12	⊞淮安分拨中心	18	6	0.62%	0.21%	24	0.83%
13	⊞吉林市分拨仓	319	305	11.00%	10.52%	624	21.52%
14	⊞济南分拨中心	98	14	3.38%	0.48%	112	3.86%
15	⊞梅河口分拨仓	39		1.35%	0.00%	39	1.35%
16	⊞沈阳分拨中心	329	59	11.35%	2.04%	388	13.38%
17	⊞四平分拨仓	144	52	4.97%	1.79%	196	6.76%
18	⊞松原分拨仓	108	8	3.73%	0.28%	116	4.00%
19	⊞天津分拨中心	388	9	13.38%	0.31%	397	13.69%
20	⊞通化分拨仓	73	1	2.52%	0.03%	74	2.55%
21	⊞长春南关分拨仓	58	98	2.00%	3.38%	156	5.38%
22	⊞长沙分拨中心	149	13	5.14%	0.45%	162	5.59%
23	总计	2170	729	74.85%	25.15%	2899	100.00%

图 7－45 所有下一站点的配送情况

步骤 10：将“占总工作量百分数”和“扫描人”字段从表中移除，得到简化的下一站点配送量表，如图 7－46 所示。

步骤 11：统计车辆装载量。选择“插入”/“图表”/“数据透视图”/“数据透视图和数据透视表”；将“车牌号”字段拖到“轴(类别)”，将“袋号”字段拖到“值”，并修改字段名称为“集包袋号”，字段设置为“计数”，选择“排序”/“降序”；将“最大重量”字段拖到“值”，修改字段名称为“总重量(kg)”，字段设置为“求和”。选择“数据透视表分析”/“插入切片器”/“下一站点”，完成车辆装载量图表，如图 7－47所示。

3	工作量（件）	集包情况		
4	下一站点	0	1	总计
5	白山分拨仓	20	3	23
6	北京分拨中心	74	2	76
7	北京金盏分拨中心	9	6	15
8	大连分拨中心	6		6
9	哈尔滨分拨中心	266	136	402
10	合肥分拨中心	72	17	89
11	淮安分拨中心	18	6	24
12	吉林市分拨仓	319	305	624
13	济南分拨中心	98	14	112
14	梅河口分拨仓	39		39
15	沈阳分拨中心	329	59	388
16	四平分拨仓	144	52	196
17	松原分拨仓	108	8	116
18	天津分拨中心	388	9	397
19	通化分拨仓	73	1	74
20	长春南关分拨仓	58	98	156
21	长沙分拨中心	149	13	162
22	总计	2170	729	2899

图 7－46　下一站点配送量简表

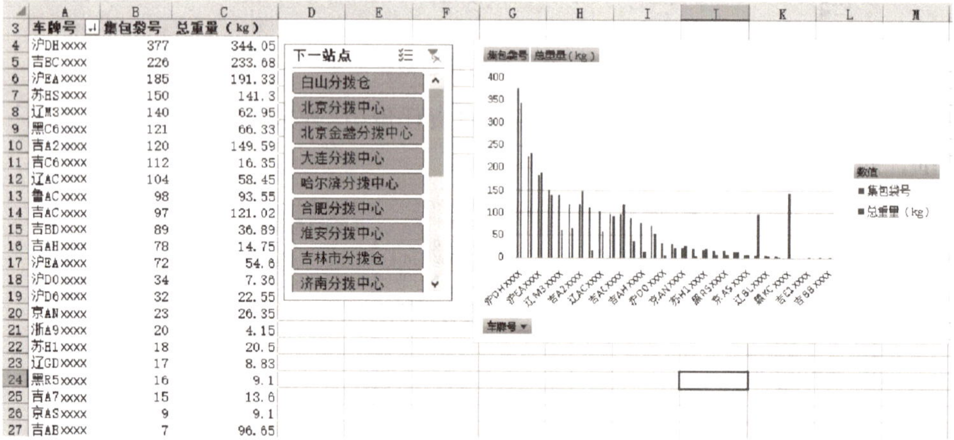

	A	B	C
3	车牌号	集包袋号	总重量（kg）
4	沪DHxxxx	377	344.05
5	吉BCxxxx	226	233.68
6	沪EAxxxx	185	191.33
7	苏HSxxxx	150	141.3
8	辽M3xxxx	140	62.95
9	黑C6xxxx	121	66.33
10	吉A2xxxx	120	149.59
11	吉C6xxxx	112	16.35
12	辽ACxxxx	104	58.45
13	鲁ACxxxx	98	93.55
14	吉ACxxxx	97	121.02
15	吉BDxxxx	89	36.89
16	吉AHxxxx	78	14.75
17	沪EAxxxx	72	54.6
18	沪D0xxxx	34	7.38
19	沪D6xxxx	32	22.55
20	京ANxxxx	23	26.35
21	浙A9xxxx	20	4.15
22	苏H1xxxx	18	20.5
23	辽GDxxxx	17	8.83
24	黑R5xxxx	16	9.1
25	吉A7xxxx	15	13.6
26	京ASxxxx	9	9.1
27	吉ABxxxx	7	96.65

图 7－47　车辆装载量图表

➢ 任务小结

上述 3 个任务，都应用了数据透视表，在接触数据时都采用的是“链接”，避免在处理大数据时使用复制、粘贴等方法而出现错误。

➢ 任务拓展

在数据管理中我们常常还会用到“合并计算”“筛选”“分类汇总”等方法，读者可尝试采用这些方法对上述数据进行处理。

项目 2　函数法

任务 4　利用条码查看图书信息并制作快递单

7－4

➢ 任务内容

京南图书批发市场的书库资料如图 7－48 所示，拟请某快递公司将一批图书发往各地，购书资料如图 7－49 所示。试利用条码查阅图书库存情况，并完成快递单的制作。

	A	B	C	D	E	F
1	条码	书名	出版社	价格	库存份数	位置
2	978502441395	中文Flash8 动画网页制作与实例教程	冶金工业出版社	26	589	A5-7
3	9787040190877	国际物流导论	高等教育出版社	13.7	210	A6-20
4	9787040191134	物流数学	高等教育出版社	10	19	A6-5
5	9787115161024	计算机应用基础	人民邮电出版社	30	110	A1-4
6	9787115193377	淘宝购物心经	人民邮电出版社	25	18	A7-7
7	9787115209819	网店赢家的110个技巧	人民邮电出版社	28	5	A7-1
8	9787115213129	红心变皇冠的开店秘笈	人民邮电出版社	19.8	21	A7-8
9	9787115215000	118条网上商品销售黄金法则	人民邮电出版社	28	66	A5-1
10	9787115223517	淘宝网购物一本通	人民邮电出版社	25	70	A7-4
11	9787121041952	现代物流运筹学	电子工业出版社	25	62	A6-6
12	9787121095221	网店赢家：淘宝新手开店7步通	电子工业出版社	39	78	A7-3
13	9787121095511	网店赢家：淘宝店装修与推广	电子工业出版社	38	12	A7-2
14	9787200072679	EXCEL数据管理应用教程	北京出版社	32	500	A4-8
15	9787200074666	办公自动化技术	北京出版社	39	1200	A3-7
16	9787300018829	国际贸易	中国人民大学出版社	22	99	A6-11
17	9787300034171	外刊经贸知识选读	中国人民大学出版社	22	66	A6-15
18	9787301134047	毛泽东思想、邓小平理论和"三个代表"重要思想概论	北京大学出版社	17	8500	A6-12
19	9787302199123	网店新生活	清华大学出版社	25	89	A7-5
20	9787302211693	淘宝入门真经	清华大学出版社	38	770	A7-6
21	9787302356875	JSP应用与开发技术（第2版）	清华大学出版社	59.8	77	A5-10
22	9787302357193	计算机软件技术基础（第四版）	清华大学出版社	39.5	62	A7-4
23	9787302362593	数据结构实验指导教程（C语言版）	清华大学出版社	35	66	A5-10
24	9787302371380	中文版Premiere Pro CS6多媒体制作实用教程	清华大学出版社	42	32	A5-16
25	9787302373490	ASP.NET 4.5动态网站开发实用教程	清华大学出版社	49	6	A5-3

图 7－48　书库资料

	A	B	C	D	E	F	G	H
1	收货人	收货地址	联系电话	条码	书名	本数	条码2	书名2
2	万某	北京物流职业学院	1368125XXXX	978-7-5047-5464-6	Excel在物流管理中的应用	40	978-7-302-38843-2	Excel实用技巧速查手册
3	刘某	运城职业技术学院	1369929XXXX	978-7-5024-4368-9	电子商务基础	40	978-7-302-38843-3	Excel实用技巧速查手册
4	赵某	海口信息技术学院	1375858XXXX	978-7-302-53470-9	信息技术与计算思维导论	25	978-7-302-35719-3	计算机软件技术基础（第四版）
5	丽某	银川职业技术学院	1379037XXXX	978-7-302-40438-5	Excel 2013常用财务与会计管理实用案例	30	978-7-302-38843-5	Excel实用技巧速查手册
6	马某	成都二外	1382903XXXX	978-7-5601-5749-8	新编实用英语	25	978-7-80080-836-4	英语语法新思维
7	李某	北京昌平雙营二街	1386770XXXX	978-7-5005-7520-7	保险学原理	1	987-7-301-02882-1	劳动法学
8	刘某	北京朝阳青友园	1390636XXXX	978-7-5037-2091-3	企业经济统计学	1		
9	曲某	天津东河区南里	1394502XXXX	978-7-307-04296-4	银行信贷管理学	2		
10	潘某	郑州十里河南街	1398369XXXX	978-7-5600-1346-6	新概念英语	2		

图 7－49　购书资料

➤ 任务操作步骤

扫码枪(见图 7－50)在货物交易过程中经常使用，通过它可以将货物条码中的数据直接扫到计算机上，便于管理。

步骤 1：在"书库资料"中排序。选择"数据"/"排序"，在"排序"对话框中选择"主要关键字"为"条码"，"次序"为"升序"，如图 7－51 所示；单击"公式"/"定义名称"，为"书库资料"定义名称"skzl"，在"引用位置"输入"＝OFFSET(书库资料！$A$1,,,COUNTA(书库资料！$A: $A)，COUNTA(书库资料！$1: $1))"，如图 7－52 所示，单击"确定"按钮。

图 7－50　扫码枪

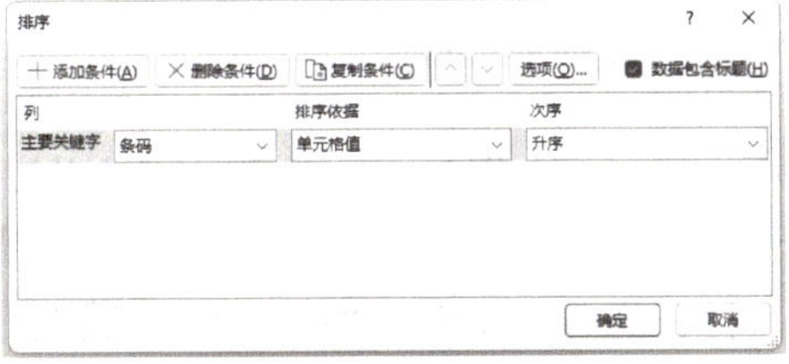

图 7－51　"排序"对话框

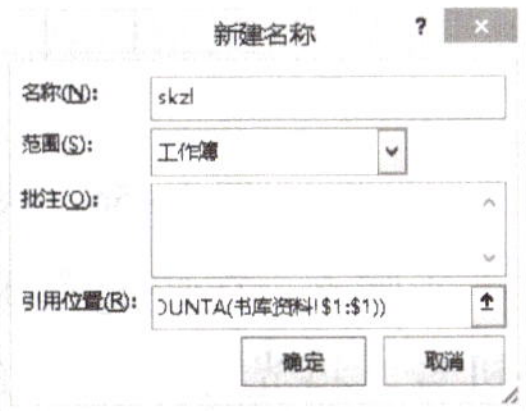

图 7－52　"新建名称"对话框

步骤 2：在“查询”工作表建立图书查询数学模型，如图 7－53 所示。

步骤 3：根据购书资料查询库存数量和位置。在单元格 C2 输入要查询的图书条码“9787504754646”；在单元格 C3 输入“＝VLOOKUP(C2，skzl，2，0)”；在单元格 C4 输入“＝VLOOKUP(C2，skzl，3，0)”；在单元格 C5 输入“＝VLOOKUP(C2，skzl，4，0)”；在单元格 C6 输入“＝VLOOKUP(C2，skzl，5，0)”；在单元格 C7 输入“＝VLOOKUP(C2，skzl，6，0)”，图书查询结果如图 7－54 所示。同理完成其他图书的查询。

	B	C
2	条码	
3	书名	
4	出版社	
5	价格（元）	
6	库存份数	
7	库存位置	

图 7－53　图书查询数据模型

	B	C
1		
2	条码	9787504754646
3	书名	Excel在物流管理中的应用
4	出版社	中国财富出版社
5	价格（元）	65
6	库存份数	60
7	库存位置	A4-9

图 7－54　图书查询结果

步骤 4：将“购书资料”工作表重命名为“邮件合并汇总表”；在“收货地址”列后插入两列，分别起名为“货物代码”和“收货地代码”，输入对应代码，如图 7－55 所示。

	A	B	C	D	E	F	G	H	I
1	收货人	收货地址	货物代码	收货地代码	联系电话	条码	书名	本数	条码2
2	万某	北京物流职业学院	5520 5826 0246 786	010-001-B17	1368125xxxx	978-7-5047-5464-6	Excel在物流管理中的应用	40	978-7-302-38843-2
3	刘某	运城职业技术学院	5521 5826 0246 787	0359-002-C21	1369929xxxx	978-7-5024-4368-9	电子商务基础	40	978-7-302-38843-3
4	赵某	海口信息技术学院	5522 5826 0246 789	0898-012-D18	1375858xxxx	978-7-302-53470-9	信息技术与计算思维导论	25	978-7-302-35719-3
5	丽某	银川职业技术学院	5523 5826 0246 790	0951-009-F09	1379037xxxx	978-7-302-40438-5	Excel 2013常用财务与会计智能实用案例	30	978-7-302-38843-5
6	马某	成都二外	5524 5826 0246 791	028-013-H12	1382903xxxx	978-7-5601-5749-8	新编实用英语	25	978-7-80080-836-4
7	李某	北京昌平霍营二街	5525 5826 0246 792	010-009-187	1386770xxxx	978-7-5005-7520-7	保险学原理	1	987-7-301-02882-1
8	刘某	北京朝阳清友园	5526 5826 0246 793	010-003-A18	1390636xxxx	978-7-5037-2091-3	企业经济统计学	1	
9	曲某	天津东河区南里	5527 5826 0246 794	020-012-K25	1394502xxxx	978-7-307-04296-4	银行信贷管理学	2	
10	潘某	郑州十里河南街	5528 5826 0246 779	0371-031-Z12	1398369xxxx	978-7-5600-1346-6	新概念英语	2	

图 7－55　邮件合并汇总表

步骤 5：打开快递模板(Word)，如图 7－56 所示。在 Word 中选择“邮件”/“选择收件人”/“使用现有列表”，选择“邮件合并汇总表 $”，单击“确定”按钮，如图 7－57 所示。

图 7－56　快递模板

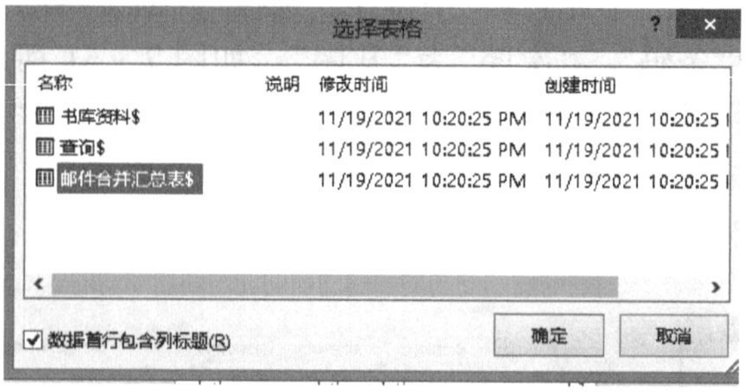

图 7－57　选择“邮件合并汇总表 $”

步骤 6：在快递模板的上方输入发货时间，在“寄”行输入发货地址、代码、联系人和手机号。将光标放到表的第一行，选择“邮件”/“插入合并域”，如图 7－58 所示，选择“收货地代码”；同理完成货物代码、收货地址、收货人、联系电话、书名、本数、条码等的插入，如图 7－59 所示。单击“邮件”/“完成并合并”/“编辑单个文档”，打开“合并到新文档”对话框，如图 7－60 所示。

单击“确定”按钮，得到全部快递发货单，如图 7－61 所示。

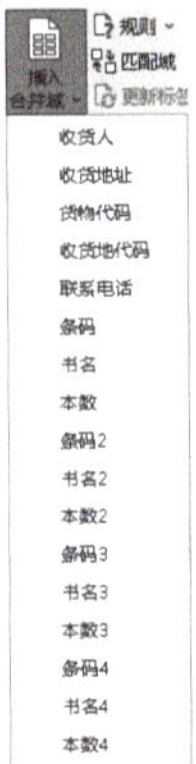

图 7－58　插入合并域

图 7－59　插入完成的合并域

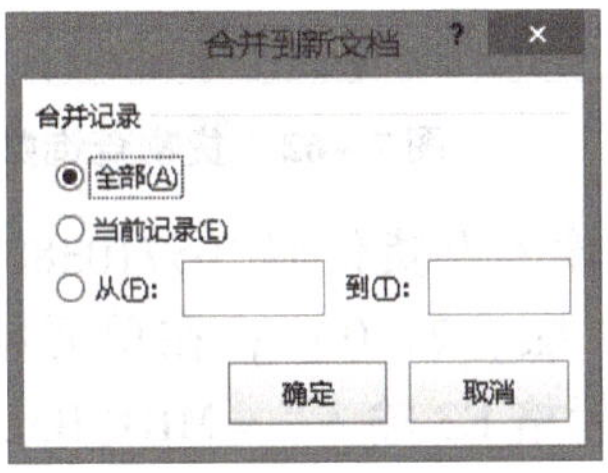

图 7－60　“合并到新文档”对话框

图 7－61　快递发货单

➢ 任务操作结果

得到如图 7－61 所示的快递发货单，可进行打印粘贴了。

➢ 任务小结

1）函数 OFFSET：引用的偏移量。

格式：OFFSET(reference，rows，cols，height，width)

参数：reference 为偏移量参照系的引用区域；rows 为相对于偏移量参照系的左上角单元格上(下)偏移的行数；cols 为相对于偏移量参照系的左上角单元格左(右)偏移的列数；height 为高度，即所要返回的引用区域的行数；width 为宽度，即所要返回的引用区域的列数。

2）快递公司有它自己的货物条码和代码。

7－5

任务 5　通过发货代码确定货物信息

➢ 任务内容

某仪器仪表公司的发货代码由各地分公司、营业网点、日期和商品货号共 19 位数字和字母组成，见表 7－1。现收到该公司的发货代码为 05710380921H3200495 的货物，试确定该货物的分公司、营业网点、日期、商品名称、规格型号和单价。

表 7－1　发货代码的组成

分公司	营业网点	日期	商品货号
1～4 位	5～7 位	8～11 位	12～19 位

➢ 任务操作步骤

步骤 1：将“分公司”工作表的单元格区域 $ B: $ C 定义名称为 fgs；将“营业网点”工作表的单元格区域 $ B: $ C 定义名称为 yywd；将“商品货号”工作表的单元格区域 $ A: $ E 定义名称为 sphh。

步骤 2：在“查询”工作表中建立货物查询数学模型，如图 7－62 所示。

	A	B	C	D	E	F	G	H
1								
2		发货代码	分公司	营业网点	日期	商品名称	规格型号	单价
3								

图 7－62　货物查询数学模型

步骤 3：在单元格 B3 输入发货代码“05710380921H3200495”；在单元格 C3 输入“ = VLOOKUP(LEFT(B3，4)，fgs，2，0)”；在单元格 D3 输入“ = VLOOKUP(MID(B3，5，3)，yywd，2，0)”；在单元格 E3 输入“ = MID(B3，8，2)&" － "&MID(B3，10，2)”；在单元格 F3 输入“ = VLOOKUP(RIGHT(B3，8)，sphh，2，0)”；在单元格 G3 输入“ = VLOOKUP(RIGHT(B3，8)，sphh，3，0)”；在单元格 H3 输入“ = VLOOKUP(RIGHT(B3，8)，sphh，5，0)”，如图 7－63 所示。

	A	B	C	D	E
1					
2		发货代码	分公司	营业网点	日期
3		05710380921H3200495	=VLOOKUP(LEFT(B3,4),fgs,2,0)	=VLOOKUP(MID(B3,5,3),yywd,2,0)	=MID(B3,8,2)&"-"&MID(B3,10,2)

	A	B	F	G	H
1					
2		发货代码	商品名称	规格型号	单价
3		05710380921H3200495	=VLOOKUP(RIGHT(B3,8),sphh,2,0)	=VLOOKUP(RIGHT(B3,8),sphh,3,0)	=VLOOKUP(RIGHT(B3,8),sphh,5,0)

a)计算函数

	A	B	C	D	E	F	G	H
1								
2		发货代码	分公司	营业网点	日期	商品名称	规格型号	单价
3		05710380921H3200495	杭州	杨浦区	09-21	垫片	H3200495	529.2

b)计算结果

图 7－63　查询货物信息

➢ 任务操作结果

该货物的分公司为杭州，营业网点为杨浦区，日期为 9 月 21 日，商品名称为垫片，规格型号为 H3200495，单价为 529.2 元。

➢ 任务小结

1)函数 LEFT：返回左边第一个或前几个字符。

格式：LEFT(text，num_chars)

参数：text 为包含提取字符的文本字符串；num_chars 为要提取的字符数。

2)函数 RIGHT：返回文本字符串中最后一个或多个字符。

格式：RIGHT(text，num_chars)

参数：text 为包含提取字符的文本字符串；num_chars 为要提取的字符数。

➢ 任务拓展

如果将图 7－63 所示的工作表进行修改，可以变成收货单位的收货统计表，如图 7－64 所示，只需在“发货代码”列输入正确代码，其余各项向下填充复制即可。

J2　=H2*I2

	A	B	C	D	E	F	G	H	I	J
1	序号	发货代码	分公司	营业网点	日期	商品名称	规格型号	单价	数量	金额
2	1	05710380921H3200495	杭州	杨浦区	09-21	垫片	H3200495	529.2	3	1587.6
3	2	0210310923H4300675	上海	卢湾区	09-23	保险管	H4300067	313.6	15	4704
4	3	0313171092317270640	张家口	张家口市	09-23	弹簧	17270640	1499.4	30	44982
5	4	09913410925D1909360	乌鲁木齐	天山区	09-25	灯丝	1909360	735	25	18375
6	5									

图 7－64　修改成的收货统计表

任务 6　利用 DSUM 函数和模拟运算表汇总各省不同类别商品的净销售额总计值

➢ 任务内容

7-6

利用 DSUM 函数和模拟运算表，计算 ABC 公司 2020 年不同省份、不同类别商品的净销售额总计值。首先利用模拟运算表计算出各省份净销售额总计值，然后使用窗体中的组合框对省份进行控制，并以柱形图显示结果。ABC 公司 1999 年—2020 年的销售额汇总如图 7－65 所示。

	A	B	C	D	E
1	日期	省份	类别	净销售额	毛销售额
2	1999/1/1	山东	艺术品	17	17
3	1999/1/1	山东	艺术品	90	90
523	2020/2/1	安徽	服装	179	179
524	2020/2/1	安徽	食品	175	175
525	2020/2/1	山东	食品	175	175
526	2020/2/1	安徽	食品	404	416
527	2020/2/1	江西	食品	105	105
528	2020/2/1	江西	食品	270	270
529	2020/2/1	江西	食品	371	371
530	2020/2/1	山东	食品	180	180
531	2020/2/1	江西	食品	341	341
532	2020/2/1	山东	食品	998	1059
533	2020/2/1	安徽	食品	1338	3690
534	2020/2/1	安徽	食品	1080	1435
535	2020/2/1	山东	食品	404	416
536	2020/2/1	山东	儿童用品	511	588
537	2020/2/1	安徽	儿童用品	497	576
538	2020/2/1	安徽	儿童用品	394	394
539	2020/2/1	安徽	儿童用品	1983	2240
540	2020/2/1	江西	儿童用品	1854	2104
541	2020/2/1	山东	儿童用品	1480	1845
542	2020/2/1	江西	儿童用品	1203	1278

图 7－65　ABC 公司销售额汇总

➢ 任务操作步骤

步骤 1：给“ABC 公司销售数据”定义名称为“原始数据”。

步骤 2：插入新工作表，在单元格区域 B2:E2 分别输入“日期”“日期”“省份”和“类别”，在 B3:E3 区域分别输入“ > =2020/1/1”“ < =2020/12/31”“安徽”和“儿童用品”，如图 7－66 所示。

步骤 3：在单元格 B5 输入“净销售额的总计值”，在单元格 D5 输入“ = DSUM(原始数据,"净销售额", B2:E3)”，如图 7－67 所示。

	B	C	D	E
2	日期	日期	省份	类别
3	>=2020/1/1	<=2020/12/31	安徽	儿童用品

图 7－66　销售数据标题

D5　=DSUM(原始数据,"净销售额",B2:E3)

	B	C	D	E	F	G
4						
5	净销售额的总计值		39686			

图 7－67　净销售额总计函数

步骤 4：设置双变量模拟运算表。在单元格 H2:L2 分别输入“安徽”“广东”“江苏”“江西”和“山东”，在单元格 G3:G8 分别输入“儿童用品”“服装”“食品”“体育用品”“艺术品”和“自行车”，如图 7－68 所示。

	G	H	I	J	K	L
2		安徽	广东	江苏	江西	山东
3	儿童用品					
4	服装					
5	食品					
6	体育用品					
7	艺术品					
8	自行车					

图 7－68　双变量模拟运算表模型

在 G2 单元格输入“ = D5”。选择单元格 G2: L8 区域，单击“数据”/“模拟分析”/“模拟运算表”，在“模拟运算表”对话框的“输入引用行的单元格”中输入“ $ D $ 3”，在“输入引用列的单元格”中输入“ $ E $ 3”，如图 7 – 69 所示。单击“确定”按钮，得到 2020 年不同省份、不同类别商品的净销售额汇总，如图 7 – 70 所示。

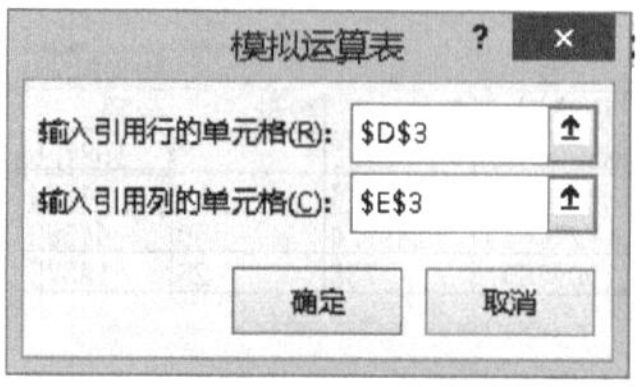

图 7 – 69 “模拟运算表”对话框(1)

	G	H	I	J	K	L
1						
2	39706	安徽	广东	江苏	江西	山东
3	儿童用品	39706	524	2044	40255	24367
4	服装	16255	0	0	0	47196
5	食品	32855	472	2856	16404	19269
6	体育用品	10850	1080	5113	13970	3869
7	艺术品	42009	2893	4119	43932	24990
8	自行车	12522	746	4211	20383	24728

图 7 – 70 2020 年净销售额汇总

步骤 5：设置单变量模拟运算表，如图 7 – 71所示。

在 D5 单元格输入“ = DSUM(原始数据，"净销售额"，B2: E3)”，在 H2 单元格输入“ = D5”。选择单元格 G2: H8 区域，单击“数据”/“模拟分析”/“模拟运算表”，在“模拟运算表”对话框的“输入引用列的单元格”中输入“ $ E $ 3”，如图 7 – 72 所示。单击“确定”按钮，得到 2020 年各类别商品的净销售额汇总，如图 7 – 73所示。

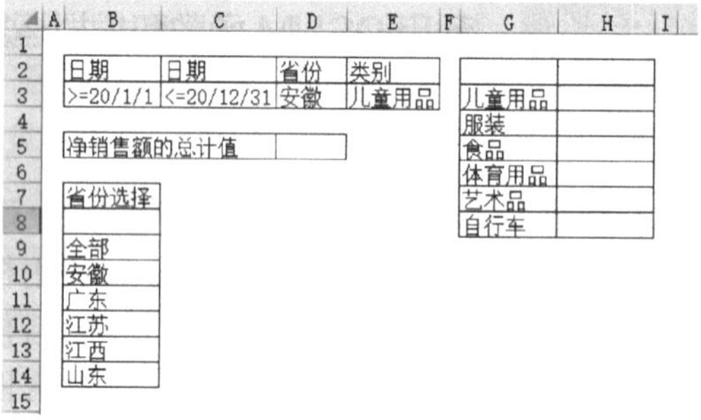

图 7 – 71 单变量模拟运算表

步骤 6：设 B8 = 1，在 D3 单元格输入“ = IF(B8 = 1，""，INDEX(B9: B14，B8))”。绘制柱形图，选择单元格 G2: H8，进行修饰并复制到“各省净销售额动态柱形图”工作表中。选择“开发工具”/“插入”/“表单控件”/“组合框”，在合适位置绘制大小合适的组合框。右键单击组合框，选择“设置控件格式”，在“设置控件格式”对话框的“数据源区域”输入“单变量模拟运算表计算净销售额总计值! $ B $ 9: $ B $ 14”，“单元格链接”输入“单变量模拟运算表计算净销售额总计值! $ B $ 8”，“下拉显示项数”输入“6”，如图 7 – 74 所示。

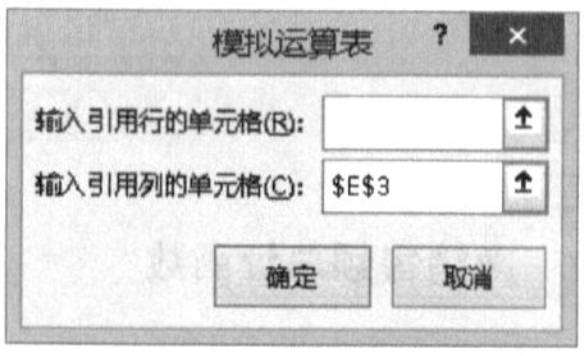

图 7 – 72 “模拟运算表”对话框(2)

G	H
	106896
儿童用品	106896
服装	63451
食品	71856
体育用品	34882
艺术品	117943
自行车	62590

图 7 – 73 2020 年各类别商品的净销售额汇总

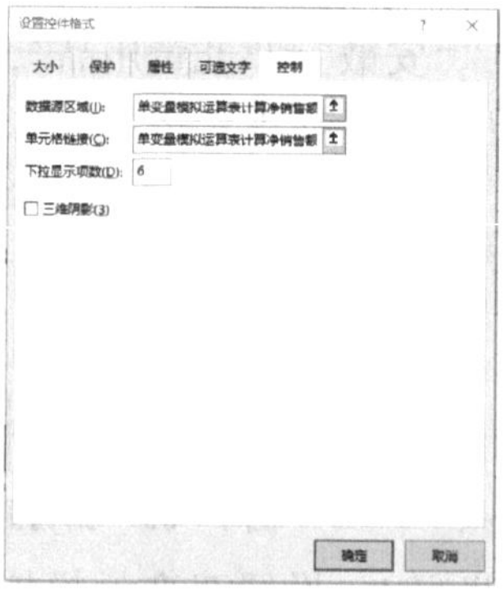

图 7 – 74 “设置控件格式”对话框

单击“确定”按钮，得到各个省份不同类别商品净销售额总计值动态图，如图 7 – 75 所示。

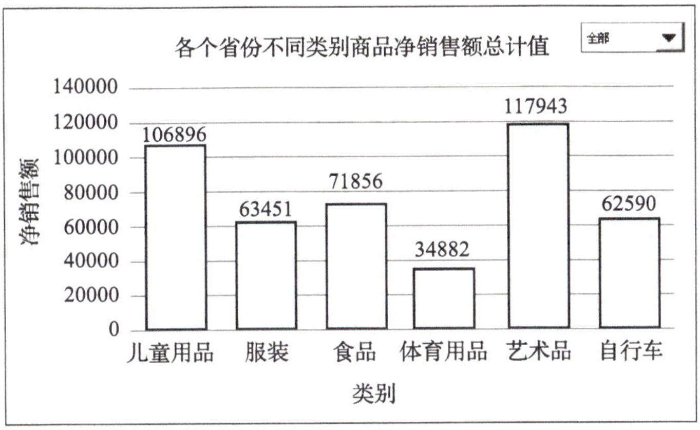

图 7－75　各个省份不同类别商品净销售额总计值动态图

➢ 任务操作结果

2020 年净销售额汇总如图 7－70 所示，各个省份不同类别商品净销售额总计值动态图如图 7－75 所示，从中可以查看不同省份各种商品的净销售额。

➢ 任务小结

函数 DSUM：符合条件的数值之和。

格式：DSUM(database，field，criteria)

参数：database 为构成列表或数据库的单元格区域；field 为指定函数的数据列；criteria 为指定条件的单元格区域。

➢ 任务拓展

请尝试用“筛选”或“分类汇总”的方法完成本任务。

7－7

任务 7　使用日期函数分析食品保质期

➢ 任务内容

2021 年 10 月 19 日抽查了某超市的 15 种食品，请按保质期将这些食品进行分类，超过保质期的当场销毁，距离保质期小于等于 2 天的进行处理，保质期大于 2 天的可以继续卖。

➢ 任务操作步骤

步骤 1：建立食品生产日期和保质期数学模型，如图 7－76 所示。

步骤 2：将光标放到 D2 单元格，输入“=IF((DATE(YEAR(B2)，MONTH(B2)，DAY(B2))+C2－TODAY())>2,"继续卖"，IF((DATE(YEAR(B2)，MONTH(B2)，DAY(B2))+C2－TODAY())>0,"处理","销毁"))”，并向下填充至 D16，结果如图 7－77所示。

	A	B	C	D
1	商品名称	生产日期	保质期	备注
2	A	2021/8/11	150	
3	B	2021/8/19	200	
4	C	2021/7/25	180	
5	D	2021/7/20	150	
6	E	2021/9/11	150	
7	F	2021/9/22	30	
8	G	2021/10/6	15	
9	H	2021/9/25	15	
10	I	2021/9/25	28	
11	J	2021/10/25	30	
12	K	2021/8/1	20	
13	L	2021/9/3	21	
14	M	2021/9/20	30	
15	N	2021/1/11	20	
16	O	2021/10/15	5	

图 7－76　食品生产日期和保质期数学模型

	A	B	C	D
1	商品名称	生产日期	保质期	备注
2	A	2021/8/11	150	继续卖
3	B	2021/8/19	200	继续卖
4	C	2021/6/25	180	继续卖
5	D	2021/5/20	150	销毁
6	E	2021/9/11	150	继续卖
7	F	2021/9/22	30	继续卖
8	G	2021/10/6	15	处理
9	H	2021/9/25	15	销毁
10	I	2021/9/25	28	继续卖
11	J	2021/10/25	30	继续卖
12	K	2021/8/1	20	销毁
13	L	2021/9/3	21	销毁
14	M	2021/9/20	30	处理
15	N	2021/1/11	20	销毁
16	O	2021/10/15	5	处理

图 7－77　任务操作结果

➢ 任务操作结果

任务操作结果如图 7－77 所示。

➢ 任务小结

1）函数 DATE：返回特定日期的系列数。

格式：DATE(year，month，day)

参数：year 表示年份的数字；month 表示某年中月份的数字；day 表示该月份中第几天的数字。

注意，函数 DATE 中的参数 year，month，day 必须用逗号分开。

2）函数 YEAR：返回某日期对应的年份。

格式：YEAR(serial_number)

参数：serial_number 表示要查找年份的日期。

3）函数 MONTH：返回以系列数表示的某日期中的月份。

格式：MONTH(serial_number)

参数：serial_number 表示要查找月份的日期。

4）函数 DAY：返回以系列数表示的某日期的天数。

格式：DAY(serial_number)

参数：serial_number 表示要查找天数的日期。

5）函数 TODAY：返回当前日期的序列号。

格式：TODAY()

因为函数 TODAY 是返回当前日期，所以练习时注意重新设置日期。

任务 8　根据食品保质期决定打折比例

7－8

➢ 任务内容

某家便利店销售饮料和食品等产品。对于部分易变质的饮料和食品，因为保质期比较短，以往为了减少过了保质期的未销售产品所带来的损失，他们需要每天检查所有易变质产品，挑选出将到期的产品进行打折处理。现在通过分析以往的销售数据，为每种产品制订出了打折的开始时间(“产品库存数据”工作表中的“打折提前天数”)以及不同时间对应的打折比例(即每天打折比例，例如产品“康康原味酸奶”在到期的前 3 天给予 15% 的折扣，前 2 天给予 30% 的折扣，前 1 天给予 45% 的折扣，当天给予 60% 的折扣)。便利店希望利用产品库存数据和进货数据建立模型，发现需要打折的产品和打折比例，以减少员工工作量。进货原始数据如图 7－78 所示，产品库存数据如图 7－79 所示。

	A	B	C	D	E
1	进货ID	产品ID	进货日期	保质期	
65	64	8	2021/4/25	2021/4/27	
66	65	4	2021/4/26	2021/5/2	
67	66	6	2021/4/26	2021/5/1	
68	67	7	2021/4/26	2021/4/29	
69	68	11	2021/4/26	2021/4/29	
70	69	12	2021/4/27	2021/4/30	
71	70	5	2021/4/27	2021/5/2	
72	71	2	2021/4/27	2021/5/3	
73	72	7	2021/4/27	2021/4/30	
74	73	8	2021/4/27	2021/4/29	
75	74	7	2021/4/28	2021/5/1	
76	75	8	2021/4/28	2021/4/30	
77	76	4	2021/4/29	2021/5/5	
78	77	8	2021/4/29	2021/5/1	
79	78	11	2021/4/30	2021/5/3	
80	79	12	2021/4/30	2021/5/3	
81	80	1	2021/4/30	2021/5/6	
82	81	7	2021/4/30	2021/5/3	
83	82	8	2021/4/30	2021/5/2	

图 7－78　进货原始数据

	A	B	C	D	E	F	G	H	I	J	K	L
3	产品ID	产品名称	供应商	类别	单位	单价	库存量	订购量	再订购量	中止	打折提前天数	每天打折比例
4	1	康康原味酸奶	a	a1	盒	1.8	39	40	15	0	4	15%
5	2	红牛原味酸奶	b	b2	盒	1.9	28	30	25	0	4	15%
6	3	爱利特浓酸奶	c	c2	盒	2.2	22	30	10	0	4	15%
7	4	达蒙特浓酸奶	d	d2	盒	2.3	53	50	30	0	4	15%
8	5	红牛牛奶	e	e2	盒	6.6	9	30	5	0	3	20%
9	6	爱利牛奶	f	f2	盒	6.5	21	30	10	0	3	20%
10	7	肉松面包	g	g3	袋	2.5	24	25	10	0	3	25%
11	8	开新排骨快餐饭	j	j3	盒	6.5	28	25	15	0	2	25%
12	9	开新快餐粥	j	j8	盒	4	42	30	25	0	4	10%
13	10	开新八宝快餐粥	j	j5	盒	4.5	27	30	25	0	5	10%
14	11	三明治面包	h	h3	袋	5	15	30	25	0	2	25%
15	12	甜面圈	h	h3	袋	6	10	30	25	0	2	25%
16												

图 7－79　产品库存数据

➢ 任务操作步骤

步骤 1：建立进货数据表。将“进货原始数据”表中的数据复制到“进货数据”表内。在 B 列后插入两列，分别在 C1、D1 单元格输入“产品进货次数”和“产品 ID 与订货次数”。在 C2 单元格输入“＝COUNTIF($B$2:B2,B2)”，向下填充至 C83，完成产品进货次数的计算。在 D2 单元格输入“＝B2＋C2/10000”，向下填充至 D83，完成产品 ID 与订货次数的计算。设置后的进货数据表如图 7－80 所示。

C71　=COUNTIF($B$2:B71,B71)

	A	B	C	D	E	F
1	进货ID	产品ID	产品进货次数	产品ID与订货次数	进货日期	保质期
71	70	5	5	5.0005	2021/4/27	2021/5/2
72	71	2	5	2.0005	2021/4/27	2021/5/3
73	72	7	23	7.0023	2021/4/27	2021/4/30
74	73	8	22	8.0022	2021/4/27	2021/4/29
75	74	7	24	7.0024	2021/4/28	2021/5/1
76	75	8	23	8.0023	2021/4/28	2021/4/30
77	76	4	4	4.0004	2021/4/29	2021/5/5
78	77	8	24	8.0024	2021/4/29	2021/5/1
79	78	11	2	11.0002	2021/4/30	2021/5/3
80	79	12	2	12.0002	2021/4/30	2021/5/3
81	80	1	4	1.0004	2021/4/30	2021/5/6
82	81	7	25	7.0025	2021/4/30	2021/5/3
83	82	8	25	8.0025	2021/4/30	2021/5/2

图 7－80　设置后的进货数据表

步骤 2：建立新的工作表，并命名为“各产品打折比例和提前天数”。在该工作表中完成各项设置。

步骤 3：在 B3 单元格输入“产品 ID”，在 B4 单元格输入“3”；在 B6 单元格输入“产品 ID 与订货次数”，在 B7 单元格输入“＝B4＋C12/10000”；在 B9 单元格输入“产品 ID 与订货次数”，在 B10 单元格输入“＝B4＋(C12－1)/10000”，如图 7－81 所示。

	A	B
2		
3		产品ID
4		3
5		
6		产品ID与订货次数
7		=B4+C12/10000
8		
9		产品ID与订货次数
10		=B4+(C12-1)/10000

图 7－81　产品 ID 设置

步骤 4：设置产品数据统计方法模型。在 B12:B19 单元格区域分别输入“统计目前累计进货次数”“倒数第 2 次进货剩余产品数量”“当前给定日期”“到保质期的剩余天数”“打折开始时间”“打折比例”“库存总数量”和“打折产品数量”；在 C12:C19 单元格区域分别输入“＝DCOUNT(进货数据！A1:F83，进货数据！A1，B3:

B4)”“=INDEX(产品库存数据! G4: G15, MATCH(B4, 产品库存数据! A4: A15, 0))-INDEX(产品库存数据! H4: H15, MATCH(B4, 产品库存数据! A4: A15, 0))”“2021/5/1”“=IF(C13>0, DGET(进货数据! A1: F83, 进货数据! F1, B9: B10)-C14, DGET(进货数据! A1: F83, 进货数据! F1, B6: B7)-C14)”“=INDEX(产品库存数据! K4: K15, MATCH(B4, 产品库存数据! A4: A15, 0))”“=IF(C15>C16, 0, (C16+1-C15)*INDEX(产品库存数据! L4: L15, MATCH(B4, 产品库存数据! A4: A15, 0)))”“=INDEX(产品库存数据! G4: G15, MATCH(B4, 产品库存数据! A4: A15, 0))”和“=IF(C17=0, 0, IF(C13>0, C13, INDEX(产品库存数据! G4: G15, MATCH(B4, 产品库存数据! A4: A15, 1))))”，如图 7-82 所示。

	A	B	C
11			
12		统计目前累计进货次数	=DCOUNT(进货数据!A1:F83,进货数据!A1,B3:B4)
13		倒数第2次进货剩余产品数量	=INDEX(产品库存数据!G4:G15,MATCH(B4,产品库存数据!A4:A15,0))-INDEX(产品库存数据!H4:H15,MATCH(B4,产品库存数据!A4:A15,0))
14		当前给定日期	2021/5/1
15		到保质期的剩余天数	=IF(C13>0,DGET(进货数据!A1:F83,进货数据!F1,B9:B10)-C14,DGET(进货数据!A1:F83,进货数据!F1,B6:B7)-C14)
16		打折开始时间	=INDEX(产品库存数据!K4:K15,MATCH(B4,产品库存数据!A4:A15,0))
17		打折比例	=IF(C15>C16,0,(C16+1-C15)*INDEX(产品库存数据!L4:L15,MATCH(B4,产品库存数据!A4:A15,0)))
18		库存总数量	=INDEX(产品库存数据!G4:G15,MATCH(B4,产品库存数据!A4:A15,0))
19		打折产品数量	=IF(C17=0,0,IF(C13>0,C13,INDEX(产品库存数据!G4:G15,MATCH(B4,产品库存数据!A4:A15,1))))

a) 计算公式和函数

	A	B	C
11			
12		统计目前累计进货次数	4
13		倒数第2次进货剩余产品数量	-8
14		当前给定日期	2021/5/1
15		到保质期的剩余天数	4
16		打折开始时间	4
17		打折比例	0.15
18		库存总数量	22
19		打折产品数量	22

b) 计算结果

图 7-82 产品数据统计方法模型

步骤 5：建立单变量模拟运算表。在 F2、G2、H2 和 I2 单元格分别输入“到期剩余天数”“打折比例”“库存总数量”和“打折产品数量”；在 F3、G3、H3 和 I3 单元格分别输入“=C15”“=C17”“=C18”和“=C19”；在单元格 E4: E15 区域输入 1～12。选择单元格 E3: I15 区域，打开“模拟运算表”对话框，在“输入引用列的单元格”中输入“$B$4”，如图 7-83 所示。单击“确定”按钮，得到单变量模拟运算表，如图 7-84 所示。

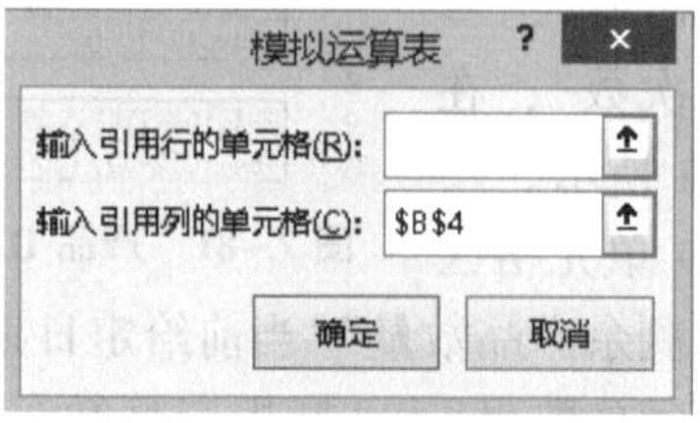

图 7-83 “模拟运算表”对话框

	D	E	F	G	H	I
1						
2			到期剩余天数	打折比例	库存总数量	打折产品数量
3			4	0.15	22.00	22.00
4		1	5	0%	39	0
5		2	2	45%	28	28
6		3	4	15%	22	22
7		4	1	60%	53	3
8		5	1	60%	9	9
9		6	0	80%	21	21
10		7	2	50%	24	24
11		8	0	75%	28	3
12		9	2	30%	42	12
13		10	4	20%	27	27
14		11	2	25%	15	15
15		12	2	25%	10	10

图 7-84 单变量模拟运算表

步骤 6：在单元格 B22: B26 区域分别输入“3”“到期剩余天数”“打折比例”“库存总数量”和“打折产品数量”，在 B21 单元格输入“ = INDEX(B23: B26，B22)”；在单元格 C23 和 C24 分别输入“到期剩余天数 & 打折比例”和“库存总数量 & 打折产品数量”，在 C21 单元格输入“ = INDEX(C23: C24，C22)”。选择“开发工具”/“插入”/“表单控件”/“组合框”，在合适的位置绘制组合框。单击右键，选择“设置控件格式”，在“设置控件格式”对话框的“数据源区域”输入“ $C$23: $C$24”，在“单元格链接”输入“ $C$22”，在“下拉显示项数”输入“2”，单击“确定”按钮。在 B29 单元格输入“ = "各产品的"&B21”，在 C29 单元格输入“ = "各产品"&C21”。

步骤 7：设置各产品打折比例和提前天数图 1 表格。在 K2 单元格输入“各产品打折比例和提前天数图 1”，在 K3 单元格输入“作图 *X* 轴标志”，在 L3 单元格输入“作图 *Y* 轴数据”。在 K4 单元格输入“ = INDEX(产品库存数据！B4: B15，MATCH(E4，产品库存数据！A4: A15，0)，1)”，向下填充至 K15；在 L4 单元格输入“ = INDEX(F4: I4，1，$B$22)”，向下填充至 L15，如图 7 - 85 所示。

	K	L
1		
2	各产品打折比例和提前天数图1	
3	作图X轴标志	作图Y轴数据
4	康康原味酸奶	39
5	红牛原味酸奶	28
6	爱利特浓酸奶	22
7	达蒙特浓酸奶	53
8	红牛牛奶	9
9	爱利牛奶	21
10	肉松面包	24
11	开新排骨快餐饭	28
12	开新快餐粥	42
13	开新八宝快餐粥	27
14	三明治面包	15
15	甜面圈	10

图 7 - 85　各产品打折比例和提前天数图 1 表格

选择单元格 K4: L15 区域，绘制柱形图，修饰后复制到“各产品打折比例和提前天数图 1”工作表中。在合适的位置绘制组合框，在“设置控件格式”对话框的“数据源区域”输入“各产品打折比例和提前天数！ $B$23: $B$26”，在“单元格链接”输入“各产品打折比例和提前天数！ $B$22”，在“下拉显示项数”中输入“4”。在“图表标题”文本框中输入“ = 各产品打折比例和提前天数！ $B$29”，如图 7 - 86 所示。

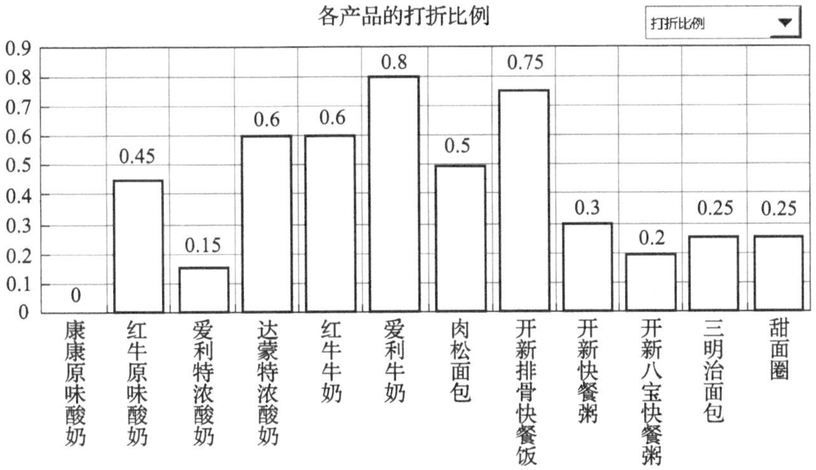

图 7 - 86　各产品打折比例和提前天数柱形图(1)

步骤 8：设置各产品打折比例和提前天数图 2 表格。在 N2 单元格输入“各产品打折比例和提前天数图 2”，“作图 *X* 轴标志”列的设置同步骤 7。在 O3 单元格输入“库存总数量”，在 O4 单元格输入“ = IF($C$22 = 1，F4，H4)”，向下填充至 O15；在 P3 单元格输入“打折产品数量”，在 P4 单元格输入“ = IF($C$22 = 1，G4，I4)”，向下填充至 P15，如图 7 - 87 所示。

	M	N	O	P
1				
2		各产品打折比例和提前天数图2		
3		作图X轴标志	库存总数量	打折产品数量
4		康康原味酸奶	39	0
5		红牛原味酸奶	28	28
6		爱利特浓酸奶	22	22
7		达蒙特浓酸奶	53	3
8		红牛牛奶	9	9
9		爱利牛奶	21	21
10		肉松面包	24	24
11		开新排骨快餐饭	28	3
12		开新快餐粥	42	12
13		开新八宝快餐粥	27	27
14		三明治面包	15	15
15		甜面圈	10	10

图 7-87　各产品库存总数量和打折产品数量

选择单元格 N4: P15 区域，绘制柱形图，修饰后复制到"各产品打折比例和提前天数图 2"工作表中。在合适的位置绘制组合框，在"设置控件格式"对话框的"数据源区域"输入"各产品打折比例和提前天数! $C$23: $C$24"，在"单元格链接"输入"各产品打折比例和提前天数! $C$22"，在"下拉显示项数"中输入"2"。在"图表标题"文本框中输入" = 各产品打折比例和提前天数! $C$29"，如图 7-88 所示。

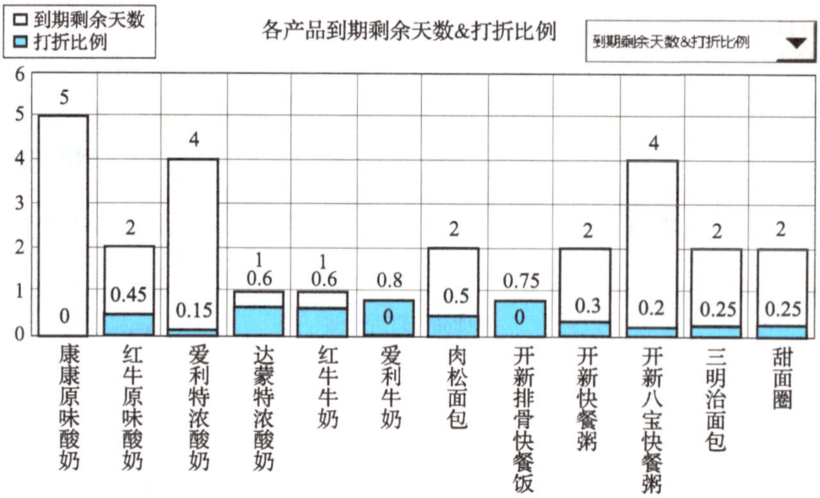

图 7-88　各产品打折比例和提前天数柱形图(2)

➢ 任务操作结果

任务操作结果如图 7-86 和图 7-88 所示，用两个不同的动态图形描述了便利店每天库存产品数量、打折产品数量、打折比例和到期剩余天数等情况。

➢ 任务小结

1) 函数 DCOUNT：符合条件的数字单元格数。

格式：DCOUNT(database, field, criteria)

参数：database 为构成列表或数据库的单元格区域；field 为指定函数的数据列；criteria 为指定条件的单元格区域。

2) 函数 COUNTIF：计算满足给定条件的单元格数目。

格式：COUNTIF(range, criteria)

参数：range 为需要计算其中满足条件的单元格数目的单元格区域；criteria 为确定哪些单元格将被计算在内的条件，其形式可以为数字、表达式或文本。

3) 函数 INDEX：返回指定内容。

格式：INDEX(array，row_num，column_num)

参数：array 为单元格区域或数组常量；row_num 为数组中某行的行序号，函数从该行返回数值；column_num 为数组中某列的列序号，函数从该列返回数值。row_num和 column_num 至少有一个不为空。

4) 函数 MATCH：在数组中查找值的位置。

格式：MATCH(lookup_value，lookup_array，match_type)

参数：lookup_value 为需要在数据表中查找的数值；lookup_array 为可能包含所要查找的数值的连续单元格区域；match_type 指明查找类型。

5) 函数 DGET：符合条件的单个值。

格式：DGET(database，field，criteria)

参数：database 为构成列表或数据库的单元格区域；field 为指定函数的数据列；criteria 为指定条件的单元格区域。

➢ 任务拓展

通过改变日期，查看动态变化。

7-9

任务 9　利用函数创建动态“进销存”

➢ 任务内容

某新捷达配件商店的物料清单如图 7－89 所示，试利用这些日常经营数据，完成“进销存”Excel 数据管理，要求包含配件入库信息、出库信息、进销存汇总统计表和盘点表。

	A	B	C	D	E	F
1	物料编码	物料名称	规格型号	单位	单价（元）	所在库区
2	wlbm0001	变速箱油底壳	新捷达	个	580.82	KQ001
3	wlbm0002	温度开关	新捷达	个	113.72	KQ002
4	wlbm0003	变箱悬置	新捷达	个	369.19	KQ003
5	wlbm0004	倒车开关	新捷达	个	16.54	KQ004
6	wlbm0005	点火线圈	新捷达	个	380.98	KQ005
7	wlbm0006	节温器	新捷达	个	21.48	KQ006
8	wlbm0007	密封垫2v	新捷达	个	49.08	KQ007
9	wlbm0008	曲轴后密封法兰	新捷达	个	70.4	KQ008
10	wlbm0009	油底壳	新捷达	个	88.45	KQ009
11	wlbm0010	油底壳密封垫	新捷达	个	80.81	KQ010
12	wlbm0011	O型圈	22-138903-04	个	133	KQ011
13	wlbm0012	正时齿带2V	新捷达	个	129.96	KQ011
14	wlbm0013	机油滤清器	新捷达	个	25.02	KQ012
15	wlbm0014	控制器	19-131418-00	台	24290	KQ012
16	wlbm0015	频率发生器	R27-156754-00	台	142018.8	KQ013
17	wlbm0016	水泵总成	新捷达	台	360	KQ013
18	wlbm0017	反应台	02-142398-00	个	111863.89	KQ014
19	wlbm0018	离合器摩擦片	新捷达	个	249.61	KQ014
20	wlbm0019	加热电阻器	05-2714	个	12487.86	KQ015
21	wlbm0020	空调皮带	新捷达	条	128.47	KQ015

图 7－89　物料清单

➤ 任务操作步骤

步骤 1：创建入库清单。将 Sheet1 命名为“物料入库清单”，打开“物料入库清单”表，在单元格 A1: J1 区域分别输入“物料编码”“入库单号”“入库日期”“物料名称”“规格型号”“单位”“入库数量”“单价(元)”“金额(元)”和“所在库区”。选择 B 列，单击“开始”/“字体”/“字体设置”，选择“数字”/“自定义”，在“类型”中输入“"RK"000”，如图 7 - 90 所示，完成“入库单号”的录制；同理在 C 列完成日期的输入，“类型”为“"2021/5/"00”。

步骤 2：将图 7 - 89 所示物料清单数据录入表中。建立“物料编码”下拉列表，选择 A 列，单击“数据”/“数据工具”/“数据验证”，在打开的“数据验证”对话框中进行设置，如图 7 - 91 所示。结果如图 7 - 92 所示。

图 7 - 90 “设置单元格格式”对话框

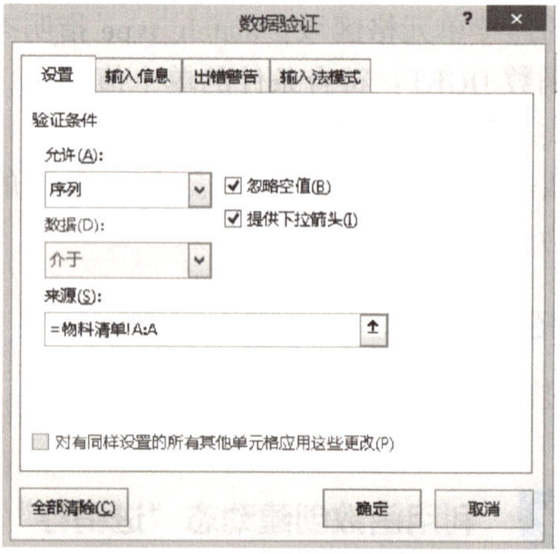

图 7 - 91 “数据验证”对话框

选择单元格 D2，输入“ = VLOOKUP(A2，物料清单！A: F，2，0)”，完成“物料编码”对应的“物料名称”列；选择单元格 E2，输入“ = VLOOKUP(A2，物料清单！A: F，3，0)”，完成“物料编码”对应的“规格型号”列；选择单元格 F2，输入“ = VLOOKUP(A2，物料清单！A: F，4，0)”，完成“物料编码”对应的“单位”列；选择单元格 H2，输入“ = VLOOKUP(A2，物料清单！A: F，5，0)”，完成“物料编码”对应的“单价(元)”列；选择单元格 J2，输入“ = VLOOKUP(A2，物料清单！A: F，6，0)”，完成“物料编码”对应的“所在库区”列；选择单元格 G2: G105 区域，输入各物料的入库数量；选择单元格 I2，输入“ = H2 * G2”，完成金额的计算。结果如图 7 - 93 所示。

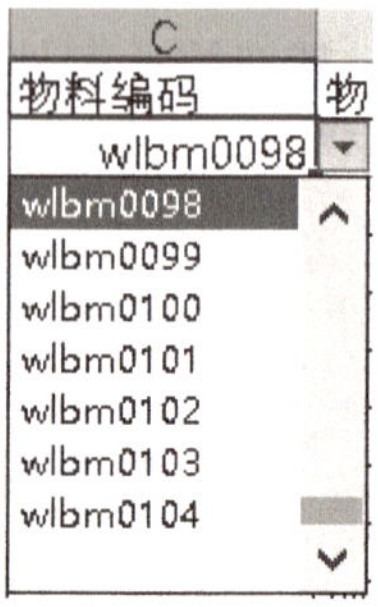

图 7 - 92 “物料编码”下拉列表

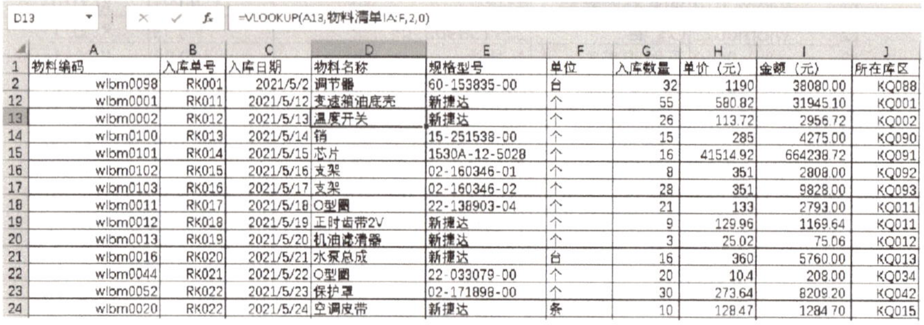

D13 =VLOOKUP(A13,物料清单!A:F,2,0)

	A	B	C	D	E	F	G	H	I	J
1	物料编码	入库单号	入库日期	物料名称	规格型号	单位	入库数量	单价（元）	金额（元）	所在库区
2	wlbm0098	RK001	2021/5/2	调节器	60-153835-00	台	32	1190	38080.00	KQ088
12	wlbm0001	RK011	2021/5/12	变速箱油底壳	新捷达	个	55	580.82	31945.10	KQ001
13	wlbm0002	RK012	2021/5/13	温度开关	新捷达	个	26	113.72	2956.72	KQ002
14	wlbm0100	RK013	2021/5/14	销	15-251538-00	个	15	285	4275.00	KQ090
15	wlbm0101	RK014	2021/5/15	芯片	1530A-12-5028	个	16	41514.92	664238.72	KQ091
16	wlbm0102	RK015	2021/5/16	支架	02-160346-01	个	8	351	2808.00	KQ092
17	wlbm0103	RK016	2021/5/17	支架	02-160346-02	个	28	351	9828.00	KQ093
18	wlbm0011	RK017	2021/5/18	O型圈	22-138903-04	个	21	133	2793.00	KQ011
19	wlbm0012	RK018	2021/5/19	正时齿带2V	新捷达	个	9	129.96	1169.64	KQ011
20	wlbm0013	RK019	2021/5/20	机油滤清器	新捷达	个	3	25.02	75.06	KQ012
21	wlbm0016	RK020	2021/5/21	水泵总成	新捷达	台	16	360	5760.00	KQ013
22	wlbm0044	RK021	2021/5/22	O型圈	22-033079-00	个	20	10.4	208.00	KQ034
23	wlbm0052	RK022	2021/5/23	保护罩	02-171898-00	个	30	273.64	8209.20	KQ042
24	wlbm0020	RK022	2021/5/24	空调皮带	新捷达	条	10	128.47	1284.70	KQ015

图 7 - 93 物料入库清单

步骤 3：建立工作区保护。分别选择单元格区域 D2: F107 和 H2: J107，单击右键，在弹出的快捷菜单中选择“设置单元格格式”/“保护”，勾选“锁定”复选框，如图 7－94 所示。单击“审阅”/“保护”/“保护工作表”，进行如图 7－95 所示的选择，输入密码“123”，单击“确定”按钮。

图 7－94　设置单元格保护

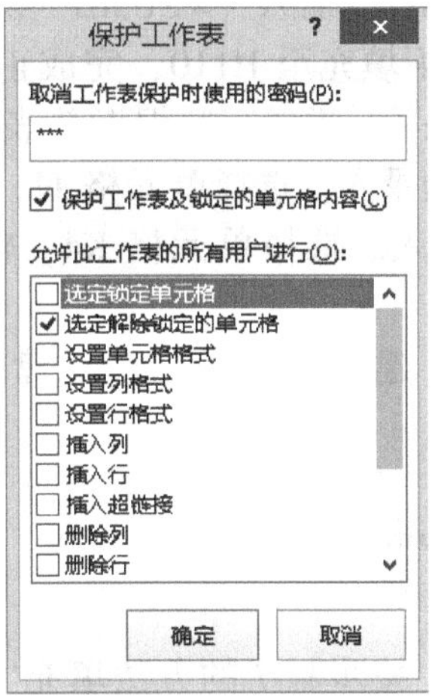

图 7－95　保护工作表

步骤 4：创建“物料出库”工作表，建立“物料出库”的表头。

步骤 5：同理完成物料出库清单，如图 7－96 所示。设置“物料出库”表的工作保护密码为“456”。

	A	B	C	D	E	F	G	H	I	J
1	物料编码(wlbm)	出库单号	出库日期	物料名称	规格型号	单位	出仓数量	单价（元）	金额（元）	所在库区(KQ)
2	wlbm0098	CK002	2015/5/3	调节器	60-153835-00	台	5	1190	5950	KQ088
12	wlbm0040	CK024	2015/5/13	管路组件	10-148986-00	个	6	3010	18060	KQ030
13	wlbm0098	CK026	2015/5/14	调节器	60-153835-00	台	6	1190	7140	KQ088
14	wlbm0099	CK027	2015/5/15	维护组件	05-293419-00	套	5	500	2500	KQ089
15	wlbm0012	CK029	2015/5/16	正时齿带2V	新捷达	个	12	129.96	1559.52	KQ011
16	wlbm0013	CK030	2015/5/17	机油滤清器	新捷达	个	30	25.02	750.6	KQ012
17	wlbm0015	CK056	2015/5/18	频率发生器	R27-156754-00	台	28	142018.8	3976526	KQ013
18	wlbm0018	CK061	2015/5/19	离合器摩擦片	新捷达	个	8	249.61	1996.88	KQ014
19	wlbm0019	CK063	2015/5/20	加热电阻器	05-2714	个	12	12487.86	149854.3	KQ015
20	wlbm0020	CK065	2015/5/21	空调皮带	新捷达	条	16	128.47	2055.52	KQ015
21	wlbm0022	CK066	2015/5/22	自动调节控制器	02-132030-00	台	20	27750.8	555016	KQ016
22	wlbm0023	CK071	2015/5/23	驱动器	27-148453-00	台	5	5395.18	26975.9	KQ017
23	wlbm0026	CK089	2015/5/24	转向横拉杆总成	新捷达	个	23	114.77	2639.71	KQ018
24	wlbm0025	CK090	2015/5/25	阀门	22-2829	套	12	16130.17	193562	KQ018

图 7－96　物料出库清单

步骤 6：建立“进销存数据汇总表”。建立“进销存数据汇总表”的表头，如图 7－97 所示。

	A	B	C	D	E	F	G	H	I	J	K	L
1	进销存数据汇总表											
2	物料编码	物料名称	规格型号	单位	单价（元）	正品数量			不良品数量	结存	金额	备注
3						期初	购进	领用				

图 7－97　进销存数据汇总表表头

步骤 7：在 A4 单元格输入“ = 物料清单！A2”，向下填充至 A110，选择 A4: A110，单击“开始”/“字体”/“字体设置”，选择“数字”/“自定义”/“"wlbm"000”，完成“物料编码”的录入。在 B4 单元格输入“ = 物料清单！B2”，向下填充至 B110，完成“物料名称”的录入。同理完成“规格型号”“单位”“单价(元)”数据的录入。选择单元格 F4，输入“=SUMIF(盘点表! A:A，进销存数据汇总表! A4，盘点表! E:E)”，向下填充至 F110，完成正品期初数量的录入。选择单元格 G4，输入“=SUMIF(物料入库清单! A:A，进销存数据汇总表! A4，物料入库清单! G:G)”，向下填充至 G110，完成正品购进数量的录入。选择单元格 H4，输入“=SUMIF(物料出库! A:A，进销存数据汇总表! A4，物料出库! G:G)”，向下填充至 H110，完成正品领用数量的录入。选择单元格 I4，输入“=SUMIF(盘点表! A:A，进销存数据汇总表! A4，盘点表! H:H)”，向下填充至 I110，完成“不良品数量”的录入。选择单元格 J4，输入“=F4+G4-H4-I4”，向下填充至 J110，完成“结存”的录入。选择单元格 K4，输入“=E4*J4”，向下填充至 K110，完成“金额”的录入。

步骤 8：建立盘点表，建立“盘点表”的表头，如图 7-98 所示。

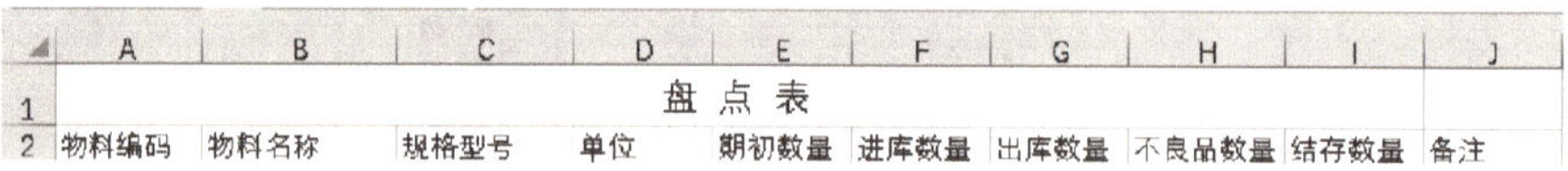

图 7-98　盘点表表头

步骤 9：按步骤 7 的方法填充“物料编码”“物料名称”“规格型号”“单位”。填充“期初数量”(通过上月的结存数量手工填写)。选择单元格 F3，输入“=SUMIF(物料入库清单! A:A，进销存数据汇总表! A4，物料入库清单! G:G)”，向下填充至 F109，完成“进库数量”的录入。选择单元格 G3，输入“=SUMIF(物料出库! A:A，进销存数据汇总表! A4，物料出库! G:G)”，向下填充至 G109，完成“出库数量”的录入。手工填写“不良品数量”。选择单元格 I3，输入“=E3+F3-G3-H3”，向下填充至 I109，完成“结存数量”的录入。

步骤 10：设置当结存数量低于 3 时提醒进货。选择单元格 I3:I109 区域，单击“开始”/“样式”/“条件格式”，选择“突出显示单元格规则”/“介于”，如图 7-99 所示。按图 7-100所示进行设置。

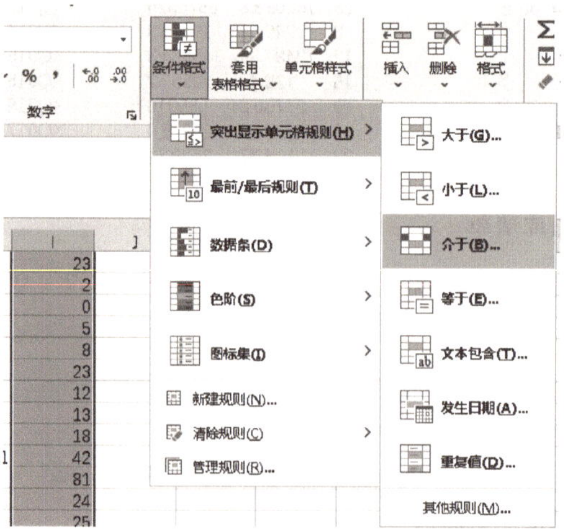

图 7-99　条件格式的选择

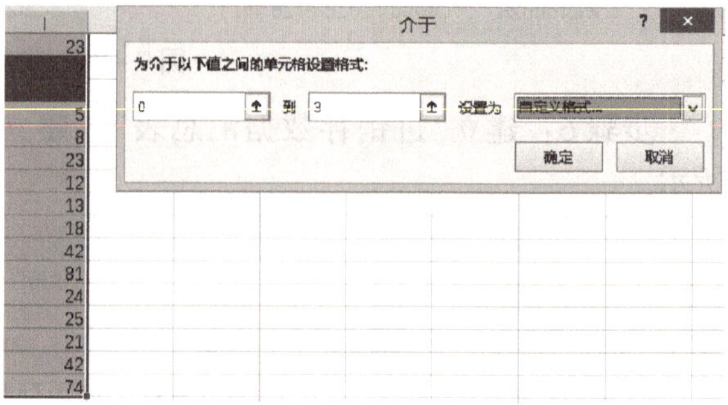

图 7-100　突出显示单元格的设置

➢ 任务操作结果

该商店的进销存数据汇总表如图 7-101 所示，盘点表如图 7-102 所示。

	A	B	C	D	E	F	G	H	I	J	K
1	进销存数据汇总表										
2							正品数量		不良品数量		
3	物料编码	物料名称	规格型号	单位	单价（元）	期初	购进	领用		结存	金额
4	wlbm0001	变速箱油底壳	新捷达	个	580.82	12	55	7	0	60	34849.2
62	wlbm0059	传感器	40-08913-00	台	97.2	8	0	0	0	8	777.6
63	wlbm0060	传感器	02-157058-00	台	755	9	0	0	0	9	6795
64	wlbm0061	传感器	02-148507-00	个	960	10	0	0	0	10	9600
65	wlbm0062	电缆	03-285396-00	个	350	11	66	0	0	77	26950
66	wlbm0063	电路板	03-141493-00	个	324	12	0	5	0	7	2268
67	wlbm0064	电路板	03-145147-00	个	518	13	0	0	0	13	6734
68	wlbm0065	电容	15-287352-00	个	100	14	0	0	0	14	1400
69	wlbm0066	电容	29-295369-00	个	1995	13	0	0	0	13	25935
70	wlbm0067	电容	29-295372-00	个	2485	5	0	0	0	5	12425
71	wlbm0068	电阻加热器	34-154079-00	个	139.58	10	0	0	0	10	1395.8
72	wlbm0069	垫圈	02-113911-00	个	4949.94	6	0	0	0	6	29699.64
73	wlbm0070	垫圈	15-136486-01	个	5250	7	0	0	0	7	36750
74	wlbm0071	定位销	01-2356	个	14	9	0	0	0	9	126
75	wlbm0072	阀门	60-137364-00	套	277.3	5	0	0	0	5	1386.5
76	wlbm0073	覆盖盘	15-127251-01	个	1840	6	0	0	0	6	11040
77	wlbm0074	盖板	61-299254-00	个	100	7	0	0	0	7	700
78	wlbm0075	盖板	05-296224-00	个	1	15	0	12	0	3	3
79	wlbm0076	感应器	02-120403-00	台	205.08	11	0	0	0	11	2255.88
80	wlbm0077	管路组件	06-2794	套	350	12	0	0	0	12	4200
81	wlbm0078	管路组件	10-148995-00	个	602.24	13	0	0	0	13	7829.12
82	wlbm0079	过滤器	22-00090-00	个	180	14	0	0	0	14	2520
83	wlbm0080	过滤器	22-138707-00	个	88	15	0	0	0	15	1320
84	wlbm0081	机械臂组件	02-154902-01	台	1100	16	0	6	0	10	11000

图 7－101　进销存数据汇总表

	A	B	C	D	E	F	G	H	I
1	盘 点 表								
2	物料编码	物料名称	规格型号	单位	期初数量	进库数量	出库数量	不良品数量	结存数量
3	wlbm0001	变速箱油底壳	新捷达	个	12	55	7		60
4	wlbm0002	温度开关	新捷达	个	16	52	9	1	58
38	wlbm0036	变压器	30-133180-0(	台	33	0	0		33
39	wlbm0037	加热器	34-154067-0(	个	36	0	0		36
40	wlbm0038	控制器	02-157035-0(	台	39	0	0		39
41	wlbm0039	电路板	03-137065-0(	个	5	0	0		5
42	wlbm0040	管路组件	10-148986-0(	个	6	0	6		0
43	wlbm0041	盖板	15-136419-0(	个	7	0	0		7
44	wlbm0042	连接器	15-141755-0(	个	8	32	0		40
45	wlbm0043	垫片	19-00206-08	个	9	0	0		9
46	wlbm0044	O型圈	22-033079-0(	个	10	20	0		30
47	wlbm0045	O型圈	22-10300-00	个	11	0	0		11
48	wlbm0046	O型圈	22-138903-0(	个	12	0	0		12
49	wlbm0047	O型圈	22-138903-0:	个	13	0	0		13
50	wlbm0048	O型圈	22-128529-0:	个	14	0	0		14
51	wlbm0049	保护板	17-291209-0(	个	13	0	0		13
52	wlbm0050	保护板	17-291211-0(	个	5	0	0		5
53	wlbm0051	保护板	15-291107-0(	个	25	0	0		25
54	wlbm0052	保护罩	02-171898-0(	个	10	30	0		40
55	wlbm0053	测试芯片	00-0102	个	6	0	0		6
56	wlbm0054	测试芯片	00-0103	个	7	0	0		7
57	wlbm0055	测试芯片	00-0104	个	9	0	0		9
58	wlbm0056	测试芯片	00-111705-0(	个	5	0	0		5
59	wlbm0057	插板	04-170002-0(	个	6	0	0		6
60	wlbm0058	传动组件	02-149841-0:	个	7	0	0		7
61	wlbm0059	传感器	40-08913-00	台	8	0	0		8

图 7－102　盘点表

➢ 任务小结

当改变出入库信息时，进销存数据汇总表和盘点表会立即响应，此时需要手动解除工作表的保护。

➢ 任务拓展

为了及时了解仓库内每一种物料的库存情况，请建立库存物料明细查询表，通过查询函数 LOOKUP 和 VLOOKUP 查询每一种物料的进销存情况。要求只要输入物料编码，明细表就能显示该物料的库存情况，如图 7－103 所示。

H2 =LOOKUP(B2,物料清单!A:A,物料清单!F:F)

	A	B	C	D	E	F	G	H
1	库存物料明细查询							
2	物料编码	wlbm0013					所在库区	KQ012
3	物料名称	机油滤清器	规格型号	新捷达	单位	个	单价	25.02
4	入库单号	RK019	补货时间	2021/5/20	入库数量	3	金额(元)	75.06
5	出库单号	CK030	出库时间	2015/5/17	出库数量	28	金额(元)	700.56
6	上月结存数量	60	金额(元)	1501.2	本月结存数量	35	金额(元)	875.7

图 7-103　wlbm0013 的库存物料明细

习　题

1. 某企业某段时间进销存的进出货情况见表 7-2，试用查找函数统计库存量，并于库存量低于 1000 或高于 3000 时给予警示。

表 7-2　进销存的进出货情况

商品名称	进货数量	商品名称	销售数量
甲	6000	乙	2630
庚	4800	甲	2500
乙	5100	十	1500
丙	7200	辛	5000
丁	7500	丁	3200
己	7200	壬	4000
戊	6840	丙	4000
十	2300	庚	2100
辛	6500	戊	4000
壬	6000	己	5000

2. 某超市商品资料如图 7-104 所示，试查找投影仪的价格、产地和商品位置。

3. 某物流公司某一时间段在华北地区建有 6 个库房，装有 A、B、C、D、E 5 种产品，6 个库房的产品数据如图 7-105 所示。试利用数据透视表统计各个库房所含各种产品的数量及各种产品的总数量。

	A	B	C	D
1	商品名称	产地	销售单价	商品位置
2	平板电视机	福建	5200	1-1
39	洗碗机	浙江	780	1-12
40	抽油烟机	广东	2700	1-13
41	天然气灶台	天津	850	1-14
42	净水器	北京	780	1-15
43	饮水机	北京	400	1-16
44	电风扇	上海	250	1-17
45	蒸汽熨斗	河南	80	1-18
46	吸尘器	上海	1200	1-19
47	加湿器	浙江	150	1-20
48	电烤箱	广东	600	1-21
49	按摩椅	上海	12220	3-6
50	酸奶机	浙江	300	1-21
51	香水	广东	95	2-11

图 7-104　某超市商品资料

	A	B	C
1	库房	产品	数量
2	1	A	500
3	2	B	600
4	3	B	400
5	2	C	300
6	4	D	250
48	2	E	200
49	3	A	480
50	4	E	360
51	5	B	290

图 7-105　6 个库房的产品数据

4. 试用多重分类汇总的方法统计图 7－105 所示的产品数据。

5. 试用函数 DSUM 在图 7－105 所示的产品数据中查找库房 1 中 A 产品的数量。

6. 某地区有 6 个粮库，分别为粮库 1、粮库 2、粮库 3 和中心粮库(中心粮库有 A、B、C3 个子粮库)，同时储存小麦、玉米、大豆和棉花，等级为一级、二级和等外品。试用合并计算和数据透视表汇总各类农产品的储备数量。

7. 某超市的商品信息表如图 7－106 所示，商品销售表如图 7－107 所示。如果商品价格在 2000 元以上(包含 2000 元)，可优惠 90%；如果价格在 1000 元以上(包含 1000 元) 2000 元以下，可优惠 95%，价格在 1000 元以下不优惠。试用函数和数据透视表统计每个职工的销售业绩、各部门的销售业绩和各季度的销售业绩。

	A	B	C
1	序号	商品名称	销售单价
2	1	平板电视机	5200
42	41	净水器	780
43	42	饮水机	400
44	43	电风扇	250
45	44	蒸汽熨斗	80
46	45	吸尘器	1200
47	46	加湿器	150
48	47	电烤箱	600
49	48	按摩椅	12220
50	49	酸奶机	300
51	50	香水	95

图 7－106　商品信息表

	A	B	C	D	E	F	G	H
1	销售员姓名	部门	销售季节	商品名	销售数量	原单价	优惠价	销售额
2	李辉	办公用品部	第一季度	笔记本	500			
42	何晨	家电部	第二季度	蒸汽熨斗	96			
43	何晨	家电部	第二季度	电磁炉	230			
44	何晨	家电部	第二季度	饮水机	400			
45	周玲	家电部	第二季度	吸尘器	400			
46	刘冥	家电部	第二季度	微波炉	70			
47	刘冥	家电部	第二季度	面包机	120			
48	孙云红	家电部	第二季度	洗衣机	363			
49	周玲	家电部	第二季度	净水器	450			
50	马林	健身器材部	第二季度	仰卧板	20			
51	石金艳	健身器材部	第二季度	跑步机	280			

图 7－107　商品销售表

8. 某食品小超市计划提高管理水平，请设置收银台(规定条码设置为 13 位，分 3 部分，第 1 位“1”和最后 4 位“4688”为超市代码，都是相同的，中间 8 位为商品代码)进行统一管理，并为顾客打印收银小票。

9. 请根据提供的数据源，利用数据透视表编辑 12 个月各种产品的成本(在一个工作簿中每个月有单独的工作表)。

10. 请根据提供的数据源，利用数据透视表编辑 7 个地区 12 个月各种产品的销售情况(每个地区有单独的工作簿)。

11. 请根据提供的数据源，利用数据透视表编辑 7 个地区 12 个月各种产品的销售情况(每个地区有单独的工作簿)。

12. 请根据提供的数据源，参照一年的销售数据，利用数据透视表制作不同日期类型的分析报告。

参考文献

[1] 方芳. 运输管理：一　二[M]. 北京：高等教育出版社，2005.
[2] 于淼. 供应链管理[M]. 北京：高等教育出版社，2006.
[3] 赵启兰，刘宏志. 库存管理：一　二[M]. 北京：高等教育出版社，2005.
[4] 方虹. 物流企业管理[M]. 北京：高等教育出版社，2005.
[5] 郑称德. 采购与供应管理：一　二[M]. 北京：高等教育出版社，2005.
[6] 周德科. 物流案例与实践：一　二[M]. 北京：高等教育出版社，2005.
[7] 李素彩. 物流信息技术 [M]. 北京：高等教育出版社，2005.
[8] 王德章. 国际物流导论[M]. 北京：高等教育出版社，2006.
[9] 王之泰，沈慧民，王伟. 物流基础[M]. 北京：高等教育出版社，2005.
[10] 李万秋. 仓储管理：一　二[M]. 北京：高等教育出版社，2005.
[11] 傅维潼. 物流数学[M]. 北京：高等教育出版社 2006.
[12] 吴清一. 物流管理：中级[M]. 北京：中国物资出版社，2003.
[13] 吴清一. 现代物流概论：初级、中级、高级通用[M]. 北京：中国物资出版社，2003.
[14] 霍红. 物流管理：物流师考试指南[M]. 北京：中国物资出版社，2004.
[15] 人力资源和社会保障部教材办公室，中国就业培训技术指导中心上海分中心，上海市职业培训研究发展中心. 物流师：仓储配送　三级[M]. 北京：中国劳动社会保障出版社，2011.
[16] 柳金甫，王义东. 概率论与数理统计：经管类[M]. 武汉：武汉大学出版社，2006.
[17] 刘吉佑，徐诚浩. 线性代数：经管类[M]. 武汉：武汉大学出版社，2006.
[18] 于俊年. 计量经济学[M]. 2 版. 北京：对外经济贸易大学出版社，2007.
[19] 刘东明. 物流企业财务管理[M]. 北京：高等教育出版社，2006.
[20] 张学群，崔越. 运筹学基础[M]. 北京：经济科学出版社，2002.
[21] 沈家骅. 现代物流运筹学[M]. 2 版. 北京：电子工业出版社，2007.
[22] 成晓红，田德良. 管理运筹学[M]. 北京：国防工业出版社，2004.
[23] 巴罗. 企业物流管理：供应链的规划、组织和控制[M]. 王晓东，胡瑞娟，等译. 北京：机械工业出版社，2002.
[24] 希利尔，等. 数据、模型与决策：运用电子表格建模与案例研究[M]. 任建标，译. 北京：中国财政经济出版社，2001.
[25] 李永生，郑文岭. 仓储与配送管理[M]. 2 版. 北京：机械工业出版社，2004.
[26] 曹前锋. 物流管理案例与实训[M]. 2 版. 北京：机械工业出版社，2004.
[27] 曾剑，王景锋，邹敏. 物流管理基础[M]. 3 版. 北京：机械工业出版社，2008.
[28] 李万秋. 物流中心运作与管理[M]. 北京：清华大学出版社，2003.
[29] 贺东风. 物流系统规划与设计[M]. 北京：中国物资出版社，2006.
[30] 易华，李伊松. 物流成本管理[M]. 2 版. 北京：机械工业出版社，2009.
[31] 孙学琴，何民爱. 物流中心运作管理[M]. 2 版. 北京：机械工业出版社，2008.
[32] 李孟涛，徐健. 物流常用数学工具实验教程：基于 Excel 的建模求解[M]. 北京：中国人民大学出版社，2011.

[33] 陈珊. Excel 数据管理应用教程[M]. 北京：北京出版社，2008.
[34] 神龙工作室. Excel 高效办公：行政与人力资源管理[M]. 北京：人民邮电出版社，2006.
[35] 赵丹亚，邵丽. 中文版 Excel 2000 应用案例[M]. 北京：人民邮电出版社，2000.
[36] 薛威，孙鸿. 物流企业管理[M]. 2 版. 北京：机械工业出版社，2004.
[37] 阎子刚，赵继新. 供应链管理[M]. 2 版. 北京：机械工业出版社，2004.
[38] 朱新民，林敏晖. 物流采购管理[M]. 2 版. 北京：机械工业出版社，2009.
[39] 舒辉. 物流经济学[M]. 北京：机械工业出版社，2009.
[40] 阿诺德，查普曼，克莱夫. 物料管理入门：第 6 版[M]. 李秉光，霍艳芳，徐刚，译. 北京：清华大学出版社，2008.
[41] 张文杰，张可明. 物流系统分析[M]. 北京：高等教育出版社，2008.
[42] 高福军. Excel 在物流企业的应用[M]. 北京：清华大学出版社，2017.
[43] 贾俊平，何晓群，金勇进. 统计学[M]. 7 版. 北京：中国人民大学出版社，2018.
[44] 韩小良. Excel 数据透视表应用大全：数据高效汇总与分析[M]. 北京：中国水利水电出版社，2019.
[45] 赵淑群. Excel 在物流管理中的应用[M]. 北京：中国财富出版社，2015.